Felix Hoerburger · Volksmusikforschung

Felix Hoerburger

# Volksmusikforschung

Aufsätze und Vorträge
1953—1984
über Volkstanz und
instrumentale Volksmusik

Zum 70. Geburtstag des Verfassers
am 9. Dezember 1986
herausgegeben von
Hans Eichiner und Thomas Emmerig

Laaber-Verlag

Umschlagbild: Mehmedoglu Mehmed, Zournâs, und Rizaoglu Cives, Daouli, aus Palaion Katramion (Foto: Felix Hoerburger).

ISBN 3—89007—106—6

# Inhalt

# Vorwort

Felix Hoerburger, der „verdienstvolle Förderer ethnomusikologischer Forschung in Deutschland" (Hans Oesch), war „wohl einer der ersten, die sich nach dem Zweiten Weltkrieg (…) der Volksmusikforschung zuwandten," und er war „der erste Deutsche, der nach dem Kriege musikethnologische Feldforschung betrieb" (Kurt Reinhard). Diese „Pionierleistungen" (Reinhard) machten ihn zu einem der Großen im Bereich der deutschen Volksmusikforschung und zu einem der führenden Musikethnologen seiner Zeit. In einer Fülle von Veröffentlichungen, Kongreßreferaten, Gastvorlesungen und Vorträgen in vier Erdteilen verbreitete er seine Forschungsergebnisse und erwarb sich damit in Fachkreisen wie auch darüber hinaus einen weltweiten Ruf. Charakteristisch für den „Weltbürger" Hoerburger sind seine zurückgezogene Art, still vor sich hin zu arbeiten, ohne daß viel nach außen bekannt wird, es sei denn eine abgeschlossene Publikation, und seine beständige humorvoll-kritische Distanz zum eigenen wissenschaftlichen Tun.

Seit einigen Jahren ist es still geworden um Felix Hoerburger. Gesundheitliche Rücksichten haben ihn zum Rückzug aus der wissenschaftlichen und wissenschaftspolitischen Öffentlichkeit gezwungen und seine Arbeitskraft beschnitten. Den Herausgebern ist es ein persönliches Anliegen, mit der vorliegenden Sammlung von Aufsätzen und Vorträgen aus den Jahren 1953-1984 ihren akademischen Lehrer zu seinem 70. Geburtstag am 9. Dezember 1986 zu ehren und damit gleichzeitig sein wissenschaftliches Werk wieder ein wenig mehr ins Bewußtsein der interessierten Öffentlichkeit zu rücken.

Die Aufsätze dieser Sammlung gruppieren sich um die zwei zentralen Forschungsgebiete Felix Hoerburgers: I. Volkstanz und Volkstanzforschung und II. Instrumentale Volksmusik.

*Volkstanz und Volkstanzforschung* beschäftigten Hoerburger spätestens seit 1951, als er beim Allgemeinen volkskundlichen Kongreß in Jugenheim erstmals über die nordbayerischen Zwiefachen referierte. Über *Die Erforschung der Zwiefachen als methodisches Beispiel* berichtete er bei einer Arbeitstagung über Methoden der Volkstanzforschung 1957 in Stuttgart; mit dem Vortrag über *Tanzschrift und Volkstanzforschung* eröffnete Hoerburger den Internationalen Kongreß zu eben diesem Thema 1957 in Dresden; diese beiden Referate, die auch heute keineswegs überholt sind, erscheinen hier erstmals im Druck. Erstmals in deutscher Sprache vorgelegt werden *Tanz und Tanzmusik im 16. Jahrhundert und ihre Beziehungen zu Volkstanz und Volksmusik* (in englischer Sprache erstveröffentlicht) und *Tanzgeräte und Musikinstrumente im orientalischen Volkstanz* (in rumänischer Sprache erstveröffentlicht). Fünf selbständige Publikationen sind dem Themenkreis des Volkstanzes gewidmet, beginnend mit dem Standardwerk über *Die Zwiefachen* (1956).

*Instrumentale Volksmusik* – allzu oft vernachlässigt zugunsten des Volksliedes – ist *das* zentrale Thema schlechthin der wissenschaftlichen Arbeit Hoerburgers. Seit jenem kleinen Aufsatz in türkischer Sprache über *Die große Trommel in Tunesien* (1954) zieht sich die Beschäftigung mit Trommeln und Volksoboen und ihrer Musik durch sein wissenschaftliches Werk praktisch bis heute, das heißt, bis zu der übergreifenden Darstellung *Zur weltweiten Verbreitung der orientalischen Volksoboe*, die in diesem Band erstmals veröffentlicht wird.

Diese beiden zentralen Forschungsgebiete Hoerburgers sind nicht nur eng miteinander verbunden, sie ergänzen und durchdringen einander. Das wird bereits in der Monographie *Der Tanz mit der Trommel* (1954) erkennbar; nirgends aber wird es deutlicher als in der noch immer nicht publizierten Habilitationsschrift von 1963 über *Tanz und Tanzmusik der Albaner Jugoslawiens unter besonderer Berücksichtigung der Musik auf Schalmei und Trommel*. Daraus ergibt sich zwingend, daß auch zwischen den beiden Teilen dieses Sammelbandes fließende Übergänge bestehen.

Sämtliche wiederveröffentlichten Aufsätze dieses Bandes sind durchgesehen worden. Inhaltliche Überschneidungen, wie sie sich aus der Arbeitsweise des Autors ergeben, wurden beibehalten. So wird erkennbar, wie Hoerburger eine Sicht eines Themenbereichs aufbaut und sie dann in einer Folge von Aufsätzen weiterentwickelt. Damit holt dieser Band einerseits gleichsam die verstreute Ernte eines ertragreichen Forscherlebens zusammen und gewinnt andererseits seinen eigenen und durchaus eigenständigen Platz neben den monographischen Buchveröffentlichungen Felix Hoerburgers.

Ermöglicht wurde dieser Band durch finanzielle Unterstützung von seiten des Bayerischen Staatsministeriums für Unterricht und Kultus, des Vereins der Freunde der Universität Regensburg, des Bezirkstags der Oberpfalz und des Bayerischen Landesvereins für Heimatpflege.

Dank gilt den Verlagen und Institutionen, die die Genehmigung zum Nachdruck erteilt haben: den Verlagen Akademie-Verlag (Berlin/DDR), Bärenreiter (Kassel), Hermann Böhlaus Nachfolger (Graz), Gustav Bosse (Regensburg), K.G. Saur (München), Dr. Anna Schendl (Wien) und Karl Dieter Wagner (Hamburg) sowie der deutschen UNESCO-Kommission (Bonn), der Magyar Tudományos Akadémia (Budapest) und dem Zentralhaus für Kulturarbeit der DDR (Leipzig). Dank gebührt schließlich dem Laaber-Verlag und Herrn Dr. Henning Müller-Buscher für die Bereitschaft, diesen Band in sein Verlagsprogramm aufzunehmen.

Eichstätt/Regensburg, im Sommer 1986                    Die Herausgeber

# I. Volkstanz und Volkstanzforschung

# Volkstanz

## I. Definition

Der Volkstanz in Europa und in vergleichbaren Ländern außerhalb Europas zeigt eine Vielfalt nicht nur der Gestalten, sondern vor allem auch der Alters- und Entwicklungsstufen, der soziologischen und brauchtümlichen Bezüge sowie der Übergänge vom „ersten" zum „zweiten Dasein", daß es schwerfällt, eine Gemeinsamkeit in den Erscheinungen aufzuzeigen. Um die vielen unterschiedlichen Äußerungsformen zu erfassen, die in der Literatur und im Sprachgebrauch als „Volkstanz" bezeichnet werden, habe ich die Unterscheidung von zwölf Kategorien vorgeschlagen:

| | | |
|---|---|---|
| 1 A Kultische Tänze, in ursprünglicher Tradition | 1 B Tänze, die von einzelnen zur Schau gestellt werden, in ursprünglicher Tradition | 1 C Gesellige Tänze, in ursprünglicher Tradition |
| 2 A Tänze wie unter 1 A, aber in Wiederbelebung und bewußter Pflege | 2 B Tänze wie unter 1 B, aber in Wiederbelebung und bewußter Pflege | 2 C Tänze wie unter 1 C, aber in Wiederbelebung und bewußter Pflege |
| 3 A Tänze wie unter 1 A, aber weiterentwickelt und arrangiert | 3 B Tänze wie unter 1 B, aber weiterentwickelt und arrangiert | 3 C Tänze wie unter 1 C, aber weiterentwickelt und arrangiert |
| 4 A Tänze wie unter 1 A, aber neu komponiert | 4 B Tänze wie unter 1 B, aber neu komponiert | 4 C Tänze wie unter 1 C, aber neu komponiert |

Nur Tänze der Kategorien 1 ABC sind als Volkstänze im engeren Sinne („erstes Dasein") anzusprechen. Die Kategorien 2-4 umfassen die zahlreichen Abarten der „Volkstanzpflege".

## II. Formen

Unter allen Formen des Volkstanzes am meisten verbreitet und wohl auch am altertümlichsten sind die Reigentänze. In Mitteleuropa sind sie fast ausschließlich im Ringelreihen der Kinder beheimatet. Im Norden, Westen und Süden dagegen werden sie nach wie vor von den Erwachsenen getanzt, als geschlossener oder offener Kreis (am bekanntesten unter der serbischen Bezeichnung des „Kolo") oder in Schlangenlinien, die sich durch die Zimmer eines Hochzeitshauses oder durch die Straßen des Dorfes hindurch bewegen (Farandole). Ebenso verbreitet wie die Grundidee dieser Form ist auch die eigentümliche Art der Fortbewegung, bei der es in unübersehbaren Varianten darum geht, daß zu mehreren Schritten vorwärts jeweils einer wieder rückwärts führt. Nach seiner Verwendung in der Echternacher Springprozession nennt man das Motiv den „Pilgerschritt". Hierzu sind zwei wenig beachtete Eigentümlichkeiten zu berücksichtigen. Einmal muß erkannt werden, daß überall dort, wo die Traditionen von der bewußten Pflege noch sehr weit entfernt sind, die Formen in keiner Weise festliegen. Die Gruppierung (in der Volkstanzpflege spricht man von „Aufstellung", was die Vorstellung einer starren Ausgangsposition erweckt) und die Bewegungsart existieren nur als Idee und als Formelrepertoire, nicht als unveränderliche Gestalt. So kann sich zum Beispiel die Bewegung des dörflichen Reigens gelegentlich als ein bloßes noch ungeformtes Schlendern erweisen, an dem keinerlei eigentliches „Schrittmotiv" zu erkennen ist. Zum anderen wäre es falsch, in diesen Reigentänzen eine restlose Einschmelzung des Individuums in das Kollektiv zu erwarten. Gerade das völlige Aufgehen der Gruppe in Anonymität und Ungeformtheit verlangt als Gegensatz von einem jeweiligen Vortänzer eine individuelle Improvisation. Eine Verselbständigung dieser Vortänzerimprovisationen führt zu den zahlreichen Formen der Einzel- und Paartänze, etwa dem Verbunkos der Donauländer oder den verschiedenen „freien Werbetänzen", wie dem skandinavischen Halling, dem „Steirischen" (Ländler), dem Schuhplattler, solange er noch nicht von der Trachtenbewegung kodifiziert worden ist. Aus diesen Improvisationen entwickelt sich ein riesiges Repertoire von Bewegungsmotiven und Figuren, die vielfach zunächst ein spezifisch nationales Merkmal zu sein scheinen, in Wirklichkeit aber immer wieder an verschiedenen Orten Europas unabhängig voneinander auftauchen, wie zum Beispiel der Hockschleuderschritt des ukrainischen Gopak oder der Schenkel- und Sohlenklatsch verschiedener südeuropäischer Männertänze. Eine Sonderstellung nehmen die sogenannten Geschicklichkeitstänze ein, bei denen es – auch wieder in zahlreichen Varianten und einem weiten Verbreitungsgebiet durch ganz Europa – darum geht, über auf den Boden gelegte Gegenstände (gekreuzten Schwertern, Stöcken, Strohhalmen, gefüllten Weingläsern, Eiern und anderem mehr) zu tanzen, ohne sie zu berühren. Höher entwickelte Paar- und Mehrpaartänze (Quadrillen), die letzteren vor allem in Nordeuropa und auf den britischen Inseln, zeigen deutlich Spuren des Einflusses von seiten des Gesellschaftstanzes, die sich an Hand historischer Tanzbücher bis ins 16. Jahrhundert zurückverfolgen lassen. Sie fordern – auch in ihrer Variantenfülle – jeweils eine choreographische Festlegung. Aber zwischen improvisierten Primitivformen und fixierten Gestaltungen gibt es zahllose Übergänge und Verfließungen.

Eine Abgrenzung ist geboten zwischen Tänzen des festlichen Vergnügens („recreational dances") und Brauchtumstänzen, die an großenteils vergessene oder verkümmerte Kulte gebunden sind. Dazu gehören vor allem die im ganzen Westen Europas (bis zur Linie Finnland-Slowakei-Dalmatien) verbreiteten „Kettenschwerttänze", die dadurch gekennzeichnet sind, daß die beteiligten (immer männlichen) Tänzer untereinander durch Schwerter verbunden sind, welche also nicht als Waffen, sondern als Bindeglieder fungieren. Eine Menge von Restbräuchen – zum Beispiel in den Balkanländern (Kaluscharen, Kukeri, Rusalien, Anastenaria), aber auch in anderen Ländern –, Tänze um verschiedene Gegenstände, mit verschiedenen Tanzgeräten oder im Zusammenhang mit verschiedenen Festen und Begehungen des Lebens- oder Jahreslaufes vereinigen in sich ein Gemisch von vielen, teilweise recht alten brauchtümlichen Vorstellungen.

## III. Aufgaben der Forschung

Da noch an vielen Orten Europas ursprüngliche Traditionen des Volkstanzes unberührt oder in Bruchstücken oder Spuren leben (dazu gehören unter anderem auch die Kindertänze, die selbst auf den Schulhöfen mitteleuropäischer Großstädte noch uneingeschränkt von Generation zu Generation weitergetragen werden), ist es vordringlichste Aufgabe der Volkstanzforschung, diese Traditionen in ihren Lebensgesetzen zu studieren, in ihrer Substanz zu sammeln und in Dokumentationen sicherzustellen. Dabei ist mehr als bisher auf solche Tänze zu achten, die noch nicht in festen Gestalten, sondern vornehmlich in Modellen und Bewegungsformeln existieren. Dieser Forderung haben bisher nur wenige, vor allem ungarische Tanzforscher, ihre Aufmerksamkeit gewidmet.

Der Dokumentation dienen zwei Hilfsmittel, deren Handhabung zwar mit großen Schwierigkeiten verbunden ist, um die sich aber wegen ihrer großen Bedeutung in Zukunft die Forschung mit allen Kräften bemühen muß: die Kinetographie Laban, die sich als einzige wirklich umfassende Tanzschrift anbietet, und der von vornherein synchron aufgenommene Tonfilm. Da der Tanz, wenn es sich wirklich um die Tradition aus erster Hand handeln soll, in der die Improvisation eine große Rolle spielt, nicht

„gestellt" sein darf und die Tänzer deshalb von Aufnahme und Beobachtung am besten gar nichts wissen sollten, um nicht bewußt zu reagieren, müßte mit äußerster Behutsamkeit und ohne jeden irgendwie entbehrlichen technischen Aufwand gefilmt werden.

Bei der Aufbereitung des Sammelgutes und seiner Erforschung geht es zunächst um die Frage nach einem System der Ordnung und Sichtung der Motive und Gestalten, wobei ähnlich wie in der neueren Volksliedforschung der Blick über die engere Heimat auf die großen Zusammenhänge, die gegenseitige Beeinflussung nationaler Traditionen und ihre Wanderung über weite Räume gerichtet werden muß. Wegweisend sind Arbeiten von Curt Sachs, Richard Wolfram, Violet Alford. Neuerdings bemüht sich Karl Horak um ein Ordnungssystem, das sich ausschließlich nach choreographischen Gesichtspunkten richtet, während diese früher vielfach mit anderen Gesichtspunkten, brauchtümlichen und musikalischen, gemischt wurden. Ein internationales Team arbeitet gegenwärtig (1966) unter der Ägide des International Folk Music Council an einer einheitlichen Strukturanalyse und Terminologie. Weitere Aufgaben, die einer intensiven Beachtung harren, sind die Auswertung historischer Berichte, die Untersuchung nationaler Darstellungsstile (die Betrachtung des „Wie" neben der des „Was"), ferner die teilweise recht komplizierte Wechselbeziehung zwischen Tanz und Musik beziehungsweise zwischen Tanz und Brauch.

Da das Schrifttum über den Volkstanz – vielfach nur für kleine Interessentenkreise bestimmt, in unzähligen Sammelbänden zerstreut, allerdings auch zum weitaus größten Teil für die Forschung unergiebig – vorläufig nirgends erreichbar und in keiner Bibliographie auch nur annähernd ausreichend erfaßt ist, wäre die Arbeit an einer Tanzbibliographie eine weitere vordringliche Aufgabe. Für den Bereich des deutschsprachigen Schrifttums liegt eine solche Übersicht, herausgegeben von Kurt Petermann, seit 1965 vor.

## IV. Volkstanzpflege

Sachlich zu unterscheiden von diesen ursprünglichen Volkstänzen des „ersten Daseins" ist auch hier die allenthalben betriebene Pflege, das „zweite Dasein" des Volkstanzes. Unzählige „Volkstanzkreise" bemühen sich in ihrer „Volkstanzarbeit" etwa darum, „originale" Volkstänze „stilecht" zu tanzen, wobei jedoch in Wirklichkeit stets Wandlung in Substanz und Darstellung eintritt. Diesen Bestrebungen liegen vielfach heimat- und jugendpflegerische Motive zugrunde. Andere Kreise versuchen, oft in der Vorstellung einer tänzerischen Völkerverständigung, Volkstänze verschiedener Nationen zu pflegen, um sie bei internationalen Treffen miteinander tanzen zu können. Hierbei kann es angesichts des Bewegungsstils der Völker, der in Wirklichkeit unnachahmlich ist, nur um äußere Formen und Techniken gehen. In diesen Kreisen wird vielfach auch zu Neubildungen gegriffen, wie vor allem zu der in Westeuropa und Nordamerika äußerst beliebten israelischen Hora. Andere Kreise drängen zu nationalen und internationalen Volkstanzwettbewerben (der bekannteste und wohl größte findet beim International Musical Eisteddfod jedes Jahr in Llangollen, North Wales, statt) und zur Bühnendarstellung, wobei es naturgemäß zu Bearbeitungen, Raffungen und bewußten choreographischen Konstruktionen kommen muß. Die internationale Volkstanzschau, die gegenwärtig (1966) zu einer großen Modeerscheinung geworden ist, findet übrigens ihre erste historisch belegte Realisierung bereits im Frankreich des 16. Jahrhunderts.

## Literaturhinweise

F. Aeppli, Die wichtigsten Ausdrücke für das Tanzen in den romanischen Sprachen, Halle 1925.

E. Ala-Könni, Die Polska-Tänze in Finnland, Helsinki 1956.

V. Alford, Sword Dance and Drama, London (1962).

Ders., Handbooks of European National Dances, London 1948ff.

V. Alford/R. Gallop, The Traditional Dance, London (1935).

H. von der Au, Das Volkstanzgut im Rheinfränkischen, Gießen 1939.

E. L. Backman, Religious Dances, London (1952).

M. L. Becker, Der Tanz, Leipzig 1901.

O. Bie, Der Tanz, Berlin 1904.

F. M. Böhme, Geschichte des Tanzes in Deutschland, 2 Bände, Leipzig 1896.

M. v. Boehn, Der Tanz, Berlin 1925.

A. Capmany, El baile y la danza, in: F. Carreras y Candi, Folklore y costumbres de España, Band 1, Barcelona 1931.

A. Chujoy, The Dance Encyclopedia, New York (1949).

A. Czerwinski, Die Tänze des XVI. Jahrhunderts und die alte französische Tanzschule, Danzig 1878.

Ders., Geschichte der Tanzkunst, Leipzig 1862.

St. Džudžev, B'lgarska narodna horegrafija [Bulgarische Volks-Choreographie], Sofia o.J.

L. Franz, Alteuropäische Tänze, in: Mitteilungen der Anthropologischen Gesellschaft in Wien 62, Wien 1933.

B. M. Galanti, La danza della spada in Italia, Rom (1942).

H. Grüner-Nielsen, Dans, in: Nordisk Kultur 24, Stockholm/Oslo/Kopenhagen (1933).

J. M. Guilcher, La tradition populaire de danse en Basse-Bretagne, Paris/Den Haag 1963.

E. Hamza, Der Ländler, Wien 1957.

J. F. C. Hecker, Die Tanzwuth, eine Volkskrankheit im Mittelalter, Berlin 1832.

F. Hoerburger, Beobachtungen zum Volkstanz in Nordgriechenland, in: Zeitschrift für Volkskunde 62, 1966, S. 43-66, im vorliegenden Band S. 105-128.

Ders., Die Zwiefachen. Gestaltung und Umgestaltung der Tanzmelodien im nördlichen Altbayern, Berlin 1956.

Ders., Volkstanzkunde. Probleme der Beobachtung, Sammlung, Ordnung und Erforschung von Volkstänzen, 2 Bände, Kassel 1961 und 1964.

Lj. Janković/D. Janković, Narodne Igre [Volkstänze], Belgrad 1934ff.

V. Junk, Handbuch des Tanzes, Stuttgart 1930.

R. Kacarova-Kukudova, Dances of Bulgaria, London (1951).

D. Kennedy, England's Dances, London 1949.

E. F. Knuchel, Die Umwandlung in Kult, Magie und Rechtsbrauch, in: Schriften der Schweizerischen Gesellschaft für Volkskunde 15, Basel 1919.

A. Knust, Abriß der Kinetographie Laban, 2 Bände, Hamburg 1956.

G. P. Kurath, Panorama of Dance Ethnology, in: Current Anthropology 1960, S. 233ff.

J. Lawson, European Folk Dance, London (1953).

K. Meschke, Schwerttanz und Schwerttanzspiel im germanischen Kulturkreis, Leipzig/Berlin 1931.

K. Moszyński, Art. Taniec [Tanz], in: Kultura ludowa Slowian [Kultur der slawischen Völker], Band 2, Krakau 1939, S. 1009ff.

M. Mourgues, La danse Provençale, (Cannes 1956).

T. Norlind, Dansens historia, Stockholm (1941).

M. Panzer, Tanz und Recht, in: Deutsche Forschungen 38, Frankfurt/M. 1938.

K. Petermann, Tanzbibliographie, Leipzig 1965-1981.

V. Proca Ciortea, Jocuri populare Romîneşti [Rumänische Volkstänze], (Bukarest 1955).

C. Sachs, Eine Weltgeschichte des Tanzes, Berlin 1933.

M. Schneider, La danza de espadas y la tarantela, Barcelona 1948.

F. L. Schubert, Die Tanzmusik, Leipzig 1867.

C. Sharp/A. P. Oppé, The Dance. An Historical Survey of Dancing in Europe, London 1924.

R. Sonner, Musik und Tanz, Leipzig 1930.

M. Szentpál, Lehrbuch der Kinetographie, Leipzig 1958.

H. A. Thurston, Scotland's Dances, London 1954.

E. van der Ven-ten Bensel/D.J. van der Ven, De Volksdans in Nederland, Naarden 1942.

K. Viski, Hungarian Dances, London (1937).

R. Voß, Der Tanz und seine Geschichte, Berlin 1869.

R. Wolfram, Deutsche Volkstänze, Leipzig (1937).

Ders., Die Volkstänze in Österreich und verwandte Tänze in Europa, Salzburg (1951).

Ders., Schwerttanz und Männerbund, Kassel 1936.

Ders., Volkstanz – nur gesunkenes Kulturgut?, in: Zeitschrift für Volkskunde N.F. 3, 1931.

R. Zoder, Der deutsche Volkstanz, in: H. Moser/R. Zoder, Deutsches Volkstum in Volksschauspiel und Volkstanz, Berlin 1938.

# Die Erforschung der Zwiefachen als methodisches Beispiel*

Die Arbeit des Volkstanzforschers ist ein Komplex, der sich aus einer Reihe von Einzelaufgaben zusammensetzt. Dieser Komplex umspannt eine zeitliche Aufeinanderfolge von Aufgaben, die einander bedingen und sich aus einander ergeben. Diese Folge beginnt mit der Beobachtung am Ort der lebendigen Tradition, die noch nicht arrangiert und noch nicht aus der Druckvorlage memoriert ist. Daran schließt sich die dokumentarische Fixierung des Vorgangs an, die Einreihung in das Archiv und in ein bestimmtes Ordnungssystem. Die Forschung im engeren Sinne bezieht sich entweder auf die spezielle Monographie eines Tanzes, einer Tanzgattung, der Tänze in einer Landschaft oder in verschiedenen Landschaften in ihrem Wechselspiel oder auf die Geschichtstiefe dieser Themengruppen. Oder sie bezieht sich auf die Frage nach den allgemeinen Lebensvorgängen des Tanzes im Volk, nach seinen Gestaltungsprinzipien, seiner Verbindung oder seiner Gegensätzlichkeit gegenüber anderen Tanzarten des Menschen oder gegenüber anderen Lebensfunktionen des Volkes usw. Zuletzt erfolgt die Erschließung des Materials für den breiten Kreis all derer, die an dem Wissen über den Volkstanz teilhaben wollen.

Ein weiteres ergibt sich aus der komplexen Wesenheit des Volkstanzes selbst, der ja nicht nur aus einem choreographischen oder nur aus einem musikalischen Element besteht: Die Volkstanzforschung hat sich vielmehr mit allen seinen Elementen in gleicher Weise zu befassen, denn jedes gehört wesentlich zum Ganzen. Keines von ihnen steht prinzipiell über dem anderen, wenngleich zuweilen das eine oder das andere in seiner Bedeutung zurückzutreten scheint oder umgekehrt die Neugierde des Volkstanzforschers in besonderem Maße anregen möchte. Diese Elemente, die erst in ihrer Vereinigung den Begriff „Volkstanz" ausmachen, sind, wenn wir sie im groben zusammenfassen: die Musik, die tänzerische Bewegung, die folkloristische oder soziologische Funktion und der Name des Tanzes oder der gesungene Text als literarisches Element.

Wir wollen hier im weiteren die Arbeitsvorgänge nur kurz streifen, die für die Forschung Voraussetzung und Konsequenz sind: die Sammlung und die Publikation nämlich, und uns stattdessen in der Hauptsache mit engeren Aufgabenbereichen beschäftigen, mit der Aufbereitung des Materials und mit den Fragen, die dieses Material selbst uns stellt. Natürlich gibt es übergeordnete Hauptprobleme, wie Entwicklungsgeschichte, Verbreitungsbild und dergleichen mehr, worüber später näher zu sprechen sein wird. Hans von der Au hat in mehreren kleineren und größeren Monographien eine gewisse schematische Reihenfolge von Fragen für verschiedene Tänze verfolgt.[1] Aber speziellere Probleme ergeben sich erst aus der besonderen Lage des Einzelfalls. So ist es nicht verwunderlich, wenn man an ein Material herantritt, ohne von Anfang an zu wissen, welches die Probleme sein werden, die sich im Laufe der Arbeit ergeben werden.

*I*

Wenn wir uns mit einem Materialbestand von Melodien oder Tanzformen beschäftigen wollen, der so groß ist, daß er nicht mehr mit einem Blick zu übersehen ist, sind wir gezwungen, dieses Material in einer sinnvollen Weise anzuordnen, die es uns gestattet, ohne sinnloses Herumblättern jedes gesuchte Einzelstück zu finden. Es ist dies das alte und immer wieder neue Anliegen aller Volkstanz- und Volksliedforscher, ein Anliegen, das in vollendeter und umfassender Form wohl nie seine Erfüllung finden wird.

Es lag nahe, für den Fall der Zwiefachen dieses zentrale Ausgangsproblem in der Weise zu lösen, daß man die Melodien in bestimmte Taktmodelle einteilte; denn diese Taktmodelle schienen das hervorstechendste Merkmal zu sein. Wenn man das Material und seine innere Struktur nicht kannte, mußte dies bei einigem klaren Nachdenken die sinnvollste systematische Einteilung sein. Es ergab sich jedoch bei einer Durcharbeit in dieser Weise, daß eine unübersehbare Vielzahl von Taktschemata vorkommen kann. Wenn man versuchen wollte, diese auf einige Typen zu reduzieren, so mußte man ihnen Gewalt antun. Man konnte sie freilich in eine Art alphabetische Reihenfolge bringen. Aber eine solche Reihenfolge erweist sich als abstrakt, leblos, konstruiert und erfaßt nicht zugleich die Lebensfunktionen des in Frage stehenden Melodienmaterials.

Erst im Verlauf der weiteren Arbeit wurde es klar, daß man diese Melodien primär nach ihrer harmonischen Konstruktion ordnen muß, indem man jeder elementaren Einheit, also dem, was man einen Takt oder ein Motiv, am besten aber einen elementaren Formteil nennen könnte, eine harmonische Funktion zuordnet. Es ergeben sich dabei acht fundamentale Modelle, in die man praktisch den ganzen Melodienbestand sinnvoll einordnen kann. Dieses System, das ich dann auch bei der Publikation von rund 150 Melodien angewandt habe[2], ist nicht etwa von mir *er*funden, sondern nur *ge*funden worden. Es liegt in den Melodien schon selbst beschlossen. Ein einfacher Dorfmusikant, mit dem ich mich einmal darüber unterhalten habe, hat diesen Umstand instinktiv gefühlt, indem er von zwei Melodien, die äußerlich sehr verschieden aussahen, erklärte, daß sie eben denselben Sinn haben. Er fühlt diesen Sinn; unsere Aufgabe ist es, diesen Sinn greifbar zu machen.

Wenn wir für einen Bestand von Tanzmelodien und ebenso auch von Tanzbewegungsformen ein Ordnungssystem festlegen wollen, so dürfen wir dieses nicht vorwegnehmend, abstrakt konstruieren oder etwa von einem anderen Material übernehmen. Wir müssen uns vielmehr die Aufgabe stellen, das vorliegende Material erst einmal zu untersuchen und *das Ordnungsprinzip* zu entdecken, das *in eben diesem Material von Natur aus bereits vorliegt* und mit dem Material geändert werden muß. Denn die Lebensbedingungen und Lebensgesetze aller Melodik und aller tänzerischen Bewegungen sind eben nicht überall die gleichen. Wenn das Ordnungssystem den Zweck erfüllen soll, daß es von sich aus dazu beiträgt, die Erkenntnis zu fördern – und die Kenntnis der Lebensgesetze dessen, was wir erforschen wollen –, so muß das Ordnungssystem doch mit diesen Gesetzen übereinstimmen.

## II

Es geht darum, diejenigen Elemente einander zuzuordnen, die miteinander verwandt sind. Varianten von Volkstänzen können aber auf sehr verschiedene Art miteinander verwandt sein. Dem musizierenden und tanzenden Volk schwebt unbewußt eine typische Gestalt vor, die es beibehält, während die übrigen labilen Gestaltelemente nach Belieben verwandelt oder vertauscht werden. Es gilt, diese typischen Gestalten zu erkennen und sie als Ordnungsfaktoren einzusetzen. Die Entwicklung eines Ordnungssystems und die Untersuchung des Materials müssen daher Hand in Hand gehen, und das zu wählende Ordnungsprinzip muß aus dem jeweiligen Material selbst heraus entwickelt werden.

Dabei treffen wir auf ein Problem, das dann vor allem auch bei der Publikation eine gewisse Rolle spielen wird: Ein einzelnes Ordnungsprinzip allein genügt durchaus nicht. Das geht schon aus der folgenden sehr einfachen Überlegung hervor: Wenn wir alle Varianten einer Tanzmelodie zusammenstellen und ihnen die Bewegungsformen zugesellen, so werden wir bemerken, daß auf einmal wieder sehr unterschiedliche Erscheinungen zusammenkommen: Paartänze und Mehrpaartänze, Tänze mit verschiedenartigen charakteristischen Bewegungen wie Wechselhupf, Klatschen und dergleichen. Und genauso ist es auch umgekehrt. Eben dieser Wechselhupf zum Beispiel, der ja ein sehr charakteristisches Moment darstellt, wird in der Tschechoslowakei zu sehr verschiedenartigen Melodien getanzt. Natürlich wird man solche Tanzformen zusammenführen, um einen Überblick über die Arten des Wechselhupftanzes zu erhalten. Aber die Melodien dürfen diesem Ordnungsprinzip nicht untergeordnet werden, wenn ihre Verwandtschaftsverhältnisse nicht sinnlos auseinandergerissen werden sollen.

Bei den Zwiefachen, von denen wir hier ausgehen, spielt dieses Prinzip eine geringere Rolle. Aber es muß auch hier bedacht werden. So gibt es zum Beispiel eine Melodie, auf die wir noch öfter zurückkommen müssen:

den sogenannten *Nagelschmied*. Dieses Stück kann unschwer als eine melodische Variante des Siebensprungs erkannt werden. Es ist wohl so, daß dieser Tanz nach Nordbayern und Böhmen gewandert ist, dort die Tanzform des Siebensprungs verloren hat und dafür musikalisch „verzwiefacht" wurde. Musikalisch handelt es sich beim *Nagelschmied* also um eine Variante des Siebensprungs, tänzerisch um einen Vertreter der Gattung Zwiefacher. Das Stück muß also zwei verschiedenen Ordnungssystemen unterstellt werden.

Dieser Umstand muß in der Publikation eine Rolle spielen. Wir müssen uns überlegen, ob es nicht angebracht ist, vor allem bei größeren wissenschaftlichen Veröffentlichungen diesem Umstand Rechnung zu tragen und etwa Melodien und Tanzformen getrennt nach verschiedenen Gesichtspunkten geordnet zu bringen. In dieser Weise ist es auf der Seite des Volkslieds etwa in dem *Cancionero popular de la provincia de Madrid*[3] gemacht worden.

## III

Die Volkstanzforschung an sich umfaßt zwei Arbeitskomplexe. Wir haben auf der einen Seite die *deskriptive und komparative Betrachtung des Materials,* und auf der anderen Seite beobachten wir die bestimmten *Lebensgesetze,* denen diese Volkstänze unterworfen sind. Der eine Arbeitsfaktor zeigt, wie der Volkstanz ist, welche charakteristischen Züge, welche technische Struktur, welchen Stil, welche Verbreitung und Geschichtstiefe er hat, welche Beziehungen zwischen den einzelnen Landschaften und Völkern bestehen. Im anderen Bereich wollen wir die Gesetzmäßigkeiten aufspüren, die sich im Leben des Volkstanzes im Volk offenbaren: etwa die verschiedenartigen Züge der Variantenbildung, deren Typen meines Erachtens nicht zufällig sind, sondern mit der nationalen Eigentümlichkeit des Volkes zusammenhängen, oder die Gründe für die Verbreitung des Volkstanzes in einem ganz bestimmten Bereich des Kontinents oder in einer bestimmten Landschaft oder vielleicht das Verhältnis zwischen Musik und Tanz oder den Reiz der asymmetrischen Form, die wir gerade bei den Zwiefachen – aber keineswegs nur bei ihnen – beobachten können. Das sind hochinteressante und wichtige Fragen, die in den Bereich der Psychologie des Tanzes hineinführen. Allgemein besteht die Vorstellung, daß Melodie sich aus Bewegung und Bewegung sich aus Melodie ergibt und daß deshalb beide in ihrer Struktur miteinander übereinstimmen müssen. Ebenso haben wir gerade in Mitteleuropa leicht den Eindruck, daß der Tanz in Musik und Bewegung eine Symmetrie der Struktur erfordert. Zweifellos entsprechen diese Vorstellungen vielfach den Tatsachen, aber beileibe nicht in allen Fällen. Ich glaube nicht einmal, daß sie der Regel entsprechen. Das allgemeine Phänomen „Tanz" ist viel zu tief in den Untergründen des menschlichen Seins verankert, als daß es sich in solche rationale Schemata einengen ließe. Der Urgrund des Tanzes ist irrational. Und das Irrationale hat seine Ausstrahlung bis in die Bereiche unserer formal gefestigten Volkstänze. Wenn wir dem nachgehen, so ist es eine Entdeckungsfahrt in die Bereiche prälogischer Erscheinungen.

Die Zwiefachen sind ja ein Dorado der asymmetrischen Form. Nicht, daß es die symmetrische Form hier nicht gäbe: Formen, in denen sich die Elemente „gerade – ungerade" in konsequenter Paarigkeit abwechseln, sind sehr häufig und haben – wie ich zu beweisen versucht habe[4] – geradezu einen landschaftstypologischen Wert. Daneben aber sind solche Formen, in denen die Einzelelemente wuchern und die symmetrische Form sprengen, sehr häufig. Ich glaube, daß sich hier ein allgemeines Prinzip offenbart, das noch nicht die nötige Beachtung gefunden hat, das aber einer eingehenderen Untersuchung wert wäre: der Umstand nämlich, daß das Verlassen der rationalen Form für den Tänzer ein besonderes Lustmoment darstellt. Es wird berichtet, daß die Musikanten solche motivischen Wucherungen und Iterationen, die wir heute fast nur noch in erstarrten Notenbildern kennen, improvisierten, um die Lust des Tanzens zu steigern. Zweifellos liegt ja überhaupt der Entstehungsgrund der Zwiefachen in der tänzerischen Lust an der gestörten Symmetrie. Viel hängt hier am Musikanten, es ist der Moment, wo der Spielmann oder der Musikant schöpferisch-improvisatorisch den Verlauf des Tanzes bestimmt, wo der Tänzer sich der Eingebung und der Anregung des Musikanten überlassen muß. Es ist dies ein erregendes Prinzip, das wir auf zahlreichen Schauplätzen des europäischen Volkstanzes finden. Ich persönlich habe es nirgends so faszinierend erlebt wie bei dem Wirken des makedonischen Trommlers, der selbst Tänzer ist, der selbst mitsamt seinem Instrument mittanzt und ohne dessen leidenschaft-durchglühten Anreiz dieser Tanz ein lebloses Herumhüpfen wäre. Ihm ist es überlassen, die Zeiten zu überdehnen oder zusammenzuraffen und dadurch die Form in der Willkür *und* in der künstlerischen Gebundenheit seiner Improvisationstechnik zu sprengen. In Resten finden wir eine solche freiheitliche Praktik der Tanzmusik also bei den Zwiefachen wieder.

Das zweitgenannte Prinzip geht im Grunde auf dasselbe hinaus: die gestörte Beziehung zwischen Musik und Tanz. Ich habe beide Prinzipien oft bei Zigeunern des Balkans beobachtet. Und dieser Anschauungsunterricht schien mir immer besonders wichtig, weil sich mir nirgends in dem starken und überzeugenden Maße die tänzerische Urkraft, das Tanzen-müssen, das Urprinzip des Tanzes offenbart hat wie gerade hier. Vielleicht ist die Musik in einer Urschicht nur Stimulans, nicht Taktgeber für den Tanz. Mir scheint, daß sich von daher gewisse Reste des Tanzens gegen die Musik herleiten, die bis in unsere mitteleuropäischen Volkstänze hereinspielen.

In unseren Zwiefachen spielt dieses Prinzip keine so bedeutende Rolle wie das erste, es tritt nur etwa in der Weise auf, daß in der Musik ein nahezu mosaikartiges, unvermitteltes Nebeneinander von geraden und ungeraden Takten vor sich geht, während der sich drehende Körper dieses unvermittelte Nebeneinander schon allein des physikalischen Gesetzes der Trägheit wegen nicht mitmachen kann. Die Tanzelemente „Walzer" und „Dreher" gehen hier also mehr ineinander über.

*IV*

Das Lebensgesetz, das beim Studium der Zwiefachen die wichtigste Rolle spielt und überhaupt für die Erkenntnis des Volkstanzforschers und allgemein des Volkskulturforschers das entscheidendste Gesetz darstellt, ist die *Variantenbildung*. Diese ist im Grunde *das* schöpferische Prinzip der Volkskultur schlechthin. Die schöpferische Kraft des Volkes wirkt sich in dem ewigen Umgestalten der Materie aus, nicht in der Neuschöpfung.

Natürlich kann man einwenden, daß die Entwicklungsgeschichte eines Volkstanzes irgendwo einmal ihren Anfang haben muß. Aber die Suche nach einem solchen Ausgangspunkt, vor dem ein bestimmter Volkstanz eben nicht da gewesen ist, scheint mir ein müßiges Unternehmen. Ich glaube, daß das Prinzip des Schaffens aus dem Nichts heraus im Volk eine ganz geringe Rolle spielt. Vielmehr zeigt sich die Unermüdlichkeit der Schöpferkraft im Volk gerade darin, daß ein vorhandenes Gebilde nie fertig ist, sondern immer wieder umgewandelt wird. Und wenn etwas je einmal altersmorsch geworden ist, dann zerfällt es nicht zu einem Nichts, sondern wird zum Humus, aus dem etwas Neues sprießt. So wenigstens ist es, solange die Schaffenskraft im Volk noch nicht erlahmt ist. Und ich glaube sicher, daß dies trotz der technischen Entwicklung und trotz allen Wandels der gesellschaftlichen Struktur auch in unserem Volk noch nicht zum Abschluß gekommen ist. Jedenfalls bin ich selbst nicht nur einmal Zeuge dieser schöpferischen Leistung gewesen, zum Beispiel wenn von einem alten Musikanten im Bayerischen Wald verlangt wurde, er solle einen Schuhplattler spielen, und wenn er nun ganz ungewollt aus einer bekannten oberbayerischen Schuhplattlermelodie einen neuen Zwiefachen kreierte, einfach weil das Original nicht in seine musikalische Vorstellungswelt hineinpassen wollte.

Für uns hat diese Erkenntnis eine ganz merkwürdige Folge. Wir zeichnen Volkstänze auf, um sie wiederholen, verbreiten und der Nachwelt erhalten zu können. Wir müssen uns aber doch darüber im klaren sein, daß es sich bei diesen Aufzeichnungen, ja womöglich Redaktionen und Drucklegungen von Volkstänzen genaugenommen um erstarrte Gebilde handelt, um Momentaufnahmen, die eigentlich den Namen „Volks"-Tanz schon nicht mehr verdienen. Denn der Eigentumsvermerk „Volks-" bezieht sich auf die fortwährende schöpferische Gestaltung und Umgestaltung der Materie durch das Volk.

Die Kenntnis dieses Umstands ist die Voraussetzung für jede wissenschaftliche Arbeit am Volkstanz. Genaugenommen kann man das Wesen eines Volkstanzes nur dann beurteilen, wenn man sich nicht bloß auf eine einzelne Zufallsgestalt stützt, sondern wenn man die Gesamtheit der Varianten beurteilt, und auch sie dürfen nicht einzeln für sich gesehen werden. Man muß vielmehr bestrebt sein, die Dynamik zu erkennen, die zwischen ihnen arbeitet und von einer Variante zur anderen führt. So wie eine Melodie nicht aus einer Folge von Tönen besteht, sondern die Töne nur Wegzeichen einer hinter ihnen arbeitenden Bewegungsenergie sind, so ist auch das Wesen eines Volkstanzes nicht aus einer Summe von Varianten zu erkennen, sondern die Varianten sind nur Stichproben einer waltenden schöpferischen Verwandlungskraft.

So sind vor allem die synoptischen Tafeln zu verstehen, die ich im Anhang meines Buches über *Die Zwiefachen* gebracht habe.[5] Ich will mit ihnen nicht zeigen, daß verschiedene Melodien bestehen, die einander ähnlich sind, sondern ich will zeigen, daß bestimmte typische Verhaltensweisen vorliegen, die sich in der Variantenbildung so oder so auswirken. Die treibenden Kräfte der Variantenbildung zeigen hier zwei typische Formen. Im einen Fall hat man sich ein Modell zu denken, das sozusagen anonym und abstrakt dem musizierenden und tanzenden Volk vorschwebt und als Ganzes in jedem Fall von Verwandlung beibehalten, melodisch aber immer wieder anders ausgelegt wird. Ich habe hier von einer „ganzheitlichen Umgestaltung" gesprochen, weil die Form als Ganzes beibehalten wird.

Das andere ist diesem entgegengesetzt. Einzelne melodische Motive besitzen einen besonderen Anreiz und werden ohne Rücksicht auf eine Beibehaltung der Gesamtstruktur bis zur Neige ausgekostet, etwa in der Weise, daß ein einzelnes Motiv mehrmals in sich wiederholt wird. Daß dadurch die uns geläufige viertaktige Periode über den Haufen geworfen wird, spielt keinerlei Rolle. Ich habe in diesem Zusammenhang von einer „einzelheitlichen Umgestaltung" gesprochen, weil die Aufmerksamkeit des Musikanten am melodischen Motiv, also an der Einzelheit hängt.

Bei der Untersuchung meines speziellen Materials war es auffällig, daß die ganzheitliche Verhaltensweise des Volkes gegenüber den Tanzmelodien mehr in der Oberpfalz, die einzelheitliche dagegen mehr in Niederbayern und vor allem in der mittelfränkischen Grenzzone zu finden war.

Vor allem die landschaftliche und nationale Charakteristik muß von der Gesamtheit der Varianten und ihrer Deutung her angegangen werden, nicht von der einzelnen Zufallsfassung her, wie man das zuweilen in der Literatur finden kann.

## V

Wenn man sich mit einer Gattung von Volkstänzen beschäftigt, wird man die Frage stellen, wo es überhaupt Tänze dieser Gattung gibt. Raimund Zoder hat zu dieser Frage eine von Karl Horak entworfene Verbreitungskarte der Zwiefachen veröffentlicht[6], die nach den vorhandenen Unterlagen zeigt, daß die Zwiefachen in einem breiten Gürtel quer durch Süddeutschland und tief nach Böhmen hinein verbreitet sind oder waren. Ich glaube nicht, daß man auf der Suche nach dem engeren Begriff des „Zwiefachen" über dieses Verbreitungsbild hinausgehen darf, obwohl sicher noch manche Belege dazu zu erbringen wären. Die Melodik der Zwiefachen ist auf das Gebiet beschränkt, das wir auf dieser Verbreitungskarte umrissen finden. Das bedeutet jedoch nicht, daß unsere Aufmerksamkeit bei der Beschäftigung mit den Zwiefachenmelodien auf dieses geographische Gebiet beschränkt bleiben soll. Vielmehr ist es in jedem Fall so, daß durch den Blick auf verwandte Erscheinungen außerhalb dieses geographisch begrenzten Bereichs oder sogar durch den Blick auf mutmaßlich verwandte Erscheinungen mancherlei Fragen beantwortet werden, die sonst ungeklärt bleiben müßten, oder daß Fragen aufgerissen werden, auf deren Problematik man sonst gar nicht gekommen wäre.

Natürlich kann man taktwechselnde Melodien auch anderswo in Europa finden, zum Beispiel bei den Basken und bei verschiedenen slawischen Völkern. Sie haben aber stilistisch mit unseren Zwiefachen nichts zu tun; auch die tänzerische Ausdeutung ist, so weit man sehen kann, eine andere. Es kommt ja bei der terminologischen Festlegung des Begriffs „Zwiefacher" darauf an, daß ein Wechsel von zwei ganz bestimmten musikalisch festgelegten Taktelementen mit einer ebenso festgelegten tänzerischen Bewegung verbunden wird. *Nur* musikalischer Taktwechsel allein oder *nur* ein Nebeneinander von zwei verschiedenen Tanzfiguren allein ergibt noch keinen Zwiefachen.

Wir finden aber nun eine Art von Tänzen, die nicht nur geographisch, sondern zugleich auch ihrem Typus nach an unsere Zwiefachen anschließen. Es sind Paartänze aus Mähren, die kurzerhand so charakterisiert werden können, daß in ihnen von Takt zu Takt oder von Taktpaar zu Taktpaar nicht nur die Taktart, sondern auch das Tempo gewechselt wird. Es handelt sich dabei, soweit ich sehe, nicht einmal um eine bestimmte Gattung von Tänzen. Vielmehr gibt es von dieser Art in gleicher Weise auch reine Männertänze und Gruppentänze. Mir scheinen diese Tänze deswegen wichtig, weil ich hier den einzigen unmittelbaren Anschluß unseres Zwiefachenprinzips zu einer anderen Tanzgattung sehe.

Viktor Junk hat seinerzeit als den Hauptzeugen für seine These – „deutsch oder tschechisch" – das *Prinz-Eugen*-Lied als eine „bayerische Schöpfung" angeführt.[7] Mir scheint das deswegen etwas gewagt, weil diese

Melodie unter den deutschen Volksliedweisen nicht ihresgleichen hat, und weil – was Junk nicht wußte – umgekehrt unter den Volksliedweisen der Slowenen eine Unmenge von Verwandten dieser Melodie zu finden sind.

Es scheint mir sehr gewagt, zu sagen, die Zwiefachen seien eine deutsche und keine tschechische Schöpfung. Was soll das überhaupt heißen, wenn man sagt, Volkstänze seien eine Schöpfung dieser oder jener Nation? Man kann doch nicht glauben, eines der in Frage stehenden Völker habe sich eines Tages an den Tisch gesetzt und gesagt: „Nun schaffen wir unseren Nationaltanz, und niemand soll dann kommen und sagen, das hätte unser Nachbarvolk geschaffen." Es ist doch alles ein ewig verwandelndes Neuschaffen von bereits Vorhandenem, ein freizügiger und großzügiger Austausch des Materials, mit dem man knetet und modelliert, so wie es einem ums Herz ist, das heißt, wie es eben *diesem* Volk nach *seiner* Konstitution ums Herz ist, ohne daß irgend jemand nach dem Verlagsrecht oder nach dem Recht der Vervielfältigung zu fragen hätte. Es ist eben dieses wunderbare und fruchtbringende „Herrenrecht des Volkes", wie es John Meier genannt hat.

Wer sich mit der vergleichenden Volkstanzkunde beschäftigt, begegnet auf Schritt und Tritt den Zeugen für die Tatsache, daß die Substanz nicht ausschließliches Eigentum eines einzelnen Volkes ist. Richard Wolfram hat im Laufe seines Lebens viele Beispiele von Tänzen gezeigt, die durch ganz Europa wandern, Tänze, die in gleicher Weise von Völkern ganz verschiedener Wesensart getanzt werden. Man kann doch nicht sagen, der Schwerttanz zum Beispiel sei von den Spaniern geschaffen und von den Engländern übernommen worden oder umgekehrt. Es ist ein stetiges gegenseitiges Geben und Nehmen von Grundelementen, die alle diese Menschen in gleicher Weise bewegen, ohne Rücksicht auf ihre Sprache oder auf ihre nationale Eigentümlichkeit. Nicht die *Substanz* ist im letzten Sinne nationales Eigentum, sondern die *Ausdeutung der Substanz*. Tänze können wandern von Volk zu Volk oder sie können entstehen aus der Wanderung von Grundformen, Grundelementen, Grundgedanken. Wichtig ist die Frage, *wie* diese Tänze von den verschiedenen Völkern getanzt und *wie* sie von ihnen weitergegeben werden, *was* die Völker im Zuge der Variantenbildung aus dem „internationalen" Gemeingut nun national machen. Dasselbe gilt auch für die landschaftliche Charakteristik. Und das war letztlich der Grundgedanke meiner typologischen Überlegungen über die landschaftliche Sonderprägung der Zwiefachen in der Oberpfalz und in Niederbayern.

## *VI*

In ähnlicher Weise wie in der räumlichen ist auch in der zeitlichen Komponente Vorsicht zu üben bei der Frage nach Herkunft und Ausgangspunkt. Die Frage, wie alt dieser oder jener Tanz sei, ist meines Erachtens falsch gestellt. Man kann sagen: Zu jener Zeit hat er bereits als ein festes Gebilde bestanden, denn es existieren historische Dokumente. Insofern ist es sehr erfreulich, daß zum Beispiel Franz Krautwurst handschriftliche Belege aus dem 18. Jahrhundert für das Vorkommen der sogenannten *Nagelschmied*-Melodie beigebracht hat.[8] Der *Nagelschmied* ist – wenn wir von der *Prinz-Eugen*-Melodie absehen, die meines Erachtens überhaupt kein Zwiefacher ist – die älteste belegte Zwiefachenmelodie, die wir kennen. Aber selbst wenn es uns gelänge, den genauen Zeitpunkt einer Entstehung zu ermitteln, würde in Wirklichkeit nur ein Abschnitt in einer viel weitläufigeren Entwicklungsgeschichte erreicht sein. Denn es handelt sich ja nicht um eine klare Neuschöpfung, sondern um die Verwandlung einer bereits vorhandenen melodischen Substanz, in diesem Falle nämlich des Siebensprungs. Es würde also ein neues Suchen nach einem weiteren Ursprungszeitpunkt beginnen, und dieses Suchen hätte praktisch nie ein Ende.

Diese Verhältnisse würden auch nicht anders, wenn man statt der Frage nach dem Ursprung einer Melodie oder eines einzelnen Tanzes die Frage nach dem Ursprung einer Gattung oder eines Tanzprinzips stellte, also etwa die Frage nach der Entstehung des Taktwechselprinzips und des damit zusammenhängenden Schrittartwechselprinzips. Gerade damit würde man zu keinem Ziel kommen können. Denn auch dieses Prinzip ist – wie wir gesehen haben – nicht eine freie Erfindung, sondern es fußt auf allgemeinen tänzerischen Urprinzipien, die sich in vielen verschiedenen Gestalten und Abarten durch die gesamte Tanzgeschichte der Menschheit hindurchziehen und letzten Endes ohne eigentlichen Schöpfungsakt, vermutlich sogar ohne abrupte Mutation, in das Zwiefachen-Tanzen einmünden.

Der bayerische Minnesänger Neidhart von Reuental singt im 13. Jahrhundert von Tänzen, die – wie er sagt – „bald gesprungen, bald gehinkt" werden. Natürlich waren das keine Zwiefachen. Aber nichts hindert uns daran, anzunehmen, daß auch hier dieses allgemeine tänzerische Prinzip gemeint ist, bei dem die Störung der Symmetrie für den Tänzer ein besonderes Lustmoment darstellt, also das gleiche Prinzip, das meines Erachtens auch für die Entstehung wie für die Beliebtheit der Zwiefachen noch bis in unsere Tage eine wohl entscheidende Rolle spielt.

## VII

Die Zwiefachen sind ein stilistisch und materialmäßig sehr geschlossener Komplex von Volkstänzen. Wer sich näher mit ihnen befaßt, merkt jedoch die starke Verzahnung mit den umliegenden Bezirken: mit dem Ländler und dem Dreher, mit vielen Bereichen der deutschen Volksweise, aus denen die Zwiefachen ihre melodische Substanz beziehen, mit den böhmischen Volksweisen, mit dem historischen Prinzip des sogenannten Tanzpaars, mit dem im Volksgesang häufig anzutreffenden Prinzip der Wertdehnung und Wertverkürzung und mit vielem anderen mehr. Als Beispiel genommen, zeigt uns die Beschäftigung mit den Zwiefachen mit Deutlichkeit, daß man keinen Volkstanz und keine Volkstanzgattung oder Volkstanzlandschaft ernsthaft und tiefschürfend studieren kann, ohne alle diese expansiven Bezüge zu berücksichtigen. Es gibt keine Volkstanzforschung, wenn nicht eine vergleichende, denn es gibt keinen Volkstanz, der sich inselhaft und ohne Bezug nach außen auf seine eigene Existenz beschränken würde.

## Anmerkungen

* Dieses Referat hat der Verfasser auf einer Arbeitstagung über *Methoden der Volkstanzforschung* 1957 in Stuttgart vorgetragen. Es wird hier erstmals im Druck vorgelegt.
1 H. von der Au, Der Gutacher Siebensprung, in: Das Deutsche Volkslied 38, 1936, S. 67ff. – Ders., Der „Warschauer" im Rheinfränkischen, in: Jahrbuch für Volks- und Heimatforschung 1934, S. 17ff. – Ders., Heit is Kerb in unserm Dorf. Tänze rechts und links der Saar, Kassel 1954. – Ders., Volkstänze aus Nassau (Deutsche Volkstänze Heft 30/31), Kassel 1936. – Ders., Wann ich uff Linnefels gäih, in: Volk und Scholle 14, 1936, Heft 6.
2 F. Hoerburger, Die Zwiefachen. Gestaltung und Umgestaltung der Tanzmelodien im nördlichen Altbayern, Berlin 1956, S. 135ff.
3 Cancionero popular de la provincia de Madrid, Barcelona/Madrid 1951ff.
4 F. Hoerburger, Die Zwiefachen, S. 70ff.
5 Ebenda, S. 103ff.
6 R. Zoder, Der deutsche Volkstanz, in: H. Moser/R. Zoder, Deutsches Volkstum in Volksschauspiel und Volkstanz, Berlin 1938, S. 177.
7 V. Junk, Das Lied vom Prinzen Eugen – eine bayerische Schöpfung. Ein Beitrag zur Geschichte des süddeutschen Volkstanzes, in: Mitteilungen der Akademie zur wissenschaftlichen Erforschung und Pflege des Volkstums 1934, 3.Heft, S.295ff.
8 F. Krautwurst, Der Zwiefache. Zur Geschichte unserer taktwechselnden Volkstänze, in: Zeitschrift für Musik 114, 1953, S. 528-533.

# Einiges über die Zwiefachen in Bayern

Was ist ein Zwiefacher? Die Antwort, die man auf diese Frage gewöhnlich erhält, lautet: ein taktwechselnder Tanz. Aber diese Antwort ist sehr unzureichend. Denn Tanzweisen mit wechselndem Takt gibt es in unendlich vielen Abarten in Europa bis hinauf zu den Tanzkompositionen unserer großen Komponisten. Man sehe sich daraufhin die Correnten in Johann Sebastian Bachs Suiten an und man wird feststellen, daß hier häufig der gerade für diesen Tanz charakteristische Wechsel zwischen $^6/_4$- und $^3/_2$-Takt zu finden ist, wenngleich dieser Wechsel nicht eigens notiert ist. Und denselben Wechsel gibt es auch in dem allbekannten Wiener Walzer! Aber das sind natürlich alles keine „Zwiefachen".

Zu den Zwiefachen gehören vielmehr noch zwei ganz entscheidende Merkmale: *Da ist einmal ein unverkennbarer nordbayerischer Musizierstil.* Man versuche nur einmal, unter Heranziehung eines originalen Zwiefachen-Taktschemas eine neue Melodie zu konstruieren ohne den typischen bayerischen Melodiestil. Man wird sehen, daß man darauf nur mit Widerstreben und mit Zwang wird tanzen können! Es ist ein unwägbares Etwas, das einem den gehörigen Schwung gibt, es genügt keineswegs ein einzelnes konstruktives Prinzip, auch wenn es als erstes und wichtigstes ins Auge springen möchte.

*Das allerentscheidendste aber ist die Art, wie nun zu diesen Melodien getanzt wird.* Für den Wechsel kommen bei aller hundertfältigen Verschiedenheit der unzähligen uns erhaltenen Zwiefachenmelodien immer nur zwei Taktarten in Frage: der $^3/_4$- und der $^2/_4$-Takt. Zu dem ersteren tanzt man einen Walzerschritt, zu dem letzteren einen Dreher. Und wenn wir uns das richtig vorstellen, oder besser noch, wenn wir es selber einmal probieren, dann haben wir gleich den ganzen merkwürdigen Bewegungscharakter der Zwiefachen, der für den, der ihn verstanden hat, so unendlich beglückend werden kann, erfaßt: Man zählt 1 – 2 – 3 und macht drei Schritte rechts – links – rechts. Und dann zählt man 1 – 2, also ein Viertel weniger und macht – nur *einen* Schritt, der im Vergleich zu den schnelleren Schritten des Walzers gedehnt, „gespannt" wird, weswegen man diesen Schritt im niederbayerischen Volksmund auch den „Spanner" nennt.

Damit ist die Erklärung für die Tanzbewegung im Grunde schon erschöpft, wenn man nebenbei noch hinzufügt, daß mit diesen Schritten fortwährend gedreht wird, und zwar heute fast ausschließlich rechts herum, während man früher sich ausschließlich links herum (gegensonnen) drehte. Aber, wie gesagt, mit den genannten Schritten ist der Bewegungsablauf des Tanzes erschöpfend erklärt: Man tanzt Walzer, und sobald die Musik in den geraden Takt übergeht, wird der einzelne Schritt auf die doppelte Zeitdauer gedehnt.

Eine sehr merkwürdige Erscheinung ist nun die, daß der nordbayerische Dorfmusiker die Musik sozusagen aus dem Tanz heraus versteht, wenn er die Melodie in sein Tourenbuch einschreibt. Es ist eigentlich eine Tanzschrift, deren er sich bedient. So notiert er zum Beispiel den *Saulocker* folgendermaßen:

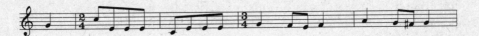

und er meint es so, daß auf jedes *notierte* (nicht gespielte!) Viertel ein Schritt erfolgt – im geraden Takt freilich halb so schnell wie im ungeraden. Die tatsächliche Ausführung, die er als Wissender selbstverständlich aus der obigen Notation herausliest, würden wir folgendermaßen notieren, wobei wir unter die Notenlinie noch die Folge der Schritte setzen (rechts – links – rechts usw.):

Wie mag eine so merkwürdige Tanzform entstehen? Ich glaube, sie entsteht aus einem Gefühl heraus, das jeder wirkliche Tänzer kennt, das aber nur den wenigsten bewußt ist: *daß nämlich das Tanzen gegen den Rhythmus der Musik oder aber das Tanzen zu einer rhythmisch asymmetrischen Musik viel schöner ist als das absolute Gleichmaß.* Weil der Mensch keine Maschine ist, darum muß seine Lebensäußerung ein gerüttelt Maß Irrationalität besitzen. Jeder Musiker kennt den Begriff der „Agogik", der ihm bei dem echten künstlerischen Vortrag ein Abweichen vom starren Gleichmaß vorschreibt. Der Tanz, der unseren Körper in das rhythmische Geschehen miteinbezieht, kennt unzählige Möglichkeiten, mit denen er es bewerkstelligt, von eben dieser Starrheit abzuweichen. Eine von diesen Möglichkeiten haben wir hier bei den Zwiefachen vor uns.

Das *Tanzen* der Zwiefachen kennt nur die eine Möglichkeit, nämlich diejenige des Dehnens eines Schrittes im ungeraden Takt auf die doppelte Zeitdauer. Bei der *Musik* ist das alles viel komplizierter, und wir können hieraus entnehmen, daß der Nordbayer, der für seinen Zwiefachentanz immer wieder eine neue Musik haben will, zu den verschiedenartigsten Melodie*quellen* greift – bis zum norddeutschen Volkslied, wie wir gleich sehen werden! – und daß er, wenn ihm nicht von vornherein die Erfindung einer neuen Melodie gelingt, zur „Verzwiefachung" von gleichtaktigen Weisen greift und dabei verschiedene, man darf sagen, mitunter geradezu entgegengesetzte Wege beschreitet. Ein Beispiel mag das beleuchten. Eine bekannte Ländlermelodie heißt so:

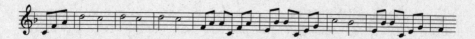

Sieht man nun daraufhin die nächstfolgende Melodie eines Zwiefachen an, so wird man kaum übersehen können, daß die beiden Melodien bei aller Verschiedenheit im einzelnen doch offenbar gleichen Ursprungs sind, daß eine irgendwie aus der anderen entstanden ist oder daß sich beide aus dem gleichen Vorbild entwickelt haben. Wie aber sieht nun eine solche Entwicklung aus? Da wird aus einem $^3/_4$-Takt des Ländlers ein $^2/_4$-Takt des Zwiefachen. Der Takt wird also hier nicht gedehnt, „gespannt", sondern vielmehr gekürzt. Die Melodie heißt *Einfacher*:

Damit aber nicht genug. Von demselben Melodietypus gibt es eine ganze Reihe von Abwandlungen, bei denen gerade das Gegenteil geschieht: Dieselben Takte, die eben noch verkürzt worden waren, zeigen sich nun gedehnt oder gar vervielfältigt. So hat zum Beispiel der sogenannte *Achtundvierziger* folgende Gestalt:

Solche Erscheinungen wären in zahllosen Beispielen und in immer neuen, geradezu phantastischen Variationen zu beobachten. Sie zeigen uns, wie mir scheint, daß in dem Volk, das diese Melodien sein eigen nennt und heute noch nach ihnen leidenschaftlich gerne tanzt, eine ganz erstaunliche Gestaltungskraft liegt. Zugleich zeigen sie uns aber auch, daß wohl in diesen Melodien und ihrer Art etwas liegt, was zum immer neuen Gestalten und Umgestalten herausfordert. *Und in der Tat möchte man sagen, daß kaum sonstwo in Deutschland eine Form von Volkstanz noch so lebendig ist wie die Zwiefachen.* Was man kaum für möglich halten möchte: Überall in Nordbayern, selbst in den Städten, wo natürlich die international genormten Gesellschaftstänze längst mit mehr oder weniger Geschick und Geschmack praktiziert werden und zum Gemeingut geworden sind, konnten dennoch die Zwiefachen nicht ganz verdrängt werden, und zu einer Tanzerei selbst in der Großstadt Regensburg gehört selbstredend nach wie vor zur rechten Zeit und in vorgerückter Stunde auch eine „Partie Zwiefache", das heißt, eine Folge von drei oder vier verschiedenen Melodien, von denen jede mehrmals durchgespielt wird. Der Grad der Beliebtheit ist freilich unterschiedlich. Aber vergessen sind die Zwiefachen nirgends, und vor allem auch bei der Jugend werden sie immer noch mit großem Eifer gepflegt.

Wenn ich aber von einer blutvollen Lebendigkeit spreche, die wir an den Zwiefachen in viel stärkerem Maße beobachten dürfen als an irgendeiner anderen Art des deutschen Volkstanzes, so meine ich das noch in einem anderen Sinn. *Es ist nämlich so, daß die Melodien der Zwiefachen noch ganz eingespannt sind in den lebendigen Prozeß des Werdens, der fortwährenden Verwandlung und des Vergehens,* wobei das „Vergehen" nicht als ein Absinken in ein Nichts zu verstehen ist, sondern als eine Verwandlung in den Humus, aus dem neues Leben sprießen kann. Es ist keineswegs so, daß alle diese Melodien ein für alle Male da sind in einer ganz bestimmten verbindlichen, festgelegten Form. Wohl gibt es ein bestimmtes „Stammrepertoire", eine Anzahl von Stücken, die immer wieder erscheinen, die in den meisten Bezirken des Landes bekannt sind, die seit Jahrzehnten nachgewiesen werden können und an die man zuerst denkt, wenn man von den Zwiefachen spricht. Daneben aber, und vor allem in den nördlichen Teilen des Verbreitungsgebietes, in der Oberpfalz, entstehen immer wieder neue Melodien, oft aus einer übermütigen Stimmung auf dem Tanzboden, Melodien, die vielleicht morgen schon wieder vergessen sind, wenn nicht zufällig einer da ist, der sie sich aufschreibt.

Dieses Neuentstehen geht natürlich keineswegs so vor sich, daß etwas aus dem Nichts heraus geschaffen wird. Es gibt da vielmehr ganz bestimmte Formen der „Produktion", die man auf einige wenige Nenner bringen kann. Eine von diesen Gestaltungsarten besteht darin, daß ein bestimmtes Formmodell vorhanden ist und immer wieder neu verwendet wird, ein alter Schlauch sozusagen, in den immer wieder neuer Wein gegossen wird. Da gibt es eine aus mehreren Spielern bestehende Musikkapelle, die immer wieder die Folge derselben Akkorde in demselben Rhythmus spielt, was man durch ein Schema darstellen könnte. Etwa so:

$$|: T \quad T \quad D \quad T \; :|: \; D \quad T \quad D \quad T \; :|$$
$$|: 2 \quad 2 \quad 3 \quad 3 \; :|: \; 2 \quad 2 \quad 3 \quad 3 \; :|$$

Das heißt: Das Stück hat zweimal vier Takte, je zwei $^2/_4$- und zwei $^3/_4$-Takte. Die Begleitung spielt in jedem Takt eine einzige Harmonie, deren Folge lautet: Tonika – Tonika – Dominante – Tonika usw. Über diesem rhythmisch-harmonischen Fundament läßt sich nun allerhand Verschiedenes musizieren. Und wenn nur ein begabter Klarinettist da ist, so kann er immer neue Melodien hervorzaubern, die alle zu demselben Fundament der Begleitung passen.

In einer Handschrift aus dem oberpfälzischen Ort Tännesberg, die wohl noch aus der Zeit vor der Mitte des vorigen Jahrhunderts stammt und die ich durch einen glücklichen Zufall auffinden konnte, stehen eine ganze Reihe von Melodien, die wohl auf diese Weise entstanden sind. Ich gebe drei davon als Beispiel wieder, und man versuche es einmal, sie zu dem obigen harmonisch-rhythmischen Fundament zu spielen, es wird ebenso gelingen wie bei den übrigen Melodien, deren Abdruck wir uns hier ersparen müssen:

Man sieht also, es ist immer schon eine Art von Substanz da, bevor etwas Neues improvisiert wird, und diese musikalische Substanz wird nur immer wieder neu auffrisiert. Und das gilt auch für die anderen Möglichkeiten der Gestaltung, die wir in der lebendigen Musizierpraxis der Zwiefachen in Nordbayern beobachten können.

Ein kleines Erlebnis mag zeigen, wie das so gehen kann. Ich hatte im Bayerischen Wald nahe Passau einen Zitherspieler aufgesucht. Die Stube war voller junger Leute, die alle etwas hören und schließlich auch tanzen wollten. Da kam einer von ihnen auf den im Grunde unsinnigen Gedanken, von dem Musikanten einen Schuhplattler zu fordern. Ich sage „unsinnig", denn wie kann man von einem gesunden niederbayerischen Musikanten verlangen, daß er zu einem Tanz aufspielt, der in seiner Art überhaupt nicht in die niederbayerische Landschaft hineinpaßt?! Der arme Mann sträubte sich auch zunächst, es half ihm aber nichts. Man pfiff ihm die Melodie vor, und er mußte wohl oder übel aufspielen. Das ging dann auch ein paar Takte lang ganz gut. Dann aber geschah das Wunderliche: Es wurde aus der Melodie des Schuhplattlers ganz plötzlich ein Zwiefacher.

Das ist nicht im mindesten ein Sonderfall, viel eher möchte man sagen, es ist ein Normalfall. Denn eine Vielzahl von Melodien der Zwiefachen sind unzweifelhaft auf diese Art und Weise entstanden. Vielleicht eines der ungewöhnlichsten Beispiele, das aber gerade deshalb überzeugend wirken muß, ist jenes, bei dem ein sehr bekanntes niederdeutsches Liebeslied, das vielleicht durch die Wandervögel in den Bayerischen Wald verschlagen worden sein mag, „verzwiefacht" wurde:

Aus diesem Lied wurde die folgende Zwiefachenweise:

Aber selbst wenn dann einmal eine solche Zwiefachenmelodie entstanden ist und sich nun entweder durchsetzt und verbreitet wird oder aber das Alleinmusiziergut eines einzelnen Musikers bleibt, selbst dann ist die Entwicklung nicht abgeschlossen. Auch aus diesem fertigen Zwiefachen kann vielmehr wieder etwas anderes, Neues entstehen, und die Erfindungsgabe und der Erfindungswille des einheimischen Musikanten scheint in dieser Hinsicht wirklich unerschöpflich.

Wir wollen einmal einer solchen Entwicklungsgeschichte nachspüren. Jedermann kennt das sogenannte *Besenbinderlied*, jenes deutsche Volkslied, das durch die musikalische Jugendbewegung wieder neu in Umlauf gebracht worden ist:

Von diesem Lied gibt es eine „Verzwiefachung". Und daß die beiden Melodien tatsächlich zusammengehören, zeigt nicht nur der Verlauf der Melodie, sondern auch die textliche Verbindung. Der Singtext des *Besenbinderliedes* lautet:

> Ich hab meinen Weizen am Berg gesät,
> hat mir'n der *böhmische Wind* verweht.

Der daraus entstandene Zwiefache aber heißt *Böhmischer Wind* und gehört mit zu den bekanntesten und weitverbreitetsten Melodien dieser Art überhaupt, eben zu dem, was wir vorher das „Stammrepertoire" genannt haben:

Plötzlich fällt es nun einem Musikanten ein, um die Tänzer zu „tratzen", das heißt, um sie zu ärgern, in Wirklichkeit aber, um ihnen den Reiz des „Irrationalen" in der Form zu erhöhen, mittendrin noch zwei Takte mehr zu spielen, und es entsteht eine neue Melodie, die unter dem Namen *Pfifferling* bekannt ist. Genauer gesagt, sie ist nicht in der Weise bekannt wie der *Böhmische Wind*, das Ausgangsprodukt der neuen Weise. Sie ist der Einfall eines einzelnen:

Aber nicht genug damit. Ein anderer kann noch viel mehr und er findet gar nicht genug, um die einzelnen Teile der Melodie immer noch einmal auszukosten und damit letzten Endes auch dem Tanzvolk den Spaß zu erhöhen. Es entsteht die Melodie *Enten und Gäns*:

Und wieder ein anderer hört das, möchte es gerne nachmachen, vergißt aber die Hälfte, und wir haben erneut eine andere Melodie, den *Seihmüller*:

Das Gestaltungsprinzip, das wir soeben kennengelernt haben, ist unzweifelhaft eines der charakteristischsten in der Zwiefachenmelodik überhaupt, und wir finden Stücke, bei denen aus lauter Übermut und Lust am Musizieren und am Auskosten einer einzelnen melodischen Formel diese immer noch einmal in sich wiederholt wird. Man glaubt, der betreffende Musikant kann daran gar nicht genug finden, und wir stellen uns die Freude eines tanzenden Paars vor, das sich durch solche Kunstgriffe in eine wahre Begeisterung hineintanzt, die übrigens nur der so recht verstehen kann, der den Wirbel, in den man beim „Eintreten" gerät, schon einmal selber als Tänzer erlebt hat.

Sehen wir zum Beispiel, wie im Nachsatz des *Hansmelcherla* aus der Gegend südlich von Nürnberg ein einzelnes Motiv ausgekostet wird:

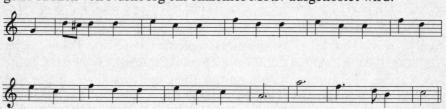

Dieses Prinzip dürfte überhaupt zu den musikalischen Ausgangspositionen der Zwiefachenmelodik gehören. Wir kennen über dieselben ja nur wenig, was aus der Zeit vor 1800 stammt. Zu diesem Wenigen aber gehört der bekannte *Nagelschmied,* der eine gewisse Sonderstellung einnimmt, und dessen Vorgeschichte, soweit wir sie rekonstruieren können, besonders interessant ist. Dieser Tanz ist für die ganze Gattung so wichtig, daß Johann Andreas Schmeller, der berühmte Verfasser des *Bayerischen Wörterbuchs,* in den zwanziger Jahren des vergangenen Jahrhunderts das Zwiefachtanzen so definiert hat: „Zwiefachtanzen, das heißt nach der älteren bayerischen Manier, deren Musikweise im bekannten Volksliede der Nagelschmied nachgeahmt und ausgedrückt ist."

Dieser Tanz aber geht zurück auf eine in Westeuropa bis hin zu den Pyrenäen sehr verbreitete Tanzform, die man auch bei uns noch kennt, auf den Siebensprung. Dieser Tanz wird etwa in der Weise ausgeführt, daß nach einfachem Herumgehen im Kreise auf das letzte Motiv eine bestimmte Bewegung ausgeführt wird, etwa ein Vorsetzen des rechten Fußes. Dann wird das ganze wiederholt, wobei aber nun das letzte Motiv zweimal gespielt wird, und nun nacheinander zuerst der rechte und dann der linke Fuß vorgesetzt wird. Und so geht das weiter, bis bei der siebenten Wiederholung das betreffende Motiv siebenmal gespielt wird und dazu hintereinander sieben Bewegungen gemacht werden, bei deren letzter alle mit der Stirn den Boden berühren.

Der *Nagelschmied* nun, der übrigens oft auch „Siebenmal aufi, siebenmal abi" genannt wird, ist in der Melodie genauso gebaut. Und tatsächlich

lassen sich auch bei der Heranziehung von vielen Varianten des Siebensprungs direkte Verwandtschaftsbeziehungen zwischen den beiden Tänzen
feststellen. Der *Nagelschmied* hört sich so an:

Auch hier wird das letzte Motiv, umfassend die letzten drei Takte, zuerst
nur einmal, dann zweimal usf. bis zu siebenmal gespielt: „siebenmal aufi".
Der Taktwechsel kommt in dem ganzen Stück nur einmal vor, nämlich in
eben diesem Schlußmotiv. Und auch das leuchtet uns im Zusammenhang
mit dem Siebensprung ein, wenn wir daran denken, daß die Melodie des
Siebensprungs in einem gleichmäßigen Tempo durchläuft bis zum Schlußmotiv, dessen Töne mit Fermaten dergestalt gedehnt sind, daß man jeweils
die sieben Bewegungen ohne Hast ausführen und richtig auskosten kann.

Was aber nun beim Übergang vom Siebensprung zum *Nagelschmied*
eine entscheidende Veränderung bedeutet, besteht darin, daß die Erinnerung an die sieben Sprünge offenbar gänzlich verlorengegangen ist, daß
man tänzerisch etwas ganz anderes daraus gemacht hat, ohne jedoch
gleichzeitig auch die merkwürdige Wiederholung des musikalischen
Schlußmotivs aufzugeben. Aber eben *weil* die Verbindung mit diesen Bewegungen verlorengegangen ist und man den Höhepunkt in der rituellen
Berührung des Bodens nicht mehr kennt, eben deshalb geht man jetzt den
Weg auch wieder zurück: „siebenmal abi", das heißt, man reduziert die
Wiederholung des Schlußmotivs so lange, bis man wieder bei 1 angelangt
ist. Daß das ganze eine besondere Lust für die Tänzer bedeutet, weil sich
der Wirbel langsam, aber sicher immer mehr steigert, das kann man sich
vorstellen. Und manch einer von den Älteren weiß zu berichten, daß besondere Zwiefachenfeinschmecker sich mit Vorliebe den *Nagelschmied*
bestellt und dabei auf das Geld nicht geschaut haben.

Aus alledem sehen wir, daß die Zwiefachen keine isoliert für sich stehende Welt darstellen. Das gibt es überhaupt nicht: einen bestimmten
Volkstanz, eine Volkstanzgattung, eine Volksmusik, die keine Verbindung zu den umliegenden, ja selbst fernerliegenden hätte. Und dabei kommen wir zum Schluß noch auf einen sehr interessanten Punkt. Zwiefache
im engeren Sinne gibt es nämlich keineswegs nur in Bayern. Ihr Verbrei-

tungsgebiet zieht sich vielmehr in einem breiten Gürtel hinüber bis in den Schwarzwald und im Osten über die Grenze nach Böhmen und Mähren hinüber.

Und weil nun die Böhmen auch die Zwiefachen tanzen, deshalb hat es früher über die Herkunftsfrage „deutsch oder tschechisch" manchen Mißton gegeben. Sicher ist demgegenüber, daß jedes dieser beiden hochmusikalischen Völker, das bayerische wie das böhmische, das Seine zu der Entstehung dieser Tänze beigesteuert hat.

Interessant ist es auf alle Fälle, bayerische und böhmische Zwiefache nebeneinanderzuhalten und sie miteinander zu vergleichen. Es gibt viel Verwandtes, aber auch ebensoviel Trennendes. Weiter im Osten, bei den Mähren, tritt zum Taktwechsel noch der Tempowechsel, und die Möglichkeiten der Gestaltung erhalten dadurch eine neue Nuance.

Gerade aber aus dem Vergleich zwischen deutschen und tschechischen oder mährischen Zwiefachen ergeben sich mancherlei neue Gesichtspunkte in all den Problemen, die im Zusammenhang mit diesen Tänzen auftauchen. Gerade die eben schon erwähnten mährischen Tänze mit ihrem taktweisen Tempowechsel müssen uns fast wie eine Art Übergang erscheinen, wie eine übriggebliebene Entstehungsform der taktwechselnden Tänze. Sehen wir uns zum Beispiel die folgende Melodie an, die *Lišenka*, der wir die im Original angegebenen Tempobezeichnungen beifügen:

Wohl eines der interessantesten Beispiele aber ist der Vergleich folgender Melodien, aus dem wir, wie es scheint, das langsame Herauswachsen eines Zwiefachen aus einer gleichtaktigen Melodie verfolgen können:

Die Fassung a ist ein Kuhländler Dreher. Sie zeigt einen durchgehenden
²/₄-Takt, jedoch offenbart uns die Tanzbewegung meines Erachtens deutlich, worauf das ganze hinausgeht: Es werden je zwei Takte Nachstellschritte und zwei Takte Dreher getanzt. Die Nachstellschritte sind aber
nichts anderes als verkümmerte Walzerschritte. Die zweite Fassung b hat
durchgehenden ³/₄-Takt. Es ist der *Věneček* aus der mährischen Hanna.
Die Tanzanweisung fordert trotz der Gleichtaktigkeit einen Wechsel von
zwei Takten Walzer und drei (oder vier?) Takten Dreher. Die nächste Fassung c ist ebenfalls ein *Věneček* genannter Tanz aus der Hanna, diesmal
Taktwechsel.

Die Quelle gibt keine Tanzbeschreibung. Doch versteht sich der Wechsel von Walzer und Dreher. Die letzte Fassung d ist der *Motovidlo* aus Böhmen, der durchweg bis zum Walzernachsatz mit Hüpfschritten im ³/₄-Takt
getanzt wird.

Wie in so vielen anderen Dingen können wir für unser Eigenes nur lernen, wenn wir einmal einen Blick über die Grenzen unseres Landes werfen, zumal über die Grenze zu den slawischen Völkern, mit deren Volkskultur unsere eigene vielerlei Verwandtes aufzuweisen hat, einfach auf
Grund der jahrhundertelangen Nachbarschaft. Und so dürfen wir auch
nach dem Blick hinüber zum böhmischen *Směsek* und *Kucmouch*, zum *Ta-
lian* und zum *Bavorák* und wie sie alle heißen mögen, zurückkehren und
uns an unseren eigenen bayerischen Zwiefachen erfreuen. Und wenn ich
daran anschließend und zugleich abschließend meinen Lesern einen recht
guten Rat erteilen darf, so wäre es dieser: Man möge die Zwiefachen nicht
nur theoretisch lesen, man möge sie auch nicht etwa nur musizieren. Man
muß sie tanzen. Und man wird wahrhaftig seine helle Freude daran haben.

# Ländler

Ländler (schriftdeutsch für Landler) ist der Sammelname für die in der bayerisch-österreichischen Landschaft beheimateten, im ganzen süddeutschen Sprachgebiet und darüber hinaus verbreiteten Volkstänze im langsamen $^3/_4$-Takt. Das Wort bedeutet nicht „ländlicher Tanz", sondern bezieht sich auf die volkstümliche Bezeichnung „Landl" für das oberösterreichische Kernland, das als Herkunftsgebiet des Wortes, wenn auch nicht der Sache, gelten kann.

Die Vorgeschichte des Ländlers verliert sich in der Anonymität der schriftlosen Volksüberlieferung. Der Tanz ist viel älter als die Verwendung seines Namens, die (abgesehen von einer Ausnahme) erst um 1800 zu belegen ist. Jedenfalls waren vorher anstelle des Sammelnamens zahlreiche lokale Bezeichnungen für denselben Tanz im Gebrauch, und teilweise sind sie es auch heute noch, wie etwa „Wickler" in Salzburg, „Scheiben" in Niederösterreich, „Bayerischer oder Deutscher Dreher" in Nordbayern. Dokumente für das Alter der Ländlerüberlieferung sind mehr choreographischer als musikalischer Natur: bildliche Darstellungen, welche die charakteristischen, sehr verwickelten und dynamischen Fassungen im Paartanz zeigen, die im Gegensatz zu der statischen Haltung bei anderen Paartänzen fortwährend wechseln und im Vergleich zu den relativ einfachen Schrittformen mit die Hauptschwierigkeit des Ländlertanzens darstellen. Für die Vervollständigung der bis in das Mittelalter zurückreichenden Überlieferungskette werden, vor allem von Wolfram, weiterhin skandinavische Parallelen von Werbetänzen, einzelne literarische Dokumente wie etwa die 1768 von Guillaume veröffentlichten *Positions et attitudes de l'Allemande* und nicht zuletzt Sprachinseltraditionen bei den aus dem Salzkammergut stammenden Holzknechten in der Karpato-Ukraine und bei den von ihren sächsischen Nachbarn als „Landler" bezeichneten Oberösterreichern in Siebenbürgen herangezogen. Inwieweit andere literarisch belegte Tänze wie etwa die auch „Saltarello tedesco" genannte Quaternaria mit dem Ländler in Verbindung gebracht werden können, ist fraglich.

Im Zusammenhang mit Musik tritt der Name „Landerli" erstmalig in einem Kremsmünsterer Lautenbuch des 17. Jahrhunderts auf. Trotz der Vorschrift C kann es sich um eine Ländlermelodie handeln; geradtaktige Ländler kommen in Oberösterreich vor. Sehr wichtig für die musikalische Vorgeschichte des Ländlers, weil im „deutschen Musikbarock einzig dastehend" (Nettl), sind die Tanzmelodien in Johann Heinrich Schmelzers Ballettsuiten; unter ihnen befinden sich deutlich erkennbare Ländlermelodien. Eine weitere solche Melodie aus einem deutschen Schäferspiel des 17. Jahrhunderts interessiert wegen der Art ihrer Begleitung:

Außerhalb der Volkstradition hat der Ländler erst bei den Komponisten der Wiener Klassik Beachtung gefunden. Die Bezeichnungen „Deutscher Tanz" und „Ländler" werden wechselweise verwendet; dann richtet sich das Interesse stärker auf den Walzer, der sich als abschließender Rundtanz des Ländlers von diesem abgespalten und nach seiner Aufnahme in die Salons entsprechend dem auf dem Parkett verwendeten leichteren Schuhwerk eine erhebliche Steigerung des Tempos erfahren hat. Die zwölf Ländler von Leonhard von Call (1800) sind nur insofern von Interesse, als hier nach dem genannten „Landerli" erstmalig der Tanzname Verwendung findet. Die deutschen Tänze von Mozart und Haydn haben Ländlercharakter. Die *Mödlinger Tänze* (angeblich von Beethoven) dagegen unterscheiden zwischen Ländler und Walzer.

Die gewöhnliche Ländlermelodie besteht aus einer symmetrischen achttaktigen Periode im gemächlichen $^3/_4$-Takt. Sechstakter sind vielleicht Überbleibsel älterer Musizierformen. Da die Tanzfiguren grundsätzlich achttaktige Perioden erfordern, sind Sechstakter nur in einer Kombination mit sich selbst oder mit Achttaktern zu verwenden, deren Gesamtzahl durch 8 teilbar ist, also zum Beispiel 6+6+8+6+6=32. Daß sich dabei zwischen Takt und Musik Phasenüberschneidungen ergeben (zu fünf musikalischen Formeinheiten werden vier tänzerische ausgeführt), ist nichts Ungewöhnliches.

Drei Untergliederungen des Ländlers werden unterschieden: Steirischer, Landler und Schuhplattler. Die Elemente sind in der Hauptsache dieselben, und die drei Arten unterscheiden sich nur durch ihre verschiedene Betonung: das Werben des Burschen, die aus dem einfachen „Wickeln" hervorgegangenen Fassungsvarianten des tanzenden Paares, das „Paschen" der Burschen und das Singen von Tanzliedern. Der Steirer, dessen Name auch schon im 17. Jahrhundert belegt ist (Cod. 18808 der Österreichischen Nationalbibliothek Wien), ist im wesentlichen in dem dünner besiedelten Gebirgsland der Ostalpen beheimatet. Hamza nennt ihn „Almerisch-Wallnerisch", das heißt von Gebirglern und Waldbauern gepflegt. Der Steirische wird vom einzelnen Paar mit einfachen Formen, aber gerne in freier Gestaltung getanzt. Figurenreiche Formen sind nachträglich von Vereinen konstruiert. Die Tänzer geben durch einen anfangs gesungenen Vierzeiler (Schnadahüpfel) Tonart und Melodiecharakter an, die dann von Spielleuten übernommen werden. Auch beim „Landla" im dichter besiedelten nordösterreichischen Alpenvorland spielen das Paschen und das

Singen in der Abwechslung mit der Instrumentalmusik eine wichtige Rolle. Aber hier werden die Einzelpaare zu einer Gruppe zusammengefaßt, in der jedes Paar genau die gleiche Bewegung auszuführen hat. Die Folge der Figuren wird von den dörflichen Bünden (Ruden, Zechen oder Passen) erdacht und zum Memorieren auf einen Zettel notiert (Zettellandler) und kann deshalb von einem, der nicht der betreffenden Zeche angehört, auch nicht getanzt werden. Das Prinzip des Werbens tritt hier zurück im Vergleich zum Steirischen und auch zum Schuhplattler, der vor allem im bayerischen Oberland und im angrenzenden Tirol und Salzburg zu Hause ist. Hier ist das Singen völlig verlorengegangen, was auch zu der kräftigen Blasmusik gar nicht mehr möglich wäre (zu Steirer und Landler spielen zwei Geigen, die nur zuweilen vom Streichbaß begleitet werden). Der Schuhplattler ist wieder, wie der Steirer, ein Werbetanz, bei dem zwischen den Rundtanzeinlagen das zum „Platteln" gewordene „Paschen" Hauptcharakteristikum wird. Der Übergang zur ausschließlichen Instrumentalmusik hat zur Folge, daß die Melodien im allgemeinen vom Achttakter (Steirer und Landler) zum Sechzehntakter übergehen.

Tempo und Takt im oberösterreichischen Landler wechseln. Die Musik paßt sich den Intentionen der Tänzer, ihrer Bewegung und ihrem Gesang an. Der Takt schwebt zwischen gerade und ungerade, entsprechend einer „hinkenden" Bewegung der Tänzer. Musikalisch wird dies durch Dehnung des dritten Viertels erreicht: Der Landlergeiger, der ohne Baß-Begleitung spielt, schlägt mit dem Fuß das erste und das dritte Viertel und läßt diese beiden Schläge zu fast gleichen Werten werden. In der Melodie selbst werden gegenüber dieser metrischen Begleitung nur einzelne formal oder melodisch (nicht taktmäßig) wichtige Noten betont; der Volksmund sagt, der Landler habe überhaupt keinen Takt. Dieses Schweben erweckt zeitweise den Eindruck des Taktwechsels, so daß ein Zusammenhang mit dem geographisch benachbarten nordbayerischen und böhmischen Zwiefachen angenommen werden kann. Die Dehnung einzelner Takte ähnelt zuweilen den Verhältnissen beim niederbayerischen Schnadahüpfel. Eine Aufzeichnung (hier von Gielge) kann aber immer nur Annäherungswerte bieten:

Eine Stabilisierung und Erstarrung dieser Verhältnisse führt in einzelnen Landschaften zu dem geradtaktigen Ländler, der jedoch wie jeder andere im Gegensatz zu dem mit dem Ländler verwandten Zwiefachen von den Bauernmusikanten stets im ³/₄-Takt geschrieben wird. Da die Landlergeiger an den Orten ungebrochener Tradition auswendig spielen, sind solche originale Notierungen immer nur Gedächtnishilfen, nie Vorlagen, die Ton für Ton abgespielt werden. Sie können deshalb auch nur bei genauer Kenntnis der Notierungsweise entziffert werden. Rhythmische Varianten und Verzierungen, die in jeder echten und lebendigen Tanzmusik eine entscheidende Rolle spielen, werden nie geschrieben. Vor allem aber werden vielfach Abkürzungen verwendet, die bei der ersten Veröffentlichung oberösterreichischer Ländlerweisen von Binder zu einem groben Mißverständnis führten, da die hier abgedruckten zwei-, drei-, vier- und fünftaktigen Ländler in Wirklichkeit nur Stenogramme, nicht aber komplette Ländler sind.

Bis in die Gegenwart leben zahlreiche Ländlermelodien und ihre Varianten. Jeder Musikant schreibt sich die seinen in „Partien" oder „Schnoasn" nach Tonarten geordnet in sein Notenbuch; noch heute (1958) finden sich in Österreich wie in Bayern immer wieder neue solche Faszikel. Der Nestor der österreichischen Volkstanzforschung, Raimund Zoder, besitzt eine Sammlung von mehr als 11.000 Ländlermelodien.

## Literaturhinweise

E. Binder, Oberösterreichische Original-Ländler aus älterer Zeit, Wien 1909.

F. M. Böhme, Geschichte des Tanzes in Deutschland, Leipzig 1886.

H. Commenda, Der Ländler, in: Heimatgaue (Linz) 3, 1922, S. 250ff.

Ders., Der Landla, in: Heimatgaue 4, 1923, S. 153ff.

Ders., Die Gebrauchsschriften der alten Landlageiger, in: Zeitschrift für Volkskunde 48, 1938, S. 181ff.

Ders., Landlabilder aus fünf Jahrhunderten, in: Heimatgaue 17, 1936, S. 150ff.

Ders., Tanzbrauchtum um den Landla, in: Volkslied, Volkstanz, Volksmusik 50, 1949, S. 34ff.

J. Daigl, Der steirische Figurentanz, Judenburg (1919).

H. Dondl, Der Landler, München (1912).

H. Gielge, Der geradtaktige Ländler – ein musikalischer Eigenbrötler, in: Das deutsche Volkslied 42, 1940, S. 21ff.

E. Hamza, Almerisch-Wallnerisch und Landlerisch, in: Das deutsche Volkslied 39, 1937, S. 93ff.

Ders., Innviertler Landler, in: Das deutsche Volkslied 38, 1936, S. 105ff. und 123ff.

Ders., Der Ländler, Wien 1957.

F. Hoerburger, Die Zwiefachen. Gestaltung und Umgestaltung der Tanzmelodien im nördlichen Altbayern, Berlin 1956.

F. Horak, Landler und Mazurka, in: Das deutsche Volkslied 38, 1936, S. 145ff.

P. Nettl, Zur Vorgeschichte der süddeutschen Tänze, in: Bulletin de la Société „Union musicologique" 3, 1923, S. 45ff.

C. Rotter, Der Schnaderhüpfel-Rhythmus, Berlin 1912.

R. Wolfram, Die Frühform des Ländlers, in: Zeitschrift für Volkskunde 5, 1933, S. 129ff.

R. Zoder, Die melodisch-stychische Anordnung von Ländlermelodien, in: Das deutsche Volkslied 16, 1914, S. 87ff., 106ff., 128ff. und 159ff.

Ders., Über den Takt des Ländlers in Oberösterreich, in: Das deutsche Volkslied 11, 1909, S. 113ff.

# Tanz „gegen" Musik

„Man stellt sich die Einheit von Tanz und Musik gern als etwas Urgegebenes vor. Aber auch in diesem Falle scheint Mißtrauen eine wissenschaftliche Tugend zu sein." So schrieb Curt Sachs in seiner *Weltgeschichte des Tanzes*.[1] In der Tat können wir Westlichen es uns schwer vorstellen, daß man etwa *„gegen* die Musik tanzen" kann, es sei denn, daß es sich um einen Menschen handelt, der nicht den rechten Rhythmus in den Beinen hat. Und doch werden wir, wenn wir von den rationalisierten Verhältnissen unseres Tanzrhythmus ausgehen, überrascht sein, wenn wir außerhalb unserer engeren Umgebung Tänze finden, wie sie zum Beispiel Wilhelm Heinitz auf den Färöern sah, bei denen die Periodik der Tanzschritte mit derjenigen der Melodie *nicht* übereinstimmt. Und – noch einen Schritt weitergegangen – kann man der von den Schwestern Ljubica und Danica Janković[2] beigebrachten Beobachtung Glauben schenken, daß bei den Südslawen zuweilen die Musik nur noch ein Stimulans darstellt, und daß zwischen Rhythmus von Tanz und Musik keinerlei rational erkennbare Verbindung mehr besteht?

Die rhythmischen Verhältnisse in der makedonischen wie in der bulgarischen Volksmusik sind ja bekanntlich ohnehin schon recht kompliziert und für westliche Ohren kaum verständlich. Mir scheint aber, daß man bisher in keiner Weise den – wenn ich so sagen darf – „kontrarhythmischen" Beziehungen zwischen beiden Komponenten des Volkstanzes Beachtung geschenkt hat.

Die Auswirkungen dieser Erscheinungen auf die Menschen sind recht eigentümlich. Aber man muß dieses Volk oft und eingehend beim Tanzen beobachtet haben, um die Entrückung zu erkennen, die aus jenem Zuwiderhandeln in den Tanzbewegungen gegen die vorgegebenen Schwerpunkte des Melodierhythmus resultiert. Dabei ist das bloße Gegeneinander der rhythmischen Schwerpunkte, wie es das folgende Beispiel[3] vom Kosovo Polje zeigt und wie ich es ähnlich etwa bei den Skipetaren in Westmakedonien sah, noch verhältnismäßig einfach:

Überall dort, wo die Melodie mit einem schweren Taktteil einsetzt, verhält die Tanzbewegung, und um den Charakter der Auftaktigkeit noch zu unterstreichen, wird der Fuß zu diesem Zeitpunkt leicht nach vorne gehoben, um dann kräftig auf dem leichten Taktteil der Melodie einzusetzen.

Ein besonders reiches Feld des „Gegen-die-Musik-Tanzens" bietet aber der Grundtypus der Tanzbewegung beim makedonischen Reigen, eine Art „Pilgerschritt", drei Schritte nach rechts, einer nach links, mit dem rhythmischen Schema:

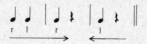

Wo dieser Schritt zum $^2/_4$-Takt getanzt wird, überschneiden sich die Perioden unablässig, und wenn – wie das häufig der Fall ist – die Rhythmik der Musik selbst wieder durch Unregelmäßigkeiten gestört ist, entsteht ein recht buntes Bild des Gegeneinander, das uns erst verständlich wird, wenn wir Musik und Tanz synoptisch nebeneinander betrachten, so etwa in der *Mlada Partizanka*, die Z. Firfov leider ohne Berücksichtigung dieses Tatbestandes veröffentlicht hat.[4] Die Melodie – aus zwei Achttaktern bestehend – wird in ihrem formalen Bau durch einen zwischengeschobenen Auftakt gestört, so daß sich an dieser Nahtstelle folgende merkwürdige Überschneidung von Musik und Tanz ergibt:

Der erste Teil des Stückes schließt für den Tanz erst dort, wo sich der zweite Teil der Melodie schon mitten im zweiten Takt befindet. Und da nun auch der Tänzer im $^2/_4$-Takt fortfährt, gibt es Takt für Takt eine Überschneidung der Schwerpunkte. Ein besonders merkwürdiges Stück dieser Art – Beweis für die ungewöhnliche rhythmische Begabung, die diesen Menschen im Blut liegt – hörte ich in der kleinen Stadt Valandovo im südöstlichen Makedonien. Die Verszeile der gesungenen Melodie besteht jeweils aus 3 + 3 + 2 + 2 + 2 + 2, zusammen also 14 Vierteln. Danach wird wieder der genannte „Pilgerschritt" mit jeweils 6 Vierteln getanzt. Es läßt sich leicht errechnen, daß die beiden Komponenten erst wieder nach drei gesungenen (3 mal 14) beziehungsweise sieben getanzten (7 mal 6) Phrasen zusammentreffen. Aber das wäre an sich noch nicht so ungewöhnlich, wenn nicht (was auf den Betrachter einen ganz unbeschreiblichen, fast möchte ich sagen unheimlichen Eindruck macht) jeweils die dritte Zeile der Melodie stumm, ohne jegliche Musik getanzt würde. Aber rechtzeitig nach dem 42. Viertel setzte auch wieder der Gesang ein und mit ihm – das einzige Mal in dem ganzen Tanz – zu gleicher Zeit die tänzerische Phrase:

Diese Beobachtungen sind ungemein lehrreich für die Tanzforschung, zeigt sich uns hier doch ein Übergang vom Tanz mit Musik nur als Stimulans zur tatsächlichen Einheit von tänzerischem und musikalischem Rhythmus. Diese Übergänge treten uns in mannigfaltigen Formen und allen Entwicklungsstadien entgegen, vor allem dort, wo der Tanz nicht vom Gesang, sondern von dem selbst mittanzenden oder – besser gesagt – „dagegentanzenden" Trommler, dem „Tapandži", begleitet wird. Seine Musik ist es, die tatsächlich die Menschen in eine derartige Aufregung zu setzen vermag, daß sie sich frei machen können von allem rationalen Gefüge des Rhythmus und in der Musik nur noch das Stimulans erleben, das sie zu leidenschaftlicher Tanzbewegung anfeuert.

Tanz gegen Musik, ein Relikt aus fernen Zeiten. An der Peripherie unseres Kontinents ist es erhalten geblieben.

## Anmerkungen

1  C. Sachs, Eine Weltgeschichte des Tanzes, Berlin 1933, S. 123.
2  Lj. Janković/D. Janković, Narodne Igre [Volkstänze], Beograd 1934ff.
3  Ebenda, Band 6.
4  Z. Firfov, Užebnik po elementarna teorija i solfež, Skopje 1952, S. 204.

# Tanz und Musik

Wenn wir im Konzertsaal einen großen Geiger beobachten, so bemerken wir, daß er während des Spiels nicht unbeweglich bleibt, sondern je nach Anlage und Temperament mit größeren oder kleineren Bewegungen des Körpers mitschwingt. Würden wir diese Bewegungen analysieren, so würden wir mit Verwunderung die Feststellung machen, daß diese mitschwingenden Bewegungen entweder in gar keinem oder doch in einem anscheinend sehr komplizierten Verhältnis zu der rhythmischen Konstruktion der Musik stehen. Sie folgen offensichtlich nicht der periodischen Struktur der Form, sie folgen auch nicht den Schlägen des Taktes.

Überlegen wir es uns recht: Ein Geiger oder Pianist, der während des Spiels durchweg den Takt mit dem Kopf oder dem ganzen Oberkörper mitschlagen würde, würde uns wohl kaum als ein großer Künstler erscheinen. Umgekehrt können wir doch nicht denken, daß jener, der sich in irgendeinem geheimnisvollen irrationalen Kontrarhythmus bewegt, des rhythmischen Gefühls entbehren würde.

Man macht sich wohl selten Gedanken über solche Phänomene. Aber instinktiv fühlen wir, daß die peinliche Übereinstimmung von musikalischem Takt und der Körperbewegung des Künstlers gesucht, konstruiert, leblos, unorganisch wäre, während die künstlerischen, musischen Beziehungen zwischen Körperbewegung und Musik offenbar im letzten Sinne immer irrational sind.

Solche Körperbewegungen des Interpreten sind *Tanz,* und zwar Tanz in einem urtümlichen Sinne: aus dem Erleben improvisierte Bewegung. Zweifellos sind sie *Tanz aus der Musik,* Projektion des musikalischen Erlebnisses, nicht der musikalischen Struktur, in die Bewegung, und doch in einem wie merkwürdigen Verhältnis zwischen diesen beiden Kunstgattungen!

Dieses Thema „Tanz *aus* der Musik" hat Carl Strässer in einem sehr beachtenswerten Aufsatz behandelt.[1] Freilich sind hier die gedanklichen Ausgangspunkte und die Ergebnisse nicht in jeder Hinsicht so, daß sie unwidersprochen bleiben könnten. Vor allem scheinen mir zwei Gedanken fragwürdig, nämlich erstens die Vorstellung eines Primats der Musik vor dem Tanz und zweitens der Gedanke, daß am Anfang einer Entwicklung die rationale Übereinstimmung von Musik und Bewegung stehen müsse und erst ein sehr hoher Stand der Entwicklung hier eine Freizügigkeit gestatte, das heißt also eine Wandlung vom Einfachen zum Komplizierten, vom Rationalen zum Irrationalen. Das ist ein Gedanke, der den Erfahrungen der Musikwissenschaft durchaus widerspricht.

Musik *vor* dem Tanz? Müssen wir nicht vielmehr glauben, daß der Tanz, der weit bis in den Bereich des Animalischen hineinreicht, der Musik vorangegangen ist? Wer, der einmal jene Resterscheinungen des „musiklosen" Tanzes gesehen hat, etwa jene albanischen Schwerttänze oder gewisse bosnische Reigentänze, hätte nicht einen unvergeßlichen Eindruck von der Stärke eines solchen Erlebnisses erhalten? Gewiß fehlt auch hier die Musik nicht ganz. Man hört das leise Platschen der Opanken auf den Steinen des Gumno, des alten Tanzplatzes. Aber das ist doch *Musik aus dem Tanz*! Und wäre nicht eine solche Wendung des Gedankens plausibler als der umgekehrte, plausibler selbst als die Vorstellung einer Entstehung der Musik aus den Arbeitsbewegungen?

Aber wo nun einmal Musik und Tanz zusammenwirken – und wir haben es ja in den weitaus meisten Fällen mit dieser Verbindung zu tun, wenn wir daran denken, daß musikloser Tanz wohl ebenso eine Ausnahme- und Grenzerscheinung ist, wie umgekehrt eine tanzlose Musik – wenn also diese beiden Elemente schon einmal zusammenwirken, wie ist ihr tatsächliches Verhältnis zueinander?

In der Tat gibt es mannigfaltige Beweise für die von vielen Theoretikern des Volkstanzes immer wieder aufgegriffene Lehre, daß die rationale Übereinstimmung von Bewegung und Musik in vielen Fällen in Erscheinung tritt, eine Tatsache, an die mancherorts die Behauptung angeknüpft wird, daß diese rationale Übereinstimmung ein Kriterium der Echtheit darstelle. Die Schrittfolgen richten sich nach den Schlägen des Taktes, gewissen Motivwechseln der Musik entsprechen Motivwechsel der Bewegung. Viertaktigen oder achttaktigen Perioden stehen gleiche Formstrukturen des Tanzes gegenüber. Denken wir an jene bekannten fünf Schläge der *Strohschneider*-Melodie, der jeweils fünf Wechselhupfe entsprechen, an das Klatschen der Klatschtänze, das Hämmern der Schustertänze, an das Kreuztupfen der Kreuzpolka, ja allein schon an die typischen Rhythmen von Rheinländer und Polka, denen jeweils Bewegungen gegenüber stehen, die offenbar zwangsläufig sich aus den rhythmischen und formalen Verhältnissen ergeben müssen, entsprechend einem „naiven" Verhalten des Tänzers gegenüber der Musik.

Und doch, wenn man einmal ein größeres Material von Volkstänzen daraufhin betrachtet, so muß man erkennen, daß solche Fälle der Übereinstimmung und gegenseitigen Entsprechung in keiner Weise einem allgemeinen Gesetz unterliegen. Und wenn man tiefer in die Geschichte zurücktaucht und sich bemüht, in vergleichender Forschung Frühformen des Tanzes zu betrachten, möchte man geradezu sagen, daß eine solche Homorhythmik des Tanzens und der Tanzmusik eine Ausnahme, wahrscheinlich sogar besser noch: eine Spätform des Tanzens darstellt.

Nur wer aus den doch sehr beengenden vier Wänden unserer westeuropäischen Volkstanzzone niemals herausgekommen ist, kann glauben, daß diese quadratische Tanzmelodik, wie wir sie kennen, mit ihren Viererperioden und genau abgemessenen Taktschlägen das normale und das ursprüngliche sein könne. Er würde sich schwer tun, schon allein in jenen seltsamen Gebilden balkanischer Volkstanzmusik einen tänzerischen Sinn zu finden, der seinen Vorstellungen entspricht. Die Rhythmen werden asymmetrisch, der symmetrische Periodenbau zerfällt in freiere Konstruktionen. Je weiter wir versuchen, in primitive Sphären zurückzugehen, um so mehr erkennen wir, daß vermutlich im ursprünglichen Sinne die Musik für den Tanz alles andere als Taktgeber gewesen ist, sondern daß sie vielmehr so etwas wie ein Stimulans war und nur den Zweck hatte, den Menschen aus der Verkrampfung oder Bewegungslosigkeit des normalen Lebens herauszuheben, ihn die Erdenschwere vergessen zu lassen und zu jenem Schweben zu bringen, das nur der wahre Tänzer kennt.

Von einer naiven Unterordnung des Tänzers unter die metrische Periodizität kann keine Rede sein. Man betrachte daraufhin einmal bildliche Darstellungen von mittelalterlichen Volkstänzen und Reigenformationen, in denen die Bildner versuchen, eine Bewegungsphase festzuhalten. Mit aller Deutlichkeit wird uns hier gezeigt, wie der erste Tänzer den rechten Fuß hebt, und gleichzeitig der andere Tänzer mit dem linken Fuß daran ist, und der dritte Tänzer vielleicht gerade auf beiden Beinen steht. Wenn jemand glauben sollte, daß es sich hier um Bildner handelt, die keine Tänzer gewesen sind und daher so etwas wie ein entscheidendes Kriterium der Tanzbewegung, nämlich ihre Einheit und ihre Konformität mit der Musik, nicht erkannt haben, so sehe man sich daraufhin einmal Überbleibsel solcher Reigentänze in den Randgebieten unseres Kontinents an und erkenne, in wievielen Fällen zum Beispiel der oder die Anführer des Reigens bestimmte festgelegte oder von ihnen in besonderer Kunstfertigkeit improvisierte Figuren ausführen, während die anderen Tänzer, die von dem Reigenführer nachgezogen werden, mit ihnen nur noch im allgemeinen Bewegungshabitus übereinstimmen, aber keineswegs mehr in der äußeren Form der Schrittfolgen.

Historisch betrachtet ist die Übereinstimmung von Musik und Tanz in jenem konstruktiven Sinne relativ jung. Wie es scheint, hat hier das 16. Jahrhundert einen einschneidenden Wandel in den Verhältnissen geschaffen. Im 15. Jahrhundert noch nahm man in dem Bereich des höfischen Tanzes, des Gesellschaftstanzes, wie wir ihn gerade seit dieser Zeit durch das allmähliche Auftauchen der Tanzlehrer und ihrer Traktate einigermaßen kennen, nicht den geringsten Anstoß daran, zum Beispiel zu der Musik einer Piva einen Saltarello, zu der Musik eines Saltarello eine Bassa danza und zu der Musik einer Bassa danza eine Piva zu tanzen. Oder man führte mitten in einer Bassa danza ohne Rücksicht auf die Musik einige Saltarelloschritte aus, wie immer man wollte, wie immer es einem um das Herz war, wie immer man sich durch die Musik stimulieren ließ.

Sicher ist das ein Tanzen *aus* der Musik, nämlich in dem Sinne, daß man sich als Tänzer von der Musik beschwingen ließ. Aber von irgendeiner rationalen Übereinstimmung musikalischer und tänzerischer Strukturen kann hier nicht die Rede sein. Im Gegenteil glaube ich, aus den Fällen primitiven Tanzens, die ich beobachten konnte, zu erkennen, daß gegenüber der Zahmheit rationaler Homorhythmik dieses Tanzen gegen die Musik in einem völlig irrationalen Verhältnis einen ungeheuren Anreiz bietet, der dem Tanz den Charakter der Wildheit, aber damit der Naturnähe, des Tanzenmüssens, der Echtheit verleiht. Von uns aus gesehen liegt dieses Tanzen mit dem irrationalen Verhältnis zur Musik zeitlich wie räumlich ziemlich weit entfernt. Trotzdem dürfen wir es nicht unbeachtet lassen, wenn wir es vermeiden wollen, zu solchen Fehlurteilen zu kommen, daß am Anfang eine naive Strukturübereinstimmung von Tanz und Musik geherrscht habe und daß es einer Spätentwicklung vorbehalten sei, sich in einem Spiel mit dem Tanzen *gegen* die Musik freizumachen.

Wir leben in einem Zeitalter und in einer geographischen Zone weitgehend rationaler Beziehungen zwischen diesen beiden Elementen. Das heißt jedoch nicht, daß das Tanzen *gegen* die Musik zum Stillstand gekommen wäre. Der unendliche Reiz, der in diesem Gegeneinander liegt, wird nach wie vor unbewußt ausgenützt und gepflegt und wird es wohl, wie ich zuversichtlich glaube, auch weiterhin, solange es Tänzer gibt, man könnte genausogut sagen, solange es eine Menschheit gibt.

Curt Sachs bezeichnet es als typisch barock, wenn man in Galliarde und Menuett drei Halbe gegen eine Musik von zweimal drei Vierteln getanzt hat. Ich glaube, daß dies wieder nur ein barockes Beispiel für ein allgemein menschliches Anliegen ist, das wir immer wieder im Bereich der metrischen Festigung der Tanzmusik antreffen können. Zeugnis hierfür ist jener bekannte Färöer-Schritt der faszinierenden Balladentänze oder des dänischen „Tospring", ein Schritt, der zugleich Grundtypus ist für unzählige Schrittvarianten des balkanischen Reigentanzes: Drei ruhige Halbe werden getanzt zu einer Musik im geraden Takt. Stilistisch geändert, aber formal weitgehend übereinstimmend findet sich dieser Schritt sogar in unseren Standardtänzen wieder. Sicher haben der Färöer-Schritt und der Grundschritt des Foxtrott keinerlei entwicklungsgeschichtliche Beziehungen zueinander. Aber gerade deswegen ist dieser Fall so wichtig, weil wir daraus sehen können, wie das Gegeneinander der Metren in Tanz und Musik ein allgemeines Anliegen der tanzenden Menschen ist und deshalb in sehr unterschiedlichen historischen, geographischen und soziologischen Bereichen immer wieder zu dem gleichen Ergebnis führt.

Das irrationale Verhältnis ist also weitgehend verdrängt – unser Tango wäre ein solches Gegenbeispiel, bei dem zu einer gleichmäßig weiterlaufenden Musik als eine besondere Raffinesse immer wieder einzelne Schritte verzögert werden, was dann durch Beschleunigung der nächsten Schritte wieder ausgeglichen wird.

Während aber solche Verhältnisse weitgehend verdrängt sind, ist die Konfrontierung gegensätzlicher Metren fast eine Alltäglichkeit. Man betrachte einmal einen im ungeraden Takt ausgeführten Hüpfschritt: Die Behauptung, man müsse auf „zwei" hochhüpfen und sich auf „drei" wieder fallen lassen, so wie man es tatsächlich in Tanzschlüsseln lesen kann, ist ein lächerlicher Unsinn. In Wirklichkeit tanzt man eine Duole zum Dreivierteltakt.

Oder man denke einmal an besondere Eigentümlichkeiten des Walzers. Musikalisch-rhythmische Motive wie etwa dieses

♩ ♩ ♩ | ♩ ♩.. ♪ | ♩. | ♩. |

sind sehr charakteristisch für diesen Tanz, und nichts kann den echten Walzertänzer mehr anreizen als solche musikalische Punktierungen, durch die er sich gleichsam katapultiert fühlt. Und doch tanzt er ganz entschieden gleichmäßig flüssige Bewegungen *gegen* den aus der Symmetrie geratenen musikalischen Takt!

Mit Verwunderung muß man vermerken, wie im „Leksandslåten", einer Polkaform aus der schwedischen Landschaft Dalarna, regelmäßig gegen die Musik getanzt wird. Solche Beispiele ließen sich beliebig vermehren.

Tanz *aus* der Musik? Ohne Zweifel gibt es das, wenn man damit meint, daß die Musik die Anregung zu vermitteln vermag, welche die in jedem tänzerischen Menschen ruhende schöpferische Kraft der Gestaltung zur Auslösung bringt. Nirgends erkennt man ja die Naturgewalt der Musik so unmittelbar wie dort, wo sie uns zum bewegungsmäßigen Mittun zwingt, wo sie uns so mitreißt, daß wir nicht mehr stillsitzen können.

Aber „Tanz *aus* der Musik" in dem Sinne einer in jedem Fall homogenen und rationalen Übereinstimmung ist eine intellektuelle Konstruktion, die der erlebnismäßigen Realität genau so widersprechen würde wie eine parallele Bezugnahme auf das Verhältnis von Melodie und Text eines Liedes. Eine solche Gesetzmäßigkeit würde schon in der Strophigkeit von Liedern durchbrochen, wo immer wieder neue Textinhalte zu stets gleichen Melodien gesungen werden, wie ja auch in den strophigen Formen der norddeutschen und vor allem skandinavischen „Bunten" in jeder der oft sehr zahlreichen Touren immer wieder etwas Neues getanzt wird, während die gleiche Melodie für jede Tour wieder von neuem aufgegriffen wird.

Wenn wir in unseren ach so rationalisierten Tagen zuweilen doch auch wieder diesem Phänomen des freizügigen Tanzens *gegen* die Musik in sehr verschiedenartigen Gestalten begegnen, so erinnern wir uns dankbar der

Tatsache, daß der Mensch noch kein Automat ist, daß ihm hier in der menschlichsten und urtümlichsten von allen seinen künstlerischen Äußerungen ein unverlorenes Paradies geblieben ist, in dem noch nicht alles in ein rational erfaßbares Schema eingefangen wird. Aber diese menschliche Freiheit des Sich-*aus*-der-Musik-stimulieren-Lassens und des Trotzdem-*gegen*-die Musik-Tanzens ist nicht Gipfel, sondern Basis der musischen Entwicklung des Menschen überhaupt.

## Anmerkung

1  C. Strässer, Tanz aus der Musik, in: Junge Musik 1957, S. 6ff.

# Wechselbeziehungen im Volkstanz
## der slawischen und germanischen Völker

Die Erforschung der Volksüberlieferungen stellt uns immer wieder vor zwei große Aufgabenkomplexe, die einander scheinbar entgegengesetzt sind, die sich aber in Wirklichkeit gegenseitig ergänzen und sich aus den natürlichen Verhältnissen notwendig ergeben: Auf der einen Seite sehen wir uns vor die Aufgabe gestellt, den bestimmten Charakter eines Stammes, eines Volkes, einer Nation in ihren Überlieferungen zu erkennen und zu beschreiben. Es ist nun einmal so, daß zum Beispiel slawische Völker anders geartet sind als germanische, es ist aber auch so, daß die Makedonier anders geartet sind als die Slowenen. Man kann als selbstverständlich erwarten, daß sich diese Gegensätzlichkeiten in den Liedern und Tänzen und in allen anderen kulturellen Äußerungen der Völker spiegeln. Und es wird deshalb immer wieder mit Recht als die vordringlichste Aufgabe der Volkskundler angesehen, Strukturprinzipien und Stilmerkmale an dem Sammel- und Anschauungsmaterial einer beschränkten Landschaft zu erkennen und festzuhalten und zu sagen: Dies ist typisch für diese spezielle Landschaft, für dieses spezielle Volk. Wir können das aber nur sagen, wenn wir uns in gleicher Weise auch um die Kenntnis der benachbarten Landschaft bemühen. Weder ein allgemeines Stilprinzip noch ein spezielles Volksgut kann als typisch für eine bestimmte Landschaft angesprochen werden, nur weil es hier vertreten ist. Die *vergleichende* Volkskunde kann demgegenüber zeigen, daß es sich beispielsweise um Gemeingut eines größeren Völkerkomplexes, ja eines ganzen Kontinents handelt. Angewendet auf eine europäische Volkstanzkunde heißt das: Wir haben jene nationalen Eigentümlichkeiten festzuhalten, welche die einzelnen Landschaften charakterisieren und voneinander abheben. Und wir haben die Merkmale zu erkennen, die über die Grenzen der Völker und Länder hinübergreifen und ganze Gruppen von Völkern zu einer Einheit zusammenfügen.

Ähnlich wie es die vergleichende Volksliedforschung gezeigt hat, müssen wir auch im *Volkstanz* erkennen, daß einzelne Motive wie einzelne Stile und Strukturprinzipien über den ganzen Kontinent hin zu erkennen sind. Vor allem dem österreichischen Volkstanzforscher Richard Wolfram kommt ja das Verdienst zu, zahlreiche Beziehungen dieser Art aufgezeigt zu haben.

Wenn wir uns mit der Gesamterscheinung des europäischen Volkstanzes beschäftigen wollen, so sind wir immer wieder gezwungen, Einzelprobleme anzuschneiden. Ich tue das hier mit dem Problem der Wechselbeziehungen im Volkstanz bei den slawischen und germanischen Völkern. Dieses Problem ist von hoher Bedeutung, schon allein deshalb, weil es einen

großen geographischen Raum umfaßt, der von Skandinavien bis zum Süd-
rand der Alpen reicht. Darüber hinaus aber kann dieses Problem zum
Schulbeispiel werden. Und wir werden hier Erfahrungen sammeln, die sich
stark unterscheiden von den Erfahrungen in parallelen Wissensgebieten.
Denn wenn wir auch erkannt haben, daß der Volkstanz bei den einzelnen
Völkern germanischer oder slawischer Zunge seine besonderen Eigentümlichkeiten hat, so werden wir trotzdem erkennen, daß ein germanischer
Volkstanzraum sich keineswegs als eine geschlossene Einheit so scharf von
einem ebenso geschlossenen slawischen Volkstanzraum abhebt, wie man
etwa eine germanische Sprachfamilie von einer slawischen trennen kann.
Vielmehr zerfallen diese großen slawischen wie germanischen Gebiete –
wie wir alle wissen – in viele voneinander ganz verschiedene Bereiche. Es
zeichnen sich Verwandtschaftsbeziehungen ab, die keinerlei Übereinstimmungen aufweisen mit den Sprachfamilien, deren Abgrenzungen wir so
gerne auch auf die volkskundlichen Verhältnisse übertragen möchten.
Und hier ist vor allem die Tatsache bemerkenswert, daß die Grenzzone
zwischen den slawischen und den germanischen Völkern unzählige Übereinstimmungen im Volkstanz aufweist. Diese Verwandtschaft ist deswegen
interessant, weil sich andererseits die sprachlich untereinander nahe verwandten slawischen Völker scharf absetzen von den ebenfalls sprachlich
untereinander verwandten germanischen Völkern.

Der Unterschied zwischen russischen, polnischen, tschechischen, bulgarischen, jugoslawischen Volkstänzen ist teilweise sehr groß. Und wie stark
sich die Arten der Volkstänze selbst in diesen Ländern noch unterscheiden, das können wir ja am besten an dem Beispiel Jugoslawiens beobachten: Zwischen dem Volkstanz etwa der Slowenen und dem der Makedonier
sind die Übereinstimmungen relativ gering.

Ähnlich sind die Verhältnisse auch bei den germanischen Völkern. Wohl
gibt es Einzelübereinstimmungen, die vom Alpenraum bis zu den Schweden reichen. Im übrigen aber liegen die Unterschiede der einzelnen Volks-
tanzarten in den Alpenländern, in Mittel- und Norddeutschland, bei den
Flamen und Niederländern, bei den Engländern und in den verschiedenen
skandinavischen Ländern offen vor uns und springen nicht nur dem versierten Kenner der Materie in die Augen.

Die engen Verwandtschaftsbeziehungen zwischen den einzelnen slawischen *Sprachen* sind schon allein an der Ähnlichkeit des Wortbestandes
ebenso leicht zu erkennen wie diejenen der germanischen *Sprachen* untereinander. Sehr viel schwerer und undurchsichtiger dagegen ist die Frage
nach der Verwandtschaft der slawischen *Tänze* untereinander und ebenso
der germanischen *Tänze* untereinander. Wenn wir demgegenüber die
Grenzzonen zwischen germanischen und slawischen Völkern durchmustern, so finden wir eine Fülle von Überschneidungen, die kaum zu übersehen sind. Das beginnt im hohen Norden, wo man im germanischen Skandi-

navien seit Jahrhunderten die polnischen Tänze gepflegt und weiter- und umgebildet hat. Das wird dann vor allem sichtbar in den Grenzzonen zwischen Ostdeutschen und Westslawen. Trotzdem der Bestand an polnischen Volkstanzpublikationen bisher (1958) relativ gering ist, lassen sich doch schon eine Menge von Übereinstimmungen zwischen norddeutschen und polnischen Volkstänzen feststellen, die nach beiden Richtungen hin gewandert sind.

Am überzeugendsten ist dieser Befund in der Zone zwischen Böhmen und Mähren einerseits und den bajuwarisch-deutschen Nachbargebieten andererseits. Die Verwandtschaftsbeziehungen und Übereinstimmungen erstrecken sich auf einzelne charakteristische Tänze ebenso wie auf ganze Typen und Gattungen von Volkstänzen, wie zum Beispiel auf die sogenannten „taktwechselnden Volkstänze", die man auf bayerischer Seite „Zwiefache" nennt und die bei den Tschechen als „Směsek", „Bavorák" (das heißt der Bayerische!), „Furiant" und ähnlich bekannt sind. Und selbst bei den Südslawen und ihren deutsch sprechenden Nachbarn gibt es eine Reihe von Wechselbeziehungen. So wurde zum Beispiel der Strašak im Banat ebensowohl von den Serben wie von den Deutschen getanzt. Der Strašak ist ein Tanz, der auch sonst überall bei Deutschen, Österreichern sowie bei den Westslawen verbreitet ist. Ich spreche ausdrücklich von einer *Wechselbeziehung*. Das bedeutet, daß das Gefälle der Wanderung keineswegs immer nur in die gleiche Richtung weist. Vielmehr handelt es sich um ein fortwährendes *gegenseitiges* Geben und Nehmen. Bei manchen Tänzen und Tanztypen wie bei den eben schon genannten taktwechselnden Tänzen möchte man geradezu an eine Gemeinschaftsleistung von beiden Völkern denken.

Ich habe in einem größeren Aufsatz über die *Deutsch-slawischen Wechselbeziehungen im Volkstanz* eine Menge Material zusammentragen können, an dem diese Übereinstimmungen gezeigt werden, soweit sie das deutsche (nicht auch das skandinavische) Sprachgebiet betreffen.[1] Es ist davon die Rede, daß die Beziehungen schon dort beginnen, wo sie sich nur auf die Gemeinschaft der *Tanznamen* beziehen, wie etwa „Walzer" – „Valčík", „Bayerischer" – „Bavorák". Es gibt deutsche Tanznamen bei den Westslawen und slawische Tanznamen bei den Deutschen. Weiterhin habe ich gezeigt, wie Einzelelemente von einem Volk zum anderen wandern. Es wird beispielsweise die Tanzmelodie übernommen ohne Berücksichtigung der Tanzform, oder es wird umgekehrt die Tanzform übernommen ohne Berücksichtigung der Tanzmelodie. Weiterhin können Tänze in ihrer Gesamterscheinung von Volk zu Volk überwechseln und sich nur in geringfügigen Äußerlichkeiten verändern. Oder aber es werden bestimmte Tanztypen und Tanzgattungen von beiden Seiten entwickelt, dann aber selbständig weiterentwickelt, und sie stimmen nun in ihren Einzelerscheinungen nur noch teilweise überein.

Zahlreiche Belege, die überzeugend von einer großen Übereinstimmung der Überlieferungen bei slawischen und germanischen Völkern sprechen, habe ich in der genannten Studie zusammengetragen. Wir müssen aber erkennen, daß es sich dort nur um die *eine* Seite des Problems handelt, nämlich um die greifbare Substanz des Materials, um die Frage, *was* getanzt wird. Mir scheint, daß in der Sammlung und Erforschung von Volksmusik, Volkslied und Volkstanz das Augenmerk viel zu einseitig auf dieses *Was* geworfen wird. Und zwangsläufig wirkt diese Einseitigkeit auch in die komparative Forschung hinein. Man konnte das deutlich auf der Fachtagung der Volksliedforscher 1956 in Freiburg immer wieder erkennen, daß sich die vergleichende Volksliedforschung in der Gegenüberstellung des *Materials* weitgehend erschöpft. Die Tatsache, daß es neben den Varianten des *Gesangs* auch unterschiedliche Arten des Singens gibt, wird wohl erkannt und bejaht, aber meines Erachtens nicht weiter berücksichtigt.

Auch in der *vergleichenden* Volkstanzforschung fehlen bisher Ansätze und auch Möglichkeiten, das *Wie* des Tanzes in größerem Umfang zu erfassen. Man müßte jeweils die gleichen Tänze oder Tanzgattungen der zu vergleichenden Völker nebeneinander beobachten oder sie wenigstens im Film hintereinander ablaufen lassen können. Es handelt sich meist um unwägbare und schwer faßbare Feinheiten, die den Tänzen ganz verschiedene Charaktere geben können. So wäre es zum Beispiel interessant, die Art des tänzerischen Körperschlags beim alpenländischen Schuhplattler zu vergleichen mit ähnlichen Bewegungen bei norwegischen, westslawischen und ungarischen Männertänzen oder bei den sogenannten „ponturi" der Rumänen. Tänze sind vielleicht in der Notierung der Melodie wie in der Beschreibung der Tanzbewegung weitgehend gleich. Und doch, wenn man sie original getanzt sähe, wären sie vielleicht unendlich weit von einander entfernt.

Hier treffen wir auf ein Problem, das unsere höchste Aufmerksamkeit verdient, wenn wir unser Thema von den Wechselbeziehungen im Volkstanz der germanischen und slawischen Völker weiter verfolgen wollen. Es könnte sein, daß wir dann völlig neue Aspekte finden würden. Es liegt ja nahe, anzunehmen, daß ein deutscher Tanz zum Beispiel, der von Tschechen übernommen wird, von diesen mit einer ganz anderen Art des Bewegungshabitus, des psychischen Tempos, der Vitalität nachempfunden und weitergetragen wird. Und ebenso wird ein von Deutschen übernommener tschechischer Tanz irgendwie von innen heraus verändert, selbst wenn das „Auf und ab" der Melodie, die einzelnen notierbaren Motive des tänzerischen Bewegungsablaufs, ja vielleicht sogar die Beziehungen des Tanzes zu einem bestimmten Brauchtum des Jahreslaufs oder des Lebenslaufs bei der Übernahme erhalten geblieben sind.

Ausgehend von dem ebenso wichtigen wie umfangreichen *speziellen* Thema der Wechselbeziehungen im Volkstanz der germanischen und slawischen Völker gewinnen wir somit einen Ausblick auf eine *allgemeine* Problematik, die für die vergleichende Volkstanzforschung von größter Wichtigkeit sein dürfte. Wenn wir die Volkstänze eines Landes studieren, analysieren, charakterisieren, beschreiben und danach mit den Volkstänzen eines anderen Landes vergleichen wollen, um die Verschiedenheit und die Übereinstimmungen zu erkennen, so haben wir uns um zwei Bezirke zu bekümmern:

Da ist einmal das *Repertoire,* das heißt, dasjenige, *was* getanzt wird. Und da ist zum anderen der *Stil*, das heißt, die Art, *wie* getanzt wird. Im ersten Bereich handelt es sich um Verhältnisse, die sich historisch entwickelt haben. Es sind Tänze in die eine Landschaft eingewandert und haben eine andere nicht erreichen können, weil sie weiter ab liegt. Oder aber irgendwelche Entwicklungen sind an einer Stelle schneller vor sich gegangen als an einer anderen. So gehören zum Beispiel die Reigentänze der Südslawen jedenfalls einer älteren Schicht an als die Paartänze der Westslawen. Vor allem aber können fremde Tänze eingeführt werden, und somit kann in den Grenzgebieten eine starke Materialgemeinschaft mit dem fremden Nachbarvolk entstehen.

In dem zweiten Bereich unserer Betrachtungen aber sehen wir, wie sich die Art und die innere Veranlagung eines Volkes in seinem Bewegungsstil und Musizierstil spiegelt und wie dann gleiches Material einen ganz verschiedenen Charakter annehmen kann.

Wenn ich schon einmal an anderer Stelle die Anregung gegeben habe, deutsch-slawische Wechselbeziehungen im Volkstanz in einer deutsch-slawischen Gemeinschaftsarbeit weiter zu untersuchen, so möchte ich diese Anregung an dieser Stelle wiederholen. Denn gerade diese Fragen, die über das Sichtbare und Hörbare hinaus in die Tiefe der Volkspsyche hineinreichen, fordern, wenn wir die Dinge erkennen und verstehen lernen wollen, einen fruchtbaren Gedankenaustausch zwischen den Forschern, die den in Frage stehenden Völkern angehören.

## Anmerkung

1 F. Hoerburger, Deutsch-slawische Wechselbeziehungen im Volkstanz, Leipzig 1956 (mit einem Diskussionsbeitrag von Jan Raupp).

# Tanz und Tanzmusik des 16. Jahrhunderts und ihre Beziehungen zu Volkstanz und Volksmusik*

Aus dem Studium der musikalischen Volkskunde erfahren wir, daß sich die Musik der verschiedenen Gesellschafts- und Bildungsschichten wechselseitig beeinflußt. Das im Detail nachzuprüfen, wird um so schwieriger, je weiter wir in der Geschichte zurückgehen, weil wir mehr und mehr die Orientierung verlieren und weil unsere Quellen immer spärlicher werden. Wenn ich dennoch die Beziehungen zwischen Tanz und Tanzmusik der Oberschichten und jenen der Grundschichten aufzuzeigen versuche, mit besonderer Berücksichtigung des Tanzes des 16. Jahrhunderts, dann tue ich das erstens, weil wir feststellen können, daß weder vor noch nach jenem Jahrhundert das Interesse der Oberschichten an Tanz und Tanzmusik der Unterschichten in ähnlicher Weise verbreitet war, und zweitens, weil es scheint, daß das 16. Jahrhundert in der Entwicklung des Tanzes und der Tanzmusik von großer Bedeutung ist, weil darin eine Entwicklungsperiode endete und eine andere begann.

Diese Aufwärtsentwicklung wurde meines Erachtens besonders durch die Erfindung des Notendrucks ausgelöst. Musik mußte nicht länger von Mund zu Mund oder von Instrument zu Instrument verbreitet werden; es gab Musikdrucke zu kaufen. Darüber hinaus begannen sich bestimmte Grundprinzipien zu verändern. An die Stelle improvisierter Musik der Spielleute und mehr oder weniger improvisierten Tanzens traten komponierter und vorgeschriebener Tanz und ebensolche Tanzmusik. Statt freiem Umgang mit Formeln finden wir die Interpretation einer vorgeschriebenen Form. In diesem geschichtlichen Moment wurde die Instrumentalmusik zur *ars musica* und der Tanz zum Gesellschaftstanz.

Gleichzeitig aber scheint das 16. Jahrhundert eine Brücke von der alten zur neuen Entwicklung zu sein: Alte Prinzipien werden mit neuen Mitteln fortgesetzt. Besonders die alte Mischung nationaler Stile, die früher wandernde Spielleute verursachten – sie vermischten Melodien und Tänze mit ihren verschiedenen Elementen –, wird jetzt, im Zeitalter gedruckter Sammlungen, mit solchen Mitteln fortgesetzt. Es wird üblich, gedruckte Tänze und Tanzmusiken von Land zu Land zu bringen. Für die Geschichte der Musik und des Tanzes bedeutet diese neue Art der Verbreitung durch gedruckte Sammlungen großen Gewinn. Bis herauf zum 15. Jahrhundert haben wir nur sehr vereinzelte Quellen für Tanz und Tanzmusik. Das 16. Jahrhundert aber bietet erstmals reiches Material. Bereits zu Beginn des Jahrhunderts machten einige Drucker von der neuen Erfindung Gebrauch und stellten Anthologien von Tanzmusik her, so zum Beispiel Ottaviano Petrucci in Venedig (1508), Pierre Attaignant in Paris (1529) und Tilman

Susato in Antwerpen (1551). Viele deutsche Sammlungen von Lauten-
oder Tastenmusik – beginnend mit Hans Kotter 1513 – bieten ein vielfältiges Bild des Tanzes in dieser Periode. Große Sammlungen, zum Beispiel
Michael Praetorius' *Terpsichore* (1612), blicken noch einmal auf das 16.
Jahrhundert zurück.

Was den Tanz betrifft, können wir etwas Ähnliches feststellen. Bis dahin
hatte improvisatorische Freiheit geherrscht, jetzt aber gab es erstmals festgelegte Formen, bis dahin Verbreitung durch einfache Nachahmung, jetzt
gedruckte Kompendien. Diese gedruckten Textbücher spiegeln nicht nur
die sich wandelnde Praxis, sie ermöglichen auch bessere Kenntnis für die
Nachwelt. Vor allem zwei französischen Autoren verdanken wir unser
Wissen über den Tanz in diesem Jahrhundert: Antonius de Arena mit seinen seltsamen makkaronischen Versen von 1536 und – bedeutender – dem
großen Thoinot Arbeau mit seiner berühmten *Orchésographie* (1588), in
der er die Tänze dieses Jahrhunderts mit voller Beschreibung und einer
Anzahl Melodien veröffentlicht.

Was bedeutet das, wenn wir diese Quellen komponierter Musik und kom-
ponierten Tanzes im Hinblick auf die Volkstradition studieren?

Zunächst erscheint es mir wichtig, festzustellen, daß im 16. Jahrhundert
überall in der Musik wie im Tanz ein allgemeines Interesse an der Volkstradition besteht. Von Norditalien zum Beispiel hören wir, daß Adelige sich
nicht scheuten, zusammen mit Bauern zu tanzen. Während im 15. Jahrhundert Springtänze nur in den gesellschaftlichen Grundschichten getanzt
wurden, werden sie jetzt im 16. Jahrhundert ebenso von Höflingen getanzt. Die sogenannte Bassa danza, die für das gesamte 15. Jahrhundert
charakteristisch war, verschwindet jetzt zugunsten der populäreren Alta
danza. Und unter diesen „hohen Tänzen" ist die Galliarde der Favorit, der
sich von volkstümlicher Derbheit und Rauheit zur schockierenden Volta
wandelte, die sogar von der Königin von England getanzt wurde. Katha-
rina von Medici veranstaltete im Jahre 1565 in Bayonne ein Festival mit
Volkstanzgruppen aus allen Regionen Frankreichs. Schließlich wurden an
deutschen Höfen ausländische Tänze getanzt – eine Tatsache, die an den
berühmten Sammlungen von Lautenmusik abzulesen ist.

Als Tänze von den gesellschaftlichen Grundschichten zum Hof und von
ungeschriebener Freiheit zur gedruckten Sammlung aufstiegen, mußten
sie verschiedene Wandlungen durchlaufen. Improvisierte Formen wurden
jetzt systematisch festgelegt. Die Vielfalt nationaler und regionaler Stile
wurde in ein rationales Schema gepreßt. Im Ergebnis wurden die Tänze stilisiert, vereinheitlicht.

Diese Phänomene finden wir im Tanz ebenso wie in der Tanzmusik. Die
Umgestaltung von der *musica usualis* der Spielleute zur *ars musica* der
Komponisten enthüllt zwei verschiedene Tatsachen: Diese Musik, die bis

dahin ausschließlich auf Tanzbewegungen bezogen war, wird jetzt mehr oder weniger unabhängig. Einige Tanzstücke werden reine Musikstücke und wechseln ihre Namen: Die Pavane zum Beispiel wird zur Intrada. In der bekannten „Suite" sind die Namen anderer Tänze erhalten, so zum Beispiel die Gavotte, das Passepied, die Sarabande. Praetorius schreibt in seiner erwähnten *Terpsichore*, daß jene Tänze „in conviviis" gespielt werden mögen, was besagt, daß diese Tänze nur als Musikstücke gespielt, aber nicht mehr getanzt werden.

Auf der anderen Seite verlangte geschriebene Musik nach rationalen Formen, was der Konzeption der „Tanzmusik" völlig widerspricht, die ihrem Wesen nach frei ist in der Intonation, im Rhythmus, in den melodischen Formeln usw., um durch ihr „schmutziges Spiel" zu begeistern und sogar mitzureißen. Jene Elemente gehen unweigerlich verloren, wenn Tanzmusik nicht länger zum Tanzen gespielt wird. Aber selbst wenn der Tanz durch einen Tanzmeister geleitet wird, werden Musik und Tanzform rational und stilisiert.

Ich habe über allgemeine Erscheinungen gesprochen, die im 16. Jahrhundert von der Volksmusik hergeleitet und durch die gesellschaftlichen Oberschichten übernommen und stilisiert wurden. Es gibt jedoch ebenso bestimmte Formen. Ich nenne zwei wichtige Beispiele. Das erste ist die Galliarde, die für diese Periode so charakteristisch ist, daß Curt Sachs die Zeit zwischen 1500 und 1650 die „Periode der Galliarde" nannte. Dieser Tanz war die schnelle und hüpfende zweite Hälfte eines zweiteiligen Ganzen. Und da er volkstümliche Fröhlichkeit ausdrückt, wurde er im 16. Jahrhundert sehr beliebt, während ihn im 15. Jahrhundert die höhere Gesellschaft verachtet hatte.

Das andere wichtige Beispiel ist der sogenannte Branle, kein spezieller Tanz, sondern – wie Cecil Sharp sagte – eine beliebige Tanzgattung mit „Quasi-Volkscharakter". Zu Beginn des 16. Jahrhunderts wurde der Branle nur „in camera privatamente" getanzt. Seit der Mitte des Jahrhunderts war zum Beispiel in Frankreich kein Tanz stärker in Mode als der Branle. Diese beiden Tänze – die Galliarde und der Branle, und ebenso andere wie der deutsche Weller – unterschieden sich stark voneinander. *Ein* Element aber hatten sie gewiß gemeinsam: ihre Popularität.

Diese Tatsache finden wir überall im Tanz und in der Tanzmusik jenes Jahrhunderts. In Frankreich zum Beispiel liebte der Hof die Tänze der Provinzen: das Passepied der Bretagne, die Gavotte der Dauphiné und die Bourrée der Auvergne, um nur einige zu nennen. In deutschen gedruckten Quellen überwiegt der sogenannte „Deutsche Tanz", jener Tanz, der unter dem Namen „Allemande" später internationale Bedeutung erlangte. In der zweiten Hälfte des Jahrhunderts sind die Quellen voll von ausländischen Volksnamen. In den deutschen gedruckten Sammlungen sind „italie-

nische", „spanische", „polnische", „englische", „ungarische", „türkische"
und andere Tänze mit Nationalnamen zu finden.

Wir müssen jedoch verstehen, daß nicht nur Volkstanz durch höfischen
Tanz, Volksmusik durch Kunstmusik aufgenommen wurde, sondern daß
es auch die Gegenströmung gibt, die von den Oberschichten zurück zu den
Grundschichten der Gesellschaft fließt. Auf seinem Weg von der Volksmusik zur höfischen Musik und wieder zurück zur Volksmusik hat das Material einerseits neue Bedeutung erlangt, andererseits aber hat es einige
wesentliche Elemente der Volkstradition verloren. Die nationale Vielfalt
der blindlings gesammelten Stücke wurde zu internationaler Monotonie.
Wenn die Tänze – wie erwähnt – in den gedruckten Sammlungen viele verschiedene Namen erhielten, dann dient das nur zur Irreführung, weil diese
Stücke kaum in ihrem nationalen Charakter zu unterscheiden sind.

Wenn wir seit jener Zeit bekannte Volkstänze – wie zum Beispiel in der
Barocksuite oder unter den englischen Reihentänzen – untersuchen, sind
ihre musikalische und tänzerische Struktur einfach in ihrer Viertakt-Form,
ihrer rhythmischen Strenge und ihrem Mangel an melodischer Auszierung.
War es aber immer so, selbst vor der Beeinflussung durch Kunstmusik und
höfischen Tanz? Oder war Volkstanz in jenen Zeiten vor dieser Beeinflussung freier in seinen Bewegungen? Wenn wir die heutigen Volkstänze betrachten, die weniger solchen Einflüssen unterworfen sind – wie zum Beispiel auf dem Balkan, wo wir beobachten können, daß dort auch Volkstänze und Volkstanzmusik freier und weniger festgelegt sind in Form,
Rhythmus und Melodie –, dann mögen wir vermuten, daß die Volkstänze
Westeuropas im Mittelalter ihnen entsprachen.

Neben diesen allgemeinen Beobachtungen finden wir auch viele bestimmte Tänze, die in der Kunstmusik und im höfischen Tanz des 16. Jahrhunderts berühmt sind und in der Volkstradition fortleben, zumindest in
einzelnen Stücken. Das rhythmische Modell der Galliarde zum Beispiel
begeisterte die Menschen des 16. Jahrhunderts ebenso wie jene späterer
Zeiten. Wir können diese rhythmische Form des Galliarde-Typs in Volks-
liedsätzen Hans Leo Haßlers und Giovanni Gastoldis und selbst in prote-
stantischen Kirchenliedern finden. Und die Engländer singen ihre Natio-
nalhymne nach dem melodischen Typ der Galliarde.

Volkstanznamen, manchmal grotesk entstellt, oder viele Spielfiguren,
Bewegungen, Schritte des alten Branle finden wir einmal mehr noch heute
in westlichen Volkstänzen und Singspielen.

Ich wollte den Weg des Volkstanzes und der Tanzmusik in den höfischen
Tanz und die Kunstmusik des 16. Jahrhunderts und zurück in die Volkstradition aufzeigen. Dieses vielfältige Problem wechselseitiger Beeinflussung
und Befruchtung ist noch nicht systematisch untersucht worden, weder in

der Musikgeschichte noch in der Tanzgeschichte. Wenn diese Untersuchung unternommen wird, wird sie gewiß unvollständig bleiben, weil wir keine vollständigen Quellen besitzen. Aber ich bin sicher, daß wir viele Beispiele finden können, die die enge Verbindung dieser zwei Bereiche beleuchten: auf der einen Seite höfischer Tanz und komponierte Tanzmusik besonders des 16. Jahrhunderts, auf der anderen Seite Volkstanz und Tanzmusik vor und nach dieser Zeit.

## Anmerkung

\* Dieser Beitrag wurde vom Autor in englischer Sprache publiziert als *Dance and Dance Music of the 16th Century and their Relations to Folk Dance and Folk Music*. Er erscheint hier erstmals in deutscher Sprache. Die Übersetzung aus dem Englischen besorgte Thomas Emmerig in Verbindung mit dem Autor.

# Tanzschrift und Volkstanzforschung*

## I

Das zentrale Anliegen, das wir im Hinblick auf jede Schrift haben, ist dieses: Wir wollen flüchtige Abläufe festhalten, künstlerische Gebilde, die nicht wie das Gemälde oder die Skulptur die Beharrlichkeit schon in ihrem Wesen enthalten. Wir wollen diese Abläufe festhalten, um sie in ihrer einmal konzipierten Zusammensetzung und Gestalt wiederholen zu können, wenn ihr künstlerischer Wert dies wünschenswert erscheinen läßt, um sie in die verschlungenen Arbeitsvorgänge der wissenschaftlichen Erforschung einbeziehen und für die Nachwelt aufbewahren zu können. Die beiden letzten Forderungen pflegen weitesten Kreisen, denen aus dem einen oder anderen Grunde die Gegenwartsaufgabe als primär gilt, mehr oder minder unnütz zu erscheinen. Wenn wir aber unseren Blick zurückwenden, zum Beispiel auf die von Laban zitierten homerischen Gesänge, die uns über einen Zeitraum von nahezu drei Jahrtausenden erhalten geblieben sind, so wird die kapitale Bedeutung einer solchen Dokumentation klar ersichtlich: Was würden wir dafür geben, wenn uns die tänzerischen Gebilde der Antike nicht nur in starren Vasenbildern, sondern in ihrem wahren Bewegungsablauf erhalten geblieben wären.

Billigerweise dürfen wir von unserer Wissensbegierde auf diejenige späterer Generationen schließen. Wenn ihr Wissensdrang nicht begrenzter sein wird als der unsere – und warum sollten wir das annehmen –, so müssen sie uns dankbar sein, wenn wir ihnen das Gesicht unserer Tänze und gerade auch unserer Volkstänze erhalten, die ja doch den Nährboden für den Tanz überhaupt darstellen. Mir scheint dies die primäre Aufgabe der Volkstanzforschung überhaupt zu sein. Sie ist praktisch ein Baustein für den Bestand und die Erhaltung der menschlichen Kultur, einer jener wenigen uns gebliebenen Handgriffe, die uns einen Hauch von Unsterblichkeit empfinden lassen.

Dieser erste Bereich, die Dokumentation, ist für alles Weitere unentbehrlich, eine *conditio sine qua non*. Die schriftliche Fixierung des Vergänglichen ist ja ein uraltes geistiges Anliegen der Menschheit. Gemessen an unserem stets ungestillten Wissensdurst ist es tragisch, zu sehen, daß die Verwirklichung dieses Anliegens so lange auf die Dichtung, auf das Gedachte, auf die Wortkunst beschränkt geblieben ist. Die für uns entzifferbare Aufzeichnung von Musik setzt erst im zweiten Jahrtausend nach Christus ein. Keine noch so spezialisierte Musikwissenschaft wird an diesem Mangel etwas ändern können. Und im Tanz müssen wir noch länger warten. Denn wieviel können wir schon mit dem anfangen, was uns seit den ersten Versuchen im 15. Jahrhundert geblieben ist? Ich erinnere wieder an Labans Leitwort, das mit der bitteren Bemerkung endet, daß die Tänze einer Pawlowa mit ihr ins Grab gesunken sind.

Wie steht es im Besonderen mit den Volkstänzen? Unser Wissen über die brauchtümlichen Funktionen des Volkstanzes reicht weit zurück in die Vergangenheit. Bildliche Darstellungen einzelner choreographischer Züge liefern uns ein buntes und großartiges Bild von den Überlieferungen in den Ländern und bei den Völkern dieser Welt bis in die vorgeschichtlichen Zeiten zurück. Auch die Musikwissenschaft fördert altes Melodienmaterial hinlänglich zu Tage. Nur bei den Bewegungsabläufen der Tänze ist unser Wissen beschränkt, fast möchte man sagen, beschränkt auf die Gegenwart. Tanzsammlungen und Beschreibungen, wie wir sie gegenwärtig als breitere Grundlage für unsere Kenntnis der Verhältnisse besitzen, reichen – von einzelnen Ausnahmen vielleicht abgesehen – gerade ein halbes Jahrhundert zurück.

Indem wir den Mangel an älteren stichhaltigen Aufzeichnungen bedauern, müssen wir jedoch überlegen, inwieweit uns solche überhaupt nützlich sein könnten. Nehmen wir doch einmal an, man würde eine unbekannte Volkstanzchoreographie aus dem 18. Jahrhundert auffinden, oder nehmen wir eine Aufzeichnung aus dem verwandten Gebiet des Gesellschaftstanzes an. Wir müssen zugeben, daß wir sie historisch getreu doch nicht mehr nachtanzen könnten, da uns die lebendige Tradition fehlt und wir nicht die Kenntnis des wahren Bewegungsstils besitzen. Es würde uns so gehen wie einem, der nie Kontakt mit unserem Volkstanz gehabt hat und nun an Hand einer Aufzeichnung verstehen wollte, was gemeint ist.

Wir sagen, daß uns die Gesänge des Homer erhalten geblieben sind, weil die Menschen noch rechtzeitig die Wortschrift erfunden haben. Diese Feststellung können wir aber nicht ohne sehr weitreichende Bedenken hinnehmen. Was wissen wir denn in der Tat von Homers Gesängen? Einmal den Wort*inhalt*, dann den Wort*laut*, wobei wir allerdings bedenken müssen, daß die Aufzeichnung *eines* Wortlauts gegenüber der lebendigen Improvisations- und Variationstechnik eine Verarmung und Erstarrung bedeutet. Von allem anderen, was wesentlich noch zu dem Heldengesang gehört, wissen wir praktisch nichts. Wir kennen nicht die Art des Vortrags, die ganze Atmosphäre des Lebensbereichs. Wir wissen nicht einmal, wie die Sprachmelodie, ja wie der Wortklang beschaffen gewesen ist.

Ist es bei der musikalischen Tradition anders? Was wissen wir zum Beispiel, wie Bach musiziert hat? Ist sein Musizierstil nicht so unendich weit von uns entfernt, daß wir heute etwa die Wiedergabe seiner Werke auf dem Hammerklavier statt auf dem Cembalo nicht im geringsten als Stillosigkeit empfinden?

Die gleichen Fragen haben wir zu bedenken bei der Verwendung einer Tanzschrift in unserem Forschungs- und Dokumentationsbereich. Dabei sollten wir nie auf den Fehler verfallen, zu glauben, daß es bei der Dokumentation eines Volkstanzes mit der tanzschriftlichen und musikschriftlichen Fixierung getan sei. Nur sehr äußerliche Merkmale haben wir erfaßt, das Gerüst, das Skelett, dem Fleisch und Blut fehlen. Man hat in den letzten zweihundert Jahren das musikalische Schriftsystem entscheidend weiterentwickelt. Der Komponist legt heute oft die feinsten Nuancen schriftlich nieder. Der Musikethnologe hat für die Fixierung außereuropäischer Musik zusätzliche Zeichen und Schreibregeln erfunden. Und doch ist auch das raffinierteste Schriftsystem im Prinzip das geblieben, was die alte linienlose Neumennotation gewesen ist: ein Gedächtnisbehelf, der nur dem etwas nützen kann, der ohnehin schon in der Praxis der betreffenden Kunstgattung steht.

Walter Graf hat in seinem ausgezeichneten Aufsatz über *Die Tanzschrift als wissenschaftliches Hilfsmittel*[1] sehr richtig die Forderung einer „möglichst objektiven Darstellung" erhoben. Wir müssen den Ton auf „möglichst" legen. Denn in Wirklichkeit ist die Reproduktion des geschriebenen Bewegungsablaufs doch Sache der subjektiven Auffassung. Die Reproduktion kann nur dann dem Wesenskern des geschriebenen Vorbilds nahekommen, wenn der Künstler, der das Geschriebene abliest und reproduziert, selbst in dem Stil des Vorbilds lebt. Aber auch dann wird er ihm nur nahekommen. Denn die Bewegung ist nicht nur von Volk zu Volk verschieden, sondern auch von Person zu Person. So verschieden ist sie und so für den einzelnen charakteristisch, daß wir in unserem Rechtsbrauch die Unterschrift eines Menschen, das heißt, seine aufs Papier projizierte Hand*bewegung*, als stellvertretend für die Person selbst anzuerkennen pflegen, weil wir wissen, daß diese Handbewegung praktisch unnachahmlich ist.

Jede Form von schriftlicher Fixierung von Sprache, Musik und Tanz beruht auf der Koordinierung von einzelnen Positionsdarstellungen oder Bewegungs*elementen*. Die Bewegung selbst aber, also das, was geschrieben werden soll, ist keine *Summe* von Einzelelementen, sondern ein *Fluß*. Weiterhin ist jede Form von schriftlicher Fixierung, selbst bei noch so großer Detaillierung des Schriftsystems, durch die wir die Schrift bis zur Unleserlichkeit kompliziert gestalten können, eine Rationalisierung des zu schreibenden Bewegungsvorgangs. *Der Bewegungsvorgang selbst aber ist irrational*. Jedermann wird mir zugeben, daß die *Kunst* erst dort beginnt, wo dieses Irrationale, dieses Unbeschreibliche, also dieses Unbeschreibbare in Erscheinung zu treten beginnt. So ist die Schrift für uns nur ein Gedächtnisbehelf. Und als solcher hat sie gerade für den Volkstanzforscher noch eine weitere sehr merkwürdige Seite: Wo man anfängt, dem Gedächtnis zu helfen, verliert dieses an Selbständigkeit und Kraft. Man möchte sagen, wo das eine zunimmt, verliert das andere unter einer geheimnisvollen goldenen Regel, ohne daß man recht sagen kann, was nun die Ursache und was die Wirkung ist. Die Gedächtnisleistung des Heldensängers schwindet, wird sinnlos, unnötig, absurd, wo das Lied aufgezeichnet wird. Die lebendige Tradition des Volkstanzes nimmt ab, wo man ihn aufzeichnet und gedruckt wieder unter das Volk bringt.

Jeder Volkskundler kennt die Tatsache, daß eine dokumentarische Aufzeichnung eines Liedes, eines Märchens oder eben eines Volkstanzes nur eine Momentaufnahme darstellt, die insofern der Realität nicht entspricht, als die lebendige Tradition einem unaufhörlichen Wandel unterworfen ist. Es ist dies für ihn eines der wichtigsten Merkmale der Volkstradition überhaupt. Es ist theoretisch so, daß niemals zwei Ausführungen desselben Tanzes, desselben Liedes usw. miteinander völlig identisch sind. Das werden sie erst dort, wo die Volkstanzpraxis nicht mehr der lebendigen Tradition folgt, sondern wo man sich auf die aufgezeichneten, redigierten und gedruckten Stücke stützt. Es sind genaugenommen erstarrte Gebilde, die den Namen „Volks"-Tanz eigentlich schon nicht mehr verdienen. Denn der Eigentumsvermerk „Volks-" bezieht sich auf die fortwährende schöpferische Gestaltung und Umgestaltung der Materie durch das Volk.

In diesem Sinne wird man nicht nur die bisherige Tanzbeschreibung zu werten haben, sondern auch eine zukünftige tanzschriftliche Darstellung, und zwar umso mehr, je genauer und unmißverständlicher die einzelnen Bewegungen fixiert werden. Es liegt eine tiefe Tragik in diesem Gedanken, der ja völlig ausweglos erscheint, in dem Gedanken nämlich, daß die schriftliche Fixierung einer flüchtigen Bewegung deren Erstarrung bedeutet. Wir möchten die Bewegung verewigen, indem wir sie festhalten, aber in Wahrheit mumifizieren wir sie. Auf der anderen Seite aber ist dem Tanzforscher, der bedauernd und hilflos diesen Funktionswandel in der Volkstanzpraxis mitansehen muß, die Beschreibung wie die tanzschriftliche Darstellung ein wertvolles Mittel der Erkenntnis, obwohl sie für ihn nur eine Momentaufnahme aus dem lebendigen Fluß heraus darstellt. Gerade an diesem tragischen Punkt, wo es doch um Leben und Tod der echten Tradition geht, erkennen wir eine der wichtigsten Funktionen, die die Tanzschrift in der Volkstanzforschung haben wird: nämlich die Anwendung beim Variantenvergleich zum Studium der Wandelbarkeit und der Stabilität von Überlieferungen.

## II

Einer der wichtigsten Arbeitsgänge der Volkstanzforschung wie überhaupt der Volkskulturforschung ist der *Vergleich*. Hier stoßen wir auf einen Punkt, der ursprünglich in der Volksmelodienforschung große technische Schwierigkeiten bereitet hat, weswegen sie sich ein geeignetes, sehr interessantes Instrument geschaffen hat, nämlich die *synoptische Tafel*. Es geht dabei um die folgende Überlegung: Wenn man zwei Bilder, zwei Geräte, zwei Gebrauchsgegenstände miteinander vergleichen will, so legt man sie nebeneinander und kann nun Stück um Stück, Element um Element, Teil um Teil kollationieren. Das geht mit der Musik zunächst nicht. Man ist daher auf die Idee gekommen, die in Frage stehenden Melodien partiturartig übereinanderzuschreiben. So ist man in der Lage, nicht nur zwei, sondern zehn oder zwanzig Melodien nebeneinander liegen zu haben. Man kann wiederum ihre Elemente im einzelnen miteinander vergleichen.

Wir können nun nicht ohne weiteres sagen, daß auf der Seite der Tanz*bewegung* von vornherein die gleiche Problematik herrscht wie auf der Seite der Musik. Denn es ist ja prinzipiell möglich, zwei Bewegungsabläufe gleichzeitig zu beobachten, was in der Musik praktisch undenkbar ist. Wie man zum Zwecke des Vergleichs zwei Bilder nebeneinander legt, so wäre es vorstellbar, zum Beispiel zwei gefilmte Varianten eines Tanzes gleichzeitig auf zwei nebeneinanderhängende Projektionswände zu werfen. Dabei besteht natürlich die Gefahr, daß die eine Aufnahme schneller abläuft als die andere. Man könnte sich denken, daß etwa eine Musikkapelle aufspielt und auf zwei nebeneinanderliegenden Tanzböden je eine Tanzgruppe ihre Variante tanzt. Aber das sind lauter theoretische Erwägungen, die kaum praktische Bedeutung haben. Vor allem haben solche Gegenüberstellungen von Bewegungsabläufen gegenüber dem Vergleich von zwei stehenden Bildern einen entscheidenden Nachteil mit der Musik gemeinsam: Wir können sie nicht so lange in Ruhe beobachten, bis uns jede Einzelheit klar geworden ist; und es macht mindestens Umstände, eine Wiederholung zu bewirken.

Man wird also auch in der vergleichenden Erforschung von Tanzbewegungen zum Mittel der synoptischen Tafel greifen. Wenn ein geeignetes Schriftsystem gefunden ist, wird man mehrere Varianten von Bewegungsabläufen eines Tanzes partiturartig übereinanderschreiben. Das bedeutet dann natürlich nicht, daß man sie alle gleichzeitig tanzen soll, sondern, daß man sie lesend nebeneinander hat und Abschnitt um Abschnitt miteinander vergleichen kann. Auf diese Weise kann man beispielsweise erkennen, inwieweit das Volkstanzgut zweier Stämme oder Nationen miteinander übereinstimmt, oder zeigen, wieweit die Varianten ein und desselben Tanzes voneinander abweichen können, wie sie sich in diesem fortwährenden Wechsel der äußeren Gestalt verändern und entwickeln und wie sie vielleicht als sogenannte Kontaminationen mit den Teilstücken eines anderen Tanzes verschmelzen.

Wir können uns sozusagen quantitativ zwei verschiedene Möglichkeiten schriftlicher Darstellung von Volkstänzen vorstellen. Entweder wir arbeiten mit Siglen, das heißt mit kurzen Zeichen, und beschränken uns auf das Notwendigste, um eine möglichst große und leichte Übersichtlichkeit zu erreichen. Oder aber wir streben an, jede detaillierte Bewegung festzuhalten, um eine möglichst unbestechliche und unmißverständliche Genauigkeit zu erreichen.

Überlegen wir uns zunächst die Aufgabe des Volkstanzforschers im Terrain. Natürlich sieht er sich gleichzeitig vor zwei Aufgaben gestellt, die sich schwer vereinigen lassen. Einmal soll er mit möglichster Schnelligkeit beobachten und aufzeichnen können. Die Bewegung läuft unaufhaltsam weiter, und die Erfahrung lehrt, daß kein echter Traditionsträger dazu zu bringen ist, daß er eine Tanzbewegung im Zeitlupentempo darstellt. Auf der anderen Seite ist es geboten, die Tanzbewegung mit größtmöglicher Genauigkeit aufzuzeichnen, wenn die Notierung einen dokumentarischen Wert haben soll. Hier kommt uns ein Umstand gelegen, der für jeden Volkstanzsammler eine Selbstverständlichkeit ist. Wir haben nämlich mit dem Normalfall zu rechnen, daß sein Betätigungsfeld relativ begrenzt ist. Regional und national begrenzt ist damit aber zugleich die Materialfülle des Bewegungsstils. Der Sammler weiß genau, daß in seinem Revier diese und jene Bewegungen zu erwarten sind. Er wird nicht daran denken, zum Beispiel für die sogenannte „gewöhnliche Fassung", die bei den mitteleuropäischen Paartänzen eine so große Rolle spielt, jedesmal das doch etwas komplizierte Kinetogramm aufzuzeichnen. Es ist eine Selbstverständlichkeit, daß sich jeder Sammler bestimmte Kurzzeichen zurechtlegt, die seinem speziellen Gebrauch entsprechen, auch wenn sie dann vielleicht nur für ihn leserlich sein werden. Denn für den weiteren Gebrauch des Publikums läßt sich die so einmal fixierte Tanzbewegung in Ruhe ausarbeiten, entweder in Form von Beschreibungen oder mit einer Tanzschrift, welche die detaillierte Bewegung darstellbar macht.

Bei der synoptischen Tafel haben wir mit einem ähnlichen Problem zu rechnen wie bei der Aufzeichnung im Terrain. Es ist die häufig übersehene Eigenheit dieses Hilfsmittels, daß es stets nur einen Teil des Ganzen erfaßt. Die synoptische Melodientafel etwa läßt schon den Text unberücksichtigt. Der Hinweis auf die leichte Spaltbarkeit der Einheit Text-Melodie ist eigentlich keine Entschuldigung, denn sie gehört ja als ein besonderes Charakteristikum zur Einheit des Liedes. Aber wir müssen uns darüber klar sein, daß die Darstellung einer Melodie oder eines Tanzes in der Schrift und die Zusammenstellung der einzelnen Schriftbilder zur synoptischen Tafel im wesentlichen auf wenige äußere Momente beschränkt bleibt. Das braucht an sich kein Mangel zu sein, wenn es dem Blick des Forschers gelingt, tatsächlich das Wesentliche und Vergleichenswerte zu fixieren. Alles andere wäre überflüssiger Ballast und würde das Bild nicht nur belasten, sondern weitgehend unübersichtlich, ja unleserlich machen.

Für die synoptische Tafel der Bewegungsvorgänge scheint es mir notwendig zu sein, dem Schriftbild eine Beschränkung auf diejenigen Elemente aufzuerlegen, die wirklich wesentlich sind. Eine Überladung mit allen Einzelheiten der Körperbewegung, die hier gar nicht zur Sache gehören, wirkt verwirrend und verhindert gerade das, worauf es ankommt, nämlich den schnellen Überblick über die Verschiedenheit, Ähnlichkeit und Gleichheit verschiedener Varianten, die Orientierungsmöglichkeit mit einem Blick. Für einen ganzheitlichen Vergleich von Volkstänzen genügt die synoptische Tafel nicht, da wir wie in den Schriftbildern immer nur das Was, nicht aber das wesensmäßig ebenso wichtige Wie fixieren können. Ich möchte hier geradezu empfehlen, Bewegungseinheiten wie etwa immer wiederkehrende Schrittfolgen, Fassungen usw. zu kurzen bildhaften Siglen zusammenzufassen, so wie ich es in meiner kleinen Studie zur systematischen Ordnung von Volkstänzen getan habe.[2] Synoptische Tafeln mit Aneinanderreihung solcher Bildsymbole scheinen mir sinnfälliger als die partiturartige Anordnung von ausführlichen Kinetogrammen.

Noch einen weiteren Aspekt hat das Prinzip der Synopse, und gerade hier wird die Heranziehung einer geeigneten Bewegungsschrift besonders wichtig: nämlich die gleichzeitige und parallele Darstellung von Musik und Bewegung im Volkstanz. In dem Bestreben, den Volkstanz als ein Ganzes zu erfassen, das er ist, und als Ganzes darzustellen, ist diese parallele Notierung von Musik und Bewegung natürlich in erster Linie erstrebenswert. Mehr noch: Es kommt nicht nur darauf an, in dieser Simultannotation die festen Beziehungen und die Einheit dieser beiden Aspekte des Volkstanzes zu dokumentieren und sinnfällig werden zu lassen. Wir wollen auch das gegenteilige Prinzip aufzeigen, nämlich jenes merkwürdige Nebeneinander und Gegeneinander von Musik und Bewegung, das im Volkstanz eine sehr große, bisher freilich wenig beachtete Rolle spielt.

Am Ende der Überlegungen zu diesem Punkt wird eine mehrteilige Partitur stehen. Man wird auf ein erstes System die Tanzmelodie schreiben, auf ein zweites alle anderen akustischen Zutaten, die wesentlich zum Tanz gehören, wie zum Beispiel die Juchzer der Burschen, die ja nicht taktmäßig mit der Musik übereinstimmen müssen. In einem nächsten System wird das rhythmische Gerüst der Tanzbewegungen zu finden sein und im letzten System diese Bewegungen selber.

Die Verwendung der Tanzbeschreibung ist eine sehr lästige Behinderung für den Einblick in das Wesen eines Tanzes. Der Umweg der Gedankenvermittlung über eine wörtliche Beschreibung erweist sich als außerordentlich hemmend. Man soll sich eine fließende Bewegung vorstellen, die sich vielleicht über viele Takte hinzieht, muß aber bei jedem Takt haltmachen, weil die Beschreibung der Einzelbewegungsphase für diesen Takt vielleicht eine komplizierte Satzkonstruktion erfordert. Solche Beschreibungen lassen sich überhaupt nur im Ganzen wiedergeben, nicht im Zusammenhang mit der Melodie. Und wenn es sich einmal um ein recht kompliziertes Tanzgebilde handelt, dann ist geradezu ein langwieriges Studium notwendig, um das in der Beschreibung zerpflückte Gebilde wieder zu einer Einheit „Volkstanz" zusammenzudenken.

Raimund Zoder hat einmal einen sehr bemerkenswerten Versuch gemacht, die wörtliche Beschreibung mit der Musik simultan aufs Papier zu bringen. Er schreibt die Melodie um 90° nach rechts gedreht, also von oben nach unten, und daneben – taktweise mit der Melodie übereinstimmend – in eine Spalte die Körperbewegungen, in die nächste Spalte die Übertragungen und Beingesten, in die dritte Spalte die Armgesten, in die vierte Spalte die sonstigen Gesten. Das System ist sehr übersichtlich, krankt aber an der umständlichen Beschreibung mit Worten. Während man den Inhalt der zweiten Spalte liest und versucht, ihn im Geiste in Bewegungen umzusetzen, hat man den Zusammenhang mit der ersten Spalte schon wieder verloren und den mit der dritten Spalte noch gar nicht gewonnen. Zoders Art der simultanen Darstellung von Musik und Bewegung ist ein beachtenswerter Vorstoß in ein problematisches und drängendes Feld der Volkstanzforschung und ein Kompromißvorschlag, der meines Erachtens verdient hätte, weiterentwickelt zu werden, vor allem, weil er auf keine bestimmte Art von Tänzen beschränkt bleibt.

## III

Volkstanzsammlungen dienen in allen Ländern in erster Linie dem lokal begrenzten Gebrauch der praktischen Volkstanz*pflege*. Das ist eine sehr eigenartige Situation, die es wie auf keinem anderen Gebiet erschwert, das Schrifttum auch nur bibliographisch zu erfassen. Die lokale Beschränkung der Sammlungen hängt vor allem damit zusammen, daß man gar nicht mit der Möglichkeit rechnet, daß jemand die Tanzbeschreibungen in all den fremden Zungen lesen und verstehen möchte. Vielleicht können auch hier in dem Augenblick die Verhältnisse umgekehrt werden, da man sich überall einer international gemeinsamen Bewegungsschrift bedient, wie man sich einer international gemeinsamen Musiknotation bedient.

Für unser spezielles Problem bedeutet das, daß die Art der Publikation und die Frage, ob eine Tanzschrift angewendet werden soll und welche, zur Zeit im wesentlichen ein national begrenztes Problem ist. Für den Herausgeber bulgarischer Volkstänze etwa ist es kein primäres Problem, ob Angehörige fremder Länder und fremder Zungen mit der Ausgabe etwas anfangen können. Für ihn kommt es darauf an, daß die eigenen Landsleute etwas Praktisches damit anfangen können. Diese Zielsetzung ist entscheidend auch für die Frage, ob seine Tänze die Anwendung einer Tanzschrift überhaupt ratsam erscheinen lassen, oder ob man besser die Beschreibung wählt – bulgarisch kann ja jedermann im Lande. Wenn er sich für die Tanzschrift entscheidet, so wird er nicht auf eine breite internationale, sondern auf eine möglichst leichte nationale Lesbarkeit sehen. An dieser Situation wird sich kaum etwas ändern. Denn es versteht sich, daß die unzähligen

Volkstanzpraktiker im eigenen Lande mehr Anspruch haben auf Berücksichtigung ihrer Wünsche als die wenigen vergleichenden Volkstanzforscher des Auslands. Trotzdem ist es deren gutes Recht, ihre Wünsche an-
zumelden.

Die vergleichende Melodieforschung auf breitester Basis wird überhaupt erst möglich durch die Tatsache, daß die Volksmelodien in der ganzen Welt mit den gleichen Schriftzeichen notiert und publiziert werden.
Die vergleichende Erforschung von Tanzbewegungen dagegen hat erst einmal mit einer Vielzahl von nationalen Schriftsystemen zu rechnen, deren
jedes zu erlernen wäre. In den weitaus meisten Fällen ist es jedoch so, daß
die Tanzbeschreibungen in der Sprache des Landes, ja zuweilen in der
Sprache der Landschaft abgefaßt sind. Wir haben in Jugoslawien etwa
Tanzsammlungen in der Sprache der Serbokroaten, der Slowenen, der Makedonier, ja darüber hinaus der slowakischen und rumänischen Minoritä-
ten. Dem vergleichenden Tanzforscher bleibt nur die Alternative, entweder alle diese Sprachen zu erlernen oder auf die Benützung dieser Quellen
zu verzichten, mit anderen Worten, auf die vergleichende Forschung als
solche überhaupt zu verzichten. Der wohl ewig unerfüllbare Wunschtraum
des Volkstanzforschers müßte demnach heißen: eine international einheitliche Bewegungsschrift, die überall in der gleichen Weise wie die international einheitliche Notenschrift für die Musik Verwendung findet.

## IV

Ich habe immer nur *allgemein* von einer Tanzschrift, nicht von einer *speziellen,* etwa der Kinetographie, gesprochen. Nach meiner persönlichen
Überzeugung kommt aber für eine Volkstanzforschung, die auf internationaler Zusammenarbeit und Komparation beruht, nur die Anwendung der
Kinetographie in Frage. Es ist klar, daß wir zu einer einheitlichen Schreibweise kommen müssen. Wer jemals Volkstanzsammlungen verschiedener
Völker durchgearbeitet hat, muß den unschätzbaren Vorteil einer einheitlichen Bewegungsschrift als Ergänzung zur einheitlichen Notenschrift ein-
sehen. Beide sollen für jedermann zu lesen sein, ohne daß er die Sprache
des anderen Landes versteht. Eine einzelne solche Bewegungsschrift – und
wenn sie noch so kompliziert ist – kann leichter erlernt werden als 25 verschiedene Sprachen und obendrein noch ebensoviele Fachterminologien.

Wenn ich nun in diesem Zusammenhang speziell für die Verwendung
der Kinetographie plädiere, so hat dies folgenden Grund: Die verschiedenen da und dort angewendeten Schriftsysteme zur Darstellung von Volkstänzen und ebenso die historisch überlieferten Schriftsysteme sind ihrer
Anlage nach auf einen bestimmten nationalen oder historischen Tanzstil
abgestimmt. Mag immerhin beispielsweise das System der Schwestern Jan-

ković in Serbien mit ausgezeichnetem Erfolg angewandt werden und
ebenso schnell zu schreiben wie übersichtlich zu lesen sein. Aber es ist völlig ungeeignet, beispielsweise einen englischen Schwerttanz aufzunehmen.
In diesem Sinne ist die Kinetographie nicht nur kein begrenztes nationales
System, sondern eigentlich nicht einmal eine spezielle Tanzschrift. Sie ist,
wie schon der Name sagt, eine allgemeine *Bewegungs*schrift. Wer sich mit
der vergleichenden Volkstanzforschung oder selbst nur mit der Beobachtung von Volkstänzen verschiedener Völker beschäftigt, weiß, daß man
vor immer wieder überraschend neuen Bewegungsarten in den Volkstänzen niemals sicher ist. Aber selbst Bewegungen, die ein Nichtkenner vielleicht überhaupt nicht mehr als Tanz ansehen würde, wie zum Beispiel jene
Bewegung türkischer Trommeltänzer, die sich in der Ekstase niederknien,
den Körper zurückbeugen, bis der Hinterkopf den Boden berührt, und in
dieser Stellung die Trommel weiter bearbeiten, die ihnen auf dem Bauch
liegt, oder etwa die ekstatischen Gesten der Derwische, die auf dem Boden
hocken und den Kopf in wilden, ruckartigen Bewegungen hin und her werfen: Selbst solche und unzählige andere ausgefallene Bewegungen sind der
Kinetographie zugänglich, ohne daß sie gezwungen wäre, neue Zeichen
oder neue Schreibregeln zu erfinden.

Dazu kommt eine völlig unerwartete Eigenschaft. Es ist klar, daß die
Anwendung der Kinetographie auf die letzten Feinheiten der Körperbewegung und ebenso die fließende Schreib- und Lesebeherrschung der Kinetographie eine große praktische Erfahrung voraussetzt. Von dieser Einschränkung abgesehen, bietet dieses Schriftsystem aber keine allzu großen
Schwierigkeiten, da es absolut logisch aufgebaut ist. Man vergleicht immer
wieder Bewegungs- und Notenschrift miteinander. In einem Punkt sind sie
völlig verschieden: Die Notenschrift hat sich historisch entwickelt. Sie hat
sich mit jeder Stilperiode abgewandelt und ihr angepaßt. Sie ist kein allge-
meingültiges System, denn schon allein die geringste Abweichung von der
europäischen Stimmung, die selbst in der europäischen Volksmusik eine
bedeutende Rolle spielen kann, ist unnotierbar. Die Kinetographie dagegen, die der historischen Tradition entbehrt, ist logisch entwickelt und
nicht auf einen bestimmten Bewegungshabitus oder ein bestimmtes Motiv-
material von Bewegungen beschränkt.

## V

Jeder Handgriff des Volkstanzforschers in dem weiten Arbeitsbereich zwischen Beobachtung und Publikation dient letztlich dem einen Ziel, mitzu-
wirken an dem großen und buntgemusterten Gewebe der menschlichen
Kulturgeschichte. Möge es uns vergönnt sein, ein geeignetes Instrument zu
finden und in diesem schmalen Sektor des großen Werkes fest zu veran-

kern, ein Instrument, das uns befähigt, die seltsame Welt des Volkstanzes, so wie wir sie in unserer Gegenwart gerade noch kennen, in ihrer Originalgestalt fernen Geschlechtern zu bewahren. Möge eine solche Tanzschrift im Verein mit ihren Schwestern – der Wortschrift und der Notenschrift – festhalten, was menschlicher Geist in Bewegungen und Tönen erdacht hat, und in fernen Zeiten immer wieder lebendig werden lassen: Tanz und Musik als ein zusammengehöriges Ganzes oder Körper und Stimme, wie es Friedrich von Schiller formuliert hat: „Körper und Stimme leiht die Schrift dem stummen Gedanken, durch der Jahrhunderte Strom trägt ihn das redende Blatt" (*Der Spaziergang*).

## Anmerkungen

\* Mit diesem Referat eröffnete der Verfasser den Kongreß über *Tanzschrift und Volkstanzforschung* 1957 in Dresden. Es wird hier erstmals im Druck vorgelegt.

1 W. Graf, Die Tanzschrift als wissenschaftliches Hilfsmittel, in: Mitteilungen der Anthropologischen Gesellschaft in Wien 84/85, Wien 1955, S.83-91.

2 Vgl. F. Hoerburger, Wechselhupf – Schustertanz – Klatschtanz – Winker. Ein Beitrag zur systematischen Ordnung von Volkstänzen, in: A. Fiedler/F. Hoerburger, Beiträge zur Aufnahmetechnik und Katalogisierung von Volksgut, Leipzig 1956.

# Das Bilddokument und die Tanzfolklore

Der Tanz ist eine der elementarsten künstlerischen Äußerungen des Menschen. Keines Instruments und in seinen Primärformen keiner technischen Übereinkunft bedürftig, weist er – nur dem zweckungebundenen Bewegungsbedürfnis, der spontanen bewegungsmäßigen Reaktion anheimgestellt – bis in den Bereich des Animalischen zurück. Vielleicht ist diese Verbundenheit mit den tiefsten Schichten unseres Seins der Grund dafür, daß der Tanz als künstlerisches Phänomen am ehesten als suspekt, als unschicklich, als minderwertig von vielen unserer Zeitgenossen angesehen wird.

Verglichen damit ist es eine merkwürdige und wenig beachtete Tatsache, daß die Dokumentation des Tanzes viel weiter zurückgeht als diejenige anderer Künste, und es ist irreführend, wenn man erkennen will, daß die Tanzschrift als Fixativ erst in neuerer Zeit – Jahrtausende nach der Wortschrift, Jahrhunderte nach der Musikschrift – in Gebrauch kommt. Tatsächlich scheinen die Versuche, Tänze dokumentarisch festzuhalten, viel weiter zurückzureichen. Während man erst in den antiken Hochkulturen begonnen hat, Sprachkunstwerke schriftlich zu fixieren, während man erst in unserem Jahrtausend Tonkunstwerke so zu schreiben beginnt, daß das Schriftstück nicht mehr nur ein mnemotechnisches Hilfsmittel für den ist, der das Werk ohnehin schon kennt, reichen Dokumente, die das Tanzkunstwerk festzuhalten versuchen, bis weit in die Zeit zurück, die unserer geschichtlichen Betrachtung nicht mehr zugänglich ist.

Steinzeitliche Tanzdarstellungen, die uns einen unschätzbaren Einblick in ältestes Tanztun der Menschheit geben, sind da und dort reproduziert, beschrieben, gedeutet, in ihrer Gesamtheit jedoch bisher weder ikonographisch noch tanzgeschichtlich dargestellt. Für uns, die wir vor allem an der folkloristischen Dokumentation interessiert sind, eröffnen sie zwei Entwicklungszüge, deren Bedeutung nicht besonders hervorgehoben werden muß, da niemand ernsthaft bezweifeln wird, daß ohne ihre Existenz entscheidende Erkenntnisse historischer wie ethnographischer Natur einfach nicht vorhanden wären.

Solange wir glauben, ein Tanz erschöpfe sich in der musikalischen und tänzerischen *Bewegung,* mag uns das Bilddokument recht unergiebig erscheinen. Auf den ersten Blick werden wir es als unmöglich bezeichnen, Vorgänge, deren Wesen die Bewegung ist, auf das Bild zu übertragen, dessen Wesen die bewegungslose Ruhe ist. Wir werden später sehen, daß wir auch hier im Irrtum sind, da es ja nur gilt, das zeitliche Nacheinander in das räumliche Nebeneinander zu projizieren, um zum Beispiel den „Bodenweg" einer tanzenden Person im Bild zu erhalten. Wir bringen ja auch die musikalische „Bewegung" in das *starre* Noten„bild".

Aber die Frage bleibt offen, ob es denn wirklich nur gilt, Bewegungen im Bild zu erfassen, wenn wir die vergängliche Gegenwart für unser eigenes Studium und für die Kenntnis der Nachwelt festhalten wollen. Tatsächlich fragt die Volkskunde nach einer ganzen Reihe von weiteren Einzelheiten, die sich sehr wohl auch durch das nicht bewegte Bild darstellen lassen, ja die Beobachtung eines Tanzes, die nur die musikalische und tänzerische Bewegung berücksichtigen würde, bliebe nur an der Oberfläche des Geschehens.

Das historische Bild, das uns in eine Zeit zurückführt, die keine allumfassende Dokumentation des Volkstanzes kannte, so wie wir Heutigen es uns wünschen würden, oder das ethnographische Foto, das von dem Reisenden heimgebracht wird, der die speziellen Nöte und Wünsche des Volkstanzforschers nicht kennt, gewährt uns eine Fülle von Einblicken, die es zusammenzutragen gilt – und hier, wie überall in der Wissenschaft, kann man eben nicht mit der lückenlosen Aufbereitung des Untersuchungsmaterials rechnen, sondern ist darauf angewiesen, Klein- und Teilfunde zusammenzutragen und sie in mühevoller Arbeit zu einer neuen, den Sachverhalt klärenden Synthese zu bringen.

Ein paar Beispiele mögen zeigen, um was es geht. So ist es etwa sehr wichtig, auf Formation und Fassung zu sehen. Sie lassen schließen auf die Entwicklungsstufe in der Zeit und auf den nationalen Stil. So sind zum Beispiel die Reigentänze des europäischen Südostens nach ihrer Aufstellung außerordentlich einfach, fast ärmlich in der Erfindung zu nennen, wogegen sich in der Ornamentik der Fassungen ebenso wie der Fußbewegungen ein außerordentlicher Reichtum der Phantasie zeigt. Tatsächlich spielt diese Ornamentik auch in der bildenden Kunst des Volkes eine nicht unwichtige Rolle: Die rumänischen Volkswebereien – Wandteppiche, Catrinţen und dergleichen[1] – lassen immer wieder das Motiv der Tanzfassung in der Hora erkennen. Die Horafassung ist ein statisches Element, das sich begreiflicherweise ohne weiteres im starren Bild darstellen läßt. Aber selbst „dynamische Fassungen", wie ich solche Erscheinungen einmal genannt habe[2], lassen sich durchaus deutlich am Bild ablesen, so etwa die sägende Bewegung des *Strohschneiders,* bei der die Hand„fassung" erhalten bleibt, die Haltung der Arme jedoch ständig verändert wird.[3] Ja selbst alte Ländlerbilder lassen den Kenner ohne weiteres die dynamische Fassung, die hier ihre besondere Ausprägung erfahren hat, ablesen.[4]

Auch Formationen können als statisch oder dynamisch in Erscheinung treten, und in beiden Fällen kann das unbewegte Bild höchst wichtige Auskünfte geben von Phänomenen, die der Bildner damals oder fern von hier festgehalten hat – vorausgesetzt freilich, daß uns die Erfahrung gelehrt hat, solche Bilder auch sachgemäß zu lesen.

Das Bild von dem Kolo auf dem montenegrinischen Gumno, dem steingepflasterten Tanzplatz, zeigt die Pflege der kreisrunden Form ebenso wie die Gleichgültigkeit gegenüber dem ausgetanzten kreisrunden Grundriß bei den Zigeunertänzen Mazedoniens oder die eigentümliche Vorliebe für die „Nierenform", die einseitige Einbuchtung des Kreises, bei den Bulgaren und auf den Färöern. Solche Sonderformen lassen sich gut von Bildern ablesen, und es ist ja keineswegs gleichgültig, welchen Bodenweg die Kette der Tänzer austanzt, etwa die der S-Form bei der französischen Farandole oder bei den genannten bulgarischen Reigenformen.[5] Und vermutlich ist es nicht nur die Ornamentik der Tanz*fassungen,* die den Menschen auch bildnerisch anregt, wie etwa in den vorher erwähnten rumänischen Webmustern: Auch der *Bodenweg* einer tanzenden Menschenkette mag seine Wechselbeziehungen dorthin haben: Solche Farandole-Bodenwege erinnern stark an die Mäandermuster, die wohl auch schon in der Antike auf ähnliche Tanzformen des Chores hinweisen mögen.

Freilich erkennen wir an dem Beispiel des „Mäandertanzes" – behalten wir doch diesen Begriff für die Diskussion unseres Anliegens einmal bei – gleich wieder auch die Begrenzung des Dokumentationswertes von einzelnen Bildern: Es ist nicht zu erkennen, wie es in natura zu der Mäanderform kommt und wie sie sich bewegt, es ist bestenfalls zu vermuten, was wir aus der Feld-Beobachtung ja kennen, und es ist durch Vergleich auch auf solche Tänze zu schließen, die wir nur von Mäanderbildern kennen, daß es sich nämlich um eine dynamische, nicht um eine statische Formation handelt. Die Tänzer beginnen im Kreis, und während sie sich gegen die Richtung der Sonne bewegen, fällt es dem Vortänzer ein, die Einbuchtung vorzunehmen, ohne die gleichzeitige Kreisbewegung aufzugeben – ein Vorgang, der, so einfach er erscheint, übrigens selbst dem Kinetographen Kopfzerbrechen verursacht. Man denkt an das Bild der sich windenden Schlange. Auch dieses Bild läßt ja den wahren Vorgang nicht erkennen, daß nämlich die Schlange nicht als ein starres Zickzack vorwärts kriecht, sondern daß jeder kleinste Abschnitt ihres Körpers den vollen Krümmungsweg ausgeht.

Besonders reich an Ornamentik des Bodenweges ist der europäische Norden, der die Formation allenthalben zu einer dynamischen, das heißt, sich im Tanz fortwährend verändernden werden läßt. Auch diese dynamische Formation – Wolfram spricht von einer „im höchsten Grade ornamentalen Linienführung und dem Drang nach scheinbar unendlich weiterwogender Bewegung"[6] – läßt sich bis zu einem gewissen Grade durch unbewegte Bilder, wenn auch nicht in seinen Einzelheiten beschreiben, so doch charakterisieren, in einer Weise, die für den nachgeborenen Forscher sehr wichtig werden kann. Man betrachte daraufhin die zahlreichen Bilder in Wolframs *Schwerttanz*-Buch, um zu sehen, welche Vielfalt von Bewegungsformen in ihnen recht deutlich wird: das Durchgehen durch das Tor, über und unter dem Schwert, die Drehung der einzelnen Tänzer, welche die Fassung zur Kette nicht lösen, das Zusammenschlagen der Schwerter.

Man sieht deutlich, daß die Schwerter nicht nur zusammengehalten, sondern zusammengeschlagen werden, man glaubt förmlich, das Klirren zu hören. Man erkennt deutlich den Unterschied von Bildern, die ein aus der lebendigen Bewegung herausgegriffener Schnappschuß sind, und solchen, in denen nur eine für die Photographie gestellte unbewegliche Pose konstruiert wird. In völliger Verkennung der Situation nennt man so etwas ein „lebendes Bild", wenn sich lebendige Menschen in einer zur Pose erstarrten Bewegung auf*stellen*.

Bewegungen lassen sich sehr wohl durch den „Schnappschuß" charakterisieren. Das haben nicht erst die Photographen unserer Tage erkannt. Es sind nicht nur die ja auch unendlich wichtigen Zutaten, die uns das Bild als tanzfolkloristisches Dokument übermittelt: die Tanzkleidung, die gerade bei brauchtümlichen Tänzen eine sehr bedeutende Rolle spielt, angefangen zum Beispiel von der altsteinzeitlichen Felsmalerei von Cogul, bei der bekleidete Frauen den nackten Jüngling umtanzen (Abb. 1)[7], bis zu den speziellen Festtrachten der rituellen Männertänze, die in der Gegenwart gerade noch oder gerade nicht mehr gepflegt sind und für die uns jede bildliche Darstellung der Vergangenheit Anhaltspunkte für die Frage nach Herkunft und Sinn vermitteln kann. Oder wir denken an die zahlreichen Utensilien, die zum Tanz gebraucht werden, die man mitträgt oder die man umtanzt.[8]

Abbildung 1

Alle diese Dinge sind ja auch wichtig, und es ist klar, daß wir über sie mannigfaltige Aufschlüsse gerade auch aus dem Bilddokument erwarten können. Aber sie sind es eben nicht allein, und je weiter wir die Möglichkeiten studieren, um so mehr wird uns das Bild auch von der Bewegung sprechen: Es zeigt uns nicht nur die Zusammensetzung des zum Tanz aufspielenden Instrumentariums, sondern gleichzeitig die bewegungsmäßige Bindung des Instruments an den Tanz: In dem bekannten und an zahlreichen Stellen neuerdings immer wieder reproduzierten Schwerttanzbild des Olaus Magnus[9] erkennt man deutlich die unterschiedliche Bedeutung der

nur musizierenden Posaunisten und des unter den Tanzenden stehenden
oder wahrscheinlich mittanzenden Trommlers.

   Alte Reigenbilder zeigen nicht nur die Fassung und die Tanzrichtung,
die ja auch schon ein Erkennen der Bewegung voraussetzt, die unterschiedliche Bewegungsart (nicht nur Tanzhaltung!) von Männern und
Frauen und die Formation der Gruppe, sondern sie zeigen uns auch die
seltsame Uneinheitlichkeit der Tanzbewegungen, die uns Heutigen zunächst unverständlich erscheinen möchte. Wir besitzen zum Beispiel aus
dem 15. Jahrhundert die Darstellung eines bäuerlichen Reigens (Abb. 2)[10],
die uns zeigt, wie der erste Tänzer gerade dabei ist, mit dem rechten Fuß zu
stampfen, während ein anderer gleichzeitig mit dem linken Fuß stampft
und ein dritter mit dem rechten bereits auftritt. Sicher ist das nicht so zu
verstehen, daß der Maler von einer etwaigen Forderung des gleichzeitigen
Ausschreitens zum Takt der Musik nichts wußte. Vielmehr dürfen wir – auf
Grund von Vergleichsdokumenten unserer noch lebenden Tanzfolklore –
als sicher annehmen, daß die Musik hier keineswegs Taktgeber in unserem
Sinne, sondern nur Stimulans gewesen ist, und daß der Maler mit der Unterschiedlichkeit der Fußbewegungen etwas durchaus Charakteristisches
gesehen hat und wiedergeben wollte: das Gegeneinander von Tanz und
Musik, von Tänzer zu Tänzer, welches gerade als das besonders Lustvolle
des Tanzens empfunden wurde. Wir können solches Tanzen gegen die Musik immer wieder in der heutigen Tanzfolklore erkennen. Und überlegen
wir uns, welch großartiges Dokument uns hier in die Hände gespielt wird
mit einem einfachen Bild von einer Sache, die uns sonst verborgen bleiben
müßte, da wir aus jener Zeit mit einem synchronisierten Film oder einer
genauen wissenschaftlichen Aufzeichnung und Analyse ja keineswegs
rechnen können! Ein höchst komplizierter Bewegungsvorgang wird vom
starren Bild zwar nicht analysiert, aber als existent dokumentiert!

Abbildung 2

Wie diese Schritte im einzelnen ausgesehen haben mögen, das können wir freilich aus den Bildern zunächst nicht entnehmen. Aber es wäre weit gefehlt, wenn wir glauben wollten, daß hier nun die Möglichkeiten des Bildes als eines Dokuments der Tanzfolklore erschöpft sind.

Freilich müssen wir, um Schrittfolgen, Bewegungsrichtungen und alle übrigen Einzelheiten der Tanzbewegung so weit festzuhalten, daß sie von einem mit dem betreffenden Tanz nicht bekannten Betrachter wieder reproduziert werden können, auf Beschreibung oder Tanzschrift zurückgreifen. Hier aber spielt nun das Bild eine ganz bestimmte Rolle, die wir hier durchzudenken haben.

Es gibt in Vergangenheit und Gegenwart, vor allem auch im Bereich der europäischen Volkstanzsammlungen, eine große Anzahl von Tanzschriften und Tanzschriftversuchen. Es sind das teilweise sehr rudimentäre Formen, die nur zusätzlich zur Schrift mit Hilfe von wenigen sinnfälligen Zeichen Teilaspekte erklären sollen, die nach der Ansicht des jeweiligen Verfassers nicht oder nur sehr ungenügend mit Worten darzustellen sind, Diagramme etwa für die Aufstellung und ihre Wandlungen, das Zueinander und Gegeneinander von Tänzer und Tänzerin und dergleichen. Nur wenige Systeme gehen so weit, daß sie nach der Auffassung ihrer Urheber das beschreibende Wort gänzlich entbehren können und den gesamten Umfang der Bewegungen, die sehr komplizierte „Polyphonie" der Körperteile und der Teilnehmer an einer Gruppenbewegung nur durch das Schriftsystem erfassen lassen.

Soweit ich sehen kann, gehen alle diese Tanzschriftsysteme bei aller Unterschiedlichkeit im einzelnen von zwei Grundelementen aus: von dem Wort oder von dem Bild. Gelegentlich mögen beide Elemente zusammenwirken, aber für gewöhnlich scheinen sie in der Entwicklungsgeschichte der Tanzschrift ziemlich getrennte Wege zu gehen.

Man kann sagen, „ich mache die und die Bewegung", etwa „ich schreite mit dem linken Fuß vorwärts". Wenn es sich, wie hier, um eine Bewegung handelt, die in der Praxis sehr häufig vorkommt, so werde ich diese umständliche Ausdrucksweise verkürzen und zum Beispiel nur noch sagen „linker Fuß vorwärts" oder gar nur noch „l". Wenn ich dann schließlich statt diesem „l" nur noch ein Zeichen setze, das ich mit meinen Lesern vereinbare, zum Beispiel einen Pfeil, so haben wir das Faktum „Tanzschrift" vor uns, die nun an die Stelle des Wortes, der „Tanzbeschreibung" gerückt ist. Bezeichnend für diese Form der Schrift ist einmal, daß sie sich aus der Beschreibung, aus dem Wort entwickelt hat, und zum anderen, daß sie eine tatsächliche *Bewegungs*schrift ist, daß jedes Zeichen eine Bewegung, nicht eine Situation oder eine Position ausdrückt. Das perfektionierteste System dieser Art ist Labans *Kinetographie* – Kinetographie heißt ja „Bewegungsschrift".

Die andere Art, die uns hier besonders interessieren muß, geht vom Bild aus. Man hat erkannt, daß das einzelne Bild nicht oder – wie wir nun etwas genauer erkennen konnten – nur in einem sehr beschränkten Gültigkeitsbereich die Bewegung zu fixieren vermag. Um das Bild trotzdem für die Festlegung des Bewegten dienstbar zu machen, braucht man die *Bildserie.* Man muß zeigen, wie es vorher war und wie es nachher ist. Nicht mehr die Bewegung selbst, sondern die Positionen, welche die Bewegungen begrenzen oder ihren Kulminationspunkt aufzeigen, sind nunmehr herangezogen. Für unser Beispiel des Schrittes schreibt man also jetzt nicht mehr, daß sich der Fuß bewegt, sondern man schreibt durch Positionsbilder, daß die Füße zuerst so *standen,* dann, mitten in der Bewegung, stehen die Beine „so", daß sie sich spreizen, und wenn der andere Fuß wieder beigezogen ist, dann stehen die Beine „so".

Die Entwicklung dieser „Positionsbilderschrift" beginnt mit Bildserien, die sehr hübsch sind, jedoch nicht mit Genauigkeit das aussagen, was wir gerne von der Bewegung wissen möchten. Denn zum Beispiel jener Streifen Bauerntänze von Theodor de Bry aus dem 16. Jahrhundert (Abb. 3)[11] ist ja wohl nicht als eine systematisch angeordnete Folge von Positionen zu verstehen, wie sie in ihrer Reihenfolge den tatsächlichen Gegebenheiten entsprechen. Das Ziel ist vielmehr die Bildserie, welche den Gesamtablauf des Tanzes in der Weise darstellt, daß die zwischen den einzelnen Positionen ablaufende Bewegung mühelos ergänzt werden kann. Natürlich ist eine „lückenlose" Schreibung der Positionen theoretisch nur in einer unendlichen Zahl von einzelnen Darstellungen zu erreichen, wie man eine Linie nur aus einer unendlichen Zahl von Punkten zusammensetzen kann. Aber das wäre eine Forderung, die für die Praxis nicht nur unerreichbar, sondern auch höchst überflüssig, ja unübersichtlich und daher unbrauchbar wäre.

Abbildung 3

Die Entwicklung der Bildserie geht nun in zwei Richtungen. Die eine mündet in den Film. Es liegt eine seltsame Paradoxie in dem Gedanken, daß der Film, der uns doch am naturgetreuesten die Bewegung zeigt und

konservieren läßt, und der trotz aller Versicherungen der Kinetographen
für das Studium des Tanzstils nicht entbehrt werden kann, in Wirklichkeit
nur eine Folge von *starren* Bildern und nicht eine Form der „Bewegungs"-
schrift ist. Die starren Bilder wechseln vor unserem Auge so schnell, daß
die Illusion der Bewegung zwischen den Bildern entsteht.

Der andere Entwicklungsgang mündet in ein System der „bildgeborenen" Tanzschrift, die der „wortgeborenen" (Kinetographie) entgegengesetzt ist. Wenn wir an Stelle der sprachlichen Beschreibung ein vereinbartes Zeichen benützen wie in der Kinetographie, wo man an Stelle der Aussage „Bewegung nach vorwärts" ein bestimmtes Zeichen kennt und an Stelle der Aussage „Übertragung des linken Fußes nach vorwärts" dieses Zeichen in eine dafür vorbestimmte Spalte des Zeilensystems schreibt, so können wir ebensogut für das künstlerisch sorgfältig ausgearbeitete Bild oder die naturgetreue Photographie eine Strichzeichnung, eine schematische Darstellung oder ein Schriftsymbol wählen. Konsequenteste Form einer solchen Schrift, die man vielleicht im Gegensatz zur Kinetographie (Bewegungsschrift) eine *Staseographie* (Positionsschrift) nennen sollte, ist das System des slowakischen Forschers Stefan Tóth (Abb. 4)[12]: eine Folge von stilisierten Positionsbildern des tanzenden Menschen, taktweise aufgeteilt und der Tanzmelodie unterlegt wie ähnlich auch zum Beispiel in dem Notierungssystem des Kroaten Ivan Ivančan (Abb. 5).[13]

Abbildung 4

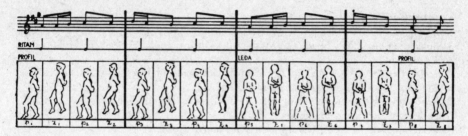

Abbildung 5

Inwieweit eine solche Positionsschrift einer objektiven und vollgültigen Dokumentation genügen kann, inwieweit sie neben der Bewegungsschrift bestehen mag, das steht hier nicht zur Debatte. Es sollte nur die Existenz dieser konsequenten Weiterführung der Verwendung des Bildes erwähnt werden.

Das Bilddokument von Tänzen, speziell von Volkstänzen, ist nicht nur ein Genrebild, das uns in die Stimmung einer vergangenen oder eingebildeten oder poetischen ländlichen Idylle versetzen soll. Es kann als Dokument zum Hilfsmittel der Tanzfolklore in der verschiedensten Art und Weise werden. Wege, Möglichkeiten, Entwicklungsstadien sind in großer Zahl vorhanden.

Wenn wir uns heute auf der Basis wissenschaftlicher Methodik mit dem Volkstanz beschäftigen wollen, so tun wir wohl gut daran, mit dem Hier und Jetzt zu beginnen. Denn nichts kann uns den ersten lebendigen Kontakt zum Material unserer Forschungsarbeit so unmittelbar geben wie die Beschäftigung mit diesem Hier und Jetzt, wofern wir es tatsächlich noch in ungebrochener und nicht bereits durch die Pflege „verbesserter" Tradition besitzen.

Aber um in die Tiefe zu dringen, genügt das nicht. Denn das Hier und Jetzt ist – wie uns die vergleichende Forschung lehrt und immer wieder aufs Neue beweist – in vielfältiger Form mit dem Dort und Einst verknüpft und verzahnt. Und hier beginnen die Schwierigkeiten. Denn der volkskundlichen Reise und der Befragung sehr alter Leute über die Bräuche von vorgestern sind natürliche Grenzen gesetzt, und die genaue dokumentarische, unmißverständliche Aufzeichnung beginnt erst in sehr später Zeit, sie geht nur in vereinzelten Fällen über die letzte Jahrhundertwende zurück.

Es gibt eine ganze Reihe von Mitteln, die es uns trotzdem gestatten, wertvolle Kenntnisse über dieses Dort und Einst zu sammeln, Mittel, deren Aufzählung wir hier nicht unternehmen können. Wir konnten sehen, daß zu ihnen das Bilddokument in erster Linie gehört.

# Anmerkungen

1 Siehe zum Beispiel Gh. Focsa, Das Museum des Dorfes in Bukarest, Bukarest 1956, neben S. 124.
2 F. Hoerburger, Art. Ländler, in: Die Musik in Geschichte und Gegenwart, Band 8, Kassel 1960, Sp. 55-59, im vorliegenden Band S. 39-42.
3 Siehe zum Beispiel die Abbildung der Soyotte Lorraine in J. M. Guilcher, 10 danses simples des pays de France, Flammarion 1947.
4 Siehe zum Beispiel die Abbildung in MGG, Band 8, Sp. 57.
5 R. Kacarova-Kukudova, B'lgarski tancov folklor, Sofija 1955, S. 39.
6 R. Wolfram, Schwerttanz und Männerbund, Kassel 1936, S. 165
7 C. Sachs, Eine Weltgeschichte des Tanzes, Berlin 1933, Tafel I, dazu ebenda S. 47.
8 Vgl. hierzu F. Hoerburger, Schwert und Trommel als Tanzgeräte, in: Deutsches Jahrbuch für Volkskunde 1, 1955, S. 240-245, im vorliegenden Band S. 89-95.
9 Wolfram, a.a.O., S. 82.
10 G. Vuilier, La danza, Milano 1899, S. 51.
11 Sachs, a.a.O., Tafel 28.
12 S. Tóth, Tanečné písmo, Bratislava 1952.
13 I. Ivančan i I. Gattin, Posavski ples dučec, in: Kulturni Radnik 5 (Zagreb 1951), S. 273.

# Gestalt und Gestaltung im Volkstanz

Zahllos sind allenthalben – zumal dank der großen Aktivität in Südosteuropa – die in den letzten Jahren oder Jahrzehnten erschienenen Volkstanzsammlungen. Mit Genugtuung stellen wir fest, mit wieviel Emsigkeit gesammelt, geordnet und veröffentlicht wird, und das zu einem Zeitpunkt, da wir mit Sicherheit annehmen müssen, daß die musikalische und tänzerische Volkstradition wohl bald in ihrem „ersten Dasein" nicht mehr sein wird und nur noch im „zweiten Dasein" gepflegt werden kann. Für diese Pflege aber ist ja die vorhergehende Dokumentation eine unentbehrliche Voraussetzung.

Die meisten dieser Sammlungen zeigen uns einen Melodienbestand, dessen Charakteristika die knappe, symmetrische Form und der straffe Rhythmus sind. In der musikwissenschaftlichen Literatur taucht immer wieder der Gedanke auf, daß straffer Rhythmus und symmetrische, konzise Form gleichbedeutend sind mit tänzerischem Vortrag und tänzerischen Musizierformen. Auch Bartók betont, daß der Parlando-Rubato-Rhythmus mit einer Loslösung von der Körperbewegung zusammenfällt, während die Rückbildung des Giusto unter anderem zur Tanzmusik gehöre.[1]

Zweifellos spielen straffer Rhythmus und konzise Form in der Tanzmusik eine große Rolle. Ob aber diese Rolle eine ausschließliche ist? Sollte der tanzende Mensch nicht auch an einer freirhythmischen Bewegung oder an der frei improvisierten Form Gefallen finden, ja sie zu einer tänzerischen Erregung nötig haben? Noch in der Tanzmusik Mitteleuropas, die weitgehend festgelegt, ja erstarrt ist, kommt es gelegentlich vor, zum Beispiel in den „Zwiefachen", daß der Musikant willkürlich einzelne Motive mehrmals wiederholt und somit Takt und Form regelrecht verzerrt, was aber für den versierten Tänzer keineswegs eine Behinderung, sondern im Gegenteil ein erwünschtes Stimulans bedeutet. Wer es niemals getanzt und im Tanz erfühlt hat, wird sich schwer eine Vorstellung davon machen können.

Sollten derartige Erscheinungen in Ländern, deren Volksmusik noch nicht so weitgehend wie in Mitteleuropa zu festen Gestalten erstarrt ist, keine Entsprechungen haben? Sollte der Tanz sich wirklich in jenen konzisen Formen erschöpfen, wie es uns ein Großteil der gedruckten Volkstanzsammlungen zu sagen scheint?

Jedem Volksmusikforscher ist die Tatsache bekannt, daß Melodien, welche in der nicht organisierten Tradition leben, einem fortgesetzten Wandel von Lesart zu Lesart unterworfen sind. Eine Aufzeichnung ist daher nicht identisch mit der lebendigen Tradition, sondern sie ist nur Momentaufnahme aus einer unausgesetzten Bewegung.

Weniger bewußt ist uns das Faktum, daß Melodien auch in der strophischen Wiederkehr keineswegs immer nur Ton für Ton wiederholt, sondern mindestens in verschiedenen Kleinigkeiten von Wiederholung zu Wiederholung verändert werden. Dies – so möchte es mir scheinen – ist vor allem eine Eigentümlichkeit der *Tanz*musik, welche zwei scheinbar entgegengesetzten Gestaltungsprinzipien folgen muß: Einmal soll die Melodie mehrmals wiederholt werden, um dem Hörer vertraut zu werden und um in ihm das angenehme Gefühl zu erwecken, daß etwas ihm Bekanntes wiederkehrt. Dabei darf es sich aber nur um den *Schein* des Bekannten handeln. Denn eine variantenfreie Wiederholung würde den Hörer langweilen und den Tänzer ermüden, statt ihn aufzureizen. Ähnlichkeit und Gegensätzlichkeit müssen einander aufwiegen.

Die Möglichkeiten, die sich bieten, um durch diese beiden Faktoren eine bloße Tonfolge zu einer aufregenden, mitreißenden Tanzmusik zu machen, sind sehr weitreichend. Zwischen den Extremen einer festen, nahezu erstarrten Melodie*gestalt* bis zur freien Improvisation, deren *Gestaltung* dem schöpferischen Augenblick und dem spielmännischen Talent der Musikanten zukommt, gibt es viele Zwischenstufen. Selbst feste Melodiegestalten können im lebendigen Vortrag von Strophe zu Strophe ein lebendiges Atmen erfahren. Die zwanzigfache Wiederholung einer Tanzmelodie, welche ich in Rothenburg (Mittelfranken) aufnahm und transkribierte[2], zeigt, daß unter diesen zwanzig Wiederholungen nicht einmal zwei sind, die miteinander tongetreu übereinstimmen. Für das andere Extrem möchte ich ein Beispiel zeigen, welches ich aus meinen Bemühungen um die Erforschung albanischer Volkstanzmusik speziell auf Schalmei und Trommel entnehme.[3] Den Ablauf stelle ich schematisch dar, wobei ich aus verschiedenen konkreten Beispielen das für den Musizierstil Typische zu einem Modellfall zusammenfasse. Auf der synoptischen Tafel S. 87 sind die Einzelheiten als Ganzes zusammengefaßt und dem später zu besprechenden Tanz gegenübergestellt.

Eine zentrale Stellung nimmt in dem Gesamtablauf die Melodie ein, eine feste Gestalt, wie wir sie auch in den verkürzenden Darstellungen allenthalben in den gedruckten Volkstanzsammlungen finden. Das Symbol für den Abschnitt d unseres Schemas bedeutet, daß der melodische Ablauf nunmehr eine endgültige Festigkeit erreicht hat und in einen formbildenden Anfang und Schluß eingegossen ist. Diese Melodie – in unserem Schema an vierter Stelle erst! – ist nicht von vornherein da. Sie wird erst nach einleitenden Stufen erreicht: In Abschnitt c haben wir die Melodie im Gesamtablauf schon vor uns, aber in ihren Einzelteilen wird sie fortwährend umgestaltet. Erst wenn der Spieler zur Schluß-Stretta ansetzt, geht das c in das festere d über.

Aber auch hier in Abschnitt c ist nicht der Anfang des Gesamtgeschehens zu erkennen. In Teil b erkennen wir noch nicht einmal den Umriß der späteren Melodie. Nur gelegentlich klingt eine Phrase, ein Motiv auf, das später in den Abschnitten c und d melodiebildend wirken kann. Ich spreche daher von einer „Sucheinleitung".

Diese ganze Entwicklung von b über c bis d möchte in gewissem Sinne wie eine Ontogenese erscheinen, in welcher sich die Phylogenese einer Melodie vor unseren Ohren gleichsam wiederholt. Sie ist übrigens, wie unsere Tafel zeigt, noch keinesfalls komplett, sie wird vielmehr gleichsam eingerahmt in die Abschnitte a und e, Eingang und Ausgang: Jener Teil a ist ein amorphes Melisma der Schalmei, das noch nicht Tonalität und Form gefunden hat, und das auf den ersten, eröffnenden Trommelschlag loszielt. Wir mögen ihn – entsprechend dem Terminus „Auftakt" – eine „Aufphrase" nennen. Abschnitt e dagegen vertritt die Stelle eines Schlußtons oder eines Schlußakkords: Er ist wieder ein kurzes Melisma, dessen besonders merkwürdige Eigenart darin besteht, daß es aus dem tonalen Gefüge herausführt.

Hier ist das Ende des Stückes erreicht, denn die nicht selten angefügten Trommelschläge (in unserem Schema als „f" bezeichnet) sind musikalisch nicht mehr faßbar, sie sind arhythmisch und aform.

Man mag sich mit dieser kurzen Darstellung zunächst begnügen. In meiner erwähnten Schrift[4] werden diese Melodien in ihren Einzelheiten untersucht, während es hier nur auf dieses Prinzip ankommt: Nicht feste Gestalten werden musiziert, sondern sie werden während des freien Musizierens aus dem amorphen Tonmaterial entwickelt, um am Ende wieder zu zerfallen.

Es entsteht aber nun die Frage, wie sich an der Seite solcher *musikalischer* Erscheinungen die *tänzerischen* verhalten. Auch sie zeigen sich ja in den meisten Tanzsammlungen als starre Gestalten, in denen eine Reihe von Schritt- und Bewegungsmotiven ein für alle Male gleichsam komponiert sind und in dieser Kombination, in dieser Choreographie festliegen. Man möchte daraus entnehmen, daß sie von den Tänzern in dieser und keiner anderen festen Gestalt gelernt werden müssen.

Ist es wirklich so? Diese Frage möchte ich mit allem Nachdruck an die Volkstanzforscher vor allem der Balkanländer richten. Denn meine Beobachtungen, die sich freilich nicht mit denen meiner südosteuropäischen Freunde messen können, lassen diese Frage nicht ohne weiteres bejahen. Bei Albanern, Griechen, Mazedoniern, Zigeunern scheint es mir, als wäre die Tanzform in ein ähnliches Suchen und Finden und ein Wieder-Zerfallen eingekleidet, wie wir es oben bei der Tanzmusik gezeigt haben. Das gilt freilich nur dort, wo diese Tanzform noch nicht von Choreographen und Tanzmeistern vorgestaltet ist, sondern nur dort, wo das Tanzen und die Tanzform noch nicht organisiert sind, sondern von den Grundschichten des Volkes frei lebend gestaltet werden.

Zunächst habe ich beobachtet, daß bei der Gestaltung des Reigens (kolo, horo, chorós) keineswegs von Anfang an der Kreis der Tanzenden als Ganzes aufgestellt ist, um mit dem Beginn der Musik den Tanz sofort beginnen zu können. Dazu müßten die Tanzenden ja wohl schon *vor* der Musik ihre Aufstellung suchen und zu den ersten Tönen die festgelegten Schritte vollziehen. In Wirklichkeit aber bildet sich der Kreis erst nach und nach, während die Musikanten längst am Werke sind.

Das zweite nach meinen Beobachtungen wesentliche Charakteristikum gewisser Volkstänze unter den oben genannten Völkern ist, daß die eigentlichen Figuren und Schritte des Tanzes nur von den ersten beiden Tänzern des Kreises ausgeführt werden, während sich die übrigen Tänzer in nicht stilisierten Gehbewegungen gewissermaßen nur mitschleppen lassen. In den choreographierten Tänzen des Ensembles, die man auf der Bühne sieht oder die wie zum Beispiel in Griechenland vom Tanzlehrer unterrichtet werden, sind wohl auch diese Mittänzer an die stilisierte Bewegung gebunden, nicht jedoch in der freien Natur. Man ist geneigt, zu glauben, daß die komplizierteren Figuren nur von wenigen gekonnt werden. Aber das ist nicht richtig: Glänzende Tanzimprovisatoren, die soeben noch den Reigen angeführt haben, überlassen diesen Platz anderen und treten in den Schwanz der übrigen Tänzer, wo sie – kaum wiederzuerkennen – Tanzbewegungen machen, die wir als ungeordnetes „Schlendern", nicht als „Tanzen" ansprechen möchten.

Wo Solisten musizieren oder tanzen, können sie etwas tun, was im Chor schwerlich möglich ist: improvisieren. Mir scheint, daß die oben genannten Vortänzer diese Möglichkeit ausnützen, obwohl das nur zu beweisen ist, wenn genügend Filmaufnahmen und ihre Transkriptionen zur Verfügung stehen. Diese Vortänzer tanzen nicht vorgeschriebene oder sonstwie festgelegte Choreographien, sondern sie improvisieren, indem sie sich lediglich an allgemeine Stilprinzipien oder Bewegungsformeln halten. Mir scheint, daß der tiefere Sinn dieses Tanztypus schlechthin darin besteht, daß die Vortänzer ihre improvisatorische Kunst, ihre tänzerische Phantasie zeigen. Wie im norwegischen Halling oder im älteren Schuhplattler der Alpenländer oder überhaupt in „Werbetänzen" geht es nicht darum, die choreographische Vorschrift möglichst genau nachzutanzen, sondern es geht darum, künstlerische Freiheit und Selbständigkeit zu demonstrieren.

Ich versuche, mit ähnlichen Symbolen wie bei dem Schema des musikalischen Gesamtablaufs synoptisch auch dasjenige des tänzerischen darzustellen. Dieser Darstellung liegt freilich nicht die objektive Aufnahme mit dem Film, geschweige denn mit dem synchronen Tonfilm zugrunde, sondern nur die vielfältige Beobachtung. Ich möchte aber als sicher annehmen, daß sie der Wahrheit von der Gestaltung des Volkstanzes – wiederum als Modellfall – näher kommt als die aus vielen Volkstanzsammlungen abzulesende Behauptung, der Tanz bestehe wie die Musik nur aus einer festen Gestalt (c). Nein! Wo Tanz und Tanzmusik noch frei in dem „ersten

Dasein" leben und weben, sind sie nicht fertige oder gar erstarrte *Gestalt,* sondern sie werden von den Traditionsträgern immer wieder aufs Neue *gestaltet.*

Unser Schema, welches wir für den Tanz neben das Schema der Tanzmusik synoptisch aufzeichnen, besagt also, daß der Tanz gar nicht aus einer vor dem Beginn der Musik vorgenommenen Aufstellung der Tänzer beginnt. Entsprechend der zündenden Anregung der Musik ergreifen der Vortänzer und sein Partner die Initiative. Die beiden begeben sich auf den Tanzplatz, indem sie vielleicht schon dieses Antreten zu einer stilisierten Bewegung machen, zu einem Vortanz, einer tänzerischen „Aufphrase", und indem sie nicht einfach hin*gehen* (a). Sodann wird durch diese tänzerischen Solisten experimentiert. Das entspricht dem, was auf der Seite der Musik als „Sucheinleitung" bezeichnet wurde (b). Und nun erst wird, wenn sich auch eine Anzahl von Mittänzern angereiht haben, der eigentliche Tanz begonnen: Die Solisten haben ihre Tanzform gefunden, die nun mehr oder weniger festliegt (c), je nach der Stärke des Willens zur Improvisation und freien Gestaltung, während die übrigen nur „mitschlendern" (d). Der Schluß der Musik mag zu ein paar abschließenden Schritten oder zu einer regelrechten Abschlußphrase führen, welche auch über das Ende der Musik hinausreichen kann (e), worauf die Tänzer in untänzerischem Schlendern auseinandergehen (f).

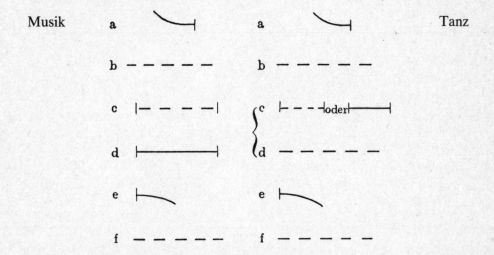

Ich habe mich in den oben dargestellten Gedanken hauptsächlich an bestimmte Untersuchungen und Beobachtungen auf der südlichen Balkanhalbinsel gehalten. Mag sein, daß ähnliche Erscheinungen auch anderweitig – mutatis mutandis – anzutreffen sind. Das Problem bleibt das gleiche. Möchte es da und dort, wo Volkstanz und Volkstanzmusik noch nicht organisiert sind, sondern organisch leben, zu der Beobachtung anregen, inwieweit der Volkstanz *Gestalt* ist oder in jedem einzelnen Fall von neuem *gestaltet* wird.

## Anmerkungen

1  B. Bartók, Das ungarische Volkslied, Berlin und Leipzig 1925, S. 11.
2  F. Hoerburger, Spurenelemente freier Musizierkunst, in: Bayerisches Jahrbuch für Volkskunde 1963, S. 217-219.
3  F. Hoerburger, Tanz und Tanzmusik der Albaner Jugoslawiens unter besonderer Berücksichtigung der Musik auf Schalmei und Trommel, Habil. Schrift, Erlangen 1963 (maschr.).
4  Ebenda.

# Schwert und Trommel als Tanzgeräte

Schwert und Trommel – eine Waffe und ein Musikinstrument, ein Gerät des Kampfes und ein Gerät der musikalischen Kunst: Wir sprechen hier von zwei Geräten, die sich in ihrer uns geläufigen und rational erkennbaren Zweckbestimmung auszuschließen scheinen. Aber in der ganzheitlichen Lebensform des Volkes rücken sie einander merkwürdig nahe. So sehen wir in jenen bekannten, über das ganze westliche Europa verbreiteten Schwerttänzen beide Geräte in ungemein vielen Fällen gleichzeitig auftreten. Schwert und Trommel treffen sich auf einer gemeinsamen Ebene. Und beide – Schwert und Trommel – offenbaren hier neben ihrem eigentlichen Sinn als Waffe und Musikinstrument noch einen sachfremden Sinn: den eines *Tanzgerätes*. Was mancherorts nur spurenhaft zu erkennen ist, das führt uns bei der Beobachtung des Lebens der verschiedenen Völker dieser Erde und ihrer Tänze zu ganz eigentümlichen Zusammenhängen, die hier nur in einigen Andeutungen gestreift werden können.[1] Aber schon aus diesen Andeutungen mag uns die ungeheure Vielfalt zum Bewußtsein kommen, die in aller Welt zu vergleichbaren Formen führt.

## I

Um zunächst mit dem *Schwert* zu beginnen, so wissen wir recht wohl, daß dieses Gerät im sogenannten „Kettenschwerttanz" der westeuropäischen Völker den Zweck eines *Verbindungsgliedes* von Tänzer zu Tänzer zu erfüllen hat und somit nicht als Waffe im eigentlichen Sinne anzusehen ist. Wo die einfache Handfassung nicht mehr ausreicht, weil man für die komplizierten Verschlingungen der Kette Platz braucht, hat ein Verbindungsglied denselben Zweck zu erfüllen. Zahllose Beispiele, über die uns die einschlägige Literatur berichtet[2], sind uns dafür Zeuge. Mag es sich dabei um ein Tuch handeln, um einen Reif, einen Stock oder eben um ein Schwert, das hat wenig zu sagen: *Diese verschiedenen Arten der Verbindung können füreinander eintreten.*

Der Zweck, zu dem das Schwert hier verwendet wird, ist also ein sachfremder. Würden Schwert und Tuch immer *nur* in dieser Weise als Verbindungsglied zwischen den einzelnen Tänzern gebraucht, so läge es wohl nahe, anzunehmen, daß das Schwert eine spätere Unterschiebung für das Tuch darstellt. Denn dem Tuch als Tanzgerät erscheint die angegebene Funktion als Bindeglied viel gemäßer als dem Schwert mit seiner ursprünglichen Bedeutung als Abwehr- und Angriffsgerät. Offenbar wechseln aber die Verwendungsarten von Tuch und Waffe vice versa. So, wie *beide* wechselweise Bindeglied sein können, können auch *beide* Waffe sein.

Natürlich hat in erster Linie das *Schwert* in aller Welt in vielen Volksbräuchen – so auch im Tanz – apotropäischen Sinn: Als Symbol dient es zur Abwehr feindlicher Mächte und zur Verteidigung und Bannung nützlicher Kräfte. Wir können jedoch beobachten, daß Spuren dieser Bedeutung auch dem *Tuch* als Tanzgerät zukommen. In der indischen und chinesischen Mythologie dient das Tuch als Waffe, mit der der Held seinen Feind schlägt, tötet oder vom Pferd reißt.[3] Ich erwähne diese Tatsache besonders deshalb, weil hier die Wechselbeziehung zwischen Tuch und Waffe nicht durch die Zweckbestimmung als Bindeglied zwischen Tanzenden erreicht wird. Die Zusammengehörigkeit dieser beiden Geräte – Tuch und Schwert – ist offenbar eine tiefere.

Wir finden auf vielen bildlichen Darstellungen von Tänzen, daß sich die Tänzer bei der Hand halten oder durch Stöcke miteinander verbunden sind. Diese Art *Verbindungsglied* unterscheidet sich dann in diesen Fällen streng dadurch von dem Schwert oder dem Stock als *Waffe,* wie er etwa als „Leitestap" im deutschen Mittelalter gebraucht wird[4], daß einzig dem Vortänzer in die Rechte ein Schwert oder ein Leitestab gegeben ist.[5] Unzweifelhaft hat dieses Gerät im Gegensatz zu den Bindegliedern apotropäischen Sinn. Es ist eine Waffe, die vegetationsfeindliche Dämonen abzuwehren, vegetationsfreundliche Dämonen dagegen zu bannen hat. Diesem selben Zwecke dient auch das Tuch in der Hand des Vortänzers beim südslawischen „Kolo"-Tanz oder vertretungsweise jene bunte Kordel, „Ćostek" genannt (nach türkisch „Köstek"), die am Ende mit einem fruchtbarkeitsbeschwörenden Schlangenkopf geziert ist.[6]

## II

Werfen wir nun einen Blick auf die *Trommel.* In ganz Europa spielt sie bei Waffentänzen eine hervorragende Rolle. Neben Dudelsack und Geige ist in erster Linie die Trommel – solo oder in Verbindung mit Pfeife, Schalmei oder einem anderen Blasinstrument – bevorzugte Begleitung. Dabei ist die Verbindung zwischen Trommel und dem Blasinstrument seit alters eine sehr enge – in einzelnen Fällen eine so enge, daß die beiden Instrumente sogar von ein und derselben Person in Personalunion gespielt werden. Beispiele dieser mittelalterlichen Praktik können wir zum Beispiel in Spanien noch gegenwärtig allenthalben beobachten. Aber in anderen Fällen wieder werden die beiden Instrumente in einer auffälligen Weise voneinander getrennt. Ich erinnere an jene bekannte Darstellung eines schwedischen Schwerttanzes bei Olaus Magnus[7], nach der der Trommler unmittelbar bei den Tänzern steht, während zwei Spieler eines Blasinstruments abseits aus den erhöhten Fenstern eines Hauses blasen. Man hat hier ganz offensichtlich einen gewissen Unterschied zwischen den eigentlichen Musikanten gemacht, die nur für die musikalische Seite des Tanzes da sind, und denjenigen Spielern, die in irgendeiner näheren Beziehung zu den Tanzenden stehen.

Diese enge Beziehung des Trommlers zum Tanz kann sogar so weit gehen, daß er selbst in einer Person Spieler und Tänzer zugleich ist. Daß diese sonderbare Personalunion allerdings nicht als etwas Ursprüngliches anzusehen ist, mag etwa die Entwicklung des Tanzes im alten Ägypten darlegen: „Während früher besondere Musikanten begleiteten, wirbeln sich ... (im neuen Reich) die Mädchen, oft *selbst das Tamburin* ... *schlagend*, ... im raschen Tempo umher."[8] So wie der mittelalterliche Spielmann Mitteleuropas, der „vil hôhe sîne tambûr" warf[9], so tanzen im vorderen Orient von Albanien bis Afghanistan[10] und in Nordafrika[11] die Tänzer noch heute mit ihrer Trommel als mit einem *Tanzgerät*. Sie spielen sich also selbst zum Tanz auf und werden zuweilen begleitet, etwa von einem Zurnaspieler, der aber bezeichnenderweise abseits steht und nicht mittanzt, also nur Musikant ist.

Fragen wir nach der Herkunft dieses tanzenden Trommlers, so werden wir nach verschiedenen Richtungen verwiesen. Schon die Antike hat sich ja diese orientalische Praxis zu eigen gemacht. Viele Bilddarstellungen bezeugen das[12], und die abendländischen Jokulatores haben diese Praktik ins abendländische Mittelalter weiter getragen.

Die besondere Verwendung in der türkisch-arabischen Welt läßt vielleicht an das Schamanentum einer turanischen Urheimat denken.[13] Freilich ist dabei zu überlegen, daß der eigentliche Verwendungszweck der Schamanentrommel, nämlich entweder Divination (Wahrsagung) oder Exaltation (Krankenheilung im Trancezustand), nicht in dieser Form in die türkisch-arabische Welt gedrungen ist. Wir werden jedoch hierauf zurückkommen und zwischen diesen beiden Welten doch einen gewissen Zusammenhang erkennen müssen. Im Zentralbalkan hat die Trommel als Tanzgerät eine ganz besondere Stellung: Der tanzende Trommler wird hier nämlich vom Reigen umtanzt, während der nichttanzende Zurnaspieler abseits steht. Die Trennung von Trommel und Schalmei ist auffällig, und der Reigen um die tanzende Trommel muß wohl seinen besonderen Sinn haben. Denn wo immer wir in der Welt einen Reigen getanzt finden, bezieht er sich auf einen Mittelpunkt als auf eine *Funktion*. Es gilt, diesen Mittelpunkt in magischer Umkreisung zu schützen oder zu fördern, während das, was von außen auf ihn einzuwirken droht, abgewehrt wird. Wohl mögen die Formen dieses magischen Kreises unzählig sein. Wohl mögen im einzelnen sehr verschiedene Absichten vorliegen, wie etwa Umkreisung eines Vegetationssymbols, um die Vegetation zu fördern und gegen vegetationsfeindliche Kräfte zu schützen, oder Umkreisung eines verstorbenen

Angehörigen oder eines erschlagenen Feindes, um dessen Kräfte auf die Nachwelt oder auf den Sieger übergehen zu lassen, und dergleichen mehr. Im Grunde handelt es sich jedoch immer um das gleiche Prinzip, nämlich um die *Lebenserhaltung.*

Wenn wir nunmehr hier beobachten, daß die *Trommel* von einem Reigen umtanzt wird, so liegt der Gedanke nahe, daß es sich auch hier um ähnliche Gedanken und Vorstellungen handelt. Und daß also auch die Trommel zum Vegetationssymbol werden kann wie die Flöte, die vom altgriechischen Mädchenreigen umtanzt wird[14], ist wohl leicht zu erweisen. Afrika kennt weibliche Trommeln, die mit Fruchtbarkeitssymbolen ausgestattet sind.[15] Und der Baum, aus dem die Schamanentrommel hergestellt wird, muß vorschriftsmäßig so gefällt werden, daß er in Richtung nach dem Sonnenaufgang zu liegen kommt.[16] Ja den lappischen Frauen ist es verboten, die Zaubertrommel zu berühren.[17]

Unabhängig von dieser rituellen Fruchtbarkeitssymbolik fällt dem makedonischen Trommelspieler eine bestimmte *tänzerische* Aufgabe zu. Er steht ständig in engster Fühlungnahme mit dem Vortänzer und wirkt dadurch auf den Gang des Reigentanzes ein. Das ist wichtig. Denn sein Spiel steht ja in einem sozusagen „kontrarhythmischen" Verhältnis zu den Tanzschritten des Reigens und bedarf gerade wegen seiner individuellen Führung eines besonderen Kontaktes mit den Reigentänzern.[18]

Ich möchte sagen, das Verhältnis des Trommlers zu den Tänzern des Reigens ist ein Ähnliches wie das Verhältnis des Guslaren, des südslawischen Heldensängers, zu seiner Hörerschaft. Auch er kann erst wirken durch die lebendige Wechselwirkung mit der Hörerschaft, die ihrerseits durch ihr aktives Mitgehen auf ihn einwirkt.[19] Der Vergleich zwischen dem „Heldentanz" – wenn ich so sagen darf – und dem Heldenepos ist dabei keineswegs etwas Außergewöhnliches. Es gibt zahllose Verbindungswege zwischen beiden. Ich denke hier zum Beispiel wieder an den Schamanen, der in Turkestan mit dem Heldensänger identisch ist.[20] Homer erzählt[21], daß die Phäaken einen Reigen um den Heldensänger getanzt haben. Eine bekannte kretische Tongruppe zeigt uns den Reigen um den Lyraspieler.[22] Antike Schriftsteller erzählen, daß zu den Waffentänzen Gesänge zu Ehren der Heroen vorgetragen wurden.[23] Ich denke dann aber vor allem an die Art der Instrumentalbegleitung, die – wie ich an anderer Stelle ausgeführt habe[24] – sich auf eine ganz bestimmte Auswahl von Instrumenten konzentriert. Und diese Auswahl geht bei den genannten Tänzen und Gesängen in mehr als nur einem Fall ineinander über: Die Reihe Dudelsack – Trommel – Fiedel – Laute – Brettzither ist, wenn auch mit Schwerpunktsverlagerung, für beide Bezirke verbindlich.

## III

Betrachten wir nunmehr *Schwert und Trommel* im Zusammenhang. Zu dem bisher Erwähnten kommt nämlich nun noch eine eigentümliche Wechselbeziehung zwischen unseren Tanzgeräten, die es erst rechtfertigen wird, daß wir hier Schwert und Trommel überhaupt nebeneinandergestellt haben.

Fragen wir uns nämlich, mit welchen Mitteln die Dämonenabwehr bewerkstelligt wird, so bemerken wir, daß es nicht nur der Schrecken ist, den das Schwert als Waffe einzujagen imstande ist, auch nicht der wirkliche Gebrauch der Waffe als solcher wie etwa das Abschießen eines Pfeils in Richtung auf den gedachten Gegner. Mittel der Abwehr ist zugleich auch, und zwar in einem sehr erheblichen Maße[25], der *Lärm,* der mit den Waffen erzeugt wird. Lärm hat ja in aller Welt apotropäischen Sinn.

Im alten wie im neuen Orient, wie etwa im türkischen „kılıç kalkan savaş oyunu"[26], werden die Schwerter beim Schwerttanz gegeneinander oder gegen den Schild (kalkan) geschlagen. „Die Tänze beim ägyptischen *Erntefest* wurden von Männern ausgeführt, die *Stäbe* trugen, welche sie in rhythmischem Takte aneinander schlugen."[27] Ähnliches wird von den alten Germanen berichtet, wie zum Beispiel von den Goten am byzantinischen Hof.[28] Auch die Kureten täuschten den Saturnus durch den *Waffenlärm,* um das Zeuskind zu schützen, sie brauchten nicht die Waffe als solche, um die Gottheit zu erschrecken. Hier ist offensichtlich die Waffe als Gegenbeziehungsweise als Aufschlagidiophon gebraucht und als solche im weiteren Verlaufe der Entwicklung durch allerlei Klappern ersetzt, hölzerne und metallene Kastagnetten (Zil) oder jene türkisch-persischen „Tschar Para" (das ist „Vier Stücke") und „Kaşıklar" (löffelartige Holzrasseln).

Müssen wir hier nicht die Brücke zur *Trommel* als Tanzgerät sehen? Daß die beiden Geräte tatsächlich ineinander übergehen, mögen uns solche Erscheinungen bezeugen, die offensichtlich auf der Nahtstelle zwischen den beiden Geräten stehen. Fernab im malaiischen Archipel treffen wir die gleichzeitige Verwendung von Messer und Trommel bei ein und demselben Tänzer an.[29] Im alten Ägypten tanzten mit Wurfhölzern bewaffnete Männer, während danebenstehende ebenfalls mit Wurfhölzern den Takt dazu schlugen.[30] Auf dem III. Certamen Internacional de Folklore 1952 in Palma de Mallorca sah man eine Tanzgruppe aus Burgos, die bei ihren Tänzen bezeichnenderweise abwechselnd Schwerter, Stöcke und – ebenfalls als Tanzgeräte – sistrumähnliche Rasseln (sonaja) und Castañuelas verwendete. Und wenn einerseits die Waffe zum Instrument wird, das heißt, wenn sie noch mit ihrer äußeren Gestalt als Waffe zum Tönen gebracht wird, so muß es umgekehrt auffallen, daß in ihrer ursprünglichen Verwendung die Schamanentrommel vielleicht gar nicht geschlagen wurde, also gar nicht zum Tönen gebracht worden ist, nach dem wenigstens, was wir aus den ältesten Chroniken über die Lappen aus dem 12. Jahrhundert entnehmen dürfen.[31] Die Trommel, obwohl schon der Gestalt nach ein Musikinstrument, wird noch nicht als solches verwendet, sie ist noch ganz dämonenabwehrende Waffe.

Ernst Emsheimer[32] hat es als wahrscheinlich bezeichnet, daß die Schamanentrommel eine späte Unterschiebung für den ursprünglich von dem Schamanen gebrauchten Schießbogen ist. So etwa, wie der Schamane noch in unserer Zeit auf Sumatra die Krankheitsdämonen mit Pfeil und Bogen vertreibt[33], oder wie der Türke in Zentralasien ein Gewehr über dem Krankenbett zur Abwehr aufhängt[34], so war ursprünglich die *Waffe* das spezifische Gerät des Schamanen, und erst später wurde sie durch die Schamanentrommel ersetzt. An die Stelle der Vertreibung der Krankheitsdämonen durch Waffengebrauch trat die Vorstellung, daß die Trommel im Exaltationstanz zum Transportmittel wird, das es dem Schamanen ermöglicht, die verlorengegangene Seele des Kranken zu suchen. So zeigt sich, daß – wie ich in anderem Zusammenhang schon früher zu erweisen versuchte[35] – Geräte, die aus den verschiedensten Lebensbereichen zu stammen scheinen, die verschiedensten äußeren Formen haben und in unserem nach rationalen Gesichtspunkten systematisierenden Auge nichts miteinander zu tun haben, in der Meinung des Volkes jederzeit stellvertretend füreinander eintreten können. Die angeführten Geräte und Belege ließen sich freilich um ein Vielfaches erweitern. Diese kurzen Andeutungen konnten das volkskundliche Prinzip nur anschneiden. Daß jedoch diese von mir hier und andernorts herausgestellte grundsätzliche Idee für die Volkskunde wie für die Musikwissenschaft, speziell die Musikinstrumentenkunde wichtig werden kann, hat erst kürzlich auf dem allgemeinen musikwissenschaftlichen Kongreß 1953 in Bamberg der Berliner Musikologe Hans-Heinz Dräger in seinem Hauptreferat zum Ausdruck gebracht.[36]

## Anmerkungen

1  Vgl. F. Hoerburger, Der Tanz mit der Trommel, Regensburg 1954.
2  Vor allem R. Wolfram, Schwerttanz und Männerbund, Kassel 1936.
3  G. Hüsing, Das Tuch als Waffe, in: Mitteilungen der anthropologischen Gesellschaft in Wien 63, 1933, S. 368ff.
4  K. Müllenhoff, Über den Schwerttanz, in: Festschrift für Gustav Homeyer, Berlin 1872, S. 132.
5  J. van der Ven, Het Stockpaardje in den Europeeschen Mannendans, in: De Volksdansmare 4, 1937, S. 110.
6  Lj. und D. Janković, Folk Dances I-VI, Summary S. 14. Dazu: E. Schneeweis, Weihnachtsbräuche der Serbokroaten, Wien 1925, S. 205.
7  Wiedergegeben bei R. Wolfram, Schwerttanz und Männerbund, S. 82.
8  F. Weege, Der Tanz in der Antike, Halle 1926, S. 25.
9  Parzival 19.9.
10 The National Geographic Magazine 98, 1950, S. 683.

11  E. Alport, The Dancers of Kerkennah, in: Ballet 4, 1947, London, S. 41ff., und das türki-
    sche Résumé von G. Oransay, Kerkennah'lı Oyunları, in: Müzik Görüşleri 4, 1953, S. 9ff.
    Beide Arbeiten gehen zurück auf H. Robert, Le mariage aux Iles Kerkennah, in: Revue de
    l'Institut des Belles Lettres Arabes (Tunis) 10, 1947, Nr. 38, S. 135ff.
12  Siehe zum Beispiel das Mosaik des Dioskurides von Samos in Neapel (Lübke-Pernice, Die
    Kunst der Griechen, Wien 1948, Tafel 5), ferner vor allem viele Abbildungen bei E. Em-
    manuel, La Danse Grecque antique, Paris 1896, und F. Weege, a.a.O.
13  Vgl. A. A. Saygun, Des Danses d'Anatolie et de leur Caractère rituel, in: Journal of the In-
    ternational Folk Musik Council 2, 1950, S. 13.
14  Emmanuel, a.a.O., S. 254.
15  H. Wieschhoff, Die afrikanischen Trommeln und ihre außerafrikanischen Beziehungen,
    Stuttgart 1933, S. 121.
16  E. Emsheimer, Schamanentrommel und Trommelbaum, in: Ethnos (Stockholm) 11, 1946,
    S. 169.
17  E. Emsheimer, Zur Ideologie der lappischen Zaubertrommel, in: Ethnos (Stockholm) 9,
    1944, S. 160.
18  Vgl. hierzu F. Hoerburger, Tanz „gegen" Musik, in: Musica 7, 1953, S. 510-513, im vorlie-
    genden Band S. 43-45, und ders., Der Tanz mit der Trommel, Regensburg 1954.
19  Fr. S. Krauss, Slavische Volksforschungen, Leipzig 1908, S. 227.
20  Buschan, Völkerkunde II, S. 356ff.
21  Odyssee VIII, 262ff.
22  Weege, a.a.O., Abbildung 35.
23  Xenophon, Anabasis 6, 1, 6.
24  F. Hoerburger, Correspondence between Eastern and Western Folk Epics, in: Journal of
    the International Folk Music Council 4, 1952, S. 23-26, ferner ders., Westöstliche Entspre-
    chungen im Volksepos, in: Die Musikforschung 5, 1952, S. 354-361.
25  Weege, a.a.O., S. 51.
26  M. Remzi Selen, Bursada Kılıç Kalkan Savaş Oyunu, Istanbul 1947.
27  Weege, a.a.O., S. 19.
28  Müllenhoff, a.a.O., S. 117.
29  G. J. Nieuwenhuis, Über den Tanz in Niederländisch Indien, Leiden 1916, S. 32.
30  Weege, a.a.O., S. 21f.
31  E. Manker, Die lappische Zaubertrommel, Stockholm 1938, S. 389.
32  Emsheimer, Zur Ideologie, a.a.O.
33  Nieuwenhuis, a.a.O., S. 45.
34  A. v. Lecoq, Von Land und Leuten in Ostturkestan, Leipzig 1928, S. 127.
35  Siehe Anmerkung 24.
36  H.-H. Dräger, Das Instrument als Träger und Ausdruck des musikalischen Bewußtseins,
    in: Kongreßbericht Bamberg 1953, Kassel 1954, S. 67-75.

# Tanzgeräte und Musikinstrumente
## im orientalischen Volkstanz

Wo immer wir tanzende Menschen sehen – sei es in der Vergangenheit, sei es in der Gegenwart, in unserem Land oder in anderen Gefilden –, immer wieder werden wir feststellen, daß es nicht genügt, den Körper im Gehen, Drehen oder Springen zu bewegen, um so im Tanz das ewige Gesetz des Gemeinsamen, also der menschlichen Beziehungen aufzuzeigen. Damit wird der Tanzende sich oft nicht begnügen; er wird – wie wir sehen werden – Geräte gebrauchen, die in bezug auf die Bewegungen des Tanzes einen tieferen Sinn haben.

Derartige beim Tanz verwendete Geräte können verschiedene Formen haben, und wir werden sehen, wie unterschiedlich ihre Bedeutungen und inneren Beziehungen sind. Sie können Hilfsmittel sein wie beim westeuropäischen Schwerttanz, in dem das Schwert oder ein anderer Gegenstand – ein Stock, ein Reif, ein Tuch – zwischen den Tänzern als Verlängerung des Armes eingefügt wird. Damit kann ihnen die Bildung komplizierter Figuren ermöglicht werden, wodurch die Gewandtheit der Tanzenden zur Schau gestellt wird.

Diese Tänze, in denen derartige Gegenstände verwendet werden, sind in unzähligen Varianten in einem umfangreichen Verbreitungsgebiet bekannt. Im Extremfall werden scharfe Schwerter mit der Spitze nach oben benutzt oder auf dem Boden liegende. Um sie herum wird getanzt, ohne daß sie berührt werden dürfen. Solche Schwerter und andere Geräte unterstreichen den kultischen Charakter des Tanzes.

Wirft man einen Blick auf die islamischen Länder, so stellt man bei aller bestehenden kulturellen Verschiedenheit eine starke Übereinstimmung der Tänze fest, und dies sowohl bei Einzeltänzen (türkisch *tek*) und Paartänzen (*çift*) als auch im Kreis (*bar*)[1], bei Prozessionen, bei höfischen und anderen Umzügen, wobei eine tiefe Beziehung zwischen der Kultidee und dem Tanz im Kreis zu bemerken ist. In allen diesen Tänzen werden Gegenstände benutzt, die dem Kult zugeordnet werden müssen.

Der Beobachter wird von vornherein drei typische Tanzarten feststellen, deren innere Einheit nach der Verwendung der Gegenstände unterschieden werden kann.

Als *primäres Tanzgerät* finden wir die *Waffe*[2], so z.B. bei den türkischen *Seğmen,* die auch heute noch als ein Überbleibsel alter Traditionen im Hochzeitszug tanzend Gewehre abfeuern, während zu den Schlägen der großen Trommel Davul und zum Blasen der Oboe Zurna[3] gesungen wird. Sicher handelt es sich hier um die symbolische Geste eines alten Kriegervolkes und um eine Machtvorspiegelung zur Erinnerung an heroische Zeiten. Es können aber auch alte heroische Traditionen sein, wie sie sich in Montenegro erhalten haben, wo jetzt das alte Heldenlied (Haidukenlied) mit einer dem Partisanenkrieg entnommenen Thematik verbunden wird. Bis zum heutigen Tag finden wir im Gebiet von Ostanatolien bei Erzurum Jugendverbände, die mit dem Messer in der Hand den Tanz des Köroğlu, des legendären türkischen Helden[4] ausführen. Allerdings habe ich den Eindruck, daß darin mehr als eine äußere heldische Geste steckt. Der von den Feuerwaffen erzeugte Lärm, bei dem früher im Hochzeitsgefolge die Röcke der Braut geraubt wurden, hat seinen Ursprung in den gleichen apotropäischen Vorstellungen wie bei uns das Zerschlagen von Porzellan am Polterabend: die Abwehr von Unheil. Auch dort, wo die Waffen nur als Verlängerung des Armes oder als Tanzgerät gebraucht werden, ist die Vertreibung der bösen Geister der Grundgedanke wie bei allen Waffentänzen, selbst da noch, wo kein unheilvertreibender Lärm erzeugt wird, wie in der antiken *Pyrrhiché*[5] oder im *Kılıç kalkan savaş oyunu* in Anatolien[6] (einem kämpferischen Tanz der Schwerter und Schilde).

Die während des Tanzes gehandhabte Waffe hat also unheilvertreibenden Sinn.[7] Daß es sich so verhält und sich nicht einseitig um Darstellung des männlichen Heldentums oder etwas Analoges handelt, beweist der Umstand, daß die Waffe als Utensil des Tanzes manchmal auch in der Hand von Frauen zu finden ist. So wird bei den Hochzeitszeremonien in der Region Alexandrette nach der Verlobungsfeier im Hamam (Bad) das Bassin von einer Frauengruppe feierlich umkreist. Die Braut – inmitten der anderen schreitend – wird von zwei kerzentragenden Mädchen begleitet, denen zwei weitere folgen, jedes mit einem blumengeschmückten *kılıç* (Schwert) in den Händen. Erst am Ende der Prozession wird zur Waschung geschritten.[8] Am gleichen Ort wird der auf dem Weg zur Moschee befindliche Bräutigam von zwei Männern begleitet, die ebenfalls mit Blumen geschmückte Schwerter tragen.[9] Kerzen und blumengeschmückte Schwerter bei einer Hochzeit? Leben und Tod im gleichen Brauch miteinander vereint? Eine seltsame Verbindung. Doch vielleicht finden wir den tieferen Sinn, der sich dahinter verbirgt, wenn wir verwandten Zügen nachgehen und dieselben im einzelnen zu analysieren versuchen.

Der Tanz eines sich rhythmisch wiegenden Mädchens, das in den ausgestreckten Händen ein Schwert vor sich hält – ein Tanz, ausgeführt zur Unterhaltung der Männer –, war vor Zeiten eine oft beobachtete Erscheinung in Albanien, Mazedonien und der früheren europäischen Türkei und stellt eine Fortsetzung der türkisch-orientalischen choreographischen Tradition dar.[10] Man könnte dazu neigen, darin eine Umkehrung, eine Travestie des männlichen Schwerttanzes zu sehen. Tatsächlich fügen sich derartige Übernahmen von Tänzen in die Tradition einer rigoros männlich organisierten Gesellschaft ein, und man trifft sie hier sehr häufig an.[11] Ich glaube aber, daß sich darin noch etwas anderes verbirgt. Dieser Tanz gehört zur Kategorie jener Tänze, die bei uns unter der gängigen Bezeichnung „Haremstanz" oder sogar „Bauchtanz" bekannt sind. Zweifelsohne haben diese die Sinne aufreizenden Tänze einen älteren Ursprung und zwar die Vertreibung von Dämonen, die die Feinde der Vegetation sind, bzw. die Anregung zur Fruchtbarkeit.[12] Die Haltung des Schwertes nach vorne, das Rollen des Bauches erlangen somit eine gemeinsame Aufgabe, die sich hinter dem „Haremstanz" verbirgt. Dies erhellt auch aus der Verwendung der gleichen Geräte bei diesem Tanz und bei jenen Tänzen des Fruchtbarkeitsritus.

Üblicherweise trägt die „Haremstänzerin" ein Tuch in den Händen, wie im türkischen lasziven Tanz *çifte telli,* den ich – ausgeführt von mohammedanischen Zigeunern – auf dem Balkan öfters gesehen habe. Das äußere Bild erklärt zum Teil die negative Meinung vieler europäischer Reisender wie zum Beispiel diese: „… unter dem erregenden Einfluß der Musik lösen sich einige Mädchen und Frauen aus dem Kreis, setzen sich einander gegenüber und beginnen eine Reihe von kurzen Körperbewegungen, indem sie sich mit einem Schal anmutig drapieren, den sie in den kokett ausgestreckten Händen halten. Diese Bewegungen verdienen nicht den Namen Tanz [!]. Die Mädchen stoßen einander, ohne die Füße vom Boden zu erheben, mit lasziven Hüftbewegungen und berühren sich leicht, indem sie jede Bewegung berechnet und langsam ausführen. Eine Darstellung vollkommenster Sinnlichkeit."[13]

Und trotzdem dürfen wir nicht so schnell über den tieferen Sinn hinweggehen, der in diesem lasziven Rest eines Brauches liegt: Das zum Angriff oder zur Abwehr ausgebreitete Tuch ist – wie mit unzähligen alten choreographischen Traditionen bewiesen werden kann – nichts anderes als ein Ersatz für das Schwert. In den Kreistänzen befindet es sich stets in den Händen des Vortänzers – eine Erscheinung, die nicht allein auf den slawischen Balkan beschränkt ist. 1952 sah ich anläßlich der Nationalfeiertage in der Türkei abends in Ankara einen Männertanz. Die Männer bildeten einen geschlossenen Kreis, in dem sich ein Vortänzer befand. In der rechten Hand hielt er ein Tuch, das nicht nur – wie manchmal behauptet wird – als eine Art Taktstock dient, mit dem der Vortänzer den anderen entsprechende Zeichen gibt.[14] Es ist dies die gleiche „Tuch-Waffe", die immer in den Hochzeitszügen vorangetragen wird, um die unsichtbaren feindlichen Mächte zu erschrecken.[15] Daß dazu die große Trommel hinzugefügt wird wie seinerzeit beim *Tuğ* der türkischen Potentaten oder beim Aufzug byzantinischer Prinzen[16], daß Trommel und Standarte sich an der Spitze der Prozessionen, bei Hochzeitsfeiern, Paraden etc. befinden (wie übrigens bis zur Stunde bei türkischen Militärparaden), ist eine Erscheinung, auf die wir zu einem späteren Zeitpunkt zurückkommen werden.

Zur *zweiten Art von Tanzgeräten* gehören die bekannten und verschiedenartigen *Rasseln und Klappern,* deren sich eine Reihe von Tänzern bedient,
um vielleicht ein früheres Fingerschnalzen zu ersetzen und den Ton zu verstärken, der den Rhythmus des Tanzes und der Musik begleitet, oder um
einen Gegenrhythmus entgegenzusetzen.

Wenn ich eingangs von der unheilabwehrenden Tendenz der Lärminstrumente bei den Tänzen und Umzügen im allgemeinen gesprochen habe,
wird uns die Verbindung von Waffen und Klappern hier klar: Schwert,
Schild, Stöcke und Lanzen[17] werden gegeneinander geschlagen und sind
Beispiele für einige Tanzgeräte. Andere sind die bei den ägyptischen Prozessionen vorangetragenen Sistren oder *castañuelas* oder die dem Sistrum
ähnliche, weniger bekannte *sonaia* von der iberischen Halbinsel. Aus rein
technischen Motiven werden sie nur von Einzeltänzern oder von Paaren,
die nicht miteinander in Berührung kommen, verwendet. Die Tänzer im
Kreis, die mit den Händen die anderen Tänzer berühren, haben nicht die
Möglichkeit der Handhabung dieser Geräte.[18]

Gewöhnlich finden sich die Miniaturbecken (türkisch *zil*) im Orient in
der Hand von Tänzern am Zeigefinger und Daumen befestigt. Haltung und
Gesten der Tänzer entsprechen im übrigen jenen in den „Haremstänzen"
mit Schwert oder Tuch. Die *zil* sind in der Türkei allgemein im Gebrauch
und im ganzen Orient verbreitet.[19] Persönlich habe ich sie in der Hand einiger türkischer Kinder gesehen. Die Übernahme eines Instruments durch
Kinder ist stets ein Zeichen dafür, daß es veraltet ist. Teilweise verringert
sich dann das Verbreitungsgebiet. So haben mir türkische Freunde erzählt,
daß die kleinen Becken *zil* sich bei ihnen ausschließlich in den Händen der
Frauen befinden oder – was sehr bezeichnend ist – in den Händen von als
Frauen verkleideten Männern (!), die solo tanzen (*tek*) oder zu zweit (*çift*)
wie beim Messertanz (*Hançer barı*), in dem sie sich umeinander drehen
und je ein Messer in beiden Händen halten.

Im Gegensatz zum weiblichen *zil* ist beim Tanz der Männer das Gerät
vornehmlich der *kaşık*. *Kaşık* sind die als Klappern verwendeten Holzlöf-
fel.[20] Oft handelt es sich hierbei um richtige Eßlöffel. So habe ich bei mohammedanischen Zigeunern am Balkan gesehen, wie sie zwei in einer einzigen Hand gehaltene Löffel benützen, deren konkave Seiten sich gegenüber stehen und durch eine geschickte Fingerbewegung im Takt geschlagen werden. Bezeichnenderweise gehört auch dieser Brauch in den Bereich der bäuerlichen Rituale. So verwenden in Nordwest- und Süd-Anato-
lien die Männer bei der Hochzeit Löffel anstelle von Kastagnetten.[21] Der
Tanz nennt sich sogar *Kaşık oyunu,* d. h. Löffeltanz.

Ursprungsland dieser Löffel als Tanzgeräte ist wahrscheinlich das von
Türken bewohnte Chorassan in Nordost-Persien.[22] Die Türken nehmen
die Erfindung dieses Tanzgeräts für sich in Anspruch. Es wird behauptet,
die Schamanen von Turkestan würden die *kaşık* anstelle der Trommel ver-

wenden.[23] Ein Bild dieses Geräts – bei dem die stilisierten Löffel eng miteinander verbunden und in ihrer Höhlung rasselnde Teile angebracht sind – befindet sich bei Advielle.[24]

Hinzu kommt noch die *çarpare* (persisch = vier Stücke), bekannt aus zahlreichen türkischen, persischen und indischen Miniaturen.[25] Es sind dies längliche Holzteile, je zwei in jeder Hand der Tänzer (insgesamt also vier), die als Klappern benützt werden. Der türkische Musikwissenschaftler M.R. Gazimihâl erzählte mir, diese Klappern würden in der alten türkischen Literatur unter dem Namen *aklığ* erwähnt.

Wenn wir nun einen Schritt weitergehen, kommen wir zum *dritten Tanzgerät, der Trommel.* Den historischen Balkan-Tapan – gleichbedeutend mit dem türkischen Davul – als Tanzinstrument und nicht nur als tanzbegleitendes Musikinstrument, die Verbindung zwischen der Trommel der Schamanen und dem antiken Trommeltanz sowie die Umstände und die Zeit, in der diese Tanztrommel auf den Balkan gelangt ist, habe ich ausführlich an anderer Stelle dargestellt.[26] Diese Tänze beeindrucken jeden, der sie gesehen hat. Sie bleiben unvergeßlich.

Der Davul – ähnlich unserer Trommel Große Caisse, jedoch mit einer Höhe annähernd gleich dem Durchmesser des Fells – wird von dem Tänzer-Instrumentalisten mit einem Riemen über die Schulter so getragen, daß vermittels der Fliehkraft das Instrument sich hebt, wenn sich der Tänzer um sich selber dreht. Doch begnügt sich der Tänzer damit nicht. Er hebt die Trommel nach oben über den Kopf oder er beugt sich aus der knienden Lage nach hinten, bis der Kopf den Boden berührt und sich das Instrument auf dem Brustkorb befindet, ohne daß er das bis zur Ekstase getriebene Trommelspiel unterbricht. Orientalische Miniaturen zeigen uns eine Anzahl von Darbietungen, die bis zum Jonglieren und Seiltanzen gehen. So kann man auf diesen Bildern trommelschlagende Tanzbären sehen oder Jongleure, die eine lange Stange halten, auf der ein Trommler balanciert.[27]

Alle diese Geräte – seien es Klappern, Rasseln, Schwerter oder Trommeln – haben ursprünglich die Funktion, böse Geister durch Lärm zu vertreiben. So wird z.B. der Davul in der Türkei bei Mondfinsternis geschlagen, um böse Kräfte zu verscheuchen.[28]

Ungefähr in dieser Art könnte man das Material der Tanzgeräte in einer Klassifizierung aufzählen. Es scheint noch ein okkulter Teil zu existieren, der nicht zu übergehen wäre, sich aber noch im Stadium der Erforschung befindet. Ich bin überzeugt, daß wir vor allem in der Volkskunde nicht das Recht haben, uns mit einer Systematisierung zu begnügen, die von außen an den Gegenstand herangetragen wird. An anderer Stelle[29] habe ich aufgezeigt, daß das Volk in der „Systematisierung" seiner Traditionen und der

Gleichsetzung von Objekten mit unterschiedlichem äußerem Erscheinungsbild oft Wege beschreitet, die irgendwie abweichen von der Art, die sich unsere Weisheit vorstellt.

Man muß sich fragen, *warum* in Anatolien so oft an der Spitze von Umzügen und Prozessionen, denen der Ritus der Fruchtbarkeit (Hochzeitszug) zugrundeliegt, Waffen und Trommel zugleich vorkommen. Warum beschränkt man sich nicht auf eines dieser magischen Instrumente, zumal sie ja dem gleichen Zweck dienen? Hier kann nicht mehr von einem einfachen Ersatz eines Gegenstands durch einen anderen gesprochen werden. Die gleichzeitige Verwendung eines Schwertes und einer Trommel (oder eines gleichwertigen Ersatzes) ist auch an anderen Orten unserer Welt ein bekanntes Phänomen. So tanzen zum Beispiel auf der Insel Sumba Männer, indem sie in einer Hand ein Messer, in der anderen eine Trommel halten.[30] Über die gleichzeitige Verwendung beider Prinzipien habe ich weiter oben gesprochen und Beispiele genannt. So wird in Persien die Ehefrau von berittenen Genossinnen mit Trommelschlägen und Flintenschüssen in das Haus des Ehemannes geleitet, wobei vorneweg Laternen getragen werden.[31] In Mazedonien habe ich selbst einen Hochzeitszug mohammedanischer Zigeuner gesehen, in dem die Bräutigame in einer pferdebespannten Kalesche von den übrigen Mitgliedern des Zigeunerlagers geleitet wurden. An der Spitze des Zuges schwangen drei Männer ein Kopftuch in den Händen, das das Schwert ersetzende Tanzgerät, während hinter ihnen sich der Trommelschläger befand, der die Tänzer und den Rest der Prozession begleitete. Es ist uns nicht gestattet, derartige Erscheinungen, für deren Erforschung monatelange, ja jahrelange Arbeit benötigt wird, lediglich als Hochzeitspomp einzustufen. Eingedenk der rituellen Bedeutung dieser „Tanzinstrumente" – wie ich sie in einigen Beispielen darzulegen versucht habe – könnten auch andere hinzugefügt werden. Es wird ein tieferer Sinn zu suchen sein, gerade in ihrem Nebeneinander und nicht in ihrer Gleichsetzung.

Diese Dualität beschränkt sich nicht nur auf die erwähnten Ehrengeleite. Die Tänzer der Rusalka in Südmazedonien und in Bulgarien tragen noch heutzutage während der rituellen Tänze Schwerter (*k'l'čka*), der Vortänzer jedoch ein Beil (*baltia*, vom türkischen *kılıç* und *balta*). Es scheint, daß die Schwerter einst Stöcke waren, mit denen die Tänzer die Erde schlugen[32], eine direkte Anspielung auf die Fruchtbarkeit des Bodens. In Thrakien wurde bei ländlichen Prozessionen ein Pflug gezogen, also das Hilfsmittel zur Hervorbringung der Ernte. Die vorneweg schreitenden Männer versuchten mit Stöcken ein eventuelles Unheil abzuwehren.[33]

Auf einem kretischen Gefäß aus dem 16. Jahrhundert vor unserer Zeitrechnung finden wir die Wiedergabe einer Prozession, bei der die Männer gewisse für die Einbringung der Ölfrüchte bestimmte Gegenstände tragen, während der Vortänzer in der Hand ein Sistrum schwingt[34], das wieder auf einen Abwehrgedanken hinweist. Wahrscheinlich haben wir es hier mit einer aktiven Vorstellung zu tun, in symbolischer Abwehr aggressiv gegen die Feinde der Ernte zu sein, um die Frucht zu erhalten.

In unseren Beispielen war die Rede von einer unheilabwehrenden Waffe oder einem lärmerzeugenden Gerät einerseits und einem Werkzeug für die Hervorbringung der Ernte andererseits wie dem Pflug oder der Egge. Beide haben den gleichen Zweck: die Prosperität. Nur der Weg, die magische Technik ist unterschiedlich. In der Trommel müssen wir überdies das Symbol der Fruchtbarkeit des Mutterleibes sehen. Wenn durch den Pflug, die Egge, den Stock die Produktivität des Bodens versinnbildlicht wird oder durch die Trommel und gegebenenfalls durch ein beigefügtes Phallus-Symbol die Fruchtbarkeit, so ist dies im Grund ein und dasselbe. Durch die Dualität von Abwehr und Segnung ist die zweifache Verwendung der Tanzgeräte zu erklären, so wie es überzeugend beschrieben worden ist von D. Zelenin im Faßnachtstanz von Georgien, in dem ein Sieb[35], ein Phallus und zwei Schwerter vorkommen.[36] Im Museum Berdo in Tunis findet sich eine Statuette des Herkules in einer bezeichnenden Stellung: In der rechten Hand hält dieser antike Held wie zur Verteidigung eine Keule, in der linken das Organ seiner Männlichkeit.

So offenbart sich in der Vielzahl der Tanzgeräte, die zum Teil die Form von Musikinstrumenten besitzen, der ganze Reichtum magischer Vorstellungen, die da und dort in Vergessenheit geraten sind, jedoch als äußerliches Phänomen existieren. An anderen Stellen sind sie eng verbunden mit dem Kult der Fruchtbarkeit. Die Bedeutung für die Volkstanzforschung erfordert die Beschaffung weiterer Dokumente, die – weil weit verstreut – in mühseliger Arbeit zu sammeln wären.

## Anmerkungen

* Dieser Beitrag wurde vom Autor in rumänischer Sprache publiziert als *Ustensile şi instrumente muzicale în orient*. Er wird hier erstmals in deutscher Sprache veröffentlicht. Die Übersetzung aus dem Rumänischen besorgten Kurt und Margarethe Landwehr von Pragenau in Verbindung mit dem Autor.

1 Die Begriffe *tek, çift* und *bar* finden sich gelegentlich in der neueren Literatur über türkische Volkskunde.

2 K. Müllenhoff, Über den Schwerttanz, in: Festgabe für Gustav Homeyer, Berlin 1871.

3 S. Y. Ataman, Safranboluda „Seğmen" ler, in: Türk Folklor Araştırmaları 1, 1929, S. 46 verso.

4 K. Cilingiroglu, Erzurum Oyunlari, in: Türk Folklor Araştırmaları 1, 1949, S. 27.

5 Fr. Weege, Der Tanz in der Antike, Halle 1926, S. 51.

6 M. Remzi Selen, Bursada kılıç kalkan savaş oyunu, Istanbul 1947.

7 Zahlreiche Beispiele der bewaffneten Dämonenvertreibung in aller Welt insbesondere bei

Hochzeiten finden wir in E. Westermark, The history of human marriage, Bd. II. London
o. J.

8 H. Z. Koşay, Türkiye Türk Düğünleri, Ankara 1944, S. 130.

9 Ebenda, S. 291.

10 I. Ivanovici, Makedonija i Makedonci, Novi Sad 1908, S. 105.

11 So habe ich gerade in Makedonien zwölfjährige Knaben Pfingsttänze tanzen sehen. Das
war sehr anschaulich, denn sie hatten sie hervorragend einstudiert. Aber die ganze pathe-
tische Ernsthaftigkeit wandelt sich in eine Farce bei einer entsprechenden Travestie.
Ebenso habe ich in Spanien Mädchen aus Burgos einen Schwerttanz ausführen sehen.

12 C. Sachs, Eine Weltgeschichte des Tanzes, Berlin 1933, S. 25.

13 G. Nachtigal, Sahara und Sudan, Berlin 1879, Bd. 1, S. 100.

14 So zum Beispiel V. K. Keworkian, Dansurile populare armene, in: Revista pentru filologie
armeană 1, 1903, S. 92.

15 H. Z. Koşay, a.a.O., S. 27 und 207.

16 Voyage d'Ibn Batoutah, Paris 1877, Bd. II, S. 276, 403, 422.

17 Fr. Weege, a.a.O., S. 19.

18 Einen solchen Gebrauch des *zil* habe ich bei den mohammedanischen Zigeunern in Štip
(Makedonien) gesehen, wo gleichzeitig das Tamburin (*daireaua*) ersetzt wurde. Beide, sowohl *daireaua* als auch die Kastagnetten aus Metall, haben den gleichen türkischen Namen
*zil*, obgleich sie in der Klassifikation der Instrumente verschiedenen Bereichen angehören.

19 G. A. Villoteau, De l'état actuel de l'art musical en Égypte, Paris 1812, S. 90ff. Ders., Ori-
gine des instruments de musique, Paris 1936, S. 36ff. H. Hickmann, Cymbales et crotales
dans l'Egypte ancienne, Cairo 1949, besonders S. 517ff. über as-sâgât. In Verbindung mit
der Ausführungstechnik siehe: A. Chottin, Musique et danses berbères du Pays Chleuh,
in: Corpus de Musique Marocaine, Bd. II, Paris o. J., S. 23ff.

20 Auch hier schenkt man dem Unterschied zwischen den beiden Arten von Geräten im
Volksbrauch keine besondere Beachtung, weil das Wichtigste, die volkskundliche Funktion, nicht berührt wird.

21 H. Z. Koşay, a.a.O., S. 276.

22 Sadık Uzunoglu, Uygur halk oyunları, in: Türk Folklor Araştırmaları 3, 1951, S. 406.

23 Ebenda.

24 V. Advielle, La musique chez les Persans, Paris 1885.

25 Vor allem im Topkapı Serail in İstanbul. Siehe zum Beispiel auch E. Kühnel, Doğu Islâm
Memleketlerinde Minyatür, Ankara 1952, Tabelle 72, oder H. Hickmann, La cliquette, un
instrument de percussion égyptien de l'époque copte, Bd. XIII, Cairo 1950, S. 9.

26 F. Hoerburger, Der Tanz mit der Trommel, Regensburg 1954.

27 Wiedergegeben bei A. Süheyl Unver, Ressam Levni, Hayari ve Esserieri, İstanbul 1949
(ohne Seitenzählung).

28 Aufgrund einer freundlichen Mitteilung von A. A. Saygun, Ankara.

29 F. Hoerburger, Westöstliche Entsprechungen im Volksepos, in: Die Musikforschung 5,
1952, S. 354.

30 G. J. Nieuwenhuis, Über den Tanz in Niederländisch Indien (Beiträge zur Ethnologie des
Malaiischen Archipels), Diss. Leiden 1916, S. 32.

31 J. E. Pollak, Persien, Leipzig 1865, Bd. I, S. 212.

32 A. Strauß, Die Bulgaren, Leipzig 1898, S. 358.

33 E. Fehrle, Waffentänze, in: Badische Blätter für Volkskunde 13, 1926, Heft 1/2, S. 177.

34 L. David, Les rogations avant la lettre et le choeur des chantres au XVI-ème siècle avant J.
C., in: Revue du Chant grégorien 42, 1938, S. 112 und 151.

35 Das Sieb hat auch bei Serben und Bulgaren die Bedeutung von Fruchtbarkeit und wird entsprechend gebraucht. E. Schneeweis erklärt das mit der Wortähnlichkeit: serbisch *sito* =
Sieb, *sit* = satt (Die Weihnachtsbräuche der Serbokroaten, Wien 1925, S. 111). Durch die

Übereinstimmung mit dem georgischen Brauch, den Schneeweis offenbar nicht kennt, erscheint diese Erklärung unzureichend. Auch das Sieb ist ein für die Fruchtbarkeit symbolisches Gefäß. Es enthält Mehl und im makedonischen Hochzeitsbrauch ein Brot.

36 D. Zelenin, Ein erotischer Ritus in den Opfern der altaischen Türken, in: Internationales Archiv für Ethnographie 29, 1928, S. 97.

# Beobachtungen zum Volkstanz in Nordgriechenland

## I. Volkstanz: Erstes und zweites Dasein

Manche Freunde des deutschen Volkstanzes nehmen es mir übel, wenn ich mich mit der Beobachtung von Volkstänzen der Balkanvölker abgebe. Sie vermuten dahinter eine Parteigängerschaft jener Kreise, die zum Beispiel bei uns in Deutschland oder in Amerika die Pflege fremder Volkstänze betreiben, sei es mit der Vorstellung, man könne mit Hilfe einer Art von Tanzsprache über die Schranken der Sprachen hinweg eine Völkerverständigung erzielen, oder mit der Absicht, jene fremden Tänze zu einer neuen Art von Körperschule heranzuziehen. Ohne an dieser Stelle weiter über das Für und Wider solcher Bestrebungen, in welche seit einigen Jahren vor allem auch griechische Volkstänze bevorzugt eingeschlossen sind, diskutieren zu wollen, möge man mir erlauben, hier einleitend die ganz anders gerichteten Absichten klarzulegen, die ich verfolge.

Für den Mitteleuropäer ist es im eigenen Land so gut wie unmöglich geworden, Volkstanz aus erster Hand zu beobachten. Das „erste Dasein"[1] des Volkstanzes ist nur noch in wenigen Spuren auffindbar, und auch diese werden mit Sicherheit in Kürze entweder unbeachtet verschwunden oder von der Volkstanzpflege aufgefangen und in das zweite Dasein übergeführt sein. Allenthalben besteht daher die Gefahr, daß der in den Volkstanzkreisen säuberlich gepflegte Tanz als die ursprüngliche Tradition selber angesehen wird. Vielleicht ist es für die Vertreter der Volkstanzpflege nur von geringem Interesse, etwa dem „freien Werbetanz" unmittelbar zu begegnen. Sie könnten wenig damit anfangen, es sei denn, daß sie auch ihn in eine feste Form auffangen, ihn erstarren lassen und in dieser nunmehr starren Form weiterpflegen, womit wiederum das erste Dasein dieser Erscheinung sein Ende gefunden hätte.[2]

Für den Volkstanzforscher jedoch muß es von primärem Interesse bleiben, seinen Blick auf das erste Dasein des Volkstanzes zu richten. Wenn ihm das in Mitteleuropa verwehrt ist, bleibt es doch sein wichtigstes Anliegen, die Frage zu stellen, wie der Volkstanz – nicht nur dieser oder jener spezielle Volkstanz, sondern der Volkstanz als Prinzip – ausgesehen haben möge, bevor er zu einer festen Gestalt erstarrt ist, die nunmehr wie der komponierte, choreographierte Kunsttanz nicht im eigentlichen Sinne „werkgetreu", sondern „notengetreu" und „beschreibungsgetreu" gepflegt wird.

Was Volkstanz aus erster Hand, Volkstanz in den „Grundschichten" (Wiora), in der „Biosphäre" (Sambeth) ist, das läßt sich in einigen Ländern am Rande unseres Kontinents gerade noch beobachten. Es ist freilich auch

hier keine Zeit zu verlieren, solche Beobachtungen anzustellen. Denn wie
es zum Beispiel der Fall des Volkstanzes in Griechenland beweist, ist auch
hier – wohl in einer eigentümlichen Wechselwirkung – das zweite Dasein
im Vormarsch, das erste im Schwinden. Immerhin ist diese ganz allgemeine Entwicklung noch um einen Schritt – gegenüber den Verhältnissen
in Mitteleuropa – zurück, und vielleicht ist der gegenwärtige Zustand für
die Volkstanzkunde besonders lehrreich. Denn es ist mir bei meinen Beobachtungen in Nordgriechenland mehrmals begegnet, daß ursprüngliche
dörfliche Volkstanztradition und organisierte Volkstanzpflege aufeinander prallen, einander in deutlich erkennbarer Gegensätzlichkeit gegenüberstehen. Und letzten Endes läßt sich hier auch erkennen, wie die Volkstanzpflege mehr und mehr die ursprüngliche Tradition aufsaugt und zum
Verlöschen führt.

Zwei Aufgaben sind uns gestellt, die hier in Griechenland wie überall
dort, wo die Situation noch ähnlich günstig ist, in Angriff genommen werden müssen – bald oder überhaupt nicht mehr. Einmal hat man sich der
Dokumentation der nationalen Volkstradition anzunehmen – eine Aufgabe, die vornehmlich den Forschern der betreffenden Länder selbst zukommen sollte. Wenn man sich in Zukunft bei der Frage nach dem Wesen
des griechischen Volkstanzes ausschließlich den griechischen oder ausländischen Volkstanzsammlungen anvertraut, so wird man unbedingt irrege-
führt, da diese wohl ausnahmslos nicht ursprüngliche Traditionen, sondern
für die Volkstanzpflege festgelegte und damit erstarrte Gestalten vorle-
gen.[3]

Zum anderen aber muß hier so ausführlich wie möglich das *Prinzip* des
Volkstanzes in seinem ersten Dasein studiert werden, so daß es uns auch in
Zukunft möglich sein wird, jenseits der Volkstanzpflege, die uns ja auch
weiterhin zur Beobachtung zur Verfügung stehen wird, eine Vorstellung
von dem Wesen des ersten Daseins im Volkstanz zu vermitteln, selbst
dann, wenn dieses nicht mehr existieren wird. Wenn man das Vorhandensein dieser beiden gegensätzlichen Daseinsformen erkannt und anerkannt
hat, und wenn man sieht, welche verschiedene „Lebenserwartung" sie haben, so muß wohl die Dringlichkeit solcher Arbeiten nicht weiter bewiesen
werden.

## II. Verschiedenheit der Schichten

Versucht man, das Repertoire der Volkstänze in Nordgriechenland als
Ganzes zu überblicken, dann fällt sofort auf, daß es in keiner Weise einheitlich ist. Nicht nur, daß hier wie ja auch in anderen europäischen Ländern die Zweiheit von Tanz zum feiertäglichen Vergnügen und Tanz zum
altertümlichen Brauchtum anzutreffen ist, es kommt noch hinzu, daß ne-

ben der alteingesessenen griechischen Bevölkerung die Umsiedler aus dem Pontus, dem Kaukasus und aus Ostthrazien wohnen und daß sie teilweise ihr Tanz- und Musiziergut auch in der neuen Heimat erhalten haben. Es kommt weiterhin dazu, daß die umliegenden Landschaften und Völkerschaften auch jenseits der politischen Grenzen ihre Einflüsse geltend machen. Man findet Tänze, die schon ihrem Namen nach die Herkunft aus Albanien oder aus Bulgarien verraten: etwa der Βουλγάρικος oder der Ἀρβανίτικος oder etwa eine Παιντούσκα, die mir von einem Dudelsackspieler in das Mikrophon gespielt wurde, der nach seiner Aussage 37 Jahre lang in Bulgarien gelebt hat.[4] Dazu kommen weiterhin Tänze der Vlachen, die in den Bergen Mazedoniens und der Epirus zuhause sind. In einem Bergbauerndorf bei Verroia fand ich zum Beispiel bei Griechen einen Tanz mit Namen Βλάχα ἀργό. Und schließlich haben wohl vor allem die Soldaten Tänze aus anderen griechischen Landschaften herbeigetragen wie zum Beispiel den Τσάμικος χορός, der im übrigen in Mazedonien nicht zuhause ist. Weiterhin ist an jene Tänze wohl orientalischen Ursprungs zu denken, die allen Aussagen zum Trotz nicht nur in den Städten, sondern auch auf dem Dorf stark mit dem autochthonen griechischen Kreisreigen vermischt sind. Meine Freunde in Saloniki bezeichneten diese Tänze als Λαϊκοί χοροί (das ist „volkstümliche" Tänze) im Gegensatz zu den eigentlichen griechischen Volkstänzen, die sie bezeichnen als Ἑλληνικοί χοροί oder ἐθνικοί χοροί oder τοπικοί χοροί (das heißt „griechische" oder „ethnische" oder „örtliche" Tänze). Diese Bezeichnungen sind freilich ein wenig fragwürdig und keineswegs allgemein eingeführt.

Zuletzt sei noch darauf hingewiesen, daß mir – ganz im Gegensatz zum Beispiel zu den von mir besuchten albanischen Dörfern von jugoslawisch Mazedonien – bei dörflichen Tanzereien in griechisch Mazedonien immer wieder, wenn auch als Ausnahme im Repertoire, europäische Modetänze begegnet sind, vor allem die sogenannte „Janka", entsprechend dem zu der Zeit meiner Beobachtungen (Frühsommer 1965) modischen „Letkiss". Ein solcher Tanz nimmt sich dann in der dörflichen Umgebung und im Zusammenhang mit den genannten griechischen Volkstänzen und „volkstümlichen" Tänzen ungeheuer grotesk aus. So wie im Tanz bietet das Stück auch in der musikalischen Darstellung ein interessantes Studienobjekt für den Stil, den man sonst allzuleicht als eine Selbstverständlichkeit hinnehmen würde. Ζουρνᾶς und Νταούλι (Schalmei und Trommel), die sonst charakterisiert sind durch ein freies melismatisches, in Rhythmus und Tonhöhe äußerst flexibles Spiel, erstarren plötzlich in der für sie fremdartigen Umgebung. Man fühlt, daß hier etwas Lebendiges – ich meine jene außerordentlich vitale Zurna-Davul-Musik und eine nicht minder vitale „Volkstanzkunst" – in ein Prokrustesbett eingezwängt ist.

Wir wollen im Folgenden aus dieser Vielfalt der Erscheinungen die einzelnen Schichten herauslösen und sie der Reihe nach etwas näher betrachten. Besonders wollen wir dabei immer wieder unser Augenmerk richten auf das Nebeneinander von ursprünglicher Tradition und ihrem nicht organisierten Weiterleben auf der einen Seite und dem Vorstoß der bewußten Betreuung auf der anderen Seite.

## III. Griechische Reigentänze

Es liegt nahe, die Betrachtungen mit dem zu beginnen, was wir wohl als den griechischen Volkstanz im engeren Sinne anzusprechen haben, nämlich mit dem Kreisreigen. Immer wieder wird dieser Tanz als ein unmittelbares Erbstück altgriechischer Reigentänze angesehen. Dazu stellen vor allem die Griechen selber manchmal etwas leichtfertige Theorien auf, die dann von ausländischen Griechenlandfahrern und Tanzleitern kritiklos übernommen werden. „Die Griechen glauben, daß rund dreißig ihrer heutigen Tänze auf klassische Zeit zurückgehen."[5] Demgegenüber sind folgende Überlegungen angebracht. Zum einen ist der Kreisreigen ja kein spezifisch griechisches Phänomen. Er liegt wie die „Urtracht" so nahe, daß er allenthalben auf der ganzen Erde entsteht, ohne daß die einzelnen Erscheinungen entwicklungsgeschichtlich miteinander zusammenhängen müssen. Und zum anderen sind ja auch – und das müssen wir uns immer wieder vor Augen führen – speziell die griechischen Volkstänze in ihrem ersten Dasein keine festliegenden Gestalten, sondern mehr allgemeine Ideen. Es sind also höchstens Modelle als alte Erbstücke anzusprechen, nicht jedoch einzelne Tänze selber.

Unter diesen Reigentänzen Nordgriechenlands ist es nun – neben einigen Sonderstücken (die sich wohl hauptsächlich durch ihren Namen oder durch die Melodie voneinander unterscheiden, die eine Liedmelodie sein kann und dann mit ihrem Textanfang benannt wird), und neben dem häufiger auftretenden geradtaktigen Συρτός – vor allem der gemeingriechische Καλαματιανός, der das Feld behauptet, jener Tanz, der mit seinem Aksak-Rhythmus 3+2+2 so recht charakteristisch ist für die griechische Volksmusik schlechthin.

Die griechischen und außergriechischen Tanzbeschreibungen wollen uns glauben machen, daß sich diese Tänze in wenigen stereotypen Strukturelementen erschöpfen: Formation im offenen Kreis, der sich gegen den Uhrzeigersinn bewegt, an der Spitze ein Reigenführer, dessen besondere Funktion in keiner Weise erklärt wird, Handfassung in W-Form, wohl gar mit der schulmeisterlichen Forderung, daß die Hände in Schulterhöhe erhoben sind oder daß „immer die linke Hand oben liegt"[6], Beschränkung der Bewegung auf einen stereotypen „Grundschritt". Von einer solchen Armut der Form kann jedoch in dem ersten Dasein des Tanzes gar keine Rede sein. Das Gesamtbild wie auch die einzelnen Elemente wechseln von

Ort zu Ort, von Mal zu Mal, von Personenkreis zu Personenkreis. Vor allem aber darf nicht der falsche Eindruck entstehen und erhalten bleiben, als würde das Tanzgeschehen in der Kollektivität aufgehen, als würden alle Teilnehmer ohne Unterschied und einheitlich das gleiche machen. Mir scheint demgegenüber, als wäre es ein entscheidendes Charakteristikum dieser Tänze, daß sich Individualitäten immer wieder gegenüber dem Kollektiv absetzen, Soli gegen Tutti, geradezu wie im Concerto Grosso. Wenn wir in den gedruckten Sammlungen (und danach wohl auch bei den Volkstanzkreisen) einheitliche Grundbewegung, Grundhaltung, Grundschritte angegeben finden, so müssen wir diese im ursprünglichen Volkstanz als eine gar nicht realisierte Mitte verstehen: Die selbständigen Persönlichkeiten der Tanzführer stehen weit über diesem Mittel, der mittanzende Chor dagegen bleibt darunter.

Meistenteils „tanzt" der Chor überhaupt nicht in dem üblichen Sinn, sondern man möchte sagen, er „schlendert" nur mit, er wird von den Reigenführern sozusagen nur mitgezogen und überläßt diesen das Tanzen im engeren Sinne. Wenn man solches Tanzen zum ersten Mal sieht, so könnte man zu der Auffassung gelangen, daß diese Leute alle ganz einfach nicht tanzen können. Man wird jedoch schnell eines Besseren belehrt, wenn man beobachtet, wie die Reigenführung wechselt: Die Vortänzer treten, nachdem sie sich einige Zeit produziert haben, in den „Chor" zurück, wo sie nun so schlendernd tanzen wie die übrigen, als könnten sie es gar nicht, während neue Reigenführer an die Spitze treten und nun eine Aktivität entwickeln, die man ihnen zuerst gar nicht zugetraut hätte. D. Crosfield meint, der Wechsel des Vortänzers geschieht, wenn dieser erschöpft ist.[7] Ich glaube aber eher, daß hier wechselweise jedem die Möglichkeit eingeräumt werden soll, seine Phantasie und sein tänzerisches Können zu zeigen.

Nur zuweilen sieht man auch auf den Dörfern, daß der ganze Kreis ein bestimmtes Bewegungselement, einen „Grundschritt" verfolgt. Das ist meist dann der Fall, wenn bei dem Reigenführer keine spezielle Figuration erfolgt. Beide Teile, Reigenführer und Chor, treffen sich hier sozusagen auf einer Mitte. Es ist keine solistische Darstellung vorhanden, die einen Gegensatz erforderlich machen würde. Aber auch dann ist es so, daß sich die Bewegung nicht zur Stereotypie versteift. Sie löst sich vielmehr immer wieder zwischendurch auf, sie gibt die Einheitlichkeit der Bewegungselemente oder den rationalen Zusammenklang des Tanzes mit dem Rhythmus der Musik auf.

Gegenüber der Zurückhaltung des Chores nun ist es üblich, daß der Reigenführer, der Κορυφαῖος, seine Phantasie und sein tänzerisches Geschick spielen läßt, wobei ihm meist der zweite in der Reihe als Partner sekundiert. Es gibt ein bestimmtes Repertoire von Bewegungselementen, die hier immer wieder auftauchen, aber über dieses hinaus ist dem phantasievollen Tänzer nur die Beschränkung des einheitlichen Tanzstils auferlegt. Seine Bewegungen werden – verglichen mit der Gelassenheit, fast Lässigkeit der Chortänzer – gespreizt, weit. Er wendet sich rückwärts, dem Chor zu oder wiederum von ihm ab, in die Tanzrichtung, wohin er den Chor mitzieht. Er beugt sich vor oder wiederum weit zurück, manchmal so weit, daß er mit dem Kopf hinten den Boden berührt. Dabei wird er von dem zweiten Tänzer bei der Hand gehalten. Dann wieder dreht er sich unter der gefaßten Hand des zweiten Tänzers durch. Oder er springt oder er geht in die Hocke, um in dieser Kraft heischenden Stellung weiterzutanzen. Besonders alte Männer lieben es, das zu tun, um zu zeigen, daß sie es noch können, wie zum Beispiel der heute (1965) 85-jährige Bergführer Joannis Kakalos aus Litochoro (Katerini), der sich rühmt, immer noch jedes Jahr wenigstens einmal den achtstündigen Aufstieg auf den Olymp zu Fuß zu unternehmen.

Phantasiebewegungen und simple Tanzschritte (vor allem der bei uns sogenannte „Pilgerschritt") können auch miteinander abwechseln. So sah ich in einem Gasthaus des Bergdorfes Rizomata (Verroia) folgende Kombination: Je ein Stück sangen die Tänzer selber mit und machten dazu einfache „Schlender"-Schritte, den nächsten Tanzabschnitt dagegen spielte der Dudelsack, wozu die beiden Vortänzer ihre spielerische Phantasie ausschöpften. Es ist deutlich zu sehen, wo die freie Tanzkunst des Vortänzers abgelöst wird von der schulischen Pflege. In Rizomata beobachtete ich den älteren Lehrer, der überall, wo getanzt wurde, mit dabei war. Als Reigenführer machte er eine nie veränderte, stereotype Formel in unaufhörlicher Folge: Während des einheitlichen Pilgerschrittes (vor-vor-vor-rück) hatte er zunächst den rechten Arm auf dem Rücken liegen, beim letzten Schritt („rück") streckte er den Arm starr zur Seite – und immer wieder das gleiche. Ganz erschütternd war für mich der Anblick einer unteren Volksschulklasse in Litochoro (Katerini), die öffentlich einen „griechischen Volkstanz" vorführte: Ihre Bewegung glich derjenigen von Marionetten. Wie anders ist der Anblick von Kindern, die man überall in gelösten, ganzheitlichen, kindlichen Bewegungen vom frühesten Lebensalter an einfach mitmachen sieht, ohne daß sie einen „Grundschritt" eindrillen müssen.

Zuweilen wird der Reigen von einer Frau angeführt, und das geschieht – in Stadt und Land – gar nicht einmal so selten. Die Bewegungselemente bleiben dann im wesentlichen zwar dieselben wie bei den Männern, aber der Bewegungsstil verändert sich grundlegend, er wird eng, verhalten. Ein Hüpfen können sich höchstens junge Mädchen erlauben – oder Städterinnen. In städtischen Zirkeln kann man sogar beobachten, daß Frauen – womöglich noch im engen Rock – in die Hocke gehen wie die Männer, was äußerst grotesk aussieht und davon zeugt, daß sie jedes Gefühl für das Wesen und die Gegensätzlichkeit weiblichen und männlichen Tanzstils verloren haben.

Gelegentlich, bei großen Festen wie etwa an Ostern, mögen die Tänze von einer ganzen Dorfgemeinde auf dem Platz im Freien getanzt werden. Dann kommen vielleicht hundert und mehr Tänzer in einem großen Kreis zusammen. Sonst aber, im oder vor dem sonntäglichen Kafeneion, ist die Zahl der Tanzenden beschränkt. Jedermann, jung und alt, tanzt, aber sie tanzen nicht alle gleichzeitig. Es tanzt eine Tischgemeinschaft, eine Freundesrunde, die anderen sehen zu und mischen sich ungern ein. Gerade hier aber, wo die Mehrzahl zusieht, pflegen die Reigenführer, die hinter sich nur noch einen kleinen Mittänzer-Chor haben, ihre besonderen Künste zu zeigen. Es kann vorkommen, daß sich die Anzahl der Tanzenden bis auf vier verringert – zwei figurierende Reigenführer und zwei nur mitschlendernde Mittänzer. Daß auch diese wegfallen und nur noch die zwei Vortänzer sozusagen einen Paartanz tanzen, sah ich bei den Albanern sehr oft, in Griechenland jedoch nur einmal bei einer Hochzeit in Vafiochori (Kilkis): Zwei Männer tanzten allein. Besonderheit ihrer Improvisation war es, daß sie gelegentlich beim Ausschreiten immer abwechselnd rechts niederknieten und links wieder auf den Fuß zu stehen kamen. Und immer wird dann als Gegengewicht gegenüber den anstrengenden Phantasiefiguren stückweise, sozusagen rondoartig, ein einfacher Tanzschritt gewählt.

Auch in anderer Hinsicht ist dieses Tanzen keine erstarrte Gestalt, sondern ein freies, jedem Augenblicksimpuls unterworfenes Werden und Vergehen. Die Tänzer beginnen nicht auf ein bestimmtes Signal hin. Es gibt keine „Aufstellung", wie es in unseren Tanzbeschreibungen heißt. Zu irgendeinem Zeitpunkt beginnt ein einzelner Tänzer die Initiative zu ergreifen, ein zweiter und weiterer Tänzer reiht sich zwanglos ein. Ihre Tanzbewegung und ihre Zugehörigkeit zum Tanzgeschehen beginnen nicht plötzlich aus einer starren Auf*stellung* heraus, sie gehen vielmehr in die Bewegung und in die Formation hinein, und zwischen zwanglosem Hineingehen und Tanzbeginn ist keine feste Grenze gesetzt.

Abschließend mag noch eine Bemerkung zur Beteiligung der Geschlechter gemacht werden. Bei den großen Festen, in Dorf und Stadt, auf dem Dorfplatz wie vor dem abendlichen Kentron (Gasthaus), wenn Panijiri (Kirchweih) ist, sind die Frauen gleichberechtigt mitbeteiligt, wofern es sich nicht um die fast ausschließlich von den Männern getanzten Rebetiko-Tänze handelt. Je ursprünglicher die Situation ist, um so mehr ist es dabei üblich, daß sich die Geschlechter zu ihresgleichen gesellen. Also wird beispielsweise die Reigenkette von einer größeren Menge von Männern angeführt, worauf eine größere Reihe von nur Frauen folgt, dann wieder eine Reihe von Männern und so fort. Manchmal wird dann am Schluß noch eine Reihe von kleinen Kindern mitgezogen, die hier eben auch schon dabei sind, was seine besondere Bedeutung hat, wie noch gezeigt wird. In jedem Fall ist es aber so, daß keine „bunte Reihe" angestrebt wird. Man ordnet sich, wie es gerade kommt.

Anders ist es bei sonstigen Zusammenkünften in den dörflichen und auch städtischen Tanzlokalen – wie denn überhaupt das griechische Kaffee- und Gasthaus auch in den großen Städten den Männern vorbehalten bleibt und das Auftauchen einer Weibsperson recht anrüchig erscheint (ausgenommen sind die Lokalitäten europäischen Stils). Hier also sind die Männer unter sich und tanzen die Tänze des eben beschriebenen Bereichs, vielfach untermischt mit den Tänzen vom Typus des Laïkós chorós, ohne Beteiligung der Frauen.

## IV. Tänze der anatolischen Flüchtlinge

Über die Tänze der pontischen Griechen, die als Flüchtlinge im heutigen Mazedonien eine große Rolle spielen, kann ich hier nur wenig sagen. Ihre Tanzmusik, die ein reichhaltiges Repertoire von eigenen Tänzen aufweist, wobei der Aksak-Rhythmus 2+2+2+3 häufig anzutreffen ist, habe ich nur außerhalb der tänzerischen Funktion aufgenommen. Die Tänze selber habe ich nur bei einer einzigen Gelegenheit gesehen, nämlich anläßlich eines geselligen Abends der pontischen Griechen in der Stadt Serres, wo der Tanzstil stark den Eindruck einer in der städtischen Tanzschule eingelernten Technik machte. Immerhin war auffällig, daß eine Reihe von älteren Herren – wohlsituierte Handelsleute oder Beamte – sich als Reigenführer hervortat und dabei vielfach noch eine ursprüngliche Freiheit der Gestaltung sehen ließ.

Es versteht sich, daß die Tradition dieser aus ihrer eigentlichen Heimat übersiedelten Griechen trotz, aber auch gerade wegen der bewußten Volkstanzpflege in der neuen Heimat ganz besonders gefährdet ist und am ersten verschwinden wird. Wenn man aus der Volkstanzmusik auf den Volkstanz schließen darf, so mag bis dahin noch einige Zeit vergehen. Die für den Tanz der pontischen Griechen so charakteristische Musik auf der pontischen Lyra, die von einer großen Menge von Musikanten weitergetragen wird, macht den Eindruck noch großer Ursprünglichkeit und Lebensfrische. Auffällig ist, daß auch jüngere Leute, die diese Musik in Mazedonien erlernt haben, nicht mehr am Schwarzen Meer, sie so spielen, wie sie seit eh und je gespielt worden war.

## V. Rebetiko-Tänze

Obwohl die eben beschriebenen Tanzarten fortwährend und allenthalben mit den genannten Laïkoí choroí – den „volkstümlichen" Tänzen, wie sie oben bezeichnet wurden – vermischt und abwechselnd mit ihnen getanzt werden, ist leicht ersichtlich, daß wir uns bei diesen letzteren in einer anderen Welt befinden: Es sind Einzeltänze, keine Reigen mehr, und außerdem ist der Bewegungshabitus, dessen Zweideutigkeit da und dort bis zur Laszivität gesteigert werden kann, ein gänzlich anderer.

Die Einstellung der Griechen zu diesen Tänzen ist unterschiedlich. Nur wenige bejahen sie, um dann sofort eine Herkunft aus altgriechischen Quellen zu konstruieren.[8] Andere ignorieren sie ganz. In den meisten griechischen Volkstanzsammlungen tauchen sie als „nichtgriechische" Tänze überhaupt nicht auf. Zeitweise sollen einige von diesen Tänzen als betont orientalische Bildungen in Griechenland sogar verboten gewesen sein.[9]

Allgemein werden diese Tänze mit dem Ρεμπέτης in Verbindung gebracht, weswegen auch einer von diesen Tänzen den Namen Ρεμπέτικο trägt. Aus diesem Grunde würde ich es vorziehen, diese ganze Gruppe von Tänzen mit einer pars pro toto als „Rebetiko-Tänze" zu bezeichnen, obwohl ein solcher Begriff in Griechenland meines Wissens nicht zu belegen ist. Der Rebetis ist ein asozialer, arbeitsscheuer Herumstreicher (hängt das Wort mit italienisch *ribelle* zusammen, entsprechend dem griechischen ρεμπελεύω = sich herumtreiben?[10]). Nach diesem Menschentyp ist auch – wohl ohne Zusammenhang mit dem Rebetiko*tanz* – das Rebetiko*lied* (Ρεμπέτικο τραγούδι) benannt, das aus allen Kneipen, aus Hunderten von Musikautomaten und Plattenspielern im ganzen Land von früh bis spät ertönt.[11]

Entsprechend der Heimat des Rebetis wird gesagt, daß auch der Rebétikos chorós ausschließlich in den fragwürdigen Vorstadtkneipen der Großstädte zuhause sei, vornehmlich im Piräus. Das freilich stimmt nicht. Diese Tänze finden sich vielmehr gerade auch auf den Dörfern, und besonders die *alten* Bauern sind vielfach mit ihnen so vertraut, daß eine erst neuerliche Zufuhr aus der Stadt ausgeschlossen erscheint. Es sei erlaubt, zunächst die drei Haupttypen in ihrer Gegensätzlichkeit zu charakterisieren, wie sie uns in Mazedonien begegnen, um dann die allen Typen gemeinsamen allgemeinen Bewegungselemente darzustellen.

a) Am bekanntesten ist der Tanz Τσίφτε τέλλι (von türkisch *çifte telli*). Charakteristikum des Tanzes ist stets die Paarigkeit der Tänzer, die, einander gegenüber, sich während des Tanzes immer ansehen, wobei die Arme – wie es denn für alle diese Tänze eigentümlich ist – hochgehalten werden und mit den Fingern geschnaggelt wird.

Der Name des Tanzes liegt mit seiner Bedeutung im Dunkeln. *Çifte* heißt paarig, *tel* ist die türkische Bezeichnung für die Saite des Saiteninstruments. Daraus könnte man vermuten, daß der Name auf ein zweisaitiges Musikinstrument Bezug nimmt. Tatsächlich gibt es auch bei den Albanern eine zweisaitige Langhalslaute „Çifteli"[12] (wohl gleichbedeutend mit dem Begriff *iki telli* = Zweisaiter). Aber bei unserem Stück handelt es sich um keinen musikalischen Begriff, um „keine bestimmte Volkstanzweise, sondern nur [um einen] Tanztyp"[13], so daß das *çifte* im Zusammenhang mit dem Paartanz verstanden werden muß, während das Wort *tel* unklar bleibt.

Neben dem Namen *Tsifte telli* findet sich auch *Καρσιλαμάς* (von türkisch *karşilamak* = sich treffen)[14] beziehungsweise die griechische Übersetzung *Ἀντικρυστός*.[15]

b) Nur an einem einzigen Ort, nämlich in Aja Eleni (Serres), ist mir der Tanz begegnet, den man dort als *Ζεϊμπέκικο* bezeichnet. Mit dem türkischen Zeybek hat der griechische Tanz nichts mehr zu tun. Dieser ist ein Kampftanz, bei dem zwei Reihen von Männern einander gegenüber tanzen, wobei der ursprüngliche kriegerische Charakter wohl noch bis in die Gegenwart herein teilweise erhalten geblieben ist.[16] Das, was ich in Aja Eleni unter dem Namen des Zeïbekiko sah, ist jedoch eine Sonderform des Tsifte telli, bei dem ein einzelner tanzt, sein Gegenüber dagegen ihn nur noch mit Händeklatschen anfeuert. Bei dem Solisten kommt es dann zu allerlei Phantasiebewegungen, wie sie beim Tsifte telli zu finden sind, wobei vor allem das Zurückbeugen des Oberkörpers und die lasziven Bewegungen des Beckens eine Rolle spielen. Recht merkwürdig war dabei die Ausführung dieses Tanzes von einem etwa zwölfjährigen Knaben, dessen Tanz von *zwei* händeklatschenden Männern sekundiert wurde. Seine Bewegungen waren ein eigentümliches Gemengsel von frühreifer Virtuosität und Bewußtheit und von kindlicher Unausgeglichenheit und Eckigkeit. Besonders unnatürlich machte sich die den Erwachsenen abgeschaute Bewegung des Beckens.

c) Die dritte Art ist ein Tanz, bei dem zwar beliebig viele Männer teilnehmen können, jeder jedoch für sich allein und ohne Bezug auf einen Partner tanzt. „Μοναχός χορεύει", sagt man, „er tanzt allein". Gelegentlich – mehr als bei den Griechen sah ich das bei Albanern, einmal auch bei Türken – bilden die Tänzer dabei einen Kreis, wobei von einem Tänzer zum anderen ein größerer Zwischenraum eingespart wird. Bei den nordgriechischen Fällen, die ich beobachten konnte, scheint keinerlei Gruppenbeziehung vorzuliegen, obwohl meist mehrere Personen gleichzeitig tanzen.

Man nennt diese Art von Tanz auch gelegentlich *Συγκαθιστός* oder auch *Καρσιλαμάς*, was entsprechend der oben gegebenen Erklärung dieses Wortes ganz und gar dem Sinn dieses Tanzes widerspricht. Andernorts wiederum nennt man ihn auch *Ζεϊμπέκικο*. Und man mag daraus sehen, daß solche Namen – wie übrigens überall im Volkstanz – recht durcheinander geworfen werden. Der allgemeinste Name aber ist *Ρεμπέτικο*. In Litochoro (Katerini) zeigte mir jemand eine Fotografie eines Tanzes wohl von diesem Typ, bei dem alle Tänzer mit einem oder gar allen beiden Beinen auf dem Boden knien, um in dieser Stellung weiterzutanzen. Diesen Tanz nannten sie dort *Καζάσκα*.

Ich habe gesagt, daß der Tanztypus des Rebetiko grundsätzlich von jedem Tänzer solistisch getanzt wird, ohne jeden Bezug zu einem Partner.

Partner ist freilich in jedem Fall auch der Zuschauer, dem gegenüber der Tänzer seine tänzerisch-improvisatorische Phantasie und seine Körperbeherrschung zur Geltung bringen will. Hier ist aber noch eine weitere Einschränkung zu machen. Gelegentlich kommt es nämlich vor, daß je ein Tänzer auf einem anderen „reitet". Das mag für gewöhnlich so aussehen, daß sich der Reiter auf die Schultern des anderen Tänzers setzt in der Art, wie bei uns der Vater sein Kind „huckepack" zu tragen pflegt. So sah ich es wiederum in Litochoro. In dem Dorf Neokastro (bei Verroia) dagegen geschah es in der Weise, daß sich der „Reiter" *vorlings* auf die Hüften seines Partners setzte, der sich weit zurücklehnen mußte, um beim Weitertanzen nicht sein Gleichgewicht zu verlieren.

Trotzdem sich also nun diese drei Typen von „volkstümlichen" Tänzen (ich wiederhole, daß ich diesen Ausdruck und entsprechend das griechische „Λαϊκός χορός" ohne Überzeugung verwende und lieber alle drei Typen zusammen als Rebetiko-Tänze bezeichnen würde) in den gezeigten äußeren Eigentümlichkeiten von einander abgrenzen lassen, gibt es doch überall Überschneidungen und Verfließungen. Vor allem aber gibt es einen allen drei Typen gemeinsamen Stil und Bewegungshabitus. Und es gibt ein gemeinsames Repertoire von Bewegungs- und Haltungselementen. In allen Fällen werden die Arme schräg vor-seit-hoch gehalten, das „Fingerschnaggeln" wird angedeutet oder durchgeführt, die Beine sind gerne etwas seitwärts gegrätscht, der Unterleib wird etwas nach vorne geschoben. Die Körperbewegung macht nicht selten einen torkeligen, betrunkenen, jedenfalls trunkenen Eindruck. Nicht vergessen dürfen wir den ausdrücklichen Hinweis, daß diese Tänze immer von Männern getanzt werden. Lediglich beim Tsifte telli kann eine Frau mitwirken. Dann aber werden die Bewegungen gemessener, verhaltener, züchtiger. Sie verlieren jegliche Art von Obszönität, die bei reinen Männertänzen immer wieder zu beobachten ist, selbst wenn Frauen und Kinder anwesend sind. In den meisten Fällen sind diese Tänze vor allem in der exklusiven Männergesellschaft zuhause. Wenn Frauen dabei sind, schauen sie bloß zu oder bilden ihrerseits einen Kreis, um für sich gleichzeitig einen Reigen zu tanzen.

Zu diesen allgemeinen Zügen kommen eine Unmenge von immer neuen Einzelerscheinungen hinzu. Der Tänzer klatscht, stampft, schlägt mit der Hand auf die Schuhsohle oder auf den Boden, dreht das Becken, macht ausgesprochene Coitus-Bewegungen. Manche Tänzer machen es so, daß sie – ähnlich wie wir es oben schon einmal in anderem Zusammenhang gesehen haben – abwechselnd einfache, allgemeingültige Bewegungen ausführen und dann, gewissermaßen rondoartig, Phantasiebewegungen einfügen. Es ist dasselbe Prinzip, das in unseren erstarrten Volkstänzen zu der Folge Figurentanz-Rundtanz geführt hat. Die Möglichkeiten scheinen unerschöpflich, auch deswegen, weil offensichtlich – über den eigentlichen Allgemeinstil darüber – sozusagen der immer wieder andersgeartete Personalstil des einzelnen Tänzers gestülpt wird, ohne daß aber der Gesamtstil dadurch verletzt würde.

Eine besonders faszinierende Begegnung mit der individuellen Erfindung eines Tänzers sei in diesem Zusammenhang als ein Beispiel von vielen noch näher beschrieben. Es war die Begegnung mit einem jungen Burschen aus dem Dorf Aja Eleni (Serres), dem Joannis Louros. Es ist mir schwer gefallen, die drei Äußerungsformen, in welchen ich ihn beobachten konnte, in einer einzigen Persönlichkeit vereinigt zu verstehen. Er gehörte der Gemeinschaft der Anastenarides an, von der später noch die Rede sein wird. Man würde sich damit also einen religiösen Fanatiker vorstellen wollen. Ein anderes Mal beobachtete ich ihn, als ich in demselben Dorf in einem Haus Tonaufnahmen von Musik mit der thrakischen Lyra machte. Der junge Mann saß dabei, bescheiden, fast scheu, ohne ein Wort zu sagen, kaum einmal lächelnd, wenn die anderen Anwesenden einen groben Witz zum Besten gaben.[17] Und dann wieder sah ich ihn als einen strahlenden Rebetiko-Tänzer, wie ich keinen zweiten gesehen habe: Es war das einzige Mal, daß ich es erlebte, wie die anwesenden Zuschauer das tänzerische Spiel mit frenetischem Klatschen beantworten. Sonst pflegt man den Tanz als ein selbstverständliches Schauspiel hinzunehmen. Denn in ihm spielen sich die Tänzer selbst aus. Sie wollen keineswegs nur von den Zuschauern bewundert werden. Auch spielt hier wohl kaum das Geschlechterspiel des „freien Werbetanzes" eine Rolle, da ja vielfach die Tänzer alte Männer sind, die in dieser Hinsicht keine Ambitionen mehr haben.

Die Bewegungen des Joannis Louros waren an sich kaum besonders ungewöhnlich, die Strukturelemente seiner Tanzbewegungen eher einfach zu nennen. Es war dagegen die weite, selbstherrliche Gestik und die vollendete tänzerische Beherrschtheit des grazilen Körpers, welche alle Blicke gefesselt hielt. Und dann war es wohl auch die in Griechenland an sich nicht sehr gewöhnliche Einbeziehung der Musikanten in das Tanzgeschehen und die spielerische Szene, die er mit den Musikanten – sich selbst und den Zuschauern zum Vergnügen – aufführte.

Auf einen Wink des Tänzers näherten sich der erste Zurnaspieler und der Trommler dem Tanzplatz, während der zweite Bläser auf seinem Stuhl sitzen blieb. Der Μάστορας, das heißt der erste Zurnabläser, ein Zigeuner aus Irakleia in Nordmazedonien, stand nun ganz nahe an dem betonierten Χοροστάσι, dem Tanzplatz, während der Tänzer in ganz ruhigen, beherrschten, weiten Bewegungen sich drehte. Zwischendurch näherte er sich dem Mastoras, legte ihm ein Geldstück auf die Stürze seines Instruments, was schon ein Kunststück für beide war, weil das meist durch Metall verstärkte Instrument ziemlich glatt ist und während des Spiels kaum ganz ruhig gehalten werden kann. Wieder bewegte sich der Tänzer wie in selbstvergessenen Drehungen, dann winkte er dem Mastoras mit der Hand, stehen zu bleiben, holte von seinem Tisch tanzend ein gefülltes Schnapsglas, näherte sich wieder tanzend dem Musikanten und – stellte ihm das Glas auf die Stürze des Instruments und ließ zuletzt nach neuerlichem Umtanz ein Geldstück in das Schnapsglas fallen.

Ermutigt von dem Applaus der Zuschauer erdachte er wieder etwas Neues, er näherte sich tanzend dem Bläser, hielt sein Ohr dicht an die Öffnung der Stürze (was mir ganz und gar unverständlich ist, nachdem mir einmal ein Zurnaspieler aus der Entfernung von etwa einem Meter etwas vorspielte, woraufhin ich für drei Tage auf einem Ohr wie taub war!). Und schließlich holte sich unser Tänzer Weinflasche und Weinglas, warf sie auf dem Tanzplatz in tausend Scherben und tanzte auf denselben seinen Tanz zu Ende.

Eine andere Sonderart, die ich in Vafiochori (Kilkis) sah, war eine seltsame Mischung mit einem Geschicklichkeitstanz vom Typus unseres „Spanltanzes". Auf dem Boden standen mehrere gefüllte Weingläser, und dazwischen tanzte der Mann Rebetiko.

Wenn man von solchen Sonderfällen einmal absieht und nur von den Tanzelementen im engeren Sinne spricht, so mag nicht nur der Volkstanzforscher, sondern auch der sich in der Pflege europäischer Volkstänze übende Tänzer hierzulande nach genauen Beschreibungen rufen, weil er sich gerne auch damit versuchen möchte. Da stellt sich freilich für uns eine sehr entscheidende Frage: Kann man so etwas denn überhaupt nachahmend lernen? Und weiter stellt sich die Frage: Wie lernen diese Leute eigentlich dieses Tanzen? Ich möchte sagen: Von einem „Lernen" in unserem Sinne kann hier sicher überhaupt nicht die Rede sein. Diese Menschen sind ja fast wirklich vom ersten Lebensjahr an einfach mit dabei. Bis tief in die Nacht hinein sind bei solchen Tanzereien – vorausgesetzt, daß Frauen teilhaben – auch die Kinder im Kinderwagen oder auf dem Schoß der Mütter mit dabei. Und kaum daß sie stehen und gehen können, versuchen sie, mitzumachen, was die Alten tun. So wachsen sie in den allgemeinen Tanzstil und in das Repertoire der Tanzelemente hinein, ohne sich der einzelnen Gestalt bewußt zu werden. Für einen, der diesen Werdeprozeß nicht miterlebt hat, ist es meines Erachtens ganz und gar unmöglich, dieses Volkstanzen zu „erlernen". Das gilt für den Bereich des Rebetiko-Tanzes wie ebenso auch des griechischen Reigentanzes, wenigstens was die Kunst des Reigenführers und das Tanzen im ersten Dasein betrifft. Alle Bemühungen, diese Tänze zu lehren oder sie gar in Tanzbeschreibungen zu fassen, müssen zu Erstarrungen führen, die mit dem Tanz des ersten Daseins dann nichts mehr zu tun haben.

Denn das Tanzenlernen und das Tanzenlehren, so wie es in unseren Tanzschulen und Volkstanzkreisen geübt wird, hängt unabdingbar an dem festgelegten Formelement. Jeder Tanzlehrer, jeder Volkstanzleiter beginnt seine Lehre damit, daß er dem Tanzschüler einen „Grundschritt", das heißt ein festgelegtes Strukturelement beibringt und ihm sagt, wie er seinen Partner zu fassen habe. Erst wenn diese starren, festgelegten Elemente gekonnt werden, geht er dazu über, ihre Zusammensetzung in Fluß zu bringen, und dem fortgeschrittenen Schüler einen Tanzstil beizubringen.

Beim „Lernen" des Volkstanzes im ersten Dasein, so wie wir es für die hier beschriebenen Tänze als Voraussetzung annehmen müssen, ist der Vorgang gleichsam der umgekehrte. Man muß einmal Kinder beobachtet haben, die sich an den Reigen der Erwachsenen anschließen, um einfach mitzumachen. Sie lernen spielend zuerst den allgemeinen Bewegungshabitus, sie schwingen in den Gesamtrhythmus der Gemeinschaft hinein, sie gewinnen eine allgemeine Idee, um erst später zu den speziellen Gestaltelementen vorzurücken. Ich beobachtete, wie während eines Tanzes eine Mutter zusah, die ihr noch nicht zum selbständigen Stehen fähiges Kind vor sich hinhielt, es baumelte an den erhobenen Händen, wurde hin und her gewendet, spielerisch den Tanz mitmachend, ohne daß auf den Takt der Musik oder irgendein Bewegungselement des speziellen Tanzes geachtet worden wäre.

Diese Tänze sind keine fertigen Kompositionen oder Choreographien, wie sie für den Betrieb unserer Volkstanzkreise eine *conditio sine qua non* sind. Sie sind nur als eine allgemeine Vorstellung vorhanden, die man nicht lernen kann, die man *sein* muß. Gerade für die Rebetiko-Tänze hat man das so zu verstehen, daß sich der Körper des Tänzers in erster Linie als Ganzes bewegt und dreht. Welche Schritte zur Erreichung dieser Bewegungen nötig sind, das ist eine Sekundärfrage – eine Tatsache, die für die Volkstanzpflege unvorstellbar ist. Deshalb geht jede „Tanzbeschreibung", die versucht, solche Tänze von den Schrittelementen her zu erfassen, an dem Tanz in seiner ursprünglichen Wesensart vorbei. Sie macht etwas grundsätzlich anderes daraus. Das gilt für die Rebetiko-Tänze, das gilt aber auch mutatis mutandis für die griechischen Reigentänze.

## VI. Tänze im Brauchtum

Neben diesen Tänzen der Unterhaltung und der Geselligkeit, der Festtage und der abendlichen Zusammenkünfte gibt es Tänze, die in dem religiösen Brauchtum verankert sind. Sicher sind deren noch viel mehr vorhanden als das, was mir begegnet ist. Doch mag das wenige, was hier Erwähnung finden soll, zeigen, daß eben auch auf diesem Sektor noch eine Menge vorhanden ist, wo man glaubt, daß jede Art von ursprünglicher Tanztradition auch dortzulande vor dem endgültigen Aussterben steht.

Das eine, worauf ich Bezug nehmen möchte, ist der *österliche* Tanz in dem Gebirgsdorf Rizomata (Verroia). Er findet statt am Ostersonntag

Nachmittag und am Ostermontag Vormittag. Seine unmittelbare Zusammengehörigkeit mit der kirchlichen Zeremonie springt ins Auge: Im Gegensatz zu dem allgemeinen Dorftanz auf dem zentralen Platz, der Plateia, findet er unmittelbar vor der Kirche und unmittelbar nach dem Gottesdienst statt. Träger sind vor allem die Frauen, obwohl nach den einleitenden Partien die Männer daran teilnehmen und sogar dann geschlossen an die Spitze der Reigenformation treten, während die Frauen – alle in das feierliche Schwarz der sonntäglichen Kleidung gehüllt – ebenfalls geschlossen den Hauptteil der Reigenformation ausmachen. Ganz am Schluß des offenen Kreises befinden sich einige jüngere Frauen und Mädchen in bunter Alltagskleidung und nach ihnen kleine Mädchen, die auch hier schon mitmachen, ohne noch im eigentlichen Sinne dazuzugehören. Und auch hier ist es so, daß der Tanzstil der Frauen sich von dem der Männer wesentlich unterscheidet: Die Männer tanzen mit weit ausholenden, großartigen Bewegungen, die Frauen dagegen eng, verhalten.

Außer dadurch, daß dieser Tanz sich in dem Bannkreis der Kirche abspielt und somit gleichsam ein Ausschwingen der Liturgie in die weltliche Sphäre hinein darstellt, ist er – gegenüber dem „geselligen" Tanz – auch dadurch charakterisiert, daß die begleitende Musik, ein nur von den Frauen gesungenes Πασχαλιάτιχο τραγούδι (österliches Lied), in seiner engen Melodie sehr altertümlich erscheint. Zudem wird es recht freizügig behandelt: Als Wechselgesang auf zwei Chorhälften verteilt, überlappen sich die Liedzeilen oder sie werden beliebig durch Pausen voneinander getrennt. Auch die tänzerische Bewegung stimmt keineswegs genau mit dem Rhythmus des Liedes überein. Auffällig ist ferner die hier keineswegs erwartete Figur, die man im schwedischen Volkstanz das „Tabaksrollen" nennt: Die Kette der Tanzenden ringelt sich zu einer engen Spirale ein, nachdem sie lange Zeit in einem großen Kreis getanzt hatte. Und aus der Spirale löst sich die Form in der Gegenbewegung wieder zum großen Kreis auf. Bei dieser Spirale biegt der Anfang der Tänzerkette ins Kreisinnere ein, während im übrigen, wenn der Kreis so groß wird, daß ihm der Platz nicht mehr ausreicht, das Ende der Kette spiralenförmig eingebogen ist.

Nirgends ist mir so unübersehbar wie in diesem Rahmen die *Gegensätzlichkeit* zwischen dem Volkstanz ersten Daseins und zweiten Daseins vor Augen geführt worden. Mitten während der Abwicklung dieses österlichen Feiertanzes erschien am Ostermontag ein Omnibus aus Saloniki mit jungen Griechen beiderlei Geschlechts. Sie sahen sich das Treiben zunächst an, suchten sich dann, ohne die Ordnung zu beachten, in bunter Reihe in den Kreis einzuordnen, fotografierten sich gegenseitig, versuchten vergebens, den einfachen Tanzschritt nachzuahmen, offenbar, weil sie aus der Tanzschule daran gewöhnt waren, im Volkstanz eine „interessantere" Bewegungsform zu suchen; schließlich gar kam einer mit einer Handharmonika an, und man begann, den städtischen Kalamatianós zu hopsen. Die

Leute von Rizomata sahen sich das nun ihrerseits erst verwundert an, dann gingen sie davon und überließen den Stadtfräcken den Platz.

Es bedarf wohl kaum einer besonderen Betonung, daß der Tanz auch bei den *Hochzeitsfeierlichkeiten* im Dorf seine besondere Stellung einnimmt. Da sind einmal die geselligen Tänze der Hochzeitsgäste, bei denen merkwürdigerweise der Bräutigam, soweit ich es beobachten konnte, überhaupt nicht in Erscheinung tritt. Er hält sich überall ganz im Hintergrund. Wohl aber tanzt die Braut mit, wenn sie geschmückt ist, wenn sie sich das erste Mal vor den Gästen gezeigt hat und nachdem sie das elterliche Haus verlassen hat, vor dem sie noch einmal drei tiefe Verbeugungen macht. Reizend ist zu beobachten, wie beim Brautreigen fortwährend ein kleines Mädchen hinter der Braut mitgeht, um ihr den Schleier mitzutragen. Aber auch über diese Tänze hinaus, die wohl in der Hauptsache dem Vergnügen der Gäste dienen, gibt es noch verschiedene Besonderheiten, die von dem üblichen Bild teilweise recht abweichen und speziell zu den Hochzeitsbräuchen gehören.

Sehr ins Auge fallend und fast genau übereinstimmend mit ähnlichen Erscheinungen in der Gora südlich von Prizren (Südserbien) sind die tanzartigen Bewegungen auf den Umzügen der Hochzeitsgesellschaft in Neokastro (Verroia). Man nennt diese Umzüge die Κουμπάρα. Während der Bräutigam selbst – flankiert von zwei Freunden – sich starr verhält wie eine Puppe, machen die vorangehenden Männer Tanzbewegungen, die vor allem des Abends im Schein einer mitgetragenen Lampe und mit den nach allen Seiten geworfenen, sich bewegenden Schatten grotesk und gespenstisch wirken.

Was sie tun, ist wieder eine Art von Rebetiko, ein Tanz jedes einzelnen für sich allein. Aber ihre Bewegungen machen noch mehr als gewöhnlich den Eindruck der Trunkenheit. Und das hat wohl auch seinen besonderen Grund. Denn jeder von ihnen trägt eine Schnapsflasche in der rechten Hand und steckt sie abwechselnd in den eigenen Mund und in den Mund der am Wegrand stehenden Gaffer. Zuweilen fassen sich auch alle Männer an der Spitze des Hochzeitszuges zum Kreis und tanzen einen wildbewegten Reigen. Zwischen den Tänzern und dem Bräutigam befindet sich das Συγκρότημα der Musikanten, die Kapelle, welche unausgesetzt spielt.

Als ich in Neokastro war, gab es gleichzeitig vier Hochzeiten. In solchen Fällen ist es nicht verwunderlich, wenn es vorkommt, daß in oder vor einem Haus gerade getanzt wird, während ein anderer Hochzeitszug vorbeimarschiert. Aber keine der beiden Tanzkapellen und Tanzgesellschaften läßt sich dadurch aus dem Konzept bringen. Nur vermeidet man es, daß sich zwei Hochzeitszüge begegnen; das würde wohl Unglück bringen. Dann zieht man es lieber vor, mit dem eigenen Zug etwas zu warten und den anderen erst vorüber zu lassen. Das erinnert an ähnliche Sitten vieler Bünde vor allem auf dem Balkan und in der Türkei.

Selbst in der Kirche gab es dann einen Zwischenfall, den ich in die Kategorie des Tanzes einreihen möchte. Als der Priester mit der Hochzeitszeremonie fertig war, trat er beiseite, während das Paar stehen blieb, um die Glückwünsche aller Anwesenden entgegenzunehmen. Als erster kam ein älterer Mann, ein naher Verwandter des Bräutigams, der sich vor die beiden hinstellte, jedem von ihnen eine Hand auf die Schulter legte und dann dreimal hochsprang, indem er rief: „Hoppa! Drei Buben sollt ihr haben und zwei Mädchen!" Wie überall bedeutet wohl das Hochspringen Wachstum und Fruchtbarkeit.

## VII. Die Anastenaria

Zuletzt gebe ich noch einige Notizen zu der wohl eigentümlichsten Erscheinung, in der uns der Volkstanz in Nordgriechenland entgegentritt: die Πυροβάσις (das heißt das Feuertreten) der sogenannten ᾽Αναστενάριδες. Tanz und Brauch – vor allem in Bulgarien, von wo ihn griechische Rücksiedler nach Mazedonien gebracht haben – sind verschiedentlich beschrieben.[18] Ich möchte mich darauf beschränken, meine persönlichen Eindrücke von der Sache aus dem Jahre 1965 wiederzugeben. Das scheint mir besonders im Hinblick darauf von Wichtigkeit zu sein, daß dieser Brauch in diesem Zeitenumbruch vermutlich von Jahr zu Jahr eine Veränderung erfährt, um schließlich das Schicksal aller ähnlichen Volksbräuche zu teilen.

Es machte mich stutzig und mißtrauisch, daß die Anastenaria in dem Veranstaltungskalender der Griechischen Verkehrszentrale Frankfurt am Main annonciert waren. Ich habe es dann aber nicht bereut, trotzdem nach Aja Eleni bei Serres gegangen zu sein, zweimal sogar, nämlich am eigentlichen Konstantinstag, dem 21. Mai, und nochmals zwei Tage später. Was ich niemals für möglich gehalten hätte, wurde mir hier vor Augen geführt: die Verbindung eines rituellen Tanzes und des dazu gehörigen Brauchtums mit einem Kirchweihrummel und einer riesenhaften Touristenkonzentration, der gegenüber das große Polizeiaufgebot völlig kapitulierte. Es sei nebenbei gesagt, daß unter den Touristen die Ausländer ein nur ganz geringes Kontingent stellten, wohl weil Aja Eleni abgelegen und auf keiner Landkarte verzeichnet ist, während Langada von Saloniki aus leicht und schnell zu erreichen ist.

Schon vom frühen Morgen an war alles auf den Beinen, was seinen Spaß und sein Geschäft haben wollte. Eis, Limonade, Bier, Schleckereien, Fleischstückchen am Spieß wurden angeboten, in einer Schaubude machte ein „Todesfahrer" auf seinem Motorrad einen Höllenlärm, zwei ungemein fette, in grelle Farben gekleidete Zigeunerinnen suchten den ganzen Tag über nach Kundschaft, die ältere von ihnen als Handleserin. Nachmittags kamen Omnibusse mit Schaulustigen, Journalisten, ein Fernsehteam, jedermann suchte sich einen Platz, von dem aus er hoffte, etwas zu sehen, bis sich wieder neue Besuchermassen vor ihm aufstellten. Schließlich kam gar die hohe Prominenz von Politik, Verwaltung und Kirche und bekam die mit Mühe von der Polizei verteidigten Sitzplätze angewiesen.

Und mitten in diesen Massenbetrieb hinein wirken nun die Anastenaria wie Menschen aus einer anderen Welt. Sie scheinen sich in ihrem Tun von der gaffenden, lärmenden, drängenden Menschenmenge kaum beeindrukken zu lassen. Mag das eine oder andere Element des Gesamtbrauchs abgebröckelt sein: Was übrig blieb, erscheint ungeheuer kraftvoll und urtümlich. Ich glaube, daß dieses Feuertreten – noch mehr als zum Beispiel die südwestrumänischen Kaluscharentänze, die regelmäßig mit epileptischen Anfällen enden – dem Aufgehen in die Show Widerstand entgegensetzen werden. Der erforderliche Trancezustand ist auf der Bühne nicht nachvollziehbar. So erscheint das kleine Häuflein der Anastenarides gegenüber der Zuschauermasse wie abgekapselt und nicht dazugehörig. Keineswegs bilden Tänzer und Zuschauer eine Einheit, wie es bei jeder Art von Schautänzen eine Selbstverständlichkeit wäre.

Die Vorbereitungen beginnen schon am Vorabend: Vor allem sind es Tänze in dem sogenannten Κονάκι, dem Haus des ’Αρχιαναστενάρις (des Anführers der Anastenarides). Sie tanzen vor den Bildern des heiligen Konstantinos und der heiligen Helene, später mit den Bildern im Arm durch das ganze Haus, wobei sie mit stampfenden Schritten immer ein Stück vor und wieder zurücklaufen, wie wir es von der Echternacher Springprozession kennen. Dabei stoßen sie zischende, pfeifende, ächzende Laute aus (angeblich kommt der Name der Anastenarides von στενάζω, das heißt seufzen).

Das eigentliche Feuertreten beginnt damit, daß kurz vor der Abenddämmerung auf dem Dorfplatz ein großer Holzstoß entzündet wird, den man herabbrennen läßt, was etwa eine Stunde dauert. Inzwischen ist es dunkel geworden. Sobald nun keine Flamme mehr lodert, werden die glühenden Holzkohlen mit langen Stangen auf dem Boden ausgebreitet, so daß sich ein viereckiger, etwa 20 qm großer, dicker, leuchtend roter Glutteppich bildet.

In diesem Augenblick sieht man aus der Richtung von dem Konaki die Anastenarides herankommen. Voran schreitet der Archianastenaris mit einer brennenden Kerze in der Hand, hinter ihm die Musikanten und die Tänzer. Am Platz angekommen tanzen sie zunächst um den Glutteppich herum. Jeder tanzt für sich, alle mit uneinheitlichen Schrittbewegungen, aber in der Regel mit dem Motiv „vor und zurück". Einige haben Heiligenbilder in den Armen, andere tragen Tücher zwischen den Händen. Zuweilen stoßen sie verhaltene Schreie aus, die wie „hiii" klingen. Und dann beginnen sie einzeln oder auch zu zweien, zu dreien, in unregelmäßigen Abständen und Richtungen mit ihren nackten Füßen durch die Glut zu laufen oder zu schlurfen, so daß die glühenden Kohlen bis über die Knöchel aufspritzen.

Immer wieder – so heißt es – haben vertrauenswürdige Ärzte hinterher die Füße der Anastenarides untersucht, aber keinerlei Brandwunden erkennen können...

Merkwürdig berührt mich, daß die Musik, die diese Tänze und das Feuertreten begleitet, in keiner Weise so beschaffen ist, daß man von ihr eine hypnotische Kraft erwarten könnte, wie es zum Beispiel bei der afrikanischen Ngoma-Trommel der Fall ist. Die Musik ist vielmehr eher introvertiert: eine thrakische Lyra, die vor der lärmenden Menschenmenge kaum zu hören ist und – eigentlich schlecht zu der Lyra passend – eine Trommel vom Typus des Davuli, die ebenfalls nur zurückhaltend gespielt wird.

## VIII. Tanzmusik

In der instrumentalen Volksmusik Griechenlands unterscheidet man zwischen einer tanzlosen Unterhaltungsmusik (Καθιστικὸ τραγούδι = „Sitzlied" oder Μουσικὴ τοῦ τραπεζιοῦ = Tischmusik), die an ihrem freien „parlando-rubato" leicht zu erkennen ist, und der Tanzmusik (Χορευτικὸ τραγούδι = Tanzlied). Immer wieder wird gesagt, daß Gesang und instrumentale Begleitmusik zum Tanz ineinander übergehen. Wo keine Instrumente vorhanden sind, wird gesungen. Wo Instrumente da sind, werden Gesänge von den Instrumenten übernommen – und, so möchte ich hinzufügen, der Applikatur des betreffenden Instruments entsprechend verändert, verziert, eben instrumentalisiert. Mir sind freilich Tänze mit Gesängen nur in wenigen Fällen begegnet. Ich habe vorher schon diese Fälle erwähnt.

Dem griechischen Volkstanz Mazedoniens am nächsten entsprechend scheint mir der Dudelsack, die Γκάϊντα, und zwar ein Instrument mit einem Bordun und einer Spielschalmei im Gegensatz zu dem Instrument der griechischen Inseln, dem der Bordun fehlt und das zum Spielen eine Doppelschalmei hat.

Der Dudelsack ist jedoch mehr und mehr im Verschwinden begriffen. In Litochoro (Katerini) sagte mir 1963 ein Dudelsackspieler, daß er nicht mehr zum Tanz spielt, weil die Leute das nicht mehr wollen. Er spielte mir damals einige Stücke auf das Tonband. Zwei Jahre später wollte ich noch einmal einiges von ihm hören. Es stellte sich jedoch heraus, daß das Instrument inzwischen unspielbar geworden war. Er hatte es seit damals nicht mehr in der Hand gehabt. Es versteht sich allerdings, daß die Situation eine andere ist, sobald man in einen Ort kommt, der weiter von den Verkehrsadern entfernt liegt als gerade Litochoro, das enge Beziehungen zur Stadt und einen dauernden Zustrom von griechischen und ausländischen Fremden hat.

Die Gaida gehört vornehmlich zum griechischen Reigen. Das schließt nicht aus, daß auch der Rebetiko-Tanz von dem Dudelsack entzündet werden kann. In zwei Dörfern, in Rizomata (Verroia) und in Vafiochori (Kilkis) habe ich Studioaufnahmen von Dudelsackmusik gemacht, das heißt, in einer Bauernstube ohne den dazugehörigen Tanz. In beiden Fällen fing mittendrin einer der zuhörenden Männer an, erst im Sitzen, dann auf dem kleinen zur Verfügung stehenden Platz der Stube, Bewegungen aus dem Repertoire des Rebetiko zu machen.

In Rizomata nahm ich auch verschiedentlich Sackpfeifenmusik während des Tanzes auf und konnte dabei ihre Handhabung beobachten. Wie der Trommler im jugoslawischen Mazedonien wandert der Sackpfeifer mit dem Reigenführer in der Kreisbahn mit. Und wenn, wie zum Beispiel beim Männertanz in der Taverne, dazu kein Platz vorhanden ist, dann sitzt der Musikant nicht etwa beim Spiel auf einem Stuhl, er steht vielmehr aufrecht und läßt den ganzen Körper samt dem Instrument mit weitausholenden Bewegungen hin- und herschwingen. Er „tanzt" also sozusagen auch wieder bei seinem Spiel mit. Natürlich aber ist auch hier keine schulmäßig feststehende Struktur eines Tanzes vorhanden. Das Hin- und Herschwingen geschieht nicht einmal im Rhythmus der Musik. Und ein Tanzlehrer würde es einem obligat mittanzenden Sackpfeifer recht übelnehmen, wenn dieser mitten im Spiel sich von einem anderen Spieler ablösen ließe. Ich habe dieses Kunststück, bei dem die Musik nicht einmal abbrach, in Rizomata gesehen. Es wird ja dadurch möglich gemacht, daß mit der Luftreserve in dem Sack für kurze Zeit ohne Blasen weitergespielt werden kann.

Zu den Tänzen der pontischen und thrakischen Flüchtlingsgriechen gehört entsprechend die pontische beziehungsweise die thrakische Lyra. Die erstere wird ähnlich wie bei den Türken der Trapezunt-Gegend gelegentlich auch noch in der Personalunion von Musiker und Reigenführer gespielt, was bei der Ausführung von Sprüngen und Hockschritten eine bedeutende Beherrschung des Instruments erfordert, welches senkrecht vor dem Körper gehalten wird, aber während des Tanzes natürlich nicht aufgestützt werden kann.

Die gewöhnlichste Begleitung des Tanzes in Nordgriechenland geschieht gegenwärtig (1966) mit dem Κλαρίνο, das ist eine C-Klarinette. Das Klarino wird mit verschiedenen anderen Instrumenten kombiniert, mit einer Rahmentrommel, einer Laute (Οὗτι mit geknicktem Wirbelkasten oder Λαγοῦτο mit dem Wirbelkasten unserer Gitarre) oder Violine u.a. Daneben treten oft die eigentümlichsten Instrumenten-Kombinationen auf: Einmal fand ich ein aus Grevena (Kozani) stammendes Synkrotima, bestehend aus einer Klarinette, einem Piston, einer Posaune und zwei Trommeln. Diese Zusammensetzung war natürlich die Reminiszenz an irgendeine Art von Militärmusik. Aber was kam dabei heraus! Selbst für den an absonderliche Klänge gewöhnten Volksmusikforscher gab die Musik dieser Kapelle zunächst einen Schock. Es klang halb wie eine Jam-Session, halb wie ein Orchester, welches vor dem Beginn des Konzerts die Instrumente stimmt. Unerwarteterweise gewöhnte ich mich schnell an diese verquere „Zufallsbildung" des Zusammenklangs und fand sie schließlich geradezu in gewisser Weise reizvoll.

Auch im Zusammenspiel der Instrumente gibt es keinen schulmäßigen Zwang, keine starre Gestalt. Es kann mitten im Spiel passieren, daß einer der Musikanten und selbst der Spieler der Klarinette, der die wichtigste Funktion hat, unvorhergesehen das Instrument absetzt, etwa um ein paar Züge aus der bereitliegenden Zigarette zu tun oder um mit einem Bekannten einige Worte zu wechseln. Das stört in keiner Weise den Zusammenhang, wäre aber in der sauberen Ordnung des zweiten Daseins undenkbar, wofern es nicht vorweg geplant ist.

Alle diese Instrumente werden vorwiegend von Griechen gespielt – im Gegensatz zu dem mehr oder weniger von dem Klarino verdrängten Synkrotima von Ζουρνᾶς und Νταούλι (Schalmei und Trommel). Wiewohl also hier seit einigen Jahrzehnten die Musik mit dem Klarino stark zugenommen hat auf Kosten der anderen Instrumente, finden sich doch Schalmei und Trommel noch allenthalben. Hier, wie ja auch in Albanien, Jugoslawien und in der Türkei, werden sie wohl ausschließlich von Zigeunern gespielt. Zentren der Musikanten sind die großen Zigeunersiedlungen etwa in Irakleia (bei Serres), Nigrita (bei Serres), Gianitsa (bei Edessa) u. a. Von dort werden sie überall hin in das ganze Land geholt, wo eine Hochzeit, eine Kirchweih (Πανηγύρι), ein Karneval oder dergleichen Veranstaltung stattfindet. Im ganzen Land berühmt ist der Mastoras Dimitrios Chintzos aus Irakleia, ein älterer Zigeuner, der es ganz gegen die Gepflogenheiten ablehnte, Geld von mir anzunehmen, als ich ihn mit seinen Leuten auf Tonband aufnahm. Er verwies mich mit dem Geld stolz an seine Leute.

## IX. Der Tanz und die Methode seiner Dokumentation

Es versteht sich, daß es – angesichts der noch im ersten Dasein lebenden Volkstänze – als eine vordringliche Aufgabe erscheinen muß, dokumentarische Aufnahmen zu machen. Mir scheint jedoch, daß die Frage nach der Methode einer solchen Arbeit eine viel größere Schwierigkeit bietet, als es uns auf den ersten Blick vorkommen möchte, und als es von den meisten Volkstanzsammlern erkannt wird.

Traditionelle Methode des Volkstanzsammelns ist das Mitmachen und das Erlernen der Tänze durch den Sammler, der sich von den Einheimischen belehren läßt. Ich glaube aber, daß diese Methode hier ganz fehl am Platz wäre – wenn es sich nicht in dem wohl idealsten Fall, den man sich vorstellen kann, um eine Person handelt, die zweierlei in sich vereint: Sie müßte die Kunst kritischen Denkens verstehen und sie müßte zugleich am Ort der Beobachtung geboren und aufgewachsen sein. Aber selbst dann ist ja immer noch die Gefahr gegeben, daß die improvisatorische Kunst in einer gewissen Weise das wird, was die Engländer mit dem nicht übersetzbaren Wort „sophisticated" benennen.[19]

Auch die „Studio"-Befragung eines Tänzers ist trügerisch, weil der Tanz wie jede Kunst, bei der es nicht auf die Wiedergabe festgelegter Formen ankommt, ganz und gar von der Situation abhängig ist.

Es liegt nahe, die Filmaufnahme ins Feld zu führen, um mit ähnlichen Ergebnissen zu arbeiten, wie es die musikalische Volkskunde tut. Aber hier beginnt eine neue Kalamität. Die Tonaufnahme kann relativ leicht durchgeführt werden, ohne daß die Musizierenden von dem technischen Aufbau beeinflußt werden. Vielfach habe ich – zur Ergänzung von Studio-Aufnahmen in der Bauernstube – Musik in der natürlichen Situation aufgenommen, ohne daß irgend jemand etwas davon bemerkt hätte. Es kam dabei eine „High fidelity" zustande, die sich völlig von derjenigen unterscheidet, von der die Plattenproduktion spricht, und die in Wirklichkeit eine Loslösung der Musik von aller Situationsgebundenheit bedeutet – für die Volksmusik eine tiefgreifende Problematik.

Für den Film etwas Ähnliches zu erreichen, ist mit großen Schwierigkeiten verbunden. Die Kamera läßt sich nicht so leicht wie das Mikrophon verbergen. Die Filmaufnahme benötigt im Gegensatz zum Mikrophon Licht, und wie oft werden diese Tänze gerade in der Nacht getanzt! Da würde künstliches Licht alles verderben. Und keine Filmkamera läßt einen Film so lange laufen, wie es wohl nötig wäre.

Das Volkskundearchiv der Athener Akademie hat eine Reihe von Filmen von nordgriechischen Volkstänzen gedreht. Die Aktivität meiner liebenswürdigen Freunde in dieser Institution ist wohl im höchsten Maße dankenswert und verdienstvoll und sollte weitergeführt werden. Und doch glaube ich nicht, sagen zu dürfen, daß diese Streifen die Problematik des Volkstanzfilms gelöst haben. Die Tänze mußten für die Aufnahme speziell vorgeführt werden und entbehren daher gerade jener Natürlichkeit, die für sie so charakteristisch ist.

Indem ich diese Problematik mit solcher Rigorosität vor Augen führe, möchte ich niemandem den Mut nehmen, an ihre Lösung zu denken. Es scheint mir nur von größter Wichtigkeit, für Beobachtung, Dokumentation, ja ganz allgemein für das Erkennen des Volkstanzes in seiner ursprünglichen Wesensart einen strengen Maßstab zu fordern und eine saubere Abgrenzung gegenüber dem Tanz in der Volkstanzpflege sicherzustellen.

# Anmerkungen

1 Zu dem Begriff des „ersten" und „zweiten Daseins" siehe W. Wiora, Der Untergang des Volksliedes und sein zweites Dasein, in: Musikalische Zeitfragen VII, Kassel 1959, S. 9 ff.

2 Eine Vertreterin der Volkstanzpflege fragte mich einmal, wo man denn über den von Richard Wolfram mehrmals erwähnten „freien Werbetanz" eine genaue Beschreibung finde, um ihn erlernen und nachtanzen zu können! Natürlich wäre es theoretisch möglich, eine einmalige Darstellung eines derartigen freien Tanzes zu „beschreiben", aber ihn danach lernen zu wollen, würde bedeuten, diese einmalige Form für etwas Erstarrtes, Unveränderliches zu halten. Und dann wäre es eben kein „freier" Tanz mehr.

3 Siehe unter anderem Β.Κ. Παπαχρήστος, Ἑλληνικοὶ Χοροί, ᾽Αϑῆναι 1960; Γ.᾽Α. Κουσιάδου, Ἑλληνικοὶ Χοροί, ᾽Αϑῆναι (ο.J.); vor allem auch ausländische Quellen, die meist von westlichen Tanzkreisen herangezogen werden, wie zum Beispiel Th. and E. Petrides, Folk Dances of the Greeks, New York (1961); D. Crosfield, Dances of Greece, London (1948); A. Schmolke/H. Langhans, Europäische Tänze. 6: Griechenland, Wolfenbüttel (1959).

4 Vgl. B. Conev, B'lgarski narodni hora i r'čeniči, Sofija 1950, S. 207 und 214.

5 R. Wolfram, Der Volkstanz als kulturelle Ausdrucksform der südosteuropäischen Völker, in: Südosteuropa- Jahrbuch 6, München 1962, S. 77.

6 Schmolke/Langhans, a.a.O., S. 5.

7 Crosfield, a.a.O., S. 11.

8 Petrides, a.a.O., S. 27 (Karsilamas, der von der Pyrrhiche stammen soll) und S. 59 ff. (Tsifte telli).

9 R. Coichton, The Zeïbekiko and further notes on Greek dancing, in: Ballet and Opera 7, London 1949, H. 5, S. 22 ff.

10 Δ. Δημιτράκου, Μέγα Λεξικὸν τῆς Ἑλλ. γλώασας, ᾽Αϑῆναι 1950, Η' Τόμος, S. 6401; ferner: Ν. Π. ᾽Ανδριώτη, ᾽Ετυμολογικὸ Λεξικὸ τῆς κοινῆς Νεοελληνικῆς, ᾽Αϑῆναι 1951, S. 214.

11 Φ. ᾽Ανωγειανάκη, Γιὰ τὸ Ρεμπέτικο τραγούδι, in: ᾽Επιϑεώρηση τέχνης 79, ᾽Ιούλιος 1961, S. 11 ff.

12 R. Sokoli, Veglat muzikore të popullit tonë, in: Buletin i Institutit te shkencaret 1954, Nr. 4. – Mir ist der Instrumentenname in dem albanisch besiedelten Dorf Glogovac (Südserbien) begegnet.

13 K. Reinhard, Trommeltänze aus der Süd-Türkei, in: Journal of the International Folk Music Council 13, 1961, S. 21.

14 Metin And, Türk Köylü Dansları, 1964, S. 25.

15 Γ. Δ. Παχτικοοῦ, 260 Δημωδῆ Ἑλληνικὰ ᾽Ασματα, ᾽Αϑῆναι 1905, S. ξζ'. – In dem mazedonischen Dorf Vafiochori (Kilkis) wurde mir auch der Name Συγκαϑιστὸς χορός genannt, was nicht mit dem Begriff der Καϑιστικὴ μουσική (Sitzmusik) zu verwechseln ist.

16 F. Akçakoca Akça, Denizlide Zeybek Oyunları ve köy Dügünleri, Denizli 1937. – Asman Bayatlı, Zeybek Oyunları ve Havaları, Izmir 1943. – M. R. Gazimihâl, Bengi Oyun, in: Türk Folklor Araştırmaları 1951, 22, S. 339.

17 Eine ähnliche Zwiespältigkeit zwischen fast scheuem Privatmenschen und Veranlagung zu tänzerischer Ekstase erlebte ich in Südrumänien bei einem Caluş-Tänzer, der abends bei einer bäuerlichen Tanzveranstaltung erschien. Daran, daß er noch kurz vorher in der Verzückung der Caluş-Tänze gewesen war, erinnerte nur noch eine Verletzung im Gesicht, welche er sich zugezogen hatte, als er am Ende eines dieser Tänze in den obligaten quasi-epileptischen Anfall gestürzt war.

18 A. Arnaudoff, Die bulgarischen Festbräuche, Leipzig 1917, S. 50 ff.; F. Pospišil, Le problème des Nastinari bulgares dans l'ethnographie et l'ethnologie, Sofia 1936; A. Strauß, Die Bulgaren, Leipzig 1898, S. 340 ff.; Κ. J. Κακούρη, Διονυσιακά, ᾽Αϑῆναι 1963. – Erst kürzlich gab Richard Wolfram in dem oben zitierten Aufsatz einen anschaulichen Über-

blick. – Zu ganz ähnlichen Tänzen in Indien siehe H. Beauchamp, Walking through fire, in: Madras Governement Museum, Bulletin, 4, 1901, No. 1, S. 55 ff.

19 Der ungarische Musikwissenschaftler Bálint Sárosi erzählte mir, daß er die volkstümliche Flöte als Bub in seinem Heimatdorf gelernt hat. In der Tat versteht er es noch jetzt, den echten Stil meisterlich darzustellen. Trotzdem glaube ich, sein Spiel mit geschlossenen Augen von dem eines Bauernmusikanten unterscheiden zu können. Die unausgesetzte reflektierende Beschäftigung mit dieser Musik muß Spuren hinterlassen.

# II. Instrumentale Volksmusik

# Was ist Volksmusik?

Wenn wir auf die Frage, was Volksmusik sei, zu einer allgemeingültigen Antwort kommen wollen, so müssen wir zwei Grundgedanken berücksichtigen:

1. Wir dürfen uns bei der Suche nach einer Charakterisierung nicht auf *eine* besondere Einzelheit beschränken, sondern wir müssen die Volksmusik als Ganzes, als ein generelles Prinzip betrachten.
2. Wir dürfen dieses Gesamtphänomen „Volksmusik" nicht nur nach einem einzelnen Struktur- oder Lebensgesetz beurteilen, sondern müssen es nach allen oder wenigstens möglichst vielen Struktur- und Lebensgesetzen tun, die charakteristisch für die Volksmusik sind.

Beginnen wir bei dem ersten Grundgedanken: Wir dürfen uns bei unserer Betrachtung nicht exemplarisch auf ein Teilgebiet beschränken. Denn wenn wir die so gewonnenen Charakteristika auf ein anderes Teilgebiet transferieren, ergibt sich möglicherweise ein Zerrbild.

Walter Wioras Buch, das eng zu unserer Thematik gehört, hieß damals *Das echte Volks l i e d*.[1] Wir hier fragen nach dem Wesen der Volks*musik*. Man beachte wohl diesen Unterschied. Allzulange hat sich die musikalische Volkskunde fast ausschließlich mit dem Volks*gesang* befaßt, als wäre die instrumentale Seite der Volksmusik als Betrachtungsobjekt unter der Würde der Volksmusikforschung oder als wäre diese Musik nur ein Anhängsel oder Ableger des Volksgesangs mit den gleichen Lebensgesetzen. Da beide teilweise recht unterschiedlichen Gesetzen folgen, gibt es immer Mißverständnisse.

Damit nicht genug. In dem Augenblick, da wir die Volksmusik nicht nur in dem immer doch recht kleinen Ausschnitt betrachten, der dem durchschnittlichen Volksmusikfreund in seiner heimatkundlichen oder heimatpflegerischen Tätigkeit gewährt ist, müssen wir erkennen, daß die Volksmusik nicht eine einheitliche Erscheinung ist. Wir müssen erkennen, daß der Begriff „Volksmusik" die verschiedenartigsten Entwicklungsstufen umspannt, angefangen von den einfachsten Äußerungen des Affekts, etwa dem von einem Tänzer ausgestoßenen Juchzer, bis hinauf zu den Formulierungen, die in unmittelbarer Nähe der Kunstmusik stehen und von dieser beispielsweise nur noch durch den Umstand der Brauchbindung getrennt erscheinen. Gerade weil möglicherweise diese entwicklungsgeschichtlich so weit auseinanderliegenden Stufen im lebendigen Brauch unmittelbar nebeneinandergeschichtet sein können, wo zum Beispiel inmitten der sorgsam gefügten und der Kunstmusik so naheliegenden Ländlermusik der einfache Juchzer ausgestoßen wird, gerade deswegen ist es merkwürdig, daß diese Vielschichtigkeit kaum gekannt, kaum erkannt wird. Deshalb kann man einfach nicht von *der* Volksmusik schlechthin sprechen, sondern muß von vornherein die *Volksmusiken* als eine Vielheit umfassen, so wie ja auch Wiora in seiner Definition nicht von der Musik der Grundschicht, sondern von der Musik der Grundschichten spricht.

Es ist ebenso merkwürdig, wie im Zeitalter des Folklorismus bei sogenannten Folkloreveranstaltungen, die Volksmusik verschiedener Länder zeigen sollen, wirr durcheinander verschiedenartige Kategorien und Entwicklungsstufen verglichen werden, die in Wirklichkeit so fern voneinander stehen, daß sie sich gar nicht vergleichen lassen. Etwa die Musik der professionellen oder halbprofessionellen Folkloreensembles der sozialistischen Länder *und* die Buzullikapellen zum Beispiel Griechenlands *und* ad hoc gebildete Gruppen der Gastarbeiter *und* mehr oder weniger unverfälschter, nicht arrangierter Gesang oder Instrumentalvortrag irgendeiner Rückzugslandschaft *und* kabarettistisch aufgezogene, schlagerartige Show *und* selbstgestrickte Protestsongs *und* die Bauernkapelle.

Es wird uns gesagt – und das muß ebenfalls hierhergestellt werden –, daß Volksmusik als Eigengut der seelisch-gesellschaftlichen Grundschichten einer geschichteten Hochkultur zu verstehen ist. Damit wird der Begriff „Volksmusik" nach zwei Richtungen hin abgegrenzt: einmal gegenüber der primitiven Musik, bei der die Vorstellung „Kunstmusik" nicht vorhanden ist, und zum anderen gegenüber der Kunstmusik, die von der bewußten Handhabung der Komposition unter Berücksichtigung der Musiktheorie getragen ist.

Die beiden Abgrenzungen sind gekennzeichnet dadurch, daß Wechselbeziehungen bestehen, das heißt, daß die Volksmusik ohne diesen Partner nicht existieren kann. Elemente der musikalischen Primitive wie Körperschlag, Urschrei, geringtonige Melodik etwa des Kinderlieds – Erscheinungen, die dem Bereich der Kunstmusik fremd sich oder wenigstens fernliegen – reichen allenthalben in den Bereich der Volksmusik hinein. Die Musiktheorie als Grundlage der Kunstmusik ist der im usus lebenden Volksmusik an sich fremd, wird aber immer wieder teilweise in ebenfalls schöpferischer Weiterentwicklung vereinfacht, eingeschmolzen oder in einer nur halb verstandenen Weise verzerrt.

Deshalb sage ich zusammenfassend: Um sagen zu können, was Volksmusik ist, müssen wir die Volksmusik als Ganzes betrachten, nicht nur vokale *oder* instrumentale Volksmusik allein. Wir müssen Volksmusik als Ganzes betrachten, nicht nur eine einzelne Entwicklungsgeschichte. Wir müssen Volksmusik als Ganzes betrachten, nicht nur diejenige, die mit primitiven Stilen *oder* mit der Kunstmusik in Berührung steht.

Wo immer wir in der Volksmusik-Diskussion hinschauen, immer wird von einer Sondererscheinung ausgegangen und von ihr aus die Definition versucht. Um die Fehlerquelle zu charakterisieren, die damit gegeben ist, möchte ich den folgenden, vielleicht etwas überspitzten Vergleich anführen. Ich nehme an, ein in unserem Land ansässiger Botaniker geht daran, eine Systematik der Baumgewächse zu erarbeiten, indem er die Wälder unseres Landes durchstreift und die da vorhandenen Bäume beschreibt und systematisch ordnet. Wenn nun ein kritischer Betrachter kommt und erzählt, er habe in Südeuropa eine Palme gesehen, so würde ihm die Antwort zuteil: Eine Palme gibt es bei uns nicht, also ist die Palme überhaupt kein Baum. Eine vergleichbare Erklärung muß der gewärtigen, der zum Beispiel rumänische Totenklagen als Volksmusik bezeichnet, als charakteristisches Beispiel einer bestimmten Kategorie von Volksmusik freilich, die es hierzulande nicht gibt.

Im Zeitalter des internationalen Folklorismus gibt es auch die umgekehrte, nicht minder groteske Fehlbetrachtung, und auch sie wird in bestimmten Zusammenhängen immer wieder fälschlich zur Anwendung gebracht. Man kann zum Beispiel sagen, es gebe in Afrika mit seinen sehr viel frischeren und freieren Naturregionen einen Urwald. Urwald gibt es bei uns nicht, also können wir irgend etwas anderes, zum Beispiel den Englischen Garten in München, als „unseren Urwald" bezeichnen. Man versteht, worauf ich anspiele: auf die immer wieder zu hörende Behauptung, daß der Schlager eben der Typus der Volksmusik in unserer Gesellschaft sei, weil es bei uns die anderwärts noch existierende Volksmusik nicht mehr gibt.

Demgegenüber bin ich der Meinung, daß wir den Begriff der „Volksmusik" als den einer einheitlich festliegenden Erscheinung zu verstehen haben, unabhängig davon, ob diese Volksmusik in ungebrochener Tradition in diesem oder jenem Land existiert oder nicht. Nicht der Begriff der „Volksmusik" darf gebrochen oder modifiziert werden, sondern die betreffende Heimat des zu betrachtenden Volksgesangs muß den Umständen entsprechend als traditionsfrische oder als nicht-traditionsfrische Landschaft beurteilt werden. Es muß gefragt werden, was hier in dieser Landschaft fehlt, oder umgekehrt, was hier im Vordergrund steht.

Ich wiederhole also noch einmal. Erstens: Es geht bei der Frage, was Volksmusik sei, nicht um die Einzelerscheinung, sondern um das Gesamtphänomen.

Nun kommt aber der zweite Gedanke: Dieses Gesamtphänomen „Volksmusik" darf nicht nach einem einzelnen Struktur- oder Lebensgesetz, sondern muß nach einer möglichst großen Vielzahl von Struktur- und Lebensgesetzen beurteilt und gemessen werden. Wir werden hier eine ganze Reihe davon aufzählen. Es sind viele altbekannte dabei. Daß Definitionsversuche unter Hinweis auf ein einzelnes solches Lebensgesetz immer wieder Schiffbruch erleiden mußten, hängt nicht davon ab, daß die Nominierung des einzelnen Lebensgesetzes ein Irrtum schlechthin gewesen wäre,

sondern davon, daß diese Lebensgesetze nicht allein gültig und nicht allgül-
tig sind. Es wurde uns gesagt, daß Volkslieder gesunkenes Kulturgut seien.
John Meier weist von vielen Volksliedern die Kunstliedquelle nach. Es
sind Kunstlieder im Volksmund.[2]

Nun bezieht sich Meier ja ausschließlich auf Volks*lieder*, vorab auf deren
Texte. Vielleicht könnte man überhaupt, wenn man dieses Kapitel neu in
Betracht zieht, die Feststellung etwas allgemeiner abfassen, indem man
prinzipiell auf das Verhältnis zwischen Volksmusik und Kunstmusik hinweist. Nach meiner Meinung kann von Volksmusik nur dort die Rede sein,
wo eine Kunstmusik vorhanden ist und wo die Möglichkeit besteht, daß die
Volksmusik, wenn auch vornehmlich in einer nur vagen und unklaren
Weise, auf die Kunstmusik und ihre obligate Theorie Bezug nimmt und
von ihr ihre Anregungen erhält.

Würde das also bedeuten, daß Volksmusik grundsätzlich ihre Quelle in
der Kunstmusik besitzt? Keineswegs. Schon John Meier betont ausdrücklich, daß der Versuch, möglichst viele Kunstlieder im Volksmund nachzuweisen, Stückwerk bleiben muß.[3] So müssen wir vielmehr einerseits erkennen, daß der Weg der Einflußnahme ein wechselseitiger ist. Volksmusik
empfängt effektiv Anregungen von seiten der Kunstmusik. Aber sicher
empfängt die Kunstmusik nicht weniger ihre Anregungen von seiten der
Volksmusik. Zudem haben beide Gebiete ganz erhebliche Zonen aufzuweisen, die von dem geliebten, gehaßten Partner abgewendet sind. Die
Kunstmusik ergeht sich auf weite Strecken in Stilrichtungen, die stilisiert,
konstruiert sind, die rein ästhetisch schön empfunden sein wollen und damit der Volksmusik den Rücken kehren. Die letztere kennt andererseits
manche Elemente, die gar nicht aus der Kunstmusik sein können, da sie
dort nicht existieren und wahrscheinlich niemals existiert haben. Sie sind
selbständig aus primitiven Zonen übernommen und ererbt und weitergetragen, wie zum Beispiel das instrumental beeinflußte oder maskierte Singen des Jodlers oder die primitivste Form instrumentalen Musizierens im
Körperschlag (Klatschen und Patschen) oder die freie oder taktwechselnde
Rhythmik, die in dieser oder jener der Volksmusik geläufigen Form in der
Kunstmusik fehlen. So wird man sagen dürfen: Übernahmen, Melodiegestalten ebenso wie Musizierprinzipien, aus der Richtung der Kunstmusik
aufgegriffen, gibt es sehr wohl in der Volksmusik. Aber sie beherrschen
nicht allein das Feld, und so ist Volksmusik nicht nur Kunstmusik im
Volksmund. Das Prinzip „Volksmusik" berührt als gesunkenes Kulturgut
nur ein kleines Teilgebiet. Aber sicher, es berührt es.

Immer wieder in der musikwissenschaftlichen Literatur – vor allem die
Musik des hohen Mittelalters betreffend – finden sich Äußerungen wie die,
daß irgendeine Melodie so schlicht sei, daß es sich wohl um ein Volkslied
handeln müsse, oder daß eine Melodie einen so straffen Rhythmus habe,
daß es sich vermutlich um eine Volkstanzmelodie handele. Stillschweigend

wird angenommen, daß die Volksmelodie schlechthin durch Schlichtheit charakterisiert sei, und daß man die Volkstanzmelodie allgemein an der Straffheit ihres Rhythmus erkennen könne. Diese unausgesprochene, antizipierte Definition, deren Wahrheit so selbstverständlich erscheint, daß man ihr nicht weiter nachgeht, beißt sich in gewisser Weise mit der Feststellung, die man auch in der musikgeschichtlichen Literatur findet, daß die Volksweise etwa des 16. Jahrhunderts von derjenigen des 19. Jahrhunderts durch ihren reicheren Rhythmus verschieden ist. Dabei darf man freilich nicht übersehen, daß die uns überlieferten Aufzeichnungen des 16. Jahrhunderts keine volkskundlichen Dokumentationen sind, sondern für die Pflege oder für den mehrstimmigen Satz stilisierte Bearbeitungen.

So soll man also festhalten, daß die Volksmelodie schlechthin schlicht und die Volkstanzmelodie schlechthin straff rhythmisiert ist? Keineswegs. Vielleicht ist sie es vorwiegend. Aber gerade wenn wir – wie eingangs gefordert – unsere Beobachtungen nicht auf die landläufige Vorstellung von Volksmusik begrenzen, sondern beispielsweise die „langen Lieder“ des südosteuropäischen uzun hava, der hora lunga, der Totenklage, der Klephtenlieder, aber auch der sogenannten „schweren Tänze“ mit in die Betrachtung einbeziehen, so müssen wir feststellen, daß es sehr wohl *auch* komplizierte und komplexe Volksweisen gibt und daß es eine besondere Würzung des Volkstanzrepertoires bedeutet, wenn vereinzelte Volkstänze sich gerade auch in der freien Rhythmik bewegen. Nicht zuletzt weil das Wort Volks*lied* die Assoziation „schlicht“ heraufbeschwört, spricht man neuerdings lieber von Volks*gesang*.

Es mag besonders eigentümlich anmuten, wenn ich gerade in einem Land, in dem die volkstümliche Mehrstimmigkeit ihren festen Platz in der Volksmusikpflege hat, auf das Charakteristikum Einstimmigkeit verweise. Genauso wie die Schlichtheit wird auch die Einstimmigkeit wie selbstverständlich als wesensmäßig der Volksmusik entsprechend dargestellt. Ich denke zum Beispiel an Hans Joachim Mosers *Kleine deutsche Musikgeschichte* [4], in welcher der Stoff in zwei große Komplexe unterteilt wird mit den Überschriften „Die Welt der Einstimmigkeit“, „Die Welt der Mehrstimmigkeit“. Und selbstverständlich gehört das Kapitel über das ältere und das über das neuere Volkslied zu der Welt der Einstimmigkeit. Nun müssen wir auch hier wieder bedenken, daß in diesen Kapiteln der Stoff auf das Volks*lied* und auf das *deutsche* Volkslied beschränkt bleibt. Wir müssen weiter bedenken, daß bestimmte uns geläufige Mehrstimmigkeitsformen wie zum Beispiel die volkstümliche Mehrstimmigkeit in den bayerischen und österreichischen Alpen undenkbar sind ohne die von der neueren europäischen Kunstmusik entlehnten Vorstellungen vom harmonischen Satz. Natürlich sind auch fortgeschrittene Formen der Mehrstimmigkeit undenkbar ohne das der europäischen Kunstmusik eigentümliche Schriftsystem, das allein es erlaubt, komplexe Formen der Mehrstimmigkeit vorweg zu planen und dann nur durch das Abspielen „vom Blatt" zu ermöglichen.

So ist also die Einstimmigkeit ein Charakteristikum der Volksmusik? Keineswegs. Wenn wir uns in der weiten Welt der Volksmusikkulturen – in Europa ebenso wie in Asien – umsehen, so bemerken wir, welch ungeheure Bedeutung dem Singen und Musizieren in mehrstimmigen Strukturen zukommt. Ein einzelner Halteton, der Bordun, wird zu der Melodie hinzugehalten. Man singt in parellelen oder teilparallelen Quinten oder Terzen. Man läßt Wechselgesänge zu kanonartigen Gebilden überlappen. Ja man kommt zu regelrechten zwei- oder mehrstimmigen Diaphonien, deren Struktur oft recht kompliziert erscheint, wenn wir sie transkribieren und analysieren.

Das Vorhandensein eines gemeinsamen klanglichen Modells erlaubt es darüber hinaus, mehrere Melodien gleichzeitig zu singen, die dann unter allen Umständen angenehm zusammenklingen, wenn sie nur die gemeinsame Klangidee berücksichtigen. Das wissen – lange vor der Symbiose von Kunstmusik und Volksmusik – schon so primitive Völker wie die Pygmäen in Zentralafrika.

Ich möchte an dieser Stelle in meinem Katalog der Struktur- und Lebensgesetze der Volksmusik einen Augenblick lang absetzen und eine Zwischenbilanz ziehen, um zusammenfassend deutlich zu machen, worauf ich mit diesem Katalog hinaus will. Es gibt eine ganze Menge solcher Gesetzmäßigkeiten der Struktur und der Praxis, der Art der Darstellung, der Bindung an die Musiziersituation, die *einzeln* von verschiedenen Autoren besonders ernst genommen oder geradezu als *das* Merkmal für Authentizität und Echtheit der Volksmusik in Anspruch genommen werden, also zum Beispiel die Einstimmigkeit oder die Schlichtheit oder die vereinfachende Übernahme aus dem Bereich der Kunstmusik.

Demgegenüber möchte ich zeigen, daß alle diese Eigentümlichkeiten, von denen ich noch eine ganze Reihe aufzählen werde, in gleicher Weise charakteristisch für das Faktum „Volksmusik" sind. Sie sind es aber nicht unter Ausschluß anderer Merkmale und sie sind es nicht in einer festen Umgrenzung. Vielmehr umspannt jede dieser Eigenarten einen gesonderten und mehr oder minder abgrenzbaren Bereich. Diese verschiedenen Bereiche decken sich in keiner Weise miteinander. Sie können verschiedene Mittelpunkte, besser: Brennpunkte haben und sich nur in einem Teilgebiet treffen, in dem, was man in der Mathematik den Durchschnitt nennt. Was im Durchschnitt liegt, ist mit größerer Berechtigung als Volksmusik anzusprechen als das, was in einem der Außenbezirke liegt.

Das, was man als Volksmusik anzusprechen hat, ist nicht genau zu umzäunen, zu umgrenzen, es muß von verschiedenen Seiten her durch verschiedene Eigentümlichkeiten in ihrem „Mehr oder Minder" angepackt und eingekreist werden. Sehen wir nun weiter, welche sonstigen Sachverhalte uns unser Katalog anzubieten hat.

Dasjenige schmückende Beiwort, das man im Zusammenhang mit der Volksmusik am meisten verwendet, heißt „alt". Wenn man ein Volkslied als „altes Volkslied" oder gar als „ganz altes Volkslied" bezeichnet, so soll das bedeuten, daß es unbedingt ganz echt ist – echt als Wertbegriff. Dabei ist „alt" eine sehr vage Vorstellung. „Alt" könnte ebensogut 20 Jahre bedeuten wie 200 oder 2000 Jahre. Aber sicher ist vor allem damit gemeint, daß es sich bei dem betreffenden alten Volkslied nicht um ein Modeprodukt, um eine Eintagserscheinung handelt, die – aus dem Nichts soeben aufgetaucht – gleich wieder ins Nichts verschwindet. Richtiger wäre wohl, wenn man mit dem Wort „alt" nicht die einzelne spezielle Melodie meinen würde, sondern die allgemeine Idee, das Modell, das Motivrepertoire, das in jedem Augenblick zwar neu improvisiert werden kann, als Muster jedoch vielleicht seit Generationen gang und gäbe ist. Modell und Motive können alt sein, auch wo das Lied oder die Instrumentalmelodie soeben erst neu erfunden worden ist. In diesem Sinn hat das Epitheton „alt" sicher seine wichtige Bedeutung bei der Charakterisierung der Volksmusik.

So dürfen wir also annehmen, daß die Volksmusik oder wenigstens der Typus der Einzelerscheinung alt sein muß, wenn es sich um echte Volksmusik handeln soll? Sicher nicht. Denn natürlich werden nicht nur charakteristischerweise auch hierzulande immer wieder neue Stücke nach alten Modellen improvisiert. Auch neue Modelle können in einer lebensfrischen Volksmusiklandschaft auftauchen und sich einbürgern. Sicher ist also, daß wir von einem „Altsein" als Charakteristikum sprechen dürfen, wenn wir meinen, daß diese Eigenschaft mehr charakteristisch ist als die Neuerscheinung. Mehr oder minder also.

In einer Zeit, die weniger historisch denkt, in der die Volksmusik stärker in der lebendigen Tradition als in der bewußten Pflege existiert, wird man ganz im Gegenteil Volksweisen nicht mit einem Werturteil „alt", sondern mit einem Werturteil „neu" belegen und die Menschen damit ansprechen und überzeugen wollen. „Ein neues Lied wir heben an." Hier aber soll „alt" nicht als sinnentleertes Werturteil gemeint sein, sondern als tatsächlicher Gegensatz zu „neu erfunden".

Die herkömmliche Aufbereitung der musikalischen Volkstraditionen – Volkslieder und Volkstänze – geschieht gewöhnlich nach landschaftlichen oder nationalen Ordnungsprinzipien. Man spricht von Volkstänzen aus Tirol, von deutschen Volksliedern, von südslawischer Volksmusik. Demgegenüber wirkt es vielleicht merkwürdig, wenn man im Zuge der umfassenden Folklorebewegung zum Beispiel einen Wochenendlehrgang mit „internationalen Volkstänzen" angeboten bekommt. Denn genaugenommen: Was ist ein internationaler Volkstanz? Ist das nicht ein Widerspruch in sich selbst, oder handelt es sich nur um eine sprachliche Mißbildung, wo in Wirklichkeit Volkstänze verschiedener Nationen gemeint sind? Man spricht ja auch von „internationaler Folklore".

So wäre doch vielleicht eher anzunehmen, daß Volksmusik Ausdruck einer bestimmten Landschaft oder eines Volkes oder zum mindesten einer begrenzten Völkergemeinschaft ist? Aber auch das kann nicht bejaht werden, wissen wir doch wenigstens seit den großen Bemühungen um eine vergleichende Volksmusikforschung, wie weit, wenn auch nicht gerade immer Melodien, so doch auch hier wieder Melodietypen wie andererseits Textmotive über nationale Grenzen hinweg verbreitet sind. Natürlich gibt es nationale oder landschaftliche Ausprägungen, die allerdings meist kaum am Notenbild, sondern an unwägbaren Nuancen der Interpretation erkannt werden können.

Auch hier also ist für die Durchführung der Grenze nationaler Sonderbildungen die Übergangszone und nicht eine feste Umzäunung festzustellen, auch hier ein „Mehr oder Minder", das die Charaktereigenschaft echter Volksmusik beinhaltet.

Es wird uns gesagt, daß ein wesentliches Charakteristikum der Volksmusik die mündliche Überlieferung sei. Das ist deswegen ein wesentliches Moment, weil an ihm mehrere andere Eigentümlichkeiten ursächlich hängen, von denen gleich die Rede sein wird. Vor allem aus der Sicht unserer engeren Umgebung scheint diese Eigenschaft besonders wichtig in der Abgrenzung gegenüber der Kunstmusik. Ich meine hier speziell die europäische Kunstmusik, deren besondere, einmalige Eigenprägung von dem ausgeklügelten Schriftsystem abhängig ist: Großformen, komplizierte Mehrstimmigkeitsformen und differenzierte Instrumentation sind hier nur möglich durch das Vorhandensein der Notenschrift. Ihr Fehlen führt in der Volksmusik zu ganz anderen Ergebnissen.

Tatsächlich ist es auch so, daß der versierte und erfahrene Beobachter lebendiger Volksmusiktraditionen die Niederschrift mit Noten oder die Tonaufnahme nur als einen dürftigen Ersatz erkennt, wobei wesentliche Eigentümlichkeiten der Volksmusik zu kurz kommen. So wäre also hier in der mündlichen Überlieferung ein gesichertes Merkmal echter Volksmusik zu erkennen? Ich glaube das nicht so ganz. Wir wissen ja, daß außereuropäische hochentwickelte Kunstmusikkulturen die schriftliche Überlieferung vermissen, ja daß diese wesentlich der Tradierung widersprechen würde. Es gibt aber auch in der lebendigen Volksmusiktradition – vor allem auf der Seite der instrumentalen Volksmusik, in den Niederschriften mitteleuropäischer Bauernmusikanten – Beispiele von schriftlicher Tradition, die ihre ganz spezifische Bedeutung im Gesamtbild der Volksmusik erkennen lassen. Sicher ist die mündliche Tradition ein wichtiger Faktor für die Beurteilung echter Volksmusik, aber sie ist es nur vornehmlich und keineswegs ausschließlich.

Ein wichtiger Umstand, der sich aus der mündlichen Tradition, aus der Schriftlosigkeit ergibt, ist die bekannte Erscheinung, daß Volksmusik von Darstellung zu Darstellung kaum tongetreu weitergegeben wird, sondern immer mehr oder weniger variiert, wenn sie nicht überhaupt unter Beibehaltung von allgemeinen Modellen und typischen Motiven immer wieder neu improvisiert wird. Man kann selbst hierzulande feststellen, wie zum Beispiel Musikkapellen, die eine Melodie in mehrfacher Wiederholung, sozusagen strophenweise, vorführen, während des Vortrags jede Strophe leicht verändern. Dadurch wird Volksmusik bis in unsere Tage herein von der neueren europäischen Kunstmusik ganz entschieden abgegrenzt, bei der es zur Selbstverständlichkeit gehört, daß die Komposition nach den Vorstellungen und Aufzeichnungen des Komponisten tongetreu wiederholt wird.

Erst in einem sehr fortgeschrittenen Stadium der Entwicklung und erst nach zwei Mutationen wird auch die Volksmusik variationsfrei, nachdem sie zuerst improvisiert wurde, dann nach einer ersten Festlegung erkennbare Melodien entstehen läßt, die in steter Variantenbildung von Mal zu Mal mehr oder weniger verändert werden, bis sie nach einer zweiten Festlegung im Schulbuch die Variantenbildung nicht mehr zuläßt.

So wäre also die fließende, immer wieder neu kreierende Variantenbildung unveräußerliches Charakteristikum der Volksmusik gegenüber der Kunstmusik? Keineswegs. Nicht nur, daß ja auch in der Kunstmusik die Variantenbildung nur in der festgelegten Komposition weniger abendländischer Jahrhunderte fehlt, während sie in der orientalischen Kunstmusik fester Bestandteil des künstlerischen Musizierens ist. Auch in der Volksmusik ist die Variantenbildung nur dort ein unveräußerliches Lebensgesetz, wo sie noch in frischer unbewußter Tradition lebt. Es ist sicher bedenklich, alle diejenigen Lebensweisen der Volksmusik, in denen die Volksmelodie aus der Notenvorlage immer wieder unverändert übernommen wird, kurzerhand aus der Vorstellung „Volksmusik" auszuklammern, spielt doch diese Art der Volksmusikpflege, die man in der neueren Literatur nach dem Vorschlag Walter Wioras unter der Bezeichnung des „zweiten Daseins" der Volksmusik zusammenfaßt, eine wichtige, unentbehrliche Rolle, ja teilweise die fast ausschließliche Rolle im Fortleben der Volksmusik in unseren Ländern. So wird man sagen, daß das variierende Rezipieren und Reproduzieren in der Volksmusik in einem „Mehr oder Weniger" charakteristisch für die Volksmusik sei.

Noch ein weiteres, sehr Merkwürdiges ergibt sich aus dem Umstand der Schriftlosigkeit und der mündlichen Überlieferung. John Meier sagt in dem oben erwähnten Buch über die *Kunstlieder im Volksmund* bezüglich der Volkspoesie, es sei diejenige Poesie, die im Munde des Volkes lebt[5], und vergleichsweise können wir sagen, Volksmusik sei diejenige Musik, die in der Handhabung durch das Volk lebt. Sicher hat John Meier diese

Aussage nicht in der von mir gefolgerten Konsequenz gemeint, daß nämlich die Aufzeichnung durch Schrift oder Tonaufnahme ja ein Aufhalten
des natürlichen, lebendigen Stroms des Lebens bedeutet. Der Strom selber
mag zwar weitergehen, aber die Aufzeichnung ist eine Erstarrung. Das,
was auf dem Papier steht, lebt doch nicht im Volk. Es ist nicht mehr lebendige Volksmusik.

So wäre also die eigentümliche Folgerung die, daß Volksmusik nur die
im Volk lebende, nicht jedoch die gelebt habende und nur noch in Aufzeichnung bestehende Volksmusik ist. Aber das zu behaupten geht natürlich nicht an. Denn damit wäre jede Art schriftlichen Archivs oder gedruckter Volksliedersammlung eine Sammlung von toten Fischen. Natürlich bleibt es dabei, daß die Aufzeichnung ein Schatten dessen ist, was es
einmal im Volksmund gewesen ist. Aber nur an diesem Schatten läßt sich
für die Volksmusikforschung etwas erkennen, und nur an diesem Schatten
läßt sich für die nachgeborene Volksmusikpflege weiterarbeiten, erneu-
ern, wiederbeleben.

Es liegt nahe, Volksmusik und Laienmusik zusammenzudenken ebenso
wie Kunstmusik mit Musik der Berufsmusiker, ist es doch so, daß jene dem
usus folgt, diese der musikalischen Regel, und daß allein schon das Beherrschen der musikalischen Regel den Menschen der Professionalität näher-
bringt. Diese vorgefaßte Meinung mag dazu führen, daß auch professionelle Spielleute und Sänger nach der Meinung des Betrachters nur noch bedingt zum Volk gehören, wie zum Beispiel Walter Wiora ausdrücklich betont.[6]

Aber darf wirklich eine solche Betrachtungsweise, nach der nur Laienmusiker Volksmusiker sind, unbedenklich angenommen werden? Ich
glaube kaum. Sicher ist auch hier die verzerrende Sicht durch den Umstand
zu erklären, daß der Betrachter nur den sehr beschränkten Ausschnitt aus
der Gesamtheit des Prinzips „Volksmusik" zur Verfügung hat, so wie
Wiora nur das Volkslied im Auge hat. So ist zum Beispiel nicht einzusehen,
wieso die Musik jener berufsmäßigen Zigeunermusikanten, die im Orient
und bis weit herein in das südöstliche Europa mit Oboe und Trommel auf
jeder Hochzeit aufspielen, nicht zu dem Gesamtbild der Volksmusikkultur
rechnen soll, während umgekehrt ja auch die Kunstmusik in einem weiten
Ausmaß von Liebhabern und nicht nur von Berufsmusikern getragen wird
und teilweise doch auch für Liebhaber komponiert worden ist.

Hierher gehört auch die Meinung, die Volksmusik sei Angelegenheit der
Gruppe, des Kollektivs, während die Kunstmusik Sache der individuellen
Persönlichkeit sei. Sicher ist das so zu verstehen, daß die Komposition in
der Kunstmusik normalerweise Sache der einsamen schöpferischen Künst-
lerpersönlichkeit ist, während auf der anderen Seite die romantische Vorstellung nachwirken mag, daß die Volksmusik in anonymen Menschen-
gruppierungen gewachsen sei. Auch der in diesem Zusammenhang sicher

nicht sehr glückliche Name „*Volks*musik" oktroyiert die Vorstellung, daß
das Volk als Urheber und Träger dieser Erscheinung eben ein Kollektiv ist.

Aber darf wirklich angenommen werden, daß somit Volksmusik in Entstehung und Pflege ausschließlich Sache der Gruppe ist? Sicher nicht. Ich
denke hier nicht nur an den Spielmann, von dem eben die Rede gewesen
ist. Ich denke auch zum Beispiel an den Liebhaber, der sich als einzelner
vor das Auditorium stellt und im Sängerwettstreit seine Fähigkeit unter
Beweis zu stellen sucht. Es gibt natürlich zahllose weitere Gelegenheiten,
bei denen gerade der einzelne dem zuhörenden Partner zusingt. Ich denke
an die Mutter, die an der Wiege singt (auch vor dem modernen Kinderwagen mag sie das noch tun). Ich denke an die Witwe mit ihrer Totenklage am
Grab des Verstorbenen. Ich denke auch an das meditative Musizieren mit
dem Einzelinstrument, etwa der Zither oder der Maultrommel. Ich denke
an jene eindrucksvolle Schilderung des britischen Erzählers Robert Louis
Stevensen, wie sich zwei Schotten – Angehörige feindlicher Clans – treffen,
mit dem Schwert aufeinander losgehen wollen, dann aber von ihren Freunden überredet werden, den Wettkampf mit der Sackpfeife auszutragen.

In der älteren Literatur findet sich als Charakteristikum für die echte
Volksmusik immer wieder die eben schon erwähnte Vorstellung der Anonymität der Quelle. Aber dieses Faktum, das mit dem kollektiven Entstehen und dem ungeplanten Wachstum in Verbindung gesehen wird, ist als
Charakterisierungsstandpunkt schwer haltbar, da doch der Anonymus
auch in der Kunstmusik seine Bedeutung hat, und da es reiner Zufall ist, ob
der wahre Urheber der Volksmusik bekannt oder unbekannt ist.

Ich möchte weiterhin mit Nachdruck darauf hinweisen, daß Volksmusik
nicht in erster Linie als etwas ästhetisch Schönes zu betrachten ist. Die Musik etwa zur Begleitung des Tanzes, aber auch die Musik, die beim Fest-
schmaus als Tischmusik nur genossen wird, ist wesensmäßig nicht ästhetisch schön, sie ist aufreizend, sie ist Würze.

In bestimmten Zusammenhängen spreche ich – im Gegensatz zu dem ästhetisch schönen Spiel – von einem „schmutzigen Spiel" in der Volksmusik
als einem Charakteristikum. Die Unreinheit der Intonation, schon die Unreinheit der Stimmung der Instrumente, die beißende Schrillheit mancher
Instrumente wie zum Beispiel vor allem der Schalmei oder des Dudelsacks,
die schrille Intonation mancher Volkssänger und -sängerinnen wie zum
Beispiel in Jugoslawien, das zusätzliche Rasseln, Klingeln, Klatschen,
Juchzen, Lärmen, all das ist nicht ein Zeichen mangelnden Könnens oder
Geschmacks oder ästhetischen Empfindens im abwertenden Sinne, sondern gehört wesensmäßig zu einer Musik, in der Anregung, Aufreizung
wichtiger ist als Schönheit.

Mehr als einmal habe ich, wenn davon die Rede war, die mißverste-
hende Behauptung hören müssen, daß man nach meiner Meinung nur
falsch spielen müsse, damit es echte Volksmusik sei. Aber natürlich ist das

nicht so gemeint. Die weitumspannende Betrachtung der Volksmusik als eines Ganzen muß sich darauf einrichten, daß sie nicht nur mit dem Schönen, Hübschen, Niedlichen, Zarten konfrontiert wird, weswegen instinktiv von vielen Musikfreunden die Volksmusikforschung mit gerümpfter Nase betrachtet wird, da sie sich mit dem Primitiven und nicht selten mit dem Häßlichen zu beschäftigen hat. Die Volksmusikforschung muß sich darauf einstellen, daß sie nicht nur oder vielleicht sogar erst in zweiter Linie mit dem musischen Idealbild zu tun hat, sondern mit dem rauhen Vorbild.

Das nicht selten einseitige Bestreben der Volksmusikpflege, um jeden Preis das Schöne zu tun und zu zeigen, erinnert etwas an die barocke Schäferdichtung, die in einer sicherlich liebenswerten, aber doch die Ursprünge verkennenden Weise an der Wirklichkeit vorbei schielt.

Es liegt nahe zu sagen, daß nur das Original, das nicht arrangierte, aus der unmittelbaren Überlieferung stammende, echte Volksmusik genannt werden kann, die Bearbeitung jedoch nicht. Würde das bedeuten, daß mit so strengen Maßstäben jedes Gebilde aus dem Kreis der echten Volksmusik rigoros auszuschließen wäre, an dem in irgendeiner Weise Hand angelegt wurde, um für diesen oder jenen Zweck eine verbessernde Änderung anzubringen? Das geht nicht an. Natürlich gibt es keine genauen Abgrenzungen, wie weit eine Reaktion gehen darf, sondern nur fließende Übergänge.

So klar die Forderung nach dem Original an sich zu sein scheint, so liegt es doch auf der Hand, daß die Gegenüberstellung von Original und Bearbeitung nirgends strikte durchgeführt wird und werden kann. Nicht nur die Volksliedfreunde, die sich Volkslied und Volksmusik unkritisch anhören, werden sich einer solchen festen Absonderung kaum als zugänglich erweisen. Auch die Volksmusikforschung nimmt da und dort vielleicht wirklich zu wenig Anstoß, wenn sie zum Beispiel die historischen Bearbeitungen des 16. Jahrhunderts als Originale in ihren Beobachtungskreis miteinbezieht.

Es gibt sicher eine Unzahl von Stufen in diesem Bereich: Bearbeitungen, die dem Original in Struktur und Darbietung sehr nahe stehen, und solche Bearbeitungen, die das Original kaum mehr wiedererkennen lassen. Kaum irgendwo sonst ist das „Mehr oder Minder" so stark zu berücksichtigen wie hier. Es gibt keine strenge Trennung zwischen derjenigen Interpretation, die als echt angesehen werden kann, und einer solchen, die eine Fälschung oder eine kunstmäßige Paraphrase oder aber ein selbständiges Kunstwerk darstellt, ist doch bereits die Transferierung der Volksmusik von der originalen Situation auf das Podium der Volksmusikveranstaltung eine einschneidende Entfernung vom Original. Im Volksmund ist das Wort „Original" ein Zauberwort. Wenn sich eine Musikkapelle „original x-länder Trachtenkapelle" *nennt*, dann *ist* sie original schlechthin, ganz gleich, was sie spielt und wie. Das Wort „original" wird unwillkürlich als ein wertendes Positivum gemeint und auch verstanden.

Wir können unseren Katalog der Struktur- und Lebensgesetze, welche von verschiedenen Seiten her das Faktum „Volksmusik" einkreisen sollen, in drei Gruppen zusammenfassen. Auf der einen Seite wird gefragt, *was* gesungen und gespielt wird. Man sagt zum Beispiel, es sei eine schlichte, eine einstimmige Weise – mehr oder minder.

Es wird aber, wie wir gesehen haben, in zweiter Linie wichtig sein, vielleicht sogar viel wichtiger, zu fragen, *wie* die betreffende Weise gesungen oder musiziert wird. Die Wichtigkeit dieser zweiten Frage wird uns zum Beispiel klar, wenn wir uns nicht mehr wie die Volksliedforscher des 19. und des frühen 20. Jahrhunderts nur nach den schriftlichen Niederlegungen orientieren, sondern vor allem auch nach der originalen Interpretation oder wenigstens nach ihrer Aufzeichnung auf dem Tonband.

Dazu gehört noch anderes. Es ist zum Beispiel die Frage zu berücksichtigen, wie die Musik eingebettet ist in die variierende, improvisierende Behandlung, in die mündliche Überlieferung, in die mehr oder minder obligate Handhabung durch Laienmusiker, durch Gruppen oder Einzelsänger usw.

Nun taucht aber noch eine dritte Frage auf, und sie ist fast noch wichtiger als die Frage nach dem *wie*: Es ist die Frage, *warum* oder *in welchem Zusammenhang* etwas gesungen und musiziert wird. Es gibt Volksmusikforscher, die keineswegs ohne eine gewisse Berechtigung meinen, es käme in erster Linie darauf an, daß ein Lied, ein Tanz, ein Musikstück im originalen, überlieferten Brauch vorgetragen wird und nicht aus dem Kontext herausgerissen ist.

Volksgesang und instrumentale Volksmusik sind danach nur dort echt, wo sich der Interpret in seiner gesamten Existenz und im Einklang mit der Umwelt identifiziert mit dem von ihm Vorgetragenen und seinem spezifischen Kontext. Er kann die Volksmusik nicht einfach machen, er muß sie existentiell selber vorstellen. Er kann die Volksmusik nicht einfach anlegen wie ein vom Ladentisch gekauftes Hemd.

Insofern erscheint es doch fast wie ein Widerspruch in sich selbst, wenn uns im Rahmen einer internationalen Folkloreshow gesagt wird, es sei eine Vorführung authentischer Folklore. Ich möchte demgegenüber sagen: Folklore kann nur *entweder* in der Show vorgeführt werden *oder* authentisch sein. Aber vielleicht ist eben Folklore etwas anderes als Volksmusik, von der hier die Rede ist.

So wäre also alles an Volksmusik, das nicht im brauchtümlichen Kontext vorgebracht wird, Fälschung? Das sei ferne! Denn wäre es so, dann müßte jede situationsungebundene Volksmusikveranstaltung eine Fälschung sein. Und das geht nun wiederum im Hinblick auf die Volksmusikpflege

und ihre vielgestaltigen Bemühungen nicht an, man müßte denn das sogenannte zweite Dasein der Volksmusikpflege abwertend und endgültig aus
dem Bereich des Faktums „Volksmusik" ausklammern. Auch hier ist also
sicher ein „Mehr oder Weniger" der Brauchbindung zu fordern. Ein Mehr
an Authentizität ist dort gegeben, wo die Volksmusik in ihrem authenti-
schen überlieferten Brauchtumszusammenhang dargestellt wird.

Mehr oder weniger – das ist hier die Frage. Ich habe einen Katalog derjenigen Eigenschaften gegeben, die da und dort als ausschlaggebendes Charakteristikum für die Echtheit der Volksmusik genannt werden. Sicherlich
ließe sich dieser Katalog noch erweitern. Sicherlich ließe sich über die Ge-
wichtung des Katalogs streiten, das heißt über die Frage, welche von den
genannten Eigenschaften für die gefragte Echtheit von vorrangiger Bedeutung sind: eine Prioritätenliste.
    Wesentlich aber ist, daß sie alle irgendwie mit im Spiel sind und daß sie
alle nicht eine genau umreißbare Region darstellen. Man kann nicht eine
Region abzäunen und sagen: Alles, was innerhalb dieser Region ist, darf
als echte Volksmusik angesprochen werden. Vielmehr sind alle diese einzelnen Regionen, die sich – wie gezeigt – teilweise überschneiden mögen,
durch Übergangszonen abgegrenzt, in denen sich niemals ganz genau sagen läßt, wo nun das eine aufhört und das andere anfängt.
    Es ist dies das letzte, alle anderen gleichsam umspannende Lebensgesetz
der Volksmusik: das Gesetz der Unschärfe, der Ungenauigkeit. So wie die
Tradition einer Volksmelodie nicht tongetreu, sondern variierend geschieht, so wie die Stimmung einer Sackpfeife, einer Volksgeige, die Intonation eines Volksgesangs nicht hart ist wie die Stimmung eines Klaviers,
sondern flexibel und unklar, so sind in allem, was wir als charakteristisch
für die Volksmusik angeben, die Grenzen zwischen diesseits und jenseits
der Volksmusik nicht scharf umrissen.
    Deswegen kann es eine echte Definition des Begriffes „Volksmusik"
nicht geben. Denn Definition heißt: scharfe Abgrenzung. Die Suche nach
einer Definition des Begriffes „Volksmusik" ist eitel und Haschen nach
Wind. Soll das heißen, daß man in allem nur ungenau vorgehen muß, um
echte Volksmusik zu haben? Natürlich nicht.

Was ist Volksmusik? Ich möchte es noch einmal in vier Leitsätze zusammenfassen:
1. *Leitsatz: Volksmusik ist Musik der Grundschichten einer geschichteten
   musikalischen Hochkultur.* Insofern gibt es sie nur dort, wo es auch eine
   Kunstmusik gibt. Dieser steht sie genauso als Gegensatz gegenüber wie
   der kunstmusikfernen Primitivmusik.
2. *Leitsatz: Volksmusik ist nicht eines, sondern ein Vielfältiges.* Zwischen
   dem dreitönigen Kinderlied beispielsweise und einem mehrstimmigen

Volksgesang ist ein himmelweiter Unterschied, und dazwischen gibt es zahllose Zwischenstufen. Um eine Volksmusikkultur beurteilen zu können, müssen wir ein ganzes Spektrum von Kategorien und Entwicklungsstufen berücksichtigen. Um eine Einzelerscheinung der Volksmusik beurteilen und mit einer anderen vergleichen zu können, müssen wir ihre Lokalisierung in diesem Spektrum berücksichtigen.

3. *Leitsatz: Volksmusik ist eine nicht fest abgrenzbare Erscheinung.* Um das, was Volksmusik ist, von dem, was Volksmusik nicht ist, zu unterscheiden, dürfen wir keine scharfe Grenze erwarten, sondern nur eine Übergangszone. Bei jeder Eigenschaft ist nach dem „Mehr oder Weniger" zu fragen.

4. *Leitsatz: Volksmusik ist nicht nur durch eine einzelne Gesetzmäßigkeit zu charakterisieren,* beispielsweise durch die Eigenschaft der „schlichten Weise" oder einer Bindung an überliefertes Brauchtum. Zur Charakterisierung der Volksmusik wie zur Charakterisierung einer Volksmusikkultur bedarf es daher stets der Ausarbeitung eines ganzen vielschichtigen Spektrums von Eigenschaften, die aufgezählt wurden.

Soweit kann uns eine wissenschaftliche Überlegung leiten. Für eine Feineinstellung bei der Beantwortung der Frage, was Volksmusik sei, bedarf es darüber hinaus für alle Zeiten wie eh und je – so meine ich – der Erfahrung und des Fingerspitzengefühls.

## Anmerkungen

1  W. Wiora, Das echte Volkslied, Heidelberg 1950.
2  J. Meier, Kunstlieder im Volksmunde. Materialien und Untersuchungen, Halle 1906.
3  Ebenda, S. *5.
4  H. J. Moser, Kleine deutsche Musikgeschichte, Stuttgart 1949.
5  J. Meier, a.a.O., S. I.
6  W. Wiora, a.a.O., S. 33.

# Instrumentale Volksmusik

## I. Definition

Als Eigengut der Grundschichten ist die instrumentale ebenso wie die vokale Volksmusik zu definieren, und sie untersteht im wesentlichen, wenn auch nicht ausschließlich, den gleichen primären und sekundären Lebensgesetzen. Es müssen jedoch einige Merkmale erkannt werden, durch welche sich die beiden Sachbereiche voneinander unterscheiden. Sie können in vier Punkte zusammengefaßt werden:

1. Instrumentale Volksmusik ist nicht an den Singtext, vielfach dagegen an die Tanzbewegung gebunden, woraus teilweise andersartige Gestaltungsprinzipien resultieren.
2. Die Handhabung des Instruments fördert die Bildung von Spielfiguren (Besseler), deren lose Verknüpfung gern an die Stelle von durchgehenden vokalen Linien und Bögen tritt.
3. Die Handhabung des Instruments erfordert von allem Anfang an eine gewisse Bewußtheit, den „zielenden Schlag auf einen hallgebenden Gegenstand", entgegen der „affektgezeugten Bewegung des Stimmapparates" (Sachs), was ebenfalls zu andersartigen Ordnungen führt.
4. Die Handhabung des Instruments erfordert mehr als die Singstimme (im Bereich der Volksmusik) bewußte schulische Übung und technisches Können, so daß die Tendenz zur Professionalität besteht, die deshalb aus der Definition des Begriffs „Volksmusik" nicht einfach ausgeklammert werden kann, wie einige Autoren es tun wollen.

## II. Volksgesang und instrumentale Volksmusik

Wesensgleichheit und Wesensgegensätzlichkeit von Volksgesang und instrumentaler Volksmusik treten vor allem dort klar zutage, wo diese beiden ineinander verfließen, ihre Funktion vertauschen, nebeneinander stehen oder einander begleiten. Gesangsmelodien werden vom Instrumentalspiel übernommen und vom instrumentalen Stil bis zur Unkenntlichkeit verzerrt. Umgekehrt wird instrumentales Spiel von der Singstimme übernommen: in frühen Schichten etwa, um die Stimme zu maskieren und böse Kräfte abzuschrecken, später, um bei Fehlen eines Instruments zur Tanzbegleitung den Klang mit dem Mund nachzuahmen („mouth music"), wobei vielleicht weniger auf ein bestimmtes Instrument als vielmehr auf „das Instrumentale" schlechthin abgezielt wird. Vor allem tritt der Gegensatz bei den verschiedenen Arten der instrumentalen Begleitung von Gesängen hervor: Trotz der engen Bindung der beiden Elemente aneinander (vor allem dort, wo sie in der Personaleinheit von Sänger und Instrumentalist vor sich geht, etwa indem derselbe Musiker abwechselnd singt und den Dudelsack spielt oder sich mit einem Chordophon begleitet) geht der Instrumentalstil seine eigenen Wege. Der Instrumentalist spielt zum Beispiel nicht nur parallel, sondern er umspielt die Gesangslinie oder er unterstützt sie klanglich oder rhythmisch, wobei der Sänger oft sehr betont von der rhythmisch und tonal rationalen Begleitbasis abweichen kann (wie zum Beispiel im Canto Flamenco, wenn er mit der Gitarre begleitet ist). Zuweilen, wenn der Begleiter Wert darauf legt, sein technisches Können zu zeigen, verselbständigen sich Vor-, Zwischen- und Nachspiele mit ihrem Figurenwerk, den „Schmetterlingen und schönen bunten Vögeln ähnlich" (Goethe, *Wilhelm Meister*), so stark, daß man eher von der Begleitung einer Instrumentalparaphrase durch eine Gesangsmelodie sprechen möchte (so zum Beispiel bei nordalbanischen Erzählliedern mit Begleitung der Langhalslaute, aber auch etwa bei oberösterreichischen Darstellungen von Schnaderhüpfeln).

## III. Melodie und Begleitung

Auf seiten der rein instrumentalen Volksmusik tritt die unbegleitete Melodie stark hinter der begleiteten an Bedeutung zurück. Handelt es sich bei der ersteren um das Spiel auf Blasinstrumenten, denen als Tonmaterial die Naturtonleiter zur Verfügung steht, so stellt die Musik mehr einen „ins Lineare projizierten Klang" (Ficker) als eine eigentliche Melodie dar (so etwa Stücke, die auf Militär-, Post- oder Jagdhörnern oder auf Rindentrompeten u. a. gespielt werden oder wurden). Das unbegleitete Spiel auf Flöten u. a. erhebt sich gelegentlich zu einem komplexen Gebilde von Spielfiguren. Meist aber besteht die Tendenz, dem Melodieinstrument eine Begleitung beizugeben, die ja schon dort beginnt, wo, wie zum Beispiel in Ungarn oder Rumänien, der Flötist eine Art von Bordun mitbrummt, oder wo der Geiger mit dem Fuß den Takt hörbar mitschlägt. Aus solchen Primitivformen mögen die beiden Haupttypen abgelesen werden, die weithin voneinander isoliert wirkend verfolgt werden können. Auf der einen Seite steht der klangliche Unterbau; schon der Bordun, der zum Beispiel auf Sackpfeife, Drehleier oder Maultrommel mitklingt, wirkt ja nicht nur als einzelner Ton, sondern durch seine Obertönigkeit als stationärer Klang, was zuweilen hervorgehoben wird (wie zum Beispiel durch Vermehrung der Bordunpfeifen auf dem Dudelsack). Anderwärts wird das Bedürfnis nach klanglicher Fundierung von Melodien durch Aliquotsaiten befriedigt (zum Beispiel auf der norwegischen Hardanger Fele) oder durch Doppelgriffe auf der Geige. Es ist zu beobachten, daß die Hervorkehrung der klanglichen Komponente möglicherweise eine Vernachlässigung der rhythmischen mit sich bringt. Die freie, ins Irrationale spielende Rhythmik zum Beispiel in ursprünglicher Dudelsackmusik etwa der Balkanvölker (im Gegensatz zur gefestigten Musik schottischer Dudelsäcke) tut dem begleiteten Tanz keineswegs – wie man erwarten könnte – Abbruch, macht sich aber da und dort bei Transkriptionsbemühungen recht unangenehm bemerkbar. Auf der anderen Seite steht die Begleitung der Instrumentalmelodie durch Betonung des Taktschlags. Die allseits und in mancherlei Varianten verbreitete Kombination von Pfeifen und Trommeln ist sprichwörtlich. Dabei kann es wie in der Gesangsbegleitung durchaus so sein, daß der rationale Takt in der Trommelbegleitung gehalten wird, während die Melodie freirhythmisch darüber hinfließt. Die mangelnde klangliche Komponente wird nur unwesentlich und ungenügend dadurch ergänzt, daß das Trommelspiel wie eine Art von Bordun wirken kann. Im übrigen wird das Fehlen der einen wie der anderen Komponente nicht als Lücke empfunden. Sie regt vielmehr die Phantasie zur Vervollständigung an. In beiden Fällen ist zudem zu beobachten, daß nicht selten Melodie und (klangliche oder rhythmische) Begleitung von ein und derselben Person gespielt werden. Im einen Fall sind verschiedene Instrumente darauf angelegt (Sackpfeife, aber auch zum Beispiel Zither), im anderen Fall kombiniert man zwei gleichzeitig zu handhabende Instrumente (bekanntestes Beispiel sind Einhandflöte und Trommel [„tabor and pipe"]), wobei über das rein instrumentale Spiel hinaus die Absicht des Musikanten eine Rolle spielen mag, daß er als eine Art von Akrobat bewundert wird. Erst in höher entwickelten Bereichen der instrumentalen Volksmusik werden Klangfreude und rhythmische Festlegung miteinander verbunden, vornehmlich in den west- und mitteleuropäischen Blaskapellen, aber auch dort, wo Schlaginstrumente in den Hintergrund treten oder ganz fehlen wie in der katalanischen Cobla oder in den balkanischen Cimbalom-Kapellen. In den letzteren, wie auch anderwärts, ist die Tendenz zu beobachten, die Klangfreude (ähnlich wie in der Orchestermusik des Generalbaßzeitalters) dadurch zu befriedigen, daß man dem Ensemble eine heterogene Klangfarbe beimischt. Diesem Bestreben ist im bayerisch-österreichischen Raum die Wiedergeburt des Hackbretts zu verdanken, sonst aber überall die Beimischung des Handharmonikaklangs, selbst in abgelegenen und teilweise noch traditionsfrischen Gebieten des europäischen Kontinents.

## IV. Klangliche und rhythmische Elemente

Auch in der Gestaltbildung der instrumentalen Volksmelodik selbst wird der klangliche und rhythmische Aspekt wichtiger genommen als die Linienführung, die sich – abgesehen von vereinzelten Sonderentwicklungen – vor allem in dem Zusammenfügen von mehr oder weniger selbständigen

Bausteinen erschöpft. Diese Bausteine sind weithin mehr klanglich als linear gemeint. Sie enthalten potentiell die Vorstellung eines latenten Klangs, auch dort, wo dieser nicht durch eine klangliche Begleitung offen zur Darstellung kommt. Sie braucht nicht im engeren Sinne funktionsharmonisch verstanden zu werden. Der Klang kann stationär, in sich verharrend sein, er kann fortwährend pendelnd mit einem zweiten, sozusagen „dominantischen" Klang abwechseln. Vielfach entstehen einfache Kombinationen von Funktionsharmonien, die zu Modellen und als solche immer wieder von neuem ausgefüllt werden. Besonders charakteristisch in diesem Zusammenhang erscheint die Folge von Tonika-Dominante-Dominante-Tonika in einem vier- (bzw. acht-)taktigen Gebilde, wie es in den alpenländischen Ländlern verwirklicht ist. In diesem Sinne sind dann die unzähligen improvisierten Ländlerweisen nicht als selbständige Melodien zu verstehen, sondern als Auffüllungen immer wieder des gleichen Modells. Demgegenüber deuten kompliziertere Formgebilde mit ausweichenden Harmonien und Modulierungen auf unangemessene Verkünstelungen aus der Hand von akademisch halbgebildeten Musikern. Solche Bildungen sind nicht mehr Volksmusik und noch nicht Kunstmusik. Der besondere Wille zur charakteristischen Gestaltung des Rhythmus äußert sich schon in dem einzelnen Baustein, dem Takt und der Spielfigur. Auch hier geht es weniger um die Gesamtführung. Es ist zwar zu beobachten, daß die Volksmusiker, ähnlich wie die Volkssänger in verschiedenen Bereichen, eine Abweichung von der simplen Gestalt anstreben. Diese Abweichung erfolgt jedoch nur in Einzelfällen am freien Fluß, wie zum Beispiel in dem orient-beeinflußten Nibet, der an der albanisch-slawischen Sprachgrenze, von zwei Schalmeien geblasen, Liedmelodien ganz freirhythmisch darbietet. Im übrigen aber bezieht sich die Abweichung von einfachen Taktformen vornehmlich auf die kleine Einheit des normalen Bausteins. Wenn in dem slowakisch-ungarisch-rumänischen Raum einzelne Taktteile irrational verzerrt werden, so vollzieht sich das, fortwährend wiederholend im Takt, nicht frei über die Gesamtmelodie verteilt. Während im bulgarischen Volkslied die kompliziertesten, durch Taktbezeichnungen oft kaum noch definierbaren Kombinationen rhythmischer Kleinst-Einheiten auftauchen, die wohl alle als eine Erstarrung eines ursprünglich ganz freien rhythmischen Gesamtflusses anzusehen sind, wiederholt sich der Aksak im südbalkanischen instrumentalen Volkstanz Takt für Takt. Auch die Struktur des nordbayerisch-böhmischen Zwiefachen, in welchem gerade und ungerade Takte in zahllosen verschiedenen Kombinationen miteinander abwechseln, entspricht dem Baukastenprinzip; es ist nicht die melodische Gesamtlinie gemeint oder angestrebt. Überall wird, was die melodische Substanz betrifft, von der Zelle her gedacht. Wenn trotzdem größere, ja sogar sehr umfängliche Komplexe erzielt werden können, so entspringt das – wie gezeigt werden wird – aus einer ganz anderen Wurzel.

## V. Substanz und lebendiges Musizieren

Die musikalische Substanz, wie sie fast ausschließlich in den Sammlungen instrumentaler Volksmelodien gewissermaßen nackt vorgelegt wird, darf nun freilich nicht mit der Realität des instrumentalen Musizierens verwechselt werden. Sowohl in der Darstellung der Einzelgestalt als auch in der Abfolge der Stücke oder in der Art ihrer wiederholten Abspielung haben sich, landschaftlich oder individuell oder den einzelnen Instrumenten entsprechend, zahlreiche Gepflogenheiten herausgebildet, die ganz wesentlich zu der Musik gehören, die aber bisher neben der Vorlage der Melodien selbst kaum berücksichtigt worden sind.

Zunächst erschöpfen sich instrumentale Volksmelodien nicht in einem nackten Auf und Ab der Hauptmelodietöne. Alles ist einem bunten Verzierungswesen unterworfen (am meisten wohl bei der Musik der Sackpfeife, auf der kaum einmal ein einzelner Ton ohne trillernde Umspielung wiedergegeben wird), vorausgesetzt, daß diese Musik nicht der Verfeinerung der Volksmusikpflege unterliegt. Nichts von diesem Verzierungswesen liegt fest, alles wird von Mal zu Mal neu improvisiert. Selbst in der weitgehend erstarrten Volksmusik Mitteleuropas kann es sein, daß eine mehrmals wiederholte Melodie jeweils kleinen Veränderungen durch Verzierung unterzogen wird. Überhaupt geht dieses Nichtfestgelegtsein viel weiter, als es gewöhnlich von der musikalischen Volkskunde angenommen wird. Im Zusammenspiel der Instrumente wie im Zusammenwirken von Musik und Tanz bestehen keineswegs abgezirkelte Beziehungen. Manche Instrumente erscheinen chronisch verstimmt, manche Bauernmusiken spielen – wie es scheinen möchte – fortwährend so „falsch", daß es unerträglich dünkt, und daß die Kreise der Volksmusikpflege mit Verachtung auf diejenigen Musiker herabschauen, die eigentlich ihre Vorbilder sein sollten. Man möchte entsprechend der Terminologie des Jazz von einem „schmutzigen Spiel" sprechen. Diese Unschärfe von Gestalten und Darstellungsweisen ist symptomatisch. Sie ist keineswegs die Folge des Unvermögens, sondern eine Art von Vergröberung dessen, was als „Beseelung" des starren Notenbildes ja auch in der Kunstmusik bekannt ist. Vor allem aber bei der Begleitung des Tanzes wäre ohne dieses „schmutzige Spiel" in den Grundschichten des Volkes niemand dazu zu bewegen, das Tanzbein zu schwingen. Da Tanzmusik nicht nur Taktgeber, sondern in erster Linie Stimulans zu sein hat, genügt nicht ein schönes, edles, sanftes Spiel, es muß schrill, scharf, rauh, aufregend und darf dabei ruhig „häßlich" sein.

Das andere, was zu einer Verlebendigung der einfachen Melodien gehört, ist ihr Einbau in ein größeres Ganzes. Melodien werden, wenn das Spiel längere Zeit währen soll, nicht einfach wiederholt, sondern variiert und in einer solchen Variationenreihe möglicherweise (zum Beispiel durch eine End-Stretta) gesteigert. Mehrere Melodien werden nicht nur aneinandergereiht, sondern durch Hinzufügung von Vor-, Zwischen- und Nachspielen zu einer Art von Großform zusammengebaut, wobei natürlich nicht bewußte Kompositionsregeln angewendet werden, sondern unbewußt weitergereichte Spielpraktiken. Ein interessantes Beispiel dafür beschreibt Hans Commenda in seiner Arbeit über die Musizierpraktiken der österreichischen Landlageiger. Diese noch kaum berücksichtigten, aber an Hand von Tonbandaufnahmen immer noch greifbaren und untersuchbaren Eigentümlichkeiten der Bauweise von instrumentaler Volksmusik sind für die musikalische Volkskunde von großer Wichtigkeit. Denn das oft aus dem Einstimmen des Instruments herauswachsende, einleitende und in die eigentliche Melodie überleitende Fingern und Probieren, ebenso aber auch das eigenwillige, nicht selten aus der Haupttonart hinauswerfende Schlußmotiv, kann viel mehr als die melodische Substanz selbst Charakteristikum für einen Nationalstil oder für ein bestimmtes Instrument sein. Es kann aber selbst die ganz persönliche klingende Visitenkarte des einzelnen Spielmanns sein. Vielleicht wäre von hier aus ein Blick zurück auf den Bau der mittelalterlichen Estampie mit ihrem gleichbleibenden Schlußmotiv nicht ganz ohne Interesse. Allgemein bekannt, aber von der Fachliteratur übersehen und in den Melodiesammlungen unberücksichtigt ist jene „gemischte" Kadenz IV-V-I, die von den Zigeunerkapellen des Balkans an jeden Friss-Csárdás und an andere Tanzstücke angehängt wird, wobei ihr funktionsharmonischer Sinn in den orientnäheren Gebieten zum Teil mißverstanden und schauderhaft verzerrt wird. Auch diese Kadenz gehört nicht zu der Einzelmelodie; sie ist vielmehr dazu da, einen größeren Zusammenhang abzuschließen und ihm damit erst seinen großformalen Sinn zu geben.

## VI. Spielmann und Publikum

Die instrumentale Volksmusik fordert eine Zweiteilung der Gemeinde. Auf der einen Seite steht die passive Zuhörerschaft, die aber doch den Spielmann anregt, der auf die „Kontaktwärme" angewiesen ist (Salmen). Auf der anderen Seite steht der bewußte Könner – gleich ob Liebhaber oder professioneller Musikant –, der bestrebt ist, durch das Beste, das er geben kann, sein Publikum anzuziehen und die Konkurrenten auszuschalten. Seine Anziehungskraft liegt wohl nicht einmal so sehr in der instrumentalen Spieltechnik, die freilich recht erstaunlich sein kann, wenn man an die hauptberufliche Beschäftigung vieler Spielleute denkt, etwa an die des norwegischen Holzarbeiters, der beim Volksfest die Fele spielt. Nikos Kazantzakis betont, daß sein Titelheld, der Bergarbeiter Alexis Sorbas, ebenso mit der Spitzhacke wie mit dem Santuri umzugehen weiß. Aber die Hauptkraft des Spielmanns liegt wohl in der persönlichen Ausstrahlung,

die dem feiernden Volk den Weg aus dem Alltag herausweist. Auf diese
Kraft spielt die Sage vom Rattenfänger an. Ein ostdeutsches Volksmär-
chen erzählt die Geschichte von dem Popen, der zusammen mit dem Orga-
nisten bis zur Bewußtlosigkeit tanzen muß, weil der Teufel selber musiziert.

In Südost- und Südwesteuropa spielen die Zigeuner als Musikanten eine
besondere Rolle. Überall werden sie als Menschen zweiten Ranges angesehen, aber es ist ganz falsch, sie als „Parasiten der Volksmusik" (Arbatsky)
zu bezeichnen. In ihrer beispiellosen Begabung, das Repertoire von Stadt
und Land, von verschiedenen benachbarten Nationalitäten und sozialen
Schichten gleichzeitig zu beherrschen, sind sie Konservatoren von musikalischen Traditionen, die ohne sie längst vergessen wären, wobei sich natürlich versteht, daß sie nicht überkommenes Musiziergut „dokumentarisch"
weitertragen, sondern es eher in ihrer besonderen Musikalität in gewisser
Weise übersteigern.

In dem professionellen und halbprofessionellen Musikantentum entstehen begreiflicherweise mancherlei Brauch und Praktik, die nicht von jedermann verstanden, ja wohl teilweise geradezu als handwerkliches Geheimnis gehütet werden. Dazu gehört der Umstand, daß Spielleute in Mitteleuropa seit der Mitte des 19. Jahrhunderts vielfach angefangen haben,
das Melodienmaterial, das sich im Laufe ihres Lebens angesammelt hat,
aufzuschreiben. Diese Notenhefte sind jedoch kaum Vorlage für das Spiel,
sie sind eher Gedächtnisstütze oder Experiment. Zuweilen werden sie für
Nichteingeweihte unleserlich, so etwa, wenn eine Melodie auf die entscheidenden Anfangs- und Schlußtakte reduziert wird, oder wenn bei den nordbayerischen Zwiefachen rhythmische Verhältnisse dargestellt werden, die
den tatsächlichen Gegebenheiten gar nicht zu entsprechen scheinen. Diese
Handschriften sind in Gegenden, in denen ursprüngliche Volksmusik bereits der Vergangenheit angehört, für die musikalische Volkskunde von
größtem Wert.


## VII. Musik und ihre Funktion

Instrumentale Volksmusik ist wohl nie Kunst um ihrer selbst willen, sondern stets an einen außermusikalischen Zweck des Gemeinschaftslebens
gebunden. Der altertümlichen Vorstellung von Dämonenabwehr und
Fruchtbarkeitsförderung dienen vor allem Lärminstrumente, Schellen,
Rasseln, Glocken; selbst Kirchenglocken sollen ja nicht nur die Gläubigen
rufen, sondern auch das Unwetter abwehren („vivos voco, fulgura
frango"). Vor allem aber in altertümlichen kultischen Tanzbräuchen und
Umzügen spielen Rasselgehänge und Lärmgeräte wegen ihrer zauberi-
schen Wirkung eine wichtige Rolle. (Notfalls genügen zu solchen Zwecken

auch noch einfachere „instrumentale" Mittel wie etwa das Zerschlagen von Geschirr zum Polterabend.) Ein anderes nur halbmusikalisches Ziel verfolgt das Musikinstrument als Nachrichtenvermittler, so etwa das Horn oder die Trompete beim alten Militär und bei der Jagd oder früher in der Hand des Nachtwächters, die Handglocke des Ausrufers, die große Trommel in den Ländern der ehemaligen europäischen Türkei, wo sie das Fasten im Ramadan ankündigt oder die Polizei verständigt, wenn etwas vorgefallen ist, oder ähnliches. Vor allem ist an die Musik zum Tanz zu denken, wohl die Hauptfunktion der instrumentalen Volksmusik.[1] Hier sei nur darauf hingewiesen, daß Musik und Tanz keineswegs in dem Maße parallel nebeneinanderherlaufen müssen, wie es allgemein angenommen wird. Die Musik kann einmal sehr wohl auch gegen den Tanz gehen oder in einem irrationalen Verhältnis zu ihm stehen; beide können in einem sehr unterschiedlichen Entwicklungsstadium stehen, hochentwickelte Musik zu primitivem Reigen oder bloßes Trommeln zu den komplizierten Figuren des Schwerttanzes. Und schließlich kann zu der wohlgeformten instrumentalen Musik zusätzlich, freilich aber in irrationalem Verhältnis, das vormusikalische Juchzen, Klappern, Rasseln, Klatschen als selbständiges musikalisches Element hinzutreten.

## VIII. „Zweites Dasein"

Eine sehr wichtige Rolle spielt in der Gegenwart die instrumentale Volksmusik in einem „zweiten Dasein" (Wiora); sie wird oft fälschlich mit derjenigen verwechselt, die noch im „ersten Dasein" verharrt. Als primäres Kennzeichen der Musik im „ersten Dasein" ist ihre Integrierung in das Leben der Grundschichten zu nennen. Die Volksmusik ist hier nicht, wie im „zweiten Dasein", nur Zierde und unverbindliches Steckenpferd, sondern wesentlich zur Ganzheit des Lebens gehörig. Sekundärmerkmal der Musik im „zweiten Dasein" ist vor allem der Wegfall alles dessen, was oben als „schmutziges Spiel", als Unschärfe der Musizierpraxis bezeichnet wurde. Die Musik im „zweiten Dasein" ist nicht nur an die Idee gebunden, sondern an eine fixierte Struktur. Das Praktizieren von natürlicher Variantenbildung und Improvisation entfällt. Bei aller Verschiedenheit der Erscheinungsformen der instrumentalen Volksmusik im „zweiten Dasein", die zum Beispiel die Musik der Trachtenkapellen ebenso einschließen wie die bis zur Virtuosität gedrillten Ensembles der sozialistischen Länder oder wiederum Liebhaberzirkel, die zum Beispiel mit dem Orff-Instrumentarium arbeiten usw., besteht einheitlich das Streben nach einem sauberen Spiel, das bewußt gelehrt und gepflegt wird. Hier werden auch neue Instrumente eingeführt, alte ausgestorbene wiederbelebt, Zusammenstellungen arrangiert, die in der Tradition kein Vorbild haben (zum Beispiel Sackpfeife im Orchester als folkloristische Färbung). Tanzkreise, die sich mit der Pflege ausländischer Volkstänze befassen, greifen gern zu Schallplatten mit Aufnahmen originaler Instrumente des betreffenden Landes. Aber auch diese bieten ihnen nicht wirklich Musik des „ersten Daseins". Denn die Aufnahmen sind natürlich im Studio gemacht, und die Musik muß, um zu den wohlgeformten und festgelegten Gestalten der gepflegten Volkstänze zu passen, alles das an freier Gestaltung ablegen, was oben als so entscheidend für die Volksmusik aus erster Hand dargestellt worden ist. Sie muß weiterhin sämtliche Einflüsse außer Betracht lassen, die der Spielmann sonst aus der Situation heraus für sein Spiel zu einer individuellen Gestaltung braucht. Für solche Aufnahmen würde sich die eventuell vorgegebene Charakterisierung einer „high fidelity" nur auf die technische Qualität beziehen können, nicht auf die Musik selbst.

So sehr an sich die Volksmusikpflege verschiedener Richtung förderungswürdig ist, so sehr müßte andererseits auf die Erkenntnis gedrungen werden, daß sie und die originale Volksmusik zwei wesensmäßig voneinander verschiedene Kategorien sind.

## Anmerkung

1 Zum Volkstanz vgl. den separaten Artikel, im vorliegenden Band S. 11-16.

## Literaturhinweise

Y. Arbatsky, Beating the Tupan in the Central Balkans, Chicago 1953.

D. v. Bartha, Die avarische Doppelschalmei von Jánoshida, Budapest 1934.

B. Bartók, Volksmusik der Rumänen von Maramureş, München 1923.

H. Besseler, Spielfiguren in der Instrumentalmusik, in: Deutsches Jahrbuch der Musikwissenschaft 1956, Leipzig 1957, S. 12-38.

A. Bjørndal, Nasjonal instrumentet Hardingfela 1651-1951, in: Universitete i Bergen, Årbok 1950, Historiskantivarisk rekke Nr. 3, 1951.

H. Commenda, Die Gebrauchsschriften der alten Landlageiger, in: Zeitschrift für Volkskunde N. F. 10, 1939, S. 181-204.

A. Dieck, Die Wandermusikanten von Salzgitter, Göttingen 1962.

R. v. Ficker, Primäre Klangformen, in: Jahrbuch der Musikbibliothek Peters 1929, S. 21ff.

O. Gurvin, Norsk Folkemusikk, I Slattar for the Harding Fiddle I-III, Oslo 1958ff.

F. Hoerburger, Musica vulgaris. Lebensgesetze der instrumentalen Volksmusik, Erlangen 1966.

K. M. Komma, Das böhmische Musikantentum, Kassel 1960.

H. J. Moser, Tönende Volksaltertümer, Berlin 1935.

J. Raupp, Sorbische Volksmusikanten und Musikinstrumente, Bautzen 1963.

C. Sachs, Prolegomena zu einer Geschichte der Instrumentalmusik, in: Zeitschrift für vergleichende Musikwissenschaft 1, 1933, S. 55-58.

W. Salmen, Zur Verbreitung der Einhandflöte und Trommel im europäischen Mittelalter, in: Jahrbuch des Österreichischen Volksliedwerkes 6, 1957, S. 154-161.

Ders., Der fahrende Musiker im europäischen Mittelalter, Kassel 1960.

H. Uhlrich, Volksmusikinstrumente und instrumentale Volksmusik in deutschsprachigen Veröffentlichungen 1956-1965, in: Deutsches Jahrbuch für Volkskunde 12, 1966, S. 85-101.

# Gleichbleibende Zeilenschlüsse
## als formbildendes Prinzip
## in der instrumentalen Volksmusik

Beim Durchmustern der meisten gedruckten Sammlungen von instrumentaler Volksmusik und von Volkstänzen, soweit für die letzteren auch Melodien enthalten sind, gewinnt man den Eindruck, daß der Typus der instrumentalen Volksmelodie in Europa sich in der simplen Liedform mit achttaktiger Periode erschöpft, gegebenenfalls unter Hinzufügung eines ebenso gebauten Nachsatzes, wobei es die Musizierpraxis fordert, daß Vor- und Nachsatz in sich wiederholt werden. Wenn über eine längere Zeitspanne hin musiziert werden muß, etwa im Zusammenhang mit einem länger dauernden Tanzgeschehen oder bei einer Begleitmusik zu einer Schmauserei oder dergleichen, so wäre man entweder gezwungen, mehrere Melodien hintereinander zu spielen, ohne daß diese einen inneren Zusammenhalt hätten, oder aber man wäre gezwungen, die gleiche Melodie mehrmals zu wiederholen, was freilich durch die dann sicher drohende Langeweile seine Grenzen haben würde. In beiden Fällen bleibt das Faktum der kleinen Form bestehen.

Es wäre jedoch ein verhängnisvoller Irrtum, würde man aus den so gewonnenen Eindrücken die Vermutung schöpfen, daß die größere, komplexe Form dem Bereich der instrumentalen Volksmusik fremd sei. Wenn wir etwa im eigenen Land das Repertoire der instrumentalen Volksmusik betrachten, so mögen wir verschiedenartige größere Einheiten finden wie etwa die Form A B A C D, wobei der Teil C D, wiederum aus zwei Perioden bestehend, als „Trio" bezeichnet wird. Solche Formen sind freilich konstruiert oder „komponiert", sie können ihre Eigenschaft als gesunkenes Kulturgut nicht verleugnen.

Aber zweifellos gibt es auch komplexe Gestalten, die nicht in der schreibenden Überlegung, sondern aus der Musizierpraxis entstehen. Man erkennt sie erst, wenn man sich die Mühe macht, einen größeren musikalischen Zusammenhang nicht unkritisch zum Beispiel als bloße Wiederholung einer Melodiezeile zu präsumieren, sondern ihn als Ganzes von der Tonaufnahme zu transkribieren. Dann sieht man nämlich, daß an der Stelle einer bloßen Wiederholung mindestens eine fortwährende Variierung erfolgen kann, wenigstens dort, wo die Praxis der Volksmusik noch nicht eine notengetreue Wiedergabe eines geschriebenen Textes fordert.[1]

Weiter ab von dem Einflußbereich abendländischer Tonkunst aber finden sich darüber hinaus höchst interessante Möglichkeiten der Bildung von größeren Zusammenhängen, die vielleicht zunächst als „unbestimmte Formen" erscheinen mögen[2], bei näherer Betrachtung aber doch da und dort bestimmte Gesetzmäßigkeiten der musikalischen Form erkennen lassen,

die dann freilich von denjenigen der Kunstmusik entsprechend den veränderten Voraussetzungen recht verschieden sein mögen.

Auch das dem größeren Zusammenhang scheinbar entgegengesetzte
Prinzip begegnet uns: die Auflösung der Periode in eine Reihe von Zwei-
taktern, wie es zum Beispiel das folgende, auf der Kantele, einer finnischen
Zither, gespielte Tanzstück deutlich macht[3]:

Beispiel 1

Was geht hier vor sich? Handelt es sich wirklich nur um eine lose Reihung
von selbständigen Zellen, oder sind diese Zellen in einem höheren formalen Sinne organisiert? Zunächst haben wir es doch nur mit einer Folge von
Zweitaktern zu tun, die durch Wiederholungen zu Viertaktern werden. Sie
alle sind aus Spielfiguren gebildet, die auf dem Instrument wohl gut liegen.
Das Ganze schaut in der geringen Differenzierung der Einzelteile recht
armselig und primitiv aus, wobei man freilich nicht vergessen darf, daß einem nüchternen Notenbild in der lebendigen Musizierkunst sehr wohl eine
große Leuchtkraft gegenüberstehen kann.

Es sind nun in dem vorliegenden Stück drei Fakten, welche über die Ver-
einzelung der Zweitakter hinweg eine Verklammerung zu einem größeren
Ganzen besorgen. Sie alle sind gegründet auf die Forderung, daß dem Hörer beim Auftauchen eines jeden neuen Teilstücks der heimelige Schein
des Bekannten gewahrt bleibt, daß aber trotzdem immer wieder etwas
Neues erscheint, so daß die Gefahr der Langeweile gebannt bleibt. Es handelt sich also um die folgenden drei Fakten:

a. Die das ganze Stück charakterisierenden Spielfiguren, die in mannigfal-
   tiger Kombination und Variantenbildung immer wiederkehren.
b. Die regelmäßige einmalige Wiederholung jedes Zweitakters (eine Ausnahme bildet der vierte – oder sollte es ein Druckfehler in der Quelle
   sein?), so daß das Schema der fortschreitenden Repetition entsteht: aa

bb cc…, wobei einzelne Zeilen gelegentlich miteinander verwandt sein können, so daß es zum Beispiel statt gg hh hieße: gg g'g'.

c. Wenn man genau hinsieht oder das Stück durchhört, so erkennt man, daß die Ähnlichkeit oder, anders ausgedrückt, die Funktionsgleichheit der jeweils zweiten Takte besonders stark in Erscheinung tritt. Hier wie auch in den nicht mehr berücksichtigten weiteren Zeilen der Quelle herrscht diese Fassung vor:

Beispiel 2

Andere Gestalten dieses zweiten Taktes mögen dem Prinzip der Volksmusik entsprechen, daß nichts gleich bleibt, sondern daß fortwährend variiert wird. Somit kommt es zu einer Struktur, die das bekannte Schema der Estampie ahnen läßt: anan bnbn…

Wenn wir in der instrumentalen Volksmusik nach Strukturprinzipien suchen, welche über die kleinen Formbildungen der Melodiezeilen und der Liedformen hinaus zu größeren Formen führen, so muß man sagen, daß die Prinzipien der gleichbleibenden Zeilenschlüsse und der fortschreitenden Repetition vielleicht nicht allzu häufig vorkommen. Trotzdem kann man über das Vorhandensein dieser Prinzipien nicht achtlos hinwegschreiten. Da und dort, an den verschiedensten Plätzen des europäischen Kontinents, tauchen sie auf, so daß man nicht einfach von Zufallsbildungen sprechen kann, die nach verschiedenen Richtungen hin ausstrahlten und Nachahmung gefunden haben. Auch mag auffallen, daß sie an verschiedenen Strukturbildungen Platz greifen, die möglicherweise verschiedenen Entwicklungsstufen entsprechen. Ich möchte in diesem Zusammenhang drei Ordnungen unterscheiden, die im folgenden kurz dargestellt werden.

1. Da ist einmal das Spiel mit Takten und Taktpaaren, die sozusagen in einer Halbselbständigkeit aneinander gereiht sind, aber dabei immer wieder durch die eben genannten Strukturprinzipien aneinander geklammert werden. Dabei können sich sehr unregelmäßige Konglomerate entwickeln, die jede Tendenz zur vier- oder achttaktigen geschlossenen Form, welche doch allgemein als vorherrschend in der instrumentalen Volksmusik zu betrachten ist, vermissen lassen. Statt dessen tauchen, wie etwa in dem Beispiel 3, ganz unterschiedliche Taktzahlen auf, Komplexe, die jeweils in dem gleich- oder beinahe gleichbleibenden Schlußmotiv enden: 10-8-11-4-6 Takte. Wahrscheinlich sind die Taktzahlen in derartigen Stücken dort noch unterschiedlicher als im Notenbild, wo diese in der Musizierpraxis stehen. Denn sicher ist, daß die jeweilige Situation des Spielens entsprechend dem Anregenwollen und dem Angeregtsein zu formellen Weitungen oder Kürzungen führen kann[4]:

**Beispiel 3**

Neben diesen Formen, bei denen Motive oder Motivpaare zu unregelmä-
ßig langen Folgen gebündelt und mit einer gleichbleibenden Endformel abgeschlossen und geordnet werden, finden wir auch regelmäßig gebaute
Zeilenfolgen. Unter den auf verschiedenen Blasinstrumenten der Südslawen gespielten Stücken zum Beispiel gibt es nicht selten solche, bei denen
sich die Spielfiguren zu abgerundeten viertaktigen Melodiezeilen sammeln. Und hier kommt es auch dazu, wie wir an dem Beispiel 4 sehen mögen, daß sich an die wechselnden beiden ersten Takte der Zeile eine gleichbleibende Kadenz anschließt. Auch hier bildet sie eine Klammer, welche
die selbständigen Zeilen zu einer größeren Einheit verbindet. Zeile für
Zeile wird – so wenigstens sagt uns die Quelle – für sich wiederholt. Allerdings gilt auch hier der Hinweis, den wir uns für jede Quelle instrumentaler
Volksmusik vor Augen halten müssen: Wiederholungszeichen sind immer

mit Argwohn zu betrachten. Immer ist wenigstens mit geringfügigen Variantenbildungen zu rechnen. – Das Stück wird auf der Svirka, einer bosnischen Schnabelflöte, gespielt[5]:

Beispiel 4

Und noch ein letztes Beispiel mag hier angefügt werden, ein auf der Drâmbă (Maultrommel) gespielter rumänischer Tanz, bei welchem wir das soeben ausgesprochene Bedenken bestätigt finden. Der sorgsame Schreiber, Béla Bartók, verzichtet in seiner Transkription auf das vereinfachende Wiederholungszeichen und schreibt die Wiederholungen aus. So kommen denn die kleinen, immer wieder vorgebrachten Veränderungen an den Tag. Unser Beispiel 5 bringt nur einen Ausschnitt aus der Quelle, die ihrerseits vielleicht auch nur einen Ausschnitt gibt aus einem Ganzen, dessen wirkliche Länge der jeweiligen Stimmung des Spielers unterworfen sein mag. Und auch hier wieder handelt es sich also um fortschreitende Repetition mit gleichbleibender Schlußfigur[6]:

Beispiel 5

2. Da sind zum anderen Stücke, bei denen das Prinzip der fortschreitenden Repetition fehlt, aber weiterhin das Prinzip des gleichbleibenden Endmotivs als einer Klammer zwischen den Formteilen wirksam bleibt und damit über die Einzelzelle hinweg den größeren Zusammenhang organisiert. Hier wie auch in dem ersten Bereich fallen diese Klammern sehr unterschiedlich aus: Sie können sich auf einen Takt, ja auf ein zweitöniges Kadenzmotiv beschränken, sie können aber ebensogut bis zur Hälfte der ganzen Melodiezeile anschwellen wie in dem folgenden überaus interessanten Flötenstück aus Ungarn, dessen viertaktiger zweiter Zeilenteil an jede Zeile angehängt wird. Dieser gleichbleibende zweite Teil scheint zwar im Vergleich zu dem melismatisch geschwungenen ersten Teil etwas nüchtern, entbehrt aber nicht einer charakteristischen und ins Ohr gehenden melodischen Selbständigkeit.

Bálint Sárosi verzeichnet nicht weniger als achtzehn Zeilen mit dem gleichbleibenden Schluß, wovon hier nur drei Zeilen wiedergegeben sind. Dazu kommt am Anfang eine freie Eingangszeile mit vier Takten, in welcher der Spieler offenbar die endgültige Entscheidung, was er spielen will, noch gar nicht getroffen hat. Es ist eine „Sucheinleitung". Die Zahl 18 der Zeilen ist sicher auch hier keine endgültige Vorschrift. Mag sein, daß der Spieler bei einer anderen Gelegenheit, bei der er sich noch mehr angeregt fühlt und die Zuhörerschaft anregen will, zu einer noch viel größeren Anzahl der Zeilen im improvisatorischen Spiel bereit ist[7]:

Beispiel 6

Recht seltsam mag uns in diesem Zusammenhang das nächstfolgende, wiederum aus Ungarn stammende, mit einem Dudelsack gespielte Beispiel erscheinen, bei dem das Zeile für Zeile gleichbleibende Schlußmotiv „m" (bzw. „m'") gelegentlich durch einen ebenfalls wieder gleichbleibenden Zusatztakt „n" ergänzt, ja sogar mit ihm zu einer Mischung „mn" verbunden wird. Die Melodien selber sammeln sich als Varianten um zwei nicht regelmäßig abwechselnde melodische Gedanken a und b.

Da die Melodieaufzeichnung leicht zu erreichen ist[8], mag es genügen, daß ich an dieser Stelle nur die schematische Übersicht über einen Ausschnitt aus dieser Musik gebe, die sich über ein in Wirklichkeit viel längeres Gesamtgeschehen hinzieht. Wiederum dürfen wir erkennen, wie sich solchermaßen die größere formale Gestalt bildet:

> am bm'nn
> am bm'n
> am amn bm'nn bm bm bm'n usw.

3. Eine wiederum andere Situation finden wir dort vor, wo sich die Teilstücke zu mehr oder minder selbständigen Liedformen verdichtet haben, oder wo die Zeilen sich auch noch mit einem anderen Prinzip als dem des gleichbleibenden Schlußmotivs (und eventuell der Zeilenwiederholung) zu einer größeren formalen Einheit zusammenfinden. Bei der Zeilenreihung können wohl beliebig viele Teile aneinandergekoppelt werden. Ihre großformale Zusammengehörigkeit ist zwar garantiert durch die gleichbleibende Kadenzformel, den gleichbleibenden Zeilenschluß. Die Reihe bleibt aber ohne logischen Abschluß, sie kann beliebig verlängert werden. In der Liedform aber ist ein Bogen gegeben, der eine beliebige Weitung der Form durch Vermehrung der Zeilen ausschließt. Freilich kann auch hier – wir werden das sehen – eine Reihung im höheren Sinne erfolgen: Geschlossene mehrteilige Liedformen werden aneinandergefügt. Und auch diese Folge kann wieder zu einem größeren Zusammenhang verklammert werden.

Eine Art von Übergang von dem zweiten Bereich (Zeilenreihung ohne Wiederholung der Zeile) bildet das folgende Beispiel 7, bei dem nicht mehr beliebig viele Zeilen aneinandergereiht sind. In der Folge a b c b' zeigt sich eine rückkehrende und damit abrundende und abschließende Formstruktur. Es ist die Melodie zu einem serbischen Tanz *Šeta*[9]:

Beispiel 7

Noch stärker tritt die Mittelstellung zwischen Zeilenreihung und Bildung geschlossener Formen in dem folgenden Beispiel 8 in Erscheinung, bei dem sich wieder fortschreitende Repetition mit gleichbleibendem Schlußmotiv vereint. Jeder Formteil ist schon mehr als nur eine Melodiezeile, er ist eine abgeschlossene Kurzform. Auch hier gibt es – neben der „Klammer" des gemeinsamen Schlußmotivs – eine zusätzliche Erscheinung, die zum größeren Zusammenhang führt, nämlich die Rückkehr, diesmal des ganzen Vorgangs: a b c a b c a b c (im Beispiel ist nur ein einmaliges a b c wiedergegeben, die beiden Wiederholungen stimmen bei geringfügigen Veränderungen mit der ersten Darstellung überein). Trotzdem scheint das Zeilenendmotiv hier noch einmal besonders stark betont, indem es sich von der übrigen Melodie geradezu absondert: Von dem herrschenden Dur weicht es in das parallele Moll aus[10]:

Beispiel 8

Man möchte meinen, daß hier nun die Anwendung des gleichbleibenden Schlußmotivs nicht mehr am Platz sei, da die Formbildung über die Einzelzeile und die Einzelperiode hinaus nunmehr durch andere Mittel erreicht wird: durch die Wiederkehr wie in Beispiel 7 und 8 oder durch die Versetzung eines Mittelsatzes in eine verwandte Tonart oder die veränderte Struktur der zu den einzelnen Takten gehörigen harmonischen Funktionen, wie wir das vielfach in den instrumentalen Tanzmelodien Mitteleuropas immer wieder praktiziert finden:

> Viertaktiger Vordersatz mit den Funktionen T D D T,
> Viertaktiger Nachsatz mit den Funktionen D T D T.

Trotzdem aber finden wir eigentümlicherweise gerade auch hier die Übereinstimmung der Schlußtakte gegenüber der Verschiedenheit, ja formalen Entgegengesetztheit der Anfangstakte, wodurch die beiden Teile ineinander verschränkt werden. Es läßt sich hierfür zum Beispiel in der instrumentalen Volksmusik Altbayerns eine ganze Menge von Beispielen nachweisen, wobei der gleichbleibende Schlußteil zwei oder gar vier Takte umfassen mag. Ein einzelnes Stück, das für viele ähnliche steht, ist die folgende weitverbreitete Zwiefachenmelodie *Böhmischer Wind*[11]:

Beispiel 9

Welche Funktion, welche Bedeutung hat diese gleichbleibende Schlußbildung, die wir hier an einigen Beispielen aus einer Vielzahl von vorkommenden – mit und ohne Zeilenwiederholung – beobachtet haben? Wir sagten, es sei dies die Verklammerung von Kurzformen, von Melodiezeilen oder auch ganzen abgeschlossenen Formperioden zu einem größeren Formganzen.

Wenn wir der Sache jedoch weiter nachgehen, werden wir erkennen, daß damit die Bedeutung dieser gleichbleibenden Formabschlüsse noch nicht voll erkannt ist. Ich möchte vielmehr sagen, daß diese Motive darüber hinaus noch zu einer Verklammerung in einem höheren Sinne dienen. Wir kommen darauf, wenn wir Melodiensammlungen wie zum Beispiel den von Ilmari Krohn herausgegebenen Band finnischer instrumentaler Volksmelodien[12] durchblättern. Hier mag zum Beispiel auffallen, daß in der die ersten hundert Seiten füllenden Sammlung von Samuel Rinda-Nikkola von 1809 eine ganze Reihe von Stücken immer wieder mit demselben eintaktigen Motiv endigt:

Beispiel 10

Natürlich wird es auch hier so sein, daß man im Verlauf einer Tanzveranstaltung mehrere Stücke hintereinander spielt und durch den besagten Schlußtakt eine gewisse Einheit des Musizierens erhält. Es ist aber zu vermuten, daß wir es darüber hinaus mit einem Stilmerkmal zu tun haben, welches das Musiziergut einer Landschaft, einer Zeit, eines Tanztypus, eines bestimmten Instruments, ja einer Musikerpersönlichkeit charakterisiert, welche hier sozusagen ihre Unterschrift unter ihr Melodienmaterial setzt. Tatsächlich spielt das betreffende Motiv, das wir in verschiedenen Melodien am Schluß jedes Formteils antreffen, in den übrigen Abteilungen des genannten Bandes, welche sich nicht mehr mit dem Melodienmaterial des Rinda-Nickola befassen, keine Rolle mehr!

Eine Bestätigung für diese unerwartete Funktion gleichbleibender Schlußtakte finden wir in den handschriftlichen Notenbüchern, die in Bayern seit etwa der Mitte des 19. Jahrhunderts von zahlreichen Bauernmusikanten angelegt worden sind und uns für die Beurteilung und den Überblick über das traditionelle Musiziergut dieses Landes ein willkommenes Sammelobjekt sein müssen. Die meisten dieser Notenbücher sind so angelegt, daß sie einzelne Tanztypen gleich bündelweise hintereinander schreiben, also zum Beispiel 30 Ländler, 30 Polkamelodien usw. Bei der Durchsicht dieses Melodienbestandes fällt nun auf, daß nicht selten die sämtlichen Ländlermelodien eines Schreibers mit denselben beiden Schlußtakten endigen, an deren Stelle bei einem anderen Schreiber andere, aber ebenfalls immer wieder gleichbleibende Schlußtakte stehen.

Nimmt man an, daß in der lebendigen Musizierpraxis jeweils mehrere solche achttaktige Ländlermelodien nacheinander gespielt wurden, wobei nach Übereinkunft jede dieser Melodien in sich wiederholt wurde, so ergibt sich die Folge aa bb cc…, und alle diese Melodien wurden zu einer engeren Einheit, einer Art Großform zusammengeklammert durch die gleichbleibenden Schlußtakte. Darüber hinaus aber lieferte der betreffende Musiker mit diesen Schlußtakten seine vielleicht unverwechselbare tönende Visitenkarte, die ihn von jedem anderen Musiker im Umkreis unterschied.

Welche Verbreitung in der instrumentalen Volksmusik Europas, welches Gewicht die Einheit der Schlußtakte in ihrer Funktion als Klammer zwischen den musikalischen Einzelerscheinungen hat, ist im Augenblick nicht zu sagen. Die musikalische Volkskunde hat sich bisher vornehmlich mit dem Volksgesang beschäftigt und die instrumentale Volksmusik nur nebenbei und nur als Anhängsel an der vokalen Volksmusik betrachtet, ohne ihre Eigengesetzlichkeiten gegenüber der letzteren zu berücksichtigen. Hier besteht ein Nachholbedarf, denn man kann nicht einfach – wie es geschehen ist – Erscheinungen der instrumentalen Volksmusik, welche die vokale Volksmusik nicht oder kaum kennt, aus dem Begriff der „Volksmusik" ausklammern.

In dem Prinzip, welches hier an einigen Beispielen aufgezeigt wurde, liegt – wie mir scheint –, selbst wenn es vielleicht in der vokalen Volksmusik auch vorkommen mag, doch eine spezifisch instrumentale Erscheinung vor. Der Instrumentalist in der Volksmusik, der vornehmlich ein halbprofessioneller oder gar ein vollprofessioneller Musiker ist, weil er ganz anders als der Volkssänger eine musikalische Technik am Instrument von Jugend auf lernen muß, will über gewisse Beschränkungen hinauskommen, denen sich der Volkssänger willig unterwirft.

Hieraus sind die beiden Hauptfunktionen der gleichbleibenden Kadenzformeln, wie wir sie zu schildern versuchten, zu verstehen: die Verklammerung melodischer Kurzformen zu komplexen Gebilden, zu einer Art Großform einerseits und die Verklammerung von Allerweltsmelodien, von Typenmelodien, die in ähnlicher „Lesart" von jedem anderen Musikanten auch dargeboten werden können, zu einem Individualstil, in dem der Spieler sich durch seine musikalische Unterschrift, seine tönende Visitenkarte unmißverständlich zu erkennen geben kann.

## Anmerkungen

1  F. Hoerburger, Spurenelemente freier Musizierkunst, in: Bayerisches Jahrbuch für Volkskunde 1963, S. 217ff.
2  B. Bartók, Volksmusik der Rumänen von Maramureş, München 1923, S. 91.
3  Nach A. O. Väisänen, Kantele-ja Jouhikko-Sävelmiä, Helsinki 1928, Nr. 76.
4  T. Norlind, Den Svenska Folkmusiken under Medeltiden, in: Nordisk Kultur 25, Stockholm-Oslo-København 1934, S. 108.
5  P. Brömse, Flöten, Schalmeien und Sackpfeifen Südslawiens, Brünn-Prag-Leipzig-Wien 1937, S. 38.
6  Nach B. Bartók, Volksmusik der Rumänen von Maramureş, München 1923, r. 141 d.
7  Nach B. Sárosi, A magyar népi furulya, in: Különlenyomat az ethnographia 1962, Budapest 1963, S. 603f.
8  Siehe L. Vargyas, Die Wirkung des Dudelsacks auf die ungarische Volkstanzmusik, in: Studia memoriae Belae Bartók, Budapest 1958, S. 508ff.
9  Nach M. Ilijin/O. Mladenović, Narodne igre u okolini Beograda, in: Zbornik radeva SANU 75, Etnografski institut knj. 4, S. 208.
10 Rumänischer Tanz *Joc pe picior* nach der Aufnahme Electrecord EPD 1038, transkribiert vom Verfasser.
11 Aus der Sammlung des Verfassers.
12 I. Krohn (Hrsg.), Suomen kansan sävelmiä, Jyväskylässä 1893, Band III.

# Die handschriftlichen Notenbücher
# der bayerischen Bauernmusikanten

Schriftlosigkeit und ausschließliche Beschränkung auf die mündliche Überlieferung – die vor allem von den Engländern hervorgehobene „oral transmission"[1] – sind kein eindeutiges Wesensmerkmal für den Begriff der „Volksmusik". Sie gelten ebenso für alle außerabendländischen Hochkulturen der Musik, wo die Notenschrift nur eine untergeordnete Rolle spielt. Und in der Volksmusik kann es sehr wohl zu schriftlichen Fixierungen kommen, die als Eigentum empfunden werden, wenn es sich zum Beispiel um „selbstangelegte Liederhandschriften und Gebrauchsliederbücher [handelt], mit denen man lebenswarm wie mit den nächsten Dingen des Hausrates umgeht…".[2] Und als „Eigentum" der Grundschichten bleiben diese Notierungen im Rahmen des „echten Volksliedes".

Neben diesen Gebrauchsliederbüchern, von denen zum Beispiel Alfred Quellmalz in Südtirol eine größere Menge sammeln konnte, stehen – wenn auch mit einer etwas anderen Funktion – die Handschriften instrumentaler Volksmusik. Es ist merkwürdig, daß die musikalische Volkskunde von ihnen bisher nur wenig Notiz genommen hat, merkwürdig zum einen, weil wir hier eine *musikalische* Quelle vor uns haben, während die volkstümlichen Liederhandschriften in der Regel nur Textsammlungen sind, merkwürdig zum anderen, weil die instrumentalen Melodienhandschriften in Mitteleuropa eine weite Verbreitung zu haben scheinen[3], merkwürdig zum dritten, da bereits vor dem Zweiten Weltkrieg in einem sehr wichtigen und vielfach beachteten Aufsatz die besondere Aussage dargetan worden war, welche solche Handschriften machen können, wenn man sie richtig zu lesen versteht.[4]

Im folgenden sollen einige Notizen gegeben werden zu den Handschriften der Bauernmusiker speziell im Lande Bayern. Selbst gute Kenner der Heimat und der heimatlichen Musik, eifrige Sammler und Organisatoren der Heimatpflege, vor allem aber die verschiedenen Vertreter der Volksmusik- und Volkstanzpflege haben keinerlei Vorstellung von dem Vorhandensein und von der Bedeutung dieser Handschriften, die bei einiger Mühewaltung noch allenthalben aufgefunden werden können. Wenn man als Sammler nach Hilfskräften oder wenigstens nach Auskünften und Hinweisen aus diesen Personenkreisen sucht, so hat man stets die größte Mühe, ihnen klar zu machen, um was es bei einer solchen Bemühung überhaupt geht. Und vielfach trifft man dann auf die Versicherung, daß es solche Handschriften in der betreffenden Landschaft nicht gebe und nie gegeben habe, was sich dann allerdings immer wieder als unzutreffend erweist.

Schon seit 1948 habe ich mich um die Sammlung von solchen Handschriften bemüht, zunächst freilich nur in den Bezirken Niederbayern und Oberpfalz und speziell im Hinblick auf meine Untersuchungen über die Zwiefachen.[5] Seit 1961 habe ich meine Suche im Auftrag und mit Unterstützung des Bayerischen Staatsministeriums für Unterricht und Kultus auf sämtliche sieben Regierungsbezirke des Landes Bayern ausgedehnt. Endziel dieser Aufsammlung soll eine repräsentative Auswahlpublikation des in Bayern traditionellen instrumentalen Musizierguts werden, wie sie ähnlich zum Beispiel in Schweden[6] und in Finnland[7] vorliegt.

Uneinheitlich wie das stammliche Gefüge Bayerns sind auch die bäuerlichen Melodiensammlungen. In Altbayern (Oberbayern, Niederbayern und Oberpfalz), großenteils aber auch in Schwaben und Mittelfranken, enthalten sie vornehmlich Typenmelodien, wovon wir gleich näher sprechen werden. Hier sind meist nur die Melodiestimmen, nur gelegentlich auch zweite Stimmen ausgeschrieben, während die Begleitungen, Baß- und Füllstimmen, dazu stets improvisiert werden. In Unterfranken dagegen, großenteils auch in Oberfranken und zuweilen in Mittelfranken und Schwaben, finden wir mehr oder minder festliegende Melodien und ausgeschriebene Begleitstimmen.

Freilich ist auch hier das Festliegen und die tongetreue Wiedergabe, wie wir sie aus der Kunstmusik kennen, nur relativ zu verstehen. An dem Beispiel des Schäfertanzes von Rothenburg (Mittelfranken) habe ich gezeigt, daß bei zehnmaliger Wiederholung der Melodie nicht einmal zwei Melodiewiederholungen gefunden werden können, die tongetreu miteinander übereinstimmen[8], obwohl es sich um Musik handelt, die nicht improvisiert wird, sondern die im Ganzen einschließlich der Begleitstimmen schriftlich fixiert ist. Es bleibt wohl auch im Norden des Landes mehr oder minder obligat die Forderung bestehen, von welcher mir der Musiker Hans Horst aus Hartenstein (Mittelfranken, jedoch dicht an der Grenze von Oberfranken) erzählt hat, daß die Begleitinstrumente „Blümerl einiwerfen", das heißt, nicht nur Begleitakkorde spielen, sondern gelegentlich kleine Fioriuren in die Begleitstimmen hineinimprovisieren. Man möchte bei diesem noch volksläufigen Ausdruck „Blümerl" beinahe an die Terminologie der Meistersinger denken!

Im großen und ganzen sind das Musiziergut und die Musizierweise der nördlichen Regierungsbezirke Ober- und Unterfranken von den sogenannten „Bismärker" Tanzalben beeinflußt, die um die Jahrhundertwende in Deutschland sehr verbreitet waren und das freie Musizieren allenthalben eingeengt haben[9]: Die Melodien sind immer wieder abgeschrieben worden, dabei im wesentlichen festgelegt, der Variantenbildung kaum noch zugänglich. Trotzdem gibt es aber auch in Oberfranken noch, wenn die Stimmung dazu gegeben ist, das „Spielen aus dem Hut", das dann von dem Melodiengut der Handschriften, der – wie man in Franken sagt –

„Bauernheftla", sehr verschieden ist. Hiervon soll im Vorliegenden allerdings nicht die Rede sein.

Ganz anders sieht es in den Handschriften der südlicheren Bezirke aus. Das Repertoire ist völlig verschieden von jenem und der Sinn der schriftlichen Niederlegung nicht wie dort im eigentlichen Sinne eine „Vorschrift". Wie aber ist ihre Entstehung zu denken und ihre Funktion zu verstehen?

Bis in das 19. Jahrhundert hinein hat man wohl ausschließlich ohne Noten musiziert, diese auch gar nicht gekannt. Gegen die Mitte des Jahrhunderts, in Einzelfällen vielleicht auch schon etwas früher, haben die Musiker damit begonnen, in Notenheften, die manchmal recht umfangreich ausfielen, Melodien aufzuschreiben – eine Praxis, die schnell im ganzen Land Schule machte, so daß wir diesen Notenheften fast bei allen Musikanten begegnen können, wofern sie mit dem Musizieren nicht erst nach dem Zweiten Weltkrieg anfingen und keine Beziehung zu älteren Musikanten hatten.

Wie so ein Notenbuch entstehen konnte, mag die Erzählung eines Allgäuer Musikanten veranschaulichen, der mir folgendes berichtete: Er habe vor dem Ersten Weltkrieg als junger Bursche jeden Sonntag eine Tanzerei besucht, wenn in der Nähe eine veranstaltet wurde, habe sich dann, mit Bleistift und Papier bewaffnet, in einen heimlichen Winkel zurückgezogen und schlecht und recht versucht aufzuschreiben, was er hörte. Zuhause angekommen habe er sich dann bemüht, die betreffenden Melodien zurecht zu spielen und sie ins Reine zu schreiben.

Es versteht sich, wenn wir diesen Bericht überdenken, daß bei solchem Vorgehen nicht mehr das Original zum Vorschein kam, sondern eine Variante. Aber sicher können wir nicht von einer Fälschung reden, sondern eher von einer Projektion des Phänomens volkstümlichen „Umspielens" in die schriftliche Niederlegung. Ich möchte hier geradezu sagen, daß in diesem Spezialfall nicht gilt, was Walter Wiora sehr richtig von der schriftlichen Fixierung von Liedern sagt: daß „mit der Schriftlosigkeit der Überlieferung das freie Umsingen" schwindet, und daß man hier nicht mehr „elastische Modelle" wandelt.[10] Vielmehr haben wir hier eine Fortsetzung dieser freien Wandelbarkeit von Modellen mit anderen Mitteln vor uns. Ich glaube, daß man hier – wie überhaupt bei der Betrachtung der instrumentalen Volksmusik – manche längst festgegründete Vorstellung von dem Begriff der „Volksmusik" abändern und umdenken muß, die allzu einseitig bisher aus dem Blickpunkt des Volks*liedes* definiert wurde!

In diesem Sinne haben wir es in unseren Notenheften gar nicht mit einer schriftlichen Festlegung, nicht mit einer „Vorschrift", aber freilich auch nicht mit einer „Nachschrift" im Sinne musikethnologischer Transkription zu tun. Es handelt sich vielmehr um eine Beispielsammlung, die als Gedächtnisstütze dienen mag, die zeigt, wie man möglicherweise das Modell ausfüllen kann, und die das frei improvisierte Spiel in keiner Weise ausschließt. Daß nicht eine Vorlage für das Spiel aus den Noten gemeint ist, zeigt sich zum Beispiel aus der Tatsache, daß die Stücke keineswegs in der Reihenfolge eingeschrieben stehen, wie sie möglicherweise gespielt werden. So findet man zum Beispiel zweiteilige Ländler in der Weise geschrieben, daß zuerst ein Dutzend „erste Teile" hintereinander verzeichnet ist und dann, von jenen getrennt, eine Folge von „zweiten Teilen". Natürlich bliebe bei der Folge „erster-zweiter Teil" dem Spieler wahrhaftig keine Zeit, jedesmal hin- und herzublättern, wenn er wirklich die Handschrift als Vorlage für das Spiel benützen würde. Wenn das letztere seine Absicht wäre, würde er doch die beim Musizieren geübte Reihenfolge auch beim Schreiben einhalten.

Zuweilen dient die Handschrift auch didaktischen Zwecken: Mitten unter den Tanzstücken finden sich Notenschreibübungen, Notizen zur allgemeinen Musiklehre oder Übungen für das Instrument.

Unter den Tanzmelodien, die natürlich den Hauptteil des Inhalts ausmachen, haben wir dann zwei Bereiche zu unterscheiden. Da sind einmal solche Melodien, die einen gewissen Grad an Festigkeit der Substanz erreicht haben. Sie sind weithin bekannt, tauchen in den Handschriften immer wieder auf oder wohl auch in gedruckten Volkstanzsammlungen, wobei sie oft nur noch wenig verändert werden, und sie sind vielfach mit einer festgefügten Struktur des Tanzes untrennbar verbunden. Im Raum Niederbayern-Oberpfalz-Mittelfranken gibt es auch eine ganze Menge von Zwiefachen, die zu diesem Bereich gehören. Auch sie machen ein immer wiederkehrendes Standardprogramm aus.

Ganz anders ist es mit dem anderen Bereich, nämlich demjenigen der Typenweisen. An ihnen ist nichts festgelegt außer dem Formmodell, der Folge der zu jedem Takt gehörigen latenten Harmonien, gewissen stereotypen Melodieformeln, gegebenenfalls rhythmischen Formeln, die einem Tanz wie zum Beispiel der Polka eigentümlich sind – und natürlich dem allgemeinen Stil. Von diesen Weisen möchte man – wiewohl es widersinnig klingen mag – sagen, daß sie zwar geschrieben, aber nicht fixiert sind. Sie sind, wenn auch unter Berücksichtigung der eben genannten allgemeinen Prinzipien, doch eben Zufälligkeitsbildungen wie die „aus dem Hut" gespielten, das heißt improvisierten Stücke.

Im Süden und in Mittelbayern sind diese Handschriften hauptsächlich auf diese Typenmelodien hin angelegt. Sie erscheinen bündelweise oder – wie der terminus technicus lautet – in „Partien": eine Partie Ländler in C, eine Partie Ländler in F, eine Partie Polka, eine Partie Dreher usw.

Einige der Handschriften zeigen in der Unfertigkeit das Wachstum: Nach jeder Partie sind Seiten frei gelassen, damit jederzeit weiter ergänzt werden kann. Manche Handschriften zeigen deutlich ein Wachstum über Generationen von Musikern hinweg. An ein Notenheft mit altertümlicher Schrift – zuweilen mit dem Namen des ersten Besitzers oder gar mit Jahreszahlen gekennzeichnet – ist ein weiteres, wohl gar ein drittes oder viertes Heft angebunden, in welchem die Erben die Sammlung immer weiter ausgebaut haben.

So finden wir vor allem in den altbayerischen Bezirken Notenbücher mit bis zu 500 Melodien. Aber freilich sind es keine Melodie-Individuen wie in den ober- und unterfränkischen Heften, die mit ihren höchstens 20 oder 30 Melodien auf den ersten Blick, allerdings fälschlich, geradezu armselig erscheinen müßten. Sondern es sind immer wieder nur einzelne Formmodelle, die in unzähligen Auffüllungen realisiert werden, genau so, wie sie vorher in der schriftlosen Improvisation aus der jeweiligen Situation und Stimmung heraus für den Gebrauch des Augenblicks gestaltet wurden, um im nächsten Moment wieder vergessen zu werden. Nur die systematische Anordnung nach diesen Modellen, ihr Vergleich und ihre Überprüfung zeigen, wie sie zu verstehen sind, und was das Geheimnis ihrer zündenden Kraft bei der Tanzmusik ist.

Sie verfügen über zwei scheinbar ganz entgegengesetzte Eigenschaften: auf der einen Seite den „Schein des Bekannten", den schon Johann Abraham Peter Schulz 1782 für das Volkslied als das „Geheimnis des Volkstons" erkannt hatte[11], und der dem hörenden und dem tanzenden Publikum das Gefühl des Heimeligen garantiert. Zum anderen aber wird dem Hörer fortwährend eben doch wieder etwas Neues vorgesetzt, das die Langeweile ausschaltet, vor allem dann, wenn dieses Neue aus der jeweiligen Situation heraus geschaffen wird. So ist es bei der Improvisation des schriftlosen Musizierens, so aber auch – mutatis mutandis – in der Gestaltung der Bauernhandschriften, die dort, wo noch ein schöpferischer Musikant am Werk ist, nach fortgesetzter Ergänzung des Melodienmaterials drängt.

Wie wenig solche Aufzeichnungen erstarrt sind, sieht man zum Beispiel daraus, daß gelegentlich Typenweisen zweimal hintereinander geschrieben werden – einmal, sagen wir in C-Dur, das zweite Mal in F-Dur – und daß dabei kleine Veränderungen zu erkennen sind. Man möchte sie zunächst als Schreibfehler ansehen. Vielleicht sind es auch Abänderungen, die aus der Rücksicht auf den Tonumfang eines Instruments vorgenommen werden müssen. Letztlich aber handelt es sich wohl vornehmlich um die obligate Unschärfe der Konturen, die beim mehrfachen Spiel einer Melodie gar keine lückenlose Übereinstimmung *will*. Auch diese Eigentümlichkeit lebendigen Musizierens in den Grundschichten hinterläßt also in den schriftlichen Niederlegungen ihre Spuren und verhindert die Entstehung einer endgültigen „Fixierung" in der „Vorschrift".

Recht bedeutungsvoll für die entwicklungsgeschichtliche Situation ist das persönliche Verhältnis, das wir bei den Besitzern zu diesen Notenbüchern beobachten können. Überall im Land erkennt man den Umbruch, in dem wir leben: Die Handschriften werden teilweise noch gebraucht, teilweise als Altpapier weggeworfen. Das ist die besonders schwierige Situation, in die sich der Sammler gestellt sieht. Auf der einen Seite hat er mit einem mißtrauischen Verstecken wertgehaltenen Besitzes zu rechnen, auf der anderen Seite mit unwiederbringlichem Verlust. Im Ries (nördliches Schwaben) kam ich zu einem alten Musiker, der mir erzählte, er habe vor einigen Jahren wegen seiner Zahnlücken das Musizieren aufgegeben und seine handschriftlichen Aufzeichnungen weggeworfen, weil die jungen Leute (er bezog sich auf seinen Sohn, der auch musizierte) kein Interesse mehr für die „alten Tänze" haben. Mag sein, daß er mich angelogen hat, um mich loszuwerden. Trotzdem ist diese Einstellung allgemein charakteristisch und in dieser oder ähnlicher Begründung immer wieder anzutreffen. Natürlich irrt er sich mit seiner Annahme. Denn tatsächlich sind die Handschriften ebensowohl für die Volksmusikpflege, für das zweite Dasein der Volksmusik, wie für die musikalische Volkskunde von hervorragendem Wert. Aber diese beiden Bereiche, die hier und jetzt so im Vordergrund stehen, existieren für ihn noch nicht.

Auf der anderen Seite begegnen wir immer wieder einem eifersüchtigen Besitzerbewußtsein, demzufolge die Musikanten, wenn überhaupt, nur nach langen Überredungsbemühungen die Handschriften zur Fotokopierung aus der Hand geben. Mag sein, daß hier in vielen Fällen die etwas nebelhafte Vorstellung mitspielt, eine Drucklegung des vorhandenen Melodienschatzes oder der Verkauf an den Bayerischen Rundfunk könne eine gute Einnahmequelle sein. Auch das ist freilich ein Irrtum. Aber er bringt uns auf ein weiteres wichtiges Faktum, das hier noch zu besprechen ist: Inwieweit können wir hier von einem individuellen Besitz sprechen?

Zunächst werden wir feststellen, daß das Gefühl, über einen einmaligen Besitz zu verfügen, daraus zu verstehen ist, daß der Besitzer der Handschrift die tatsächliche Verbreitung weder der festliegenden Melodien noch der Formmodelle kennt. Das Interesse des Sammlers ist ja nicht auf die Einmaligkeit einer Melodie gerichtet, sondern auf den Verbreitungsnachweis beziehungsweise auf die Gesetzmäßigkeiten, die bei der Ausimprovisierung des Modells herrschen. Dazu gehört zum Beispiel auch die Beobachtung, wie weitgehend Melodietypen oder Typenbezeichnungen entweder wirr durcheinandergebracht werden – oder aber landschaftliche Besonderheiten aufweisen, wie zum Beispiel das Ineinanderübergehen von Bezeichnungen und Typen wie Walzer – Halbwalzer – Ländler – Steirischer – Schweinauer – Dreher – Mazurka oder Polka – Rheinländer – Schottisch – Galopp – Dreher oder Einfachbayerischer – Doppelbayerischer – Zwiefacher – Schweinauer – Schleifer und dergleichen mehr. Alle diese Erscheinungen gehen im Kollektiv auf. Von einem individuellen Besitz kann nicht die Rede sein.

Und doch möchte man bei der Durchsicht größerer Melodiensammlungen vom Typus dieser Handschriften zu dem Eindruck gelangen, als gäbe es Spuren individueller Gestaltung. So begegnet man zum Beispiel bei größeren „Partien" von Ländlern der Eigentümlichkeit, daß sie immer wieder mit den gleichen beiden Schlußtakten endigen. In einer anderen Handschrift mag es sein, daß wir an deren Stelle ein anders geartetes Schlußtaktpaar finden, das dort aber ebenso immer wiederkehrt. Stellt man sich vor, daß in der Praxis mehrere Ländler hintereinander gespielt werden, alle voneinander verschieden, aber alle in sich wiederholt und mit den gleichen Schlußtakten versehen, so möchte man geradezu von einer Art von „progressiver Repetition" sprechen. Wenn aber nach dem Grund dieser Erscheinung gefragt wird, so scheint es sich – wie ähnlich übrigens vielfach in der instrumentalen Volksmusik Europas – um eine Art von tönender Visitenkarte eines Musikers zu handeln.

Die Handschriften der Bauernmusikanten sind für uns vor allem deswegen von so großer Bedeutung, weil sie uns in einer Zeit, da das lebendige Musizieren dieser Art von Musik nur noch sporadisch anzutreffen ist und entweder durch die bewußte Pflege oder aber durch städtische Tanzmusik immer mehr ersetzt wird, einen wichtigen, vielfältigen und weiten Überblick geben über das Musiziergut, das im ganzen Land noch bis vor kurzem selbstverständliches Repertoire der Kirchweihen, Hochzeiten und aller bäuerlichen Tanzvergnügungen gewesen ist. Ein Sammelmaterial, wie es gegenwärtig (1966) mit etwa 18.000 Melodien aus allen Teilen des Landes vorliegt, mag uns sagen, welche Großräume sich für bestimmte Tanztypen abzeichnen, aber auch, welche Ausstrahlungen aus besonders fruchtbaren Teilen des Landes vorliegen, wie etwa die Übernahme des altbayerischen Ländlers in Mittel-, ja sogar in Oberfranken oder diejenige des niederbayerisch-oberpfälzischen Zwiefachen in die angrenzenden Zonen von Oberbayern, Schwaben, Mittel- und Oberfranken, jedoch nicht in Unterfranken.

Bei all dem dürfen wir aber eines nicht vergessen. Wir haben schon gesagt, daß diese Aufzeichnungen keine „Vorschrift" für die Musizierpraxis darstellen. Es ist ein weiter Weg von der Aufzeichnung, wie wir sie hier vor uns haben, zu der lebendigen Musizierpraxis, viel weiter als die Divergenz zwischen Notenvorlage und Interpretation in der Kunstmusik. Es handelt sich hier nur um ein Abbild der lebendigen Musizierkunst, welches erst der Verlebendigung bedarf, um wirklich als Musik verstanden zu werden. Wir tun deshalb gut daran, zur Verständlichmachung so weit als irgend möglich Tonaufnahmen von „aus dem Hut" gespielter Musik zum Vergleich heranzuziehen. Es liegen Tonaufnahmen vor, und es gibt immer noch die Möglichkeit, welche zu machen, wenn man die betreffenden Gelegenheiten aufspürt.

Und trotzdem: Wer möchte – wenn er sich einmal von dem Vorhandensein der Handschriften ein Bild gemacht und sich mit ihrer Natur, ihrer Entstehung, ihrem Inhalt, ihrer Funktion in der Volksmusik auseinandergesetzt hat – verkennen, wie wertvoll sie für die Volksmusikforschung und nicht anders auch für die Volksmusikpflege sind, und wie notwendig es ist, in dieser Zeit des Umbruchs Handschriften dieser Art, soweit sie gerade noch erreichbar sind, aufzusammeln, gerade noch zur rechten Zeit, bevor sie im Ofen oder in der Papiermühle verschwinden? Vielleicht mag die Sammelaktion, die hierzu gegenwärtig (1966) im Land Bayern vor sich geht, auch für andere Teile Deutschlands zu einer Anregung werden.

## Anmerkungen

1 Journal of the International Folk Music Council 3, 1951, S. 11.
2 W. Wiora, Das echte Volkslied, Heidelberg 1950, S. 48.
3 Siehe zum Beispiel D. Stockmann, Der Volksgesang in der Altmark, Berlin 1962, S. 155ff. Meines Wissens hat Dansk Folkemindesamling in Kopenhagen eine große Sammlung solcher handgeschriebener Notenbücher.
4 H. Commenda, Die Gebrauchsschriften der alten Landlageiger, in: Zeitschrift für Volkskunde 48, 1939, S. 181ff.
5 F. Hoerburger, Die Zwiefachen. Gestaltung und Umgestaltung der Tanzmelodien im nördlichen Altbayern, Berlin 1956.
6 N. Andersson, Svenska Låtar, Stockholm 1922ff.
7 O. Andersson, Finlands Svenska Folkdiktning VI, Åbo 1963.
8 F. Hoerburger, Spurenelemente freier Musizierkunst, in: Bayerisches Jahrbuch für Volkskunde 1963, S. 217ff.
9 Stockmann, a.a.O., S. 154, Anm. 6.
10 W. Wiora, Die vier Weltalter der Musik, Stuttgart 1961, S. 142.
11 J. v. Pulikowski, Geschichte des Begriffs Volkslied, Heidelberg 1933, S. 20f.

# Instrumentales Melodienrepertoire
## in der Oberpfälzer Volksmusik

*I*

Die handschriftlichen Notenbücher der bayerischen Blasmusiken, die seit etwa der Mitte des vorigen Jahrhunderts allenthalben angelegt worden sind, bieten dem Volksmusikforscher ein ausgezeichnetes und überaus reichhaltiges Anschauungs- und Untersuchungsmaterial. Ich habe mich mit ihrer Sammlung seit etwa 1948 vor allem zunächst im Hinblick auf meine Studie über die Zwiefachen[1] befaßt. Die Sammelbemühungen konzentrierten sich damals vornehmlich auf diese taktwechselnden Weisen und ihr Hauptverbreitungsgebiet in der Oberpfalz und in Niederbayern.

Später, seit 1961, wurde die Sammelaktion mit dem Ziel einer umfangreichen Denkmälerausgabe aller instrumentalen Melodien aus ganz Bayern erweitert. Erst seit dieser Zeit kann beurteilt werden, was die genannten Handschriften im ganzen beinhalten – über die Zwiefachen hinaus und über das Gebiet Oberpfalz – Niederbayern hinaus. Ein Teilbericht über die Natur der Handschriften allgemein und über ihre Sammlung und Auswertung wurde veröffentlicht.[2] Im ersten Band der genannten Denkmälerreihe unter dem Titel *Musikalische Volkstradition in Bayern*[3] wird ausführlich über die Eigentümlichkeit einer schriftlich niedergelegten instrumentalen Volksmusik, speziell von Ländlern, gesprochen – eine scheinbare Widersprüchlichkeit, da doch, wie allgemein angenommen wird, eine schriftliche Niederlegung dem Prinzip der Volksmusik zu widersprechen scheint.

Aber auch über diese einengende Frage wurde gesprochen: In einem Vortrag[4] vor der deutschen UNESCO-Kommission habe ich hervorgehoben, daß es zum Wesen der Volksmusik gehört, daß alle charakterisierenden Abgrenzungen nach außen hin fließend sind, und daß unter anderem sehr wohl auch das Prinzip der schriftlosen, rein „oralen" Überlieferung durchbrochen werden kann, wofür das vorliegende Material ein Beweis ist.

Die Sammlung dieser Handschriften wurde – wie man sieht – mit wechselndem Ziel angelegt und beschrieben. Es fehlt bisher eine Beschreibung und Charakterisierung des Melodienbestandes dieser Notenbücher. Wir unternehmen sie an einem Teilgebiet, nämlich an demjenigen der Volksmusik in der Oberpfalz, weil dieses Teilgebiet die größte Einzelsammlung darstellt: Nahezu 9.000 Melodien von heute (1976) insgesamt 32.000 Melodien[5] aus den sieben Regierungsbezirken Bayerns stammen aus der Oberpfalz.

*II*

Vorweg muß gesagt werden, daß das Sammelmaterial aus dem Bezirk Oberpfalz in Übereinstimmung mit demjenigen aus Niederbayern in mehreren wichtigen Punkten nicht ein Einheitliches ist. Die Melodien aus Oberbayern, aus Schwaben und aus den drei fränkischen Bezirken wurden größtenteils erst seit 1960 mit dem von allem Anfang an einheitlichen Ziel gesammelt, ein möglichst großes und damit möglichst umfassendes, allgemein charakterisierendes Anschauungsmaterial von instrumentaler Volksmusik vorliegen zu haben.

Anders verhält es sich bei dem Sammelmaterial aus Niederbayern und in besonderem Maße bei dem aus der Oberpfalz. Diese beiden Teilsammlungen wurden – wie gesagt – zunächst speziell im Hinblick auf musikwissenschaftliche Untersuchungen der Zwiefachen angelegt, deren Hauptgebiet Niederbayern und die Oberpfalz sind. Daraus ergibt sich begreiflicherweise, daß die frühen Sammelergebnisse größtenteils, ja mitunter ausschließlich taktwechselnde Melodien enthalten. Das kann freilich zu dem falschen Schluß verleiten, daß diese Zwiefachen in der Oberpfalz vorherrschend sind und möglicherweise die volksmusikalische Oberpfalz schlechthin repräsentieren können. Wie sich demgegenüber das zahlenmäßige Verhältnis zwischen taktwechselnden und gleichtaktigen Melodien in Wirklichkeit ansieht, das werden wir gleich sehen. Vorher jedoch noch ein weiteres Wort zur Zusammensetzung des Sammelmaterials aus dem Bezirk Oberpfalz, in welchem wir dreierlei Arten zu unterscheiden haben.

1. Den weitaus größten Teil umfassen die Musikhandschriften, das originale Spielgut der Blaskapellen, von deren Leitern selbst zusammengetragen und gespielt. Eine genauere Betrachtung ergibt, daß es sich auch hier wieder nicht um ein einheitliches Material handelt. Es gibt Hefte oder Notenbücher aus der Mitte des vergangenen Jahrhunderts ebensowohl wie solche aus der Zeit zwischen den beiden Weltkriegen. Es gibt solche, die im ganzen aus der Arbeit eines einzelnen Musikers entstanden sind, und solche, die von einem Musiker begonnen und von seinem Nachfolger weitergeführt, wohl gar von einem dritten beschlossen wurden. Ja es muß damit gerechnet werden, daß die eine oder andere Sammlung, nachdem sie als Photokopie in unser Archiv aufgenommen wurde, noch von dem Besitzer weitergeschrieben wird.

Diese Notenhefte und -bücher sind wohl nur in einzelnen Fällen Vorlage, „Vorschrift" für das Spiel, welches meist ohne Notenmaterial praktiziert wird (oder wurde). Sie sind vielmehr Gedächtnisstütze, Tagebuch und nicht zuletzt auch Lehrmaterial für die jungen Musiker, für die manchmal sogar Schreibübungen enthalten sind. Dementsprechend finden wir in diesen Büchern auch nur relativ selten die „austerzende" zweite Stimme und nie die übrigen Stimmen der harmonischen Mitte und des Basses. Ihre

Aufzeichnung erübrigt sich, weil sie ja in den einheitlichen Formtypen – bei den Ländlern handelt es sich fast stets um drei achttaktige und vier sechzehntaktige Formmodelle – immer gleich gebaut sind, und weil auch das Einstreuen gelegentlicher Verzierungsnoten im Formmodell bleiben muß.

Ein Sonderkapitel bilden hier die Zwiefachen, auf die wir diesbezüglich ein besonderes klärendes Augenmerk zu richten haben werden. Allgemein also handelt es sich um *Melodien*sammlungen im Gegensatz zu vielen fränkischen, vor allem unterfränkischen Notenbüchern, bei denen außer den Melodien das ganze Stimmenmaterial mit ausgeschrieben ist, sofern man überhaupt noch Handschriften vorliegen hat und nicht ausgedrucktes Notenmaterial.

2. Wir haben weiterhin handschriftliche Aufzeichnungen, die nicht von Musikern selbst angelegt wurden, sondern von Sammlern und Forschern. Solche Aufzeichnungen sind aber – entgegen den Verhältnissen in Niederbayern, wo sich vor allem so fruchtbare Sammler wie Alfons Listl und Anton Bauer betätigt haben – in der Oberpfalz recht rar. Das ist schade. Denn in der Oberpfalz bringen – wie mir meine eigene Sammelerfahrung vor allem noch in den fünfziger Jahren gezeigt hat – Musiziergelegenheiten wie die Kirchweih oder auch gestellte Studio-Darbietungen in der Stube viel mehr eigenartige Varianten und Typen-Neuigkeiten hervor als sonstwo in Bayern.

3. Das spielt auch bei einer dritten Art von handschriftlichen Aufzeichnungen eine Rolle, wie sie in der Oberpfalz einzig dasteht, nämlich bei den zahlreichen Aufzeichnungen des ehemaligen Nabburger Musikmeisters Peter Schriml. Wir werden demgemäß diesem Phänomen, das ich eine schriftliche Sonderart von Improvisation auf Modellvorstellungen nennen möchte, ein besonderes Kapitel zu widmen haben.

## III

Diese Unterschiedlichkeit, diese Uneinheitlichkeit der einzelnen Sammlungen macht es zunächst schwierig, eine Gesamtcharakterisierung des Sammelmaterials und darüber hinaus der Instrumentalmusik oder gar des Volkstanzes in der Oberpfalz schlechthin zu erstellen.

Von den ersten tausend Melodien entfällt rund die Hälfte auf die Zwiefachen – ein täuschendes Ergebnis, das um so mehr irreführend sein muß, als ohnehin allzuleicht immer wieder die irrige Meinung entstehen mag, daß die Zwiefachen, jene schlechthin typischen Oberpfälzer Melodien, normalerweise in der Mehrzahl sein müssen.

Dieser Vorstellung ist deswegen schwer zu entgehen, weil die oben genannte Einteilung in drei Arten von Sammelergebnissen – nämlich Musikantenhandschriften, volkskundliche Sammlungen und „schriftliche Improvisationen" – nur eine erste Wegweisung darstellt, nicht eine absolut sichere Charakterisierung von fest abgrenzbaren Erscheinungen.

Noch mehr wird natürlich die Betrachtung der Einzelsammlung, etwa das Notenheft eines einzelnen Musikers, auf diesen speziellen Musiker und seinen Geschmack, seine Liebhaberei, seine Neigungen, kurz auf seine ganz persönliche „Handschrift" (im stilistisch übertragenen Sinne) angelegt sein. Sie würde vielleicht auch an die bestimmte landschaftliche Szenerie gekettet sein, wo in der Tat die Nähe zum Beispiel der niederbayerischen oder mittelfränkischen Zwiefachen oder die oberfränkische Tendenz zur größeren arrangierten Form abfärben und wo es sich um eine Bestandsaufnahme einer speziellen Situation – einer Kirchweih, einer Hochzeit – handeln würde. So wäre auch hier keine Gesamtcharakteristik der volksmusikalischen Landschaft Oberpfalz zu erwarten.

Aus diesem Grund sollte der Bemühung, ein möglichst charakteristisches Bild von der qualitativen, zunächst aber vor allem auch von der quantitativen Verteilung verschiedener Melodiearten auf die Landschaft Oberpfalz zu zeichnen, dadurch entgegengegangen werden, daß eine möglichst hohe Gesamtzahl der aus der Oberpfalz stammenden Melodien anzustreben war, die einen Durchschnitt durch die Gesamtsituation versprechen konnte.

## *IV*

Es ist also ein buntes Mosaik, das wir antreffen, wenn wir diese Gesamtsammlung betrachten. Es reicht von der Typenweise des Ländlers bis zum gelegentlichen Auftauchen von Modeschlagern und Modetänzen, die aber fast immer einzeln dastehen und schon in dieser Absonderung von der charakteristischen „Parthien"-Zusammenstellung der Typenweise als Antipoden gegenüberstehen. Diese Modestücke – gelegentliche Salonstücke, Operettenmelodien, Konzertwalzer oder -polkas und dergleichen mehr – treten mit einer gewissen Regelmäßigkeit auf, sind aber so vereinzelt, daß sie für das Repertoire als solches nicht charakterisierend genannt werden können. Wir mögen sie als Abfallprodukte beiseitelegen.

Wenden wir uns dem Hauptbestand zu. Ein erster Versuch, diese Melodien nach Arten oder Familien zu sortieren, mag sich nach den Taktverhältnissen richten: Melodien im geraden, im ungeraden und im wechselnden Takt. Nach dieser Ordnung orientiert sich aus gutem Grund auch die in Vorbereitung befindliche Denkmälerausgabe der *Musikalischen Volkstradition in Bayern*. Es wird von der Erkenntnis ausgegangen, daß sich diese drei Gruppen weitgehend voneinander absondern, obwohl nicht übersehen werden darf, daß gelegentliche Übereinstimmungen über die Grenzen hinweg vorzufinden sind. Es gibt Melodien, die – vielleicht sogar nach dem Muster des historischen „Tanzpaares" – in gleicher Weise als ungeradtaktige und taktwechselnde Stücke vorkommen oder nacheinander gerad- und ungeradtaktig. Das sind keine Seltenheiten. Aber im Prinzip sind die Melodien in den drei verschiedenen Taktstrukturen weitgehend voneinander abgetrennt, inselhaft in sich geschlossen, während häufiger innerhalb zum Beispiel des ungeraden Taktes Ländler- und Mazurkaweisen als Typen ineinander übergehen.

Der prozentuale Anteil der drei Melodiearten in dem Gesamtmaterial aus der Oberpfalz mit seinen an die 9.000 Stücken war nicht ohne weiteres zu erwarten. Die Zahl der Zwiefachen, der typisch oberpfälzischen Tänze, umfaßt nicht einmal 1.200 Nummern, und zwar sogar trotz des Umstands, daß die Einzelsammlungen der ersten 1.000 Archivnummern auf die Untersuchung vornehmlich der Zwiefachen hin angelegt worden sind. Die geradtaktigen Stücke umfassen etwa 2.600 Nummern, während die ungeradtaktigen Stücke in ihren verschiedenen Ausprägungen – also gelegentliche komponierte Konzertwalzer eingeschlossen – die Zahl 5.000 überschreiten. Dieser Befund deckt sich in etwa mit dem Befund in dem niederbayerischen Melodienmaterial, nur daß sich dort ein vor allem die Zwiefachen betreffender Stilwandel bemerkbar macht.

## V

Diese Melodien sind – auch wenn man von den ausgesprochenen Außenseitern, Schlagermelodien und dergleichen, absieht – recht unterschiedlich, was ihren Entwicklungsstand anbetrifft. Ich habe hierzu an anderer Stelle genauere Angaben gemacht.[6] Mir scheint, daß diese Melodien – vielleicht textunabhängige instrumentale Volksmelodien überhaupt – in ihrer Entwicklung drei Stadien durchlaufen, die theoretisch auseinanderzuhalten sind, praktisch aber wohl ineinander übergehen und verfließen. Da haben wir eine unbestimmte, das heißt nur durch eine Reihe von allgemeinen Stilmerkmalen, Formstrukturen und Formelementen bestimmbare Melodie-Kategorie, die zum Beispiel in einem großen Teil der Ländler realisiert ist. Es handelt sich um eine ziemlich frei zu behandelnde Leitidee, die sich vielleicht aus einer anderen Art von Melodie durch eine Mutation entwickelt haben mag. In diesem ersten Seins- oder Aggregatszustand sind also nur allgemeine Elemente fest, alles andere wird grundsätzlich von Mal zu Mal neu improvisiert.

Dieser sehr naturhafte Zustand läßt sich in den instrumentalen Melodien mancher Volksmusikkulturen deutlich erkennen. Meines Erachtens gehört ein Großteil der im altbayerischen Raum überlieferten Ländlermelodien zu diesem Seinszustand. Es erweist sich als ganz falsch, wenn man –

wie etwa im Fall der Volksballaden, ihrer Texte, aber auch ihrer Melodien
– nach einer fest abgrenzbaren Anzahl von Stücken sucht, von denen dann
alle anderen Stücke nur noch Varianten sind. Es gibt Tausende von Ländlern und immer wieder neue, bei denen nur die Leitidee, die Form, die
Struktur zum Beispiel der harmonischen Funktionen, eine gewisse Anzahl
von Spielfiguren und Motiven erhalten bleibt, die Gesamtkonzeption dagegen immer wieder neu ist.

Eine erste Mutation des Lebensprinzips, eine erste Festlegung, um nicht
zu sagen Erstarrung, tritt ein, wenn die Schöpferkraft des Spielers und
ebenfalls die Erlebniskraft des Hörers nachläßt, und wenn Spieler und Hörer an der Wiederholung immer wieder des Gleichen Genüge finden, statt
immer wieder das Neue zu wollen. Nicht daß hier die Produktivität als solche ganz aufgehört hätte zu wirken. Hier erst zeigt sich nun das, was einige
Volksliedforscher als einzige Form einer schöpferischen Haltung des Volkes gegenüber seinem Liedgut anerkennen wollten. Die Melodie hat eine
Festigung insoweit erlangt, als ihre Varianten als eine Einheit und Zusammengehörigkeit erkannt werden können, nicht mehr nur an Elementen
und allgemeinen Bauprinzipien, sondern als gesamtmelodischer Ablauf.

Der höchste Grad von Verfestigung und Versteifung, Erstarrung ist
dann nach einer zweiten Wandlung erreicht, wenn auch die geringfügigste
Veränderung als ein Verstoß gebrandmarkt wird, als ein Verstoß etwa gegen die Rechte eines Komponisten oder Arrangeurs oder wiederum gegen
die Regeln des Volksmusik oder Volkstanz pflegenden Bundes, wie denn
zum Beispiel die Melodien der Schuhplattler in den Trachtenvereinen die
schöpferische Freiheit des Musikers nicht mehr anerkennen.[7]

Schon ein flüchtiger Blick in die Notenhandschriften aus der Oberpfalz
zeigt dem Betrachter, daß auch hier die Zugehörigkeit zu dem einen oder
anderen Prinzip sehr unterschiedlicher Art ist. Während zum Beispiel in
den Handschriften aus Unterfranken die Melodien fast ausschließlich Ton
für Ton festliegende „Kompositionen" sind, gibt es in den Oberpfälzer
Handschriften beide Extreme und natürlich auch Zwischenstufen. Noch
bevor wir uns der mühevollen Aufgabe unterziehen, eine große, umfang-
reiche Gruppe von Melodien, zum Beispiel von Ländlern, typologisch zu
ordnen, um zu erkennen, welche Melodien als gefestigte Gestalten ohne
oder mit nur geringfügiger Veränderung immer wiederkehren und welche
Melodien „schriftlich improvisierte" Unica sind, lassen sich die beiden Extreme an zwei mehr oder minder charakteristischen Eigentümlichkeiten
voneinander absondern:

1. *Typenweisen,* also solche, bei denen nur Formmodell und typische
Spielfiguren fest sind, treten meistens in sogenannten „Partien" auf. Das
heißt, einer Folge von zehn, zwanzig acht- oder sechzehntaktigen Ländlermelodien schließt sich eine Partie Polkamelodien an und wieder eine Partie
Zwiefache und so weiter. Manchmal, vielleicht in einem schon etwas fort-

geschrittenen Entwicklungsstadium, taucht irgendwo in den handschriftlichen Notenbüchern eine Partie „zweite Teile" auf – ein Zeichen, daß überhaupt nicht aus den Büchern heraus musiziert wurde, weil man sonst unausgesetzt hätte umblättern müssen, wenn man nicht nacheinandergespielte Teilstücke auch nacheinander notiert.

Im Gegensatz dazu stehen die *festgelegten* Stücke *einzeln,* vielleicht ein einzelner Ländler und eine einzelne Polka auf der gleichen Seite – auch hier nun ein Zeichen dafür, daß man jetzt eben aus dem Buch heraus musiziert hat und den Wechsel der Melodien bereits in den Noten vorschreibt, ihn nicht mehr dem improvisierenden Musiker und der wechselnden Situation überläßt.

2. *Einzeilige Typenweisen* stehen in den Handschriften partieweise, hier in dieser Tonart, dort in jener, dann als „zweite Teile", für den praktischen Musiker freigestellt zur immer neuen Kombination, so wie es die jeweilige Situation erforderlich macht. Die *festgelegten* Stücke dagegen sind auch in der mehrzeiligen Folge bereits in der Handschrift zu größeren Formstrukturen festgelegt, meist in der Folge ABA, wobei der mittlere Teil B durch die Wahl der Tonart, wohl auch in Bewegung und Motivwahl ausgeglichen, Gegensatz und Verwandtschaft offenbart. Und dann folgt regelmäßig ein Teil C, der als „Trio" überschrieben wird. All das ist ein für alle Male festgelegt und in der Spielsituation nicht mehr veränderbar.

## VI

Es ist nun so, daß in der einzelnen Sammlung der Entwicklungsstand der Melodietypen und Tanztypen nicht unbedingt gleich ist. Es können hier sehr wohl starke Verschiebungen beobachtet werden. *Ländlermelodien* zum Beispiel sind in den Oberpfälzer Sammlungen vornehmlich in jenem noch freien improvisierbaren Status zurückgeblieben, meist einmalige Stücke, die wo anders nicht mehr oder nur als zufällige Kopien auftauchen. Sie sind meist in Partien, also in Folgen mit gleicher Tonart aneinandergereiht, nicht als praktikable Spielfolge, sondern einer ad libitum-Folge freistehend. Das ist um so mehr zu beachten, als in manchen Handschriften des angrenzenden Oberfranken nicht selten mehrere Ländlermelodien als feststehende Folge vorgezeichnet sind, wobei sogar Einleitung, Nachspiel oder Zwischenspiel ausgeschrieben sind wie in den Wiener Konzertwalzern und ganz im Gegensatz zu dem Oberpfälzer Brauch, wo dieses Rankenwerk nie geschrieben, sondern immer „aus dem Hut" gespielt wird.

Bei den Ländlerfolgen der Oberpfälzer Bauernhandschriften ist es freilich nicht selten so, daß in der Partie unregelmäßige Walzer- und Mazurkamelodien mit einfließen. Sie werden unkritisch miteinander vermengt, obwohl doch die drei Melodietypen in ihrem Stil leicht auseinanderzuhalten

sind: der Ländler mit seiner durchlaufenden Achtel- oder wenigstens Vier-
telbewegung, der Walzer mit dem regelmäßigen Wechsel von Halben und
Vierteln, verteilt auf schwere und leichte Taktteile, und schließlich die Mazurka mit einer punktierten Achtelbewegung und einer Betonung auf dem
zweiten Viertel des Taktes, ja mit einer Schlußnote auf dem zweiten Viertel des letzten Taktes.

Diese drei Melodietypen – Ländler, Walzer und Mazurka – werden also
nicht selten unter dem einheitlichen Namen Ländler in einer Partie zusammengefaßt. Auf der anderen Seite aber neigen Walzer und Mazurka – ganz
im Gegensatz zum Ländler, der in der Oberpfalz fast durchweg im typen-
melodischen Frühstadium stehengeblieben ist – zur Festlegung, ja zur
mehrteiligen Komposition.

Eine ähnliche Mischung von Melodien verschiedener Entwicklungsstufen findet sich auch bei den Stücken mit *geradem Takt*. Es herrschen die
Namen Polka, Schottisch und Galopp vor, in der Regel mit noch recht
freien Gestaltungsgesetzen. Seltener und mehr zur Festlegung neigend findet sich auch die Bezeichnung Rheinländer. Auch hier tauchen Stücke auf,
die partienweise aneinandergereiht sind und wohl großenteils als schriftliche Improvisationen, nur gelegentlich als zufällige Kopien wieder erscheinen. Auch drei- bis vierteilige Festlegungen finden sich, wenngleich nicht
mit solcher Häufigkeit und Regelmäßigkeit wie in den Notenbüchern aus
Ober- und vor allem aus Unterfranken.

Hier wie bei den ungeradtaktigen Stücken ist die Hinwendung zu Partie
einerseits oder zu festgelegter mehrteiliger Form andererseits, zur Typenweise oder zu variabler Festlegung oder gar unvariabler Erstarrung von
Handschrift zu Handschrift, von Schreiber zu Schreiber, von Landschaft zu
Landschaft und von Epoche zu Epoche unterschiedlich, wenngleich man
generell sagen kann, daß in den oberpfälzischen Handschriften die Freizügigkeit der Melodienbehandlung gegenüber der starren Festlegung in
Nordbayern charakteristisch genannt werden kann.


# VII

Wenn wir das Melodiengut der Oberpfälzer Bauernhandschriften in ihrer
Schichtung nach Entwicklungsstadien betrachten, so erhalten wir ein besonderes und unerwartetes Bild vor allem von dem Melodienmaterial der
Zwiefachen. Sie daraufhin zu betrachten, muß vor allem deswegen von
Wichtigkeit sein, weil als ihr zentrales Verbreitungsgebiet allzuleicht und
voreilig die Oberpfalz genannt wird. Viktor Junk hat diese These in seiner
Monographie von 1938 vertreten: „Die Herkunft und Heimat der taktwechselnden Tänze aber ist und bleibt – die bayerische Oberpfalz!"[8] Und
das war zu einer Zeit, als man über ein Sammelergebnis und Anschauungs-

material fast nur aus Niederbayern und seinen unmittelbar angrenzenden Gebieten (vor allem aus der Gegend um Cham) verfügte – und allerdings über die Sammlungen des Peter Schriml aus Nabburg, die in diesem Zusammenhang noch einmal besonders betrachtet werden müssen.

Wie steht es um die Zwiefachen in der Oberpfalz? Sind die Zwiefachen, die wir mit Ausnahme von Unterfranken in allen bayerischen Bezirken finden können, überall miteinander identisch, oder bildet die Oberpfalz ein Sondergebiet, dessen Melodiengut mit dem der anderen Bezirke nicht vergleichbar ist? Oder sind diese anderen Gebiete von einem Stil gerade der oberpfälzischen Zwiefachen gespeist worden?

Der Umstand, daß längst vor dem ersten nachweisbaren schriftlichen Auftauchen von Zwiefachenmelodien regelmäßige volksmusikalische Wanderungen und Austauschbewegungen zwischen Oberpfalz und Niederbayern beziehungsweise zwischen dem nördlichen Altbayern und dem slawischen Böhmen gang und gäbe waren, läßt die Frage nach dem Entstehungsgebiet recht problematisch erscheinen, kaum jemals beantwortbar. Vielleicht gibt es eine beiderseitige Veranlagung, die durch Berührung der gegensätzlichen Stammescharaktere zu seiner Entstehung geführt hat. Schon früher habe ich die Vermutung geäußert, daß diese Melodien aus dem Zusammenwirken bayerischer und westslawischer Musikalität entstanden sind.[9]

Unabhängig von dieser Entstehungsfrage gibt es eine Reihe von Beobachtungen über das Kraftfeld von Werden, Sich-Wandeln und Vergehen dieser Zwiefachen, und zwar gerade auch Beobachtungen, die bisher nicht gemacht werden konnten, bis Anfang der sechziger Jahre das Sammelmaterial aus Oberpfalz und Niederbayern systematisch erweitert und mit solchem aus den anderen vier Bezirken vergleichbar wurde. Im einzelnen ergeben sich dabei folgende Gesichtspunkte:

1. In Oberfranken und Oberbayern beschränken sich die Zwiefachen auf die Grenzgebiete gegenüber Oberpfalz und Niederbayern. Es handelt sich dabei nur um Ausstrahlungsgebiete. In Schwaben[10] und Mittelfranken[11] gibt es selbständige Entwicklungen, die jedoch offenbar nicht zu der Breite der Überlieferung in Oberpfalz und Niederbayern geführt haben. Und was nun schließlich Oberpfalz und Niederbayern selbst betrifft, so wurde schon früher[12] die inzwischen erweitert bestätigte Feststellung gemacht, daß die sehr reich fließende Überlieferung in den unterschiedlichen Regionen teilweise sehr eigene, voneinander deutlich abzugrenzende Entwicklungswege gegangen ist, was vor allem daraus resultiert, daß die Stücke in Niederbayern in sehr viel stärkerem Maße erstarrt und der freien Typen-Improvisation entzogen sind als in der Oberpfalz.

2. Im Bewußtsein des Volkes und vor allem der Bauernmusikanten scheint die Absonderung der Zwiefachen von den anderen Tanzmelodien auffällig stark zu sein. In den Handschriften werden sie – deutlich im Ge-

gensatz zu den anderen Stücken, also zum Beispiel zu den Ländlermelodien – als „Bayerische" bezeichnet. Der Ausdruck „Zwiefacher" ist ungewohnt. Was aber heißt „Bayerischer"? Ist es ein sehr *alter* Tanz, der als heimatlicher empfunden wird als der Ländler? Ist es ein relativ *neuer* Tanz, der durch die betonte Benennung als „Bayerischer" erst propagiert, „aufgebaut" werden muß? Jedenfalls ist hier wieder ein weiteres auffallendes Anzeichen von Uneinheitlichkeit des Melodienmaterials zu konstatieren.

Und nebenbei muß in diesem Zusammenhang die in den Bauernhandschriften recht untergeordnete Stellung der sogenannten „Volkstänze" erwähnt werden. Ein wahres Kreuz für die Vertreter der Volkstanz- und der Volksmusikpflege! Die landläufigen Figurentänze, das Kernstück jedes heimatlichen Volkstanzkreises, Stücke wie zum Beispiel das *Hirtenmadl,* der *Siebenschritt,* die *Fingerlpolka* und dergleichen mehr, sind in den Handschriften nicht nur relativ selten, sie werden eben wieder durch den Sondernamen streng abgegrenzt von Ländlern und anderen Kernstücken der Bauernhandschriften.

Das könnte zu einem recht unerwarteten Schluß führen, den ich hier anführen möchte, ohne mich gleich zu einem eindeutigen Ja oder Nein zu entschließen: Wenn wir das große „Partien"-Repertoire der altbayerischen Bauernmusikanten auf Grund seiner Allgemeinstellung und Überzahl als *das* Traditionsgut der instrumentalen Volksmusik ansehen, wenn wir die sicher nicht abwertende, aber doch unterbewußt anerkannte Absonderung der „Volkstänze" von der Tradition beobachten, muß dann nicht die Vermutung entstehen, daß auch die Zwiefachen, die ebenso betont den aufwertenden Sondernamen „die Bayerischen" erhalten, unterschwellig also nicht zu dem althergebrachten Melodiengut gezählt werden?

3. Obwohl die Zwiefachen im Vergleich zu den Ländlern zahlenmäßig sehr zurückstehen und – wie wir gesehen haben – von den Musikanten gleichsam abgedrängt werden, mag uns der Vergleich mit der Situation bei den Ländlern lehrreich auch bei der Betrachtung der landschaftlichen Verteilung sein. Denken wir zurück an das Entwicklungsschema, in dem eine improvisierte Typenweise nach einer ersten Festlegung zur variablen Melodie und nach einer zweiten Festlegung zu einer nicht mehr veränderbaren Schulbuchmelodie wird. Und genau das ist das Prinzip, das wir im Kraftfeld des nordbayerischen Zwiefachenlandes wieder antreffen können.

Wer je die Zwiefachen getanzt hat, nicht nur in dem peinlich auf jedes von der Norm abweichende Element achtenden Volkstanzkreis, sondern in der nicht organisierten Tanzerei auf dem Land oder in der landnahen Kleinstadt, der mag es bedauern, zu sehen, wie in dem Repertoire der typischen niederbayerischen Tanzhandschriften und in dem oberpfälzischen Übergangsgebiet die Melodien erstarrt sind, in bestimmten Kreisen bis zur Unvariabilität. Gewiß, die Stücke sind vielfach bizarr, in ihren festgelegten Wucherungen höchst interessant. Aber ist nicht ein sehr lustvolles Element des Zwiefachentanzes mit der Ungewißheit des improvisatorischen Moments verlorengegangen?

Die Zwiefachen in den sehr reichhaltigen niederbayerischen Bauernhandschriften beschränken sich im wesentlichen auf dieses Entwicklungsstadium nach der ersten Festlegung mit der noch variablen, aber nicht mehr improvisierbaren Gestalt. Es ist sehr eigentümlich, dieses Melodiengut in einer ganz anderen Entwicklungsstufe zu erblicken als die Ländler, obwohl sie in den gleichen Handschriften von den gleichen Schreibern geschrieben sind. Das Sammelmaterial niederbayerischer Zwiefacher ist insofern reichhaltig, als die Stücke offenbar in verschiedenen Zuständen improvisatorischer Entwicklung erstarrt sind. Die Vergleichstafeln in meinem *Zwiefachen*-Buch geben ein lebendiges Bild davon. Und obwohl man mit einiger Sicherheit in jeder niederbayerischen Sammlung das eine oder andere bisher nicht dagewesene Stück finden kann, vielleicht eine einmalige lokale Variante = Erstarrungsform, so ist doch das Melodienmaterial als begrenzt anzunehmen. Denn eine weitere Entwicklung ist durch den Vorgang einer ersten Festigung der Melodie beendet.

## *VIII*

Gerade hier aber finden wir eine Erklärung für die ganz andere Situation in dem Notenmaterial des Peter Schriml, das wohl auch in der Oberpfalz einzig dasteht, aber wegen seiner (scheinbaren?) Eigengesetzlichkeit und Umfänglichkeit besondere Beachtung verdient.

Wenn man diese Aufzeichnungen von Peter Schriml durchliest, so bemerkt man zum einen, daß es sich fast ausschließlich um Melodien handelt, die sonst nirgends in anderen Sammlungen auftauchen, also Unica sind. Zum anderen haben sie Tanznamen, die nirgends sonst anzutreffen sind. Und zum dritten handelt es sich fast ausschließlich um Stücke, denen die Bizarrheit der Formen fehlt, die umgekehrt in dem festgelegten Repertoire der niederbayerischen Sammlungen allgegenwärtig ist. Die meisten Stücke des Peter Schriml dagegen sind regelmäßige vier- beziehungsweise achttaktige Sätze, denen ein ebenso symmetrischer Nachsatz beigefügt ist.

Die Quelle sprudelt, man könnte sich denken, daß sie unerschöpflich immer wieder neue Stücke ans Tageslicht fördert. Dabei mag die Frage auftauchen, ob das Material praxisbezogen ist oder ob es für den städtischen musikwissenschaftlichen Sammler (Viktor Junk) Stück um Stück komponiert wurde, einen Sammler, der dem Schreiber vielleicht ein Honorar pro Stück versprochen oder zum mindesten in seiner Monographie für Publizität gesorgt hat. Die Aufzeichnungen Schrimls haben inzwischen ja sogar einen Ehrenplatz in der Handschriftenabteilung der Bayerischen Staatsbibliothek gefunden.

Nein, die Sache liegt ganz anders, und wir werden ein ganz neues Verhältnis zu den Aufzeichnungen des Peter Schriml gewinnen, wenn wir wieder die Beobachtungen über die verschiedenen Entwicklungsstufen, über die Aggregatszustände der Ländler zum Vergleich heranziehen. Genau wie dem Ländlerschreiber liegt auch dem Zwiefachenschreiber der Notenbücher ein Formmodell und ein Katalog von Motiven und Spielfiguren im Sinn, nicht die Vorschrift einer festen, erstarrten Melodie. Aus diesen allgemeinen Formelementen kann er immer wieder neue Stücke erfinden, die nur dieser allgemeinen Idee entsprechen müssen, nicht einer bereits festgelegten Melodie. Die Zahl der möglichen Melodien, die solchermaßen entstehen können, die Zahl möglicher Improvisationen mag, solange nicht ein Computer eine bestimmte Zahl errechnet, praktisch unbegrenzt sein. Für die Art dieser Spiel- und Schreibweisen kann die synoptische Tafel VI meines *Zwiefachen*-Buches[13] belehrend sein, wo Melodien zusammengestellt sind, die zwei Generationen vor Schriml entstanden. Dort sind die grundlegenden Strukturelemente folgende: die Folge der in der Melodie latent enthaltenen Harmonien und die Taktarten als Formmodell sowie eine Anzahl von melodischen Figuren. Diese Elemente geben das Material zu immer neuen Gestalten, immer neuen Realisationen.

Daß die Formidee, die den verschiedenen Improvisationen zugrunde liegt, auch aus einer anderen Kombination von Strukturelementen zusammengesetzt sein kann, das mag hier eine synoptische Tafel zeigen, auf der elf Melodien zusammengestellt sind, die alle einer gleichen Sammlung des Peter Schriml entstammen und deren Verwandtschaft offensichtlich ist. Spieler (beziehungsweise Schreiber) und Hörer oder Leser empfinden über alle spezielle Realisation hinweg die Zusammengehörigkeit in der Idee, die hinter der Realisation steht (vgl. Tafel S. 186).
Ungewöhnlich bei den Beispielen dieser Tafel ist, daß diese Melodien nicht alle die gleiche harmonische Struktur aufweisen wie die Vergleichsbeispiele der Tännesberger Handschrift. Uneinheitlich ist auch die Taktfolge. In vier Stücken (2, 6, 7 und 10) erfolgt sogar der Taktwechsel erst später, auf unserer Tafel nicht mehr verzeichnet. Gemeinsame Formidee ist hier einerseits die viertaktige Struktur, die Akkordmelodik, der entsprechend man eher von einer Folge von gebrochenen Akkorden denn von einer Melodie sprechen möchte, und dann vor allem ist diesen Stücken gemeinsam das formbildende Strukturelement der Gleichheit der beiden Motive in den beiden ersten Takten. Wenn man bedenkt, daß alle elf angeführten Stücke aus der gleichen Handschrift des gleichen Schreibers stammen und hier kurz hintereinander verzeichnet wurden, so ist wohl daran zu denken, daß sie alle aus der gleichen Grundstimmung entstanden sind. Diese Formidee hat sich im Kopf des Schreibers festgesetzt und fordert nun von ihm immer wieder neue Realisierungen, deren mögliche Anzahl unbegrenzt sein mag.

Aus der Handschrift *Verschiedene Volkstänze* von Peter Schriml, Nabburg

**Die alt Urschl**                                                    Off. A 339

**Waldler Franz**                                                    Off. A 355

**Schaufelstiel**                                                    Off. A 348

**Schubkarrn**                                                       Off. A 349

**Alter Bayerischer**                                                Off. A 350

**Schmierliesl**                                                     Off. A 356

**Besenstiel**                                                       Off. A 351

**Heuhupfer**                                                        Off. A 354

**Pfifferling**                                                      Off. A 332

**Ratschkatl**                                                       Off. A 357

**Kaltenauer**                                                       Off. A 325

Diese unbekümmerte Hingabe an das einmal gefundene Modell, die wir ähnlich übrigens auch bei manchen Ländlerpartien der altbayerischen Musikantenhandschriften finden können, deutet meines Erachtens auch auf die Tatsache, daß der Schreiber in einem echten schöpferischen Erlebnis begriffen war. Wäre es ihm ganz bewußt nur darum gegangen, seinem Auftraggeber eine möglichst große Zahl von Stücken vorzulegen, so hätte er sich wohl gehütet, „immer wieder das Gleiche" zu schreiben.

Bei diesem Schaffensvorgang, der entwicklungsgeschichtlich noch vor der ersten Erstarrung liegt, erscheint es unwichtig, ob der Schreiber für die Kirchweih oder für den Sammler (Viktor Junk) geschrieben hat; von einer bewußten Fälschung im Interesse der Sammlung kann gar keine Rede sein. Es ist auch unerheblich, wenn bei dieser Fülle von Gestalten gelegentlich Stücke auftauchen, die mißlungen sind, die papieren oder linkisch erscheinen. Auch was die Tanznamen betrifft, die im Gegensatz zu dem niederbayerischen Grundrepertoire unerschöpflich sind – jedes einzelne Stück nie gehört, ein echtes Unikum –, gilt dieses Prinzip. Die Namen sind der Welt bäuerlichen Lebens entnommen, aus Haus und Hof und Wirtshaus und Kartenspiel und aus dem Irrgarten menschlicher Schwächen, im Prinzip einheitlich, in der Einzelheit immer neu, nie sich wiederholend. Das Übersprudeln der immer neuen Namensgebung bei Schriml widerspricht nicht der Namenlosigkeit der Ländler oder der verwandten Typen-Zwiefachen aus Tännesberg, die ich auf der eben genannten synoptischen Tafel VI in meinem *Zwiefachen*-Buch zusammengestellt habe. Schriml hat das Prinzip des fortgesetzt neuen Improvisierens eben auch auf die Improvisation von Namen ausgedehnt.

## IX

Abschließend sei noch ein Blick auf eine Sondererscheinung der Zwiefachen-Tradition geworfen, die meines Wissens in Niederbayern nicht die Rolle spielt wie in der Oberpfalz: Das ist die Eigentümlichkeit der rhythmischen Notation. Man weiß, daß die originale Schreibweise der Bauernmusikanten so aussieht, daß eine Viertelnote im ungeraden Takt der Achtelnote im geraden Takt entspricht. Man schreibt also wie in unserem folgenden Beispiel die Form (2), spielt aber wie (3):

(1) ♫♫ | ♫ ♫ → (2) ♩ ♩ ♩ | ♫ ♫ → (3) ♩ ♩ ♩ | ♩ ♩ ♩ ♩

Das hängt mit der Tanzweise zusammen: Auf jede Viertelnote erfolgt ein Schritt, aber dieser eine Schritt dauert im geraden Takt doppelt so lange wie im ungeraden Takt.

In neueren praktischen Ausgaben wie auch in untersuchenden Studien schreibt man gewöhnlich die rhythmische Form (3), was freilich dann verwirrend wird, wenn diese Schreibweise inkonsequent verwendet wird und man dann nur aus der Erfahrung entscheiden kann, welche Schreibweise gewählt ist, wie also zu spielen ist.

In älteren oberpfälzischen Handschriften – meines Wissens nicht in niederbayerischen – erscheint zuweilen eine noch ursprünglichere Form, die wohl der frühesten Art der Aufzeichnung entspricht: Der Dreiviertel- wird zum Dreiachteltakt verkürzt, und es wird in der alten Form (1) Achtel gleich Achtel gespielt, wie in der jüngsten Schreibart Viertel gleich Viertel zu lesen ist. Der Übergang von einer Art zur anderen, von einer Entwicklungsstufe zur anderen geht nicht ohne Komplikationen. Und so findet man eine ganze Reihe von Oberpfälzer Originalhandschriften, wie zum Beispiel die von Tännesberg, in denen die beiden Schreibweisen (1 und 2) durcheinander gebraucht werden, was äußerst verwirrend und manchmal kaum noch mit Sicherheit zu lesen ist.

## X

Zusammenfassend möchte ich sagen, daß wir hier an dem Beispiel des Repertoires Oberpfälzer Bauernmusikanten ein allgemeines Lebensgesetz der Volksmusik studieren können, das meines Erachtens viel zu wenig, wenn überhaupt beachtet wird. Volksmusik ist nicht Eines, nicht eine einheitliche Erscheinung. Sie ist eine komplexe Erscheinung, in der sich unterschiedliche soziale, landschaftliche, brauchtumsmäßige Beziehungen ebenso abspiegeln wie das Maß künstlerisch-technischen Könnens von Amateuren und Berufsspielleuten.

Aber hier sehen wir zudem, wie in einem Melodienrepertoire, das als Ganzes der gleichen sozialen Funktion dient, dem Spiel zu Tanz und Festfreude, die einzelnen Elemente, die einzelnen Melodiegattungen voneinander gehalten werden als traditionelles Formelgut, als modernisiertes Arrangement oder als Melodiengut, das einem speziellen Verein, der Volkstanzgruppe, dem Trachtenverein zugehört. Und hier haben wir vor allem, damit zusammenhängend, zu erkennen, daß dieses scheinbar homogene, sich aber jetzt plötzlich als heterogen erweisende Melodienmaterial in sich verschiedenen Altersstufen, Entwicklungsschichten angehört. Während sich die einen in der improvisierenden Freizügigkeit erhalten haben, sind andere zu einer fest vorgeschriebenen Form erstarrt, an der nichts mehr geändert werden darf.

# Anmerkungen

1 F. Hoerburger, Die Zwiefachen. Gestaltung und Umgestaltung der Tanzmelodien im nördlichen Altbayern, Berlin 1956.

2 F. Hoerburger, Die handschriftlichen Notenbücher der bayerischen Bauernmusikanten, in: Zum 70. Geburtstag von Joseph Müller-Blattau, Kassel 1966, S. 122-128, im vorliegenden Band S. 166-173.

3 Musikalische Volkstradition in Bayern. Band I: Achttaktige Ländler, Regensburg 1977.

4 F. Hoerburger, Was ist Volksmusik?, in: Heutige Probleme der Volksmusik, Deutsche UNESCO-Kommission, Köln 1973, S. 11-26, im vorliegenden Band S. 131-145.

5 Das Gesamtmaterial ist als handschriftliches Archiv beim Institut für Volkskunde der Kommission für bayerische Landesgeschichte bei der Bayerischen Akademie der Wissenschaften aufbewahrt.

6 Musikalische Volkstradition..., Bd. I. S. 34ff.

7 Man kann dieses Entwicklungsschema auch anderwärts in der instrumentalen Volksmusik beobachten, wobei dem aufmerksamen Ohr oder doch wenigstens einer aufmerksamen Analyse freier Spielmannskunst nicht entgehen wird, daß die Phylogenese der Melodiestruktur einer Ontogenese während des improvisierenden Spiels entsprechen kann: Der Musiker beginnt mit freier Improvisation, aus der sich langsam regelrechte Melodien entwickeln, die sich von Wiederholung zu Wiederholung mehr und mehr verfestigen, bis sie in der Schlußstretta nicht mehr variabel sind. Siehe hierzu F. Hoerburger, Gestalt und Gestaltung im Volkstanz, in: Studia Musicologica 6, 1964, S. 311-316, im vorliegenden Band S. 83-88.

8 V. Junk, Die taktwechselnden Volkstänze. Deutsches oder tschechisches Kulturgut? Leipzig 1938, S. 137.

9 F. Hoerburger/J. Raupp, Deutsch-slawische Wechselbeziehungen im Volkstanz, Leipzig 1957, S. 35.

10 H. Regner, Taktwechselnde Volkstänze im Ries, Diss. München 1956.

11 F. Krautwurst, Taktwechselnde Volkstänze in Franken, in: Jahrbuch des Österreichischen Volksliedwerks 4, 1955.

12 F. Hoerburger, Die Zwiefachen, S. 70ff.

13 Ebenda, S. 109, Tafel VI.

# Auf dem Weg zur Großform
## Beobachtungen zur instrumentalen Volksmusik der südlichen Balkanvölker

Die musikalische Großform als „logisch-konsequente Entwicklung und Gestaltung über lange Zeitstrecken hin"[1] ist eine besondere Schöpfung der abendländischen Kunstmusik, ihr Bau, ihre Architektonik ist nur realisierbar durch das Vorhandensein eines Systems der vollen Notierung, welche die Vorplanung größerer Zusammenhänge gestattet. Die Entwicklung von Formstrukturen wie zum Beispiel der Sonatenform, in welcher Themen, Themengruppen, Formteile in ihrem Gegen- und Zueinander abgestimmt sind und sich schließlich zu einem Gesamtbogen ergänzen, ist nicht denkbar, wo nicht die Möglichkeit besteht, sie vorher auf dem Notenblatt zu konzipieren. Heißt das aber, daß der schriftlosen Musik nur das Manipulieren mit kurzen Melodiezeilen oder leicht überschaubaren „Liedformen" bleibt, und daß bei der Forderung, eine größere Zeitspanne musikalisch auszufüllen, nur Wiederholung und lose Reihung möglich ist, nicht jedoch Entwicklung und logische Gesamtstruktur? Im Folgenden sollen an Hand von einigen Beobachtungen an instrumentaler Volksmusik in den südlichen Balkanländern Möglichkeiten gezeigt werden, die auch dem Volksmusiker, der schriftlos musiziert, die Gestaltung größerer formaler Zusammenhänge erlauben, welche freilich sehr viel anders aussehen als die Großformen, die sich in der Schriftkultur der abendländischen Tonkunst gebildet haben.

Wenn wir von instrumentaler Volksmusik sprechen, so denken wir unwillkürlich und mit Recht zuvörderst an die Verbindung mit dem Volkstanz, als dessen Begleiter diese Musik in erster Linie zu gelten hat. Freilich erscheint es in diesem Zusammenhang fürs erste unglaubwürdig, daß wir hier mit Großformen zu rechnen haben. Zum mindesten kompliziertere Formstrukturen – wie ja auch komplizierte Klangformen oder Mehrstimmigkeitsbildungen – sind dem Volkstanz zuwider, sie sind zu „kopfig", sie verlangen einen geistigen Mitvollzug, sie hindern den elementaren Bewegungsdrang eher, als daß sie ihn, wie es der Zweck der Tanzmusik sein soll, fördern und anreizen würden.

Das hört sich so an, als hätten wir hier vor allem mit Kurzformen zu rechnen, mit Zeilenwiederholungen, einfachen Liedformen, die wiederholt oder in losem Wechsel aneinandergereiht werden. Das kann auch wohl so sein, vor allem in vorgerückten Stufen des Seins, etwa im „zweiten Dasein". Im ersten Dasein, in ursprünglicher Tradition, wovon hier besonders die Rede sein soll, wird es jedoch anders aussehen. Tanz und Musik, die eine überlegte Konstruktion nicht brauchen können, fordern doch Entwicklung und Steigerung und Zielgerichtetheit oder ein fortgesetztes meditierendes Hin- und Herschwingen, jedenfalls einen Zusammenhang, der sich über die bloßen Zeilenwiederholungen hinwegzieht und den Gesamtablauf zwischen Beginn und Ende zu einem logischen Zusammenhang werden läßt. Die Aufeinanderfolge von gleichen oder gewöhnlich leichter oder stärker variierten Zeilen oder Kurzformen bleibt nicht dem Zusammenstückeln überlassen, sondern richtet sich nach der Vorstellung des Gesamtzusammenhangs mit Einleitung und Schlußfall. Die Aufeinanderfolge von Kurzformen ist nicht als eine bloße Aneinanderhängung von selbständigen Melodieindividuen anzusehen, sondern als ein Gesamtorganismus – bereits in primitiver Entwicklungsstufe. Wir werden sehen, daß diese Verknüpfung eine ganze Reihe von Möglichkeiten kennt, die sie zu einem „höheren Organismus" werden lassen können. Ich möchte sie hier in zwei Komplexe zusammenfassen: Da ist auf der einen Seite das Gegeneinanderausspielen von Gegensatzpaaren – entsprechend dem bekannten Prinzip des „Tanzpaars" mit der Folge langsam-schnell, jedoch in einem erweiterten Sinne – und auf der anderen die Verknüpfung der Teile durch überleitende Zwischenstücke und Übergangsformeln.

Durch internationale Feste und Begegnungen, vor allem durch die Tätigkeit jener staatlichen Tanzensembles mit ihren Gastspielreisen auf der ganzen Welt ist der Begriff des makedonischen *Teškoto* recht bekannt geworden: ein faszinierender Männertanz, der aus zwei Teilen besteht, einem einleitenden freirhythmischen Stück, das auf den schnellen wirbelnden Nachtanz hinzielt. Durch das seltsam aufregende Zögern und Hinhalten des Rubato-Vordersatzes wird eine große Spannung erzeugt, die alle Zuschauer immer wieder von neuem hinreißt. Freilich müssen wir uns darüber im klaren sein, daß es sich hier um ein Arrangement handelt, bei dem eine ursprünglich freiere Gestaltung in ihren wesentlichen Vorstellungen und Motiven erfaßt und zu einer festen Form gestaltet worden ist. Wie aber sieht eine solche Musik in ihrer frühen, unveränderten, ich möchte fast sagen, unverstümmelten Art aus? Ich habe mehrmals Gelegenheit gehabt, solche Stücke in natura zu erleben, sie teilweise auf Tonband aufzunehmen und in der Transkription zu analysieren. Sie sind hier bei weitem faszinierender, erregender, vielfach weiter ausgedehnt als jene festgelegten Formen des *Teškoto*. Sie können sich über lange Zeiträume hinziehen, Steigerungen enthalten, die mehrmals noch einmal zurückgenommen werden, um einem neuen Anlauf Platz zu machen, oder über ewig lange Strecken sich in einem fast mechanischen Gleichmaß bewegen, so daß sich die Spannung bis zur Unerträglichkeit steigert, um somit der Lösung in der Endphase der Entwicklung einen noch höheren Sinn und eine noch höhere Wirkung zu geben. Auf der anderen Seite kann dieser Nachsatz wiederum eine Stretta darstellen, die sich möglicherweise noch einmal längere Zeit hinzieht, oder er kann bereits wirbelndes Endtempo erreicht haben, das sich nicht mehr verändert.

Solche Vorgänge verlieren völlig den Charakter von Kleinform-Folgen, den sie zu haben scheinen, wenn solche Stücke in der üblichen Form in der Literatur auftauchen, ohne daß eine Gesamttranskription vorgenommen ist und ohne daß der größere Zusammenhang berücksichtigt wurde.[2] Wir verstehen vielmehr die Gesamtkonzeption einer Form, die über die einzelne formale Zelle hinausreicht, und in der die Endphase der formalen Entwicklung durchaus schon in der Einleitung vorgesehen ist, erwartet vom Kenner, vergleichbar, wenn auch im einzelnen anders, den großen Formen der Kunstmusik – etwa der Symbiose von Phantasie und Fuge. Und tatsächlich könnte man etwa bei Bachs *Chromatischer Phantasie und Fuge* daran denken, daß diese Form nur eine systematische Weiterbildung solcher Vorbilder und eine Projektion dieser Idee in die geschriebene Komposition bedeutet.

Es liegt vielleicht nahe, bei der Bildung solcher größerer Zusammenhänge daran zu denken, daß sie sich an das außermusikalische Prinzip – in diesem Fall des Tanzes – anlehnen. Tatsächlich werden wir später sehen, wie in bestimmten Zusammenhängen die Musik solchen außermusikalischen Vorgängen folgt und sich dabei möglicherweise improvisatorisch in einer höchst interessanten Art mit diesen Vorgängen vereint und ihnen nachgeht. In dem Fall dieser Tanzfolgen, von denen hier die Rede war, möchte ich weniger daran denken. Auch im Falle des Tanzes bildet ja den Ausgangspunkt die Formzelle, das Bewegungsmotiv, die Zeile. Auch hier verknüpfen sich die kurzen Gebilde unter der Vorstellung einer allmählichen Steigerung zu größeren Zusammenhängen, auch hier ist dann der Gipfel der Steigerung die letzte Konsequenz dessen, was zu Beginn unternommen wurde. Der Schluß ist damit schon am Anfang in der Vorstellung vorhanden und sorgt damit für die Bildung einer ähnlichen Großform wie im Falle der Musik. Beide Komponenten – Musik und Tanz – befinden sich so in einer verwandten Situation, sie können, ja müssen sich – das ist der Sinn des Zusammenspiels – gegenseitig entzünden, anfeuern. Aber es ist nicht so, daß auf einer der beiden Seiten – also zum Beispiel auf seiten des Tanzes – bereits als selbstverständlich ein größerer Zusammenhang im Wesen der Sache begründet wäre und von der anderen Seite – also in diesem Falle von der Musik – nur nachgezeichnet werden müßte. Wir werden an späteren Beispielen sehen, wo ein solcher Nachvollzug der Form durch die Musik sinnvoll werden kann.

Das zweite Prinzip, das dem Spieler die Möglichkeit gibt, Teilstücke zu einem größeren Ganzen, einem größeren Organismus zusammenzufassen, ist das Arbeiten mit verbindenden sowie mit einleitenden und abschließenden Formeln. Diese Formeln können sich besonders aus dem Instrument und seiner Applikatur als mehr oder minder selbstverständlich ergeben – ich möchte betonen „minder", denn der Vergleich der Spielweisen verschiedener Spieler zeigt die Unterschiedlichkeit und läßt vermuten, daß es sich mitunter um eine tönende Visitenkarte des Spielers handeln kann, wie das auch in anderen Volksmusikkulturen zu vermuten steht. Bei einem Dudelsackspieler in einem nordgriechischen Bergbauerndorf zum Beispiel fand ich jedes einzelne Stück (in unserem Zusammenhang genauer gesagt, jedes einzelne Teilstück einer Großform) mit ein und demselben Motiv abgeschlossen, das dann zugleich in ein nächstfolgendes Teilstück einmündete. Ein anderer Spieler dagegen hatte als solches Abschlußmotiv etwas ganz anderes.

Nun ist natürlich das Spiel der Sackpfeife von vornherein dazu bestimmt, einen größeren Zusammenhang zusammenzuschließen. Wenn schottische Sackpfeifer einzelne Musizierstücke in sich abgeschlossen spielen, so ist das eine Spätentwicklung, die eigentlich gegen das Instrument gerichtet ist. Das Instrument fordert einen ununterbrochenen Fluß, da ja der aus dem Sack kommende Luftdruck nicht abgestellt werden kann. So gehört zu dem ursprünglichen Sackpfeifenspiel, wie man es in Griechenland hört, um bei dem Beispiel zu bleiben, das Aufblasen und der sich dann aus dem allmählich ausreichend werdenden Luftdruck bildende Bordunton. Es folgt ein Fingern auf der Spielpfeife, das sich vielfach zu festen Formeln verdichtet hat, die immer wiederkehren, dann erst kommen die einzelnen Musikstücke, die durch die genannten gleichbleibenden (aber natürlich variiert gleichbleibenden!) Zwischenmotive zusammengehalten werden. Und schließlich endet das ganze Geschehen in jenem „Abschnappen", das man vielfach in der Literatur erwähnt findet.

Solche Vor-, Zwischen- und Nachspiele oder -formeln oder auch nur tönende Zeichen spielen wohl eine besondere Rolle in dieser Art von zyklischer Form. Hier wird für die einander ablösenden Formteile durch das Zwischenschalten der Formeln oder wohl auch durch ein Verschwimmen der Konturen an Ende und Anfang der Formteile – und nicht, wie vorher, in erster Linie durch das Prinzip der Steigerung und Entwicklung – ein enger Zusammenhalt geschaffen, den ich wiederum als großformalen Charakterzug ansprechen möchte. Denn das Wesentliche daran ist doch dieses, daß eben nicht die Kurzformen, die Zeilen, die Zeilengruppen für sich allein stehen, sondern daß sie organisch zusammengehören. Ich muß immer wieder betonen, daß hier die verschiedenartigen Sammlungen, die nur solche Kurzformen in ihren Melodiebeispielen aufführen, einen ganz falschen Eindruck von den tatsächlichen Verhältnissen des Musizierbrauchs vermitteln können.

Von einer „zyklischen Form" in diesem Sinne möchte ich zum Beispiel sprechen, wenn Sackpfeifer oder andere Instrumentalisten, Schalmeibläser oder Klarinettisten in Griechenland bei festlichen Gelegenheiten, bei einer Hochzeitsgesellschaft, bei einer Kirchweih oder einer gewöhnlichen Tanzerei auf dem Dorf abwechslungsweise Tanzstücke und „Sitzmusik" (καϑιστικὴ μουσικὴ) spielen, das heißt Stücke, zu denen nicht getanzt wird, die das Publikum sitzend anhört. Auch hier ist nicht im eigentlichen Sinne das außermusikalische Prinzip des Tanzes für die Gestaltung der Zyklen verantwortlich. Man könnte ja erwarten, daß die Tänzer an sich abwechselnd tanzen und sitzen wollen, und daß sich die Musiker daran zu orientieren hätten. In Wirklichkeit ist es aber auch hier so, daß die Formgestaltung in Musik und Tanz verwandte Züge aufweist und darin einer gegenseitigen Aufreizung und Belebung bedarf. Wann getanzt beziehungsweise Tanzmusik gespielt wird und wann gesessen beziehungsweise Sitzmusik gespielt wird, das bestimmt weder allein der Spieler noch allein der Tänzer. Es geschieht vielmehr – so muß es dem Beobachter scheinen – in einem gegenseitigen Einvernehmen, das zuweilen durch einen Zuruf eines Tänzers, zuweilen durch ein bestimmtes Motiv der Musik, aber vielfach auch durch eine ganz unmeßbare und von einem Außenstehenden nicht zu bemerkende innere Fühlungnahme erregt wird. Für beide Teile – das wird aber hieraus wohl verständlich sein – ergibt sich auch hier der größere organische Zusammenhang, von dem das einzelne Musikstück erfaßt und mit anderen zusammengebaut wird.

Eine der merkwürdigsten Erscheinungen dieser Art, die mir in den südlichen Balkanländern begegnet sind, ist eine Art von Potpourri, das mit dem Namen *Nibet* bezeichnet wird. Ich hörte es in dem Gebirgsdorf Vranište südlich von Prizren (Südserbien) nahe der albanischen Grenze, wo es von zwei Schalmeibläsern gespielt wurde. Das Wort „Nibet" hängt wohl mit dem arabischen „Nauba" zusammen, von dem verschiedene musikalische Bezeichnungen hergeleitet werden.[3] Das hier in Frage stehende Stück wurde am Vorabend einer Bauernhochzeit in der Wohnung des Bräutigams gespielt, wozu einige besonders zu ehrende Gäste in einen kleinen niedrigen Raum gebeten wurden, in welchem das Spiel der beiden Schalmeien (Zurnen) von einer derart furchtbaren Schrillheit und Lautstärke war, daß der nicht daran gewöhnte Zuhörer Sorge um seine Trommelfelle haben mußte. Das Stück besteht aus einer Anzahl von Melodien, vielleicht Volksliedweisen, die nacheinander abgespielt werden, wobei sie jedoch durch Formveränderungen, Erweiterungen, Dehnungen, rhythmische Freiheiten oder durch instrumentale Fioriuren und Spielfiguren bis zur Unkenntlichkeit verzerrt werden. Das Zusammenspiel vollzieht sich teils unison, teils in parallelen Oktaven oder auch in freier Zweistimmigkeit oder mit einer Melodie über einem Bordun.

Der ganze Ablauf des *Nibet* kann eine halbe Stunde dauern, vielleicht auch noch länger, je nach der Laune der Spieler oder nach der Zahlfreudigkeit der Gastgeber. Charakteristisch für die organische Gestaltung – also wiederum keine bloße Aneinanderreihung von selbständigen Stücken – ist der Umstand, daß jeder Abschnitt des Gesamtablaufs in einen mehr oder minder gleichbleibenden Refrain mündet. Wiederum sage ich „mehr oder minder". Denn auch hier, und vor allem hier, ist es so, daß dieser Refrain sehr frei gestaltet ist aus einigen charakteristischen Spielfiguren, die beliebig aneinandergefügt werden, immer noch einmal aufgegriffen, noch einmal übersteigert, abflauend und noch einmal anschwellend, bis das Spiel endlich in den neuen Formteil einmündet, der seinerseits wiederum in dem besagten Refrain endet. Wenn man die Ausdehnung eines solchen musikalischen Vorgangs, einer solchen zweifellos als Großform anzusprechenden Musik überlegt, die in ihrer Dauer dem Satz einer Symphonie von Anton Bruckner nahekommen kann, so muß man staunen, was in der schriftlosen Gestaltung der instrumentalen Volksmusik zuwegegebracht werden kann. Es sind Strukturen, die ja in keiner Weise vorher festgelegt oder geplant sind wie eine Komposition.

Hier spielt die Improvisation eine entscheidende Rolle. Je mehr die hier beschriebene Möglichkeit der Großformbildung in urtümlicher Unfestigkeit und in einer aus der jeweiligen Situation und Stimmung angeregten Improvisation steht, um so organischer wirkt die Entwicklung oder Zusammenfügung der einzelnen Teile, die Zwischenfügung der Übergänge, die stets stark variiert werden. In dem Augenblick, da die instrumentale Volksmusik – wie zum Beispiel bei uns in Deutschland – in ihren Einzelstücken festgelegt ist, zerfällt sie mehr und mehr in selbständige Teile, die dann erst wieder von dem halbgebildeten Komponisten oder Arrangeur zu größeren Einheiten zusammengefügt werden, nunmehr auf dem Papier geplant und zu fundamental anders gearteter Form aufgebaut.

Die extrem improvisierte Großform der ersten Art, so wie ich sie zum Beispiel unter den Zigeunermusikanten im südlichen Jugoslawien beobachten konnte, habe ich an anderer Stelle einmal beschrieben.[4] Sie ist deswegen besonders interessant, weil sich in dieser Entwicklungsform sozusagen die Ontogenese einer Melodie verfolgen läßt, deren Phylogenese unserer Beobachtung nicht zugänglich ist. Die Musik beginnt mit einem ungeformten, tonal und rhythmisch nicht gebundenen Schleifer der Schalmei, der in einem betonten Taktteil mit dem gleichzeitigen schweren Schlag der Trommel endet. Es folgt das, was ich die „Sucheinleitung" genannt habe: ein improvisierendes Fingern auf dem Blasinstrument mit Begleitung der Trommel, ohne erkennbare Form, mit einem langsam sich entwickelnden Taktschema. Es ist, als ob der Spieler noch gar nicht wüßte, was er eigentlich spielen soll. Schließlich tauchen da und dort vorahnende Motive der künftigen Melodie auf. Dann endlich ist die Melodie selbst erreicht, noch ohne Festigkeit, von Wiederholung zu Wiederholung stark variiert. Schließlich aber erstarrt sie, wird in der vielleicht eintretenden Stretta fester und fester und bleibt fast ohne Variierung. Am Schluß steht, dem Anfang entsprechend, ein Endschleifer, der wiederum aus der Haupttonart hinauswirft, und die anschließenden Trommelschläge, nunmehr ohne Taktgefüge, führen endgültig zurück ins Ungeformte, Chaotische. Die Melodie ist zerfallen, doch kann aus dem Humus neues Leben, das heißt eine neue Melodie in ähnlicher Entwicklung sprießen. Vielleicht nirgends kommt der organische Bogen der Großform im Sinne der vorliegenden Gedankengänge so offen zum Ausdruck wie in dieser Entwicklungsform, in der also noch nichts vorgestaltet ist, in der sich alles aus dem Augenblick heraus gestaltet.

Im Grunde ähnlich dieser zielgerichteten Entwicklung ist das Musizieren der nordgriechischen Dudelsäcke – vergleichbar der zyklischen Form des *Nibet.* Aber es ist in stärkerem Maße ein Hin- und Herschwingen zwischen Verdichtung und Verdampfung. Auch in der ersten Art zwar folgt der einzelnen Entwicklungsform eine neue und eine dritte. Aber die Betonung des Gestaltungsprinzips liegt dort auf der Entwicklung und Zielstrebigkeit, hier jedoch mehr auf der Folge von gleichgerichteten Teilstücken. Nach dem Aufpumpen des Dudelsacks beginnt das improvisierende, suchende Fingern der „Sucheinleitung", das sich nach und nach in eine Melodie verdichtet, wieder löst zu lange ausgehaltenen Tönen oder Trillern und Spielfiguren, um wieder einer neuen festen Melodie Platz zu machen und schließlich nach einem solchen Komplex, nach einem solchen Formteil in die refrainartige Schlußformel zu münden, aus der sich ein neuer Formteil herausbildet, und so immer zu, bis die Musizierlust des Spielers und die Hörlust des Publikums erschöpft sind. Es wäre vielleicht reizvoll, diese beiden Großformtypen – die steigernde und die rondoartige – in all ihren Entwicklungsstufen von der reinen primitiven Improvisation über die Halbfestigung bis hin zur nachempfindenden Pflege des zweiten Daseins zu verfolgen, wo die Formteile in starre Begrenzungen eingepflockt sind und die Großform damit aufgelöst ist.

Nun gibt es aber freilich auch – wie bereits angedeutet – Zusammenhänge, bei denen sich die Musik an außermusikalischen Vorgängen orientieren muß. Man könnte vergleichsweise an den Bezug in der „Programmmusik" denken. Der Unterschied zu dieser ist jedoch der, daß in unseren Fällen kein Programm vorgegeben ist, sondern daß auch dieses außermusikalische Geschehen dem Zufall der Improvisation ausgesetzt ist. Der Musiker hat sich nach diesem Zufall zu richten und eine nicht vorhergesehene Folge von Ereignissen improvisierend nachzugestalten – ohne, wie in den früher beschriebenen Fällen, anregend auf diese Ereignisse wirken zu können. Ich möchte diese sich hier nun neuerdings ergebenden Möglichkeiten des größeren formalen Zusammenhangs an zwei Beispielen demonstrieren, die zu beobachten ich die Gelegenheit hatte. Es ist unnötig zu sagen, daß es sich dabei nicht um Volksmusikpflege im Sinne eines zweiten Daseins handelte, sondern in beiden Fällen um eine solche Volksmusik, die in abgelegenen oder von den Pflege-Beflissenen noch nicht erfaßten Gebieten des Volksbrauchs und der Tradition lebt.

Das erste ist das Beispiel des Instrumentenspiels als Begleitung zu dem volkstümlichen Ringkampf. Ich habe solche musikbegleitete Wettkämpfe,

wie sie zum Beispiel bei den türkischen Volkshochzeiten veranstaltet werden[5] oder wie sie bereits aus dem alten Byzanz bekannt sind – hier wie dort
mit der Trommel begleitet[6] –, schon in dem bereits oben genannten südserbischen Dorf Vranište beobachtet anläßlich der Hochzeit, die uns das oben
beschriebene Beispiel des *Nibet* gab und die uns nachher noch einmal zum
Beispiel dienen soll. Auch hier gab es als Begleitung des Kampfes eine
„pehlivanska muzika", eine „Heldenmusik", gespielt von einer Schalmei
(Zurna) und einer Trommel (Tupan). Noch eindrucksvoller – und deswegen möchte ich besonders dieses hier zitieren – sah ich den gleichen Vorgang bei einer Kirchweih in dem griechisch-mazedonischen Dorf Aja Eleni
bei Serres, wo am gleichen Tag auch die Feuertänze der Anastenarides
stattfanden.

Der Ringkampf zog sich endlos hin. Die beiden Männer, in eingefetteten
Lederbundhosen und mit nacktem Oberkörper, schwitzten in der prallen
Sonne, die Zuschauer, die in einem großen Kreis herumstanden, suchten
die Ringer durch Zurufe anzufeuern. Anscheinend galt es für die Ringkämpfer, keinerlei Übereilung zu zeigen, sondern in Ruhe und Geduld einen schwachen Augenblick des Gegners abzuwarten und dann plötzlich zu-
zugreifen. So ergab es sich zum Beispiel, daß sie vielleicht eine Viertel-
stunde lang fast bewegungslos ineinander verschlungen am Boden lagen,
dann plötzlich wieder aufsprangen, sich trennten, sich wieder trafen, er-
griffen, zu Boden schleuderten und dergleichen mehr, und all das dauerte
gewiß mehr denn eine Stunde.

Während der ganzen Zeit musizierten zwei Zurnades (Schalmeien) und
ein Davuli (Trommel), deren Spieler mit im Kreis der Zuschauer standen,
ohne jede Pause. Wenn ich recht verstehe, sollten diese Musikanten zweierlei nicht oder wenigstens nur in einem untergeordneten Maßstab: die
Ringkämpfer anfeuern – das besorgten, wie erwähnt, die Zuschauer – und
für die Zuschauer eine unverbindliche Geräuschkulisse abgeben wie die
Drehorgel beim Karussel. Vielmehr hatten sie – wie mir schien – den Fortgang des Ringkampfes zu verfolgen und ihn ins Musikalische zu projizieren. Während des viertelstündigen Stagnierens des Ringkampfes floß die
Musik träge dahin in endlosen Haltetönen, ohne eine eigentlich musikalische „Substanz". Sie hätte – wäre es ihre Aufgabe gewesen, die Ringkämpfer zu neuer Aktivität aufzustacheln – ganz anders klingen müssen, mit
schrillen Trillern, in den höchsten, schneidenden Höhen, mit aufreizenden
„heißen" Schleifern und Passagen, aber doch nicht so! Dann wieder, wenn
die Kämpfer in Aktion traten, ging die Musik sofort nach, indem sie jeden
Vorgang gleichsam tonmalerisch nachzeichnete.

Man versteht wohl, was ich meine, wenn ich auch hier wieder von einer
Großformbildung spreche, die sich aber nun nicht an musikalischen Prinzipien der Formbildung, sondern an außermusikalischen Entwicklungen improvisatorisch orientierte.

Das zweite Beispiel, das ich hier anführen möchte, ist der Brautzug durch das Dorf. Ich habe ihn des öfteren beobachten können, zum Beispiel wieder in Nordgriechenland. Stets tanzen einige Männer voran, meist mit einer Schnapsflasche in der Hand, der sie unentwegt zusprechen. Ihnen folgt die Musikbande, die pausenlos spielt, dann der Bräutigam, von zwei Freunden flankiert, und schließlich das übrige Volk. Für unser spezielles Anliegen war nun wieder ganz besonders ein solcher Vorgang interessant, der sich in dem mehrmals erwähnten südserbischen Dorf Vranište zutrug. Hier zog sich der Marsch durch das Dorf mit unendlicher Langsamkeit über Stunden hin. Wenn das eine Ende des Ortes erreicht war, so wurde auf einem anderen Weg wieder der Rückmarsch angetreten. Und unaufhörlich spielte die Musik, wiederum zwei Zurnen und zwei Trommeln. Auch hier richtete sich die Steigerung oder das Anschwellen und Abschwellen der Spannung, ein vorübergehendes Pausieren eines der Instrumente, eine Wiederaufnahme usw. nach dem Fortgang des Zuges. Zuweilen blieb der Zug stehen, die Tänzer machten ihre Reverenz vor den zur Seite tretenden, aber weiterspielenden Musikanten, dann wieder steigerte sich der Jubel und die Ausgelassenheit der ebenso durch das Festgeschehen wie durch den Alkohol animierten Beteiligten zu einem frenetischen Übermaß. Und all dieses Anschwellen und Wieder-Zurücknehmen wurde in einer „unendlichen Melodie" improvisatorisch nachgezeichnet, bis dann zuletzt gegen Abend der Höhepunkt erreicht wurde: Man gelangte auf den Dorfplatz, auf dem das Hochzeitshaus stand. Die Musik, der Tanz, der Jubel, das Geschrei wurde zu einem unbeschreiblichen Inferno gesteigert, an dessen Ende der Bräutigam von seinen beiden Begleitern – wohl ein überdimensionaler gestus lascivus – plötzlich in die Tür des Hochzeitshauses hineingestoßen wurde, worauf Musik und Bewegung mit einem Schlag abbrachen und eine geradezu unheimliche Stille eintrat. Man wird verstehen, worauf ich hinaus will: wiederum über die Motive und Melodiezeilen, die natürlich auch in diesem Fall zu erkennen waren, hinweg ein großer Zusammenhang, der vor allem durch die grandiose Schlußsteigerung seine besondere Bestätigung fand, auch hier also, mit anderen Worten, die Tendenz über die kleine Einheit hinweg zur „Großform".

Diese Beobachtung, die sich übrigens in gleicher Weise auch an dem Volkstanz machen läßt, dort nämlich, wo er noch nicht „gepflegt" wird, sondern freiem Wachstum und freier, improvisatorischer Gestaltung unterliegt, ist – so möchte ich meinen – für die musikalische (und choreographische) Volkskunde von einer recht großen Wichtigkeit. Sie macht uns darauf aufmerksam, daß wir vielfach mit ganz anderen Formen der musikalischen Gestaltung zu rechnen haben, als es den Eindruck machte, wo wir uns nur auf die „Melodiensammlungen" verließen und glaubten, es sei damit getan, diese in sich abgeschlossenen Kleinformen als volksmusikalische Einheiten zu betrachten. Wir sollten uns damit nicht begnügen. Denn wenn wir „echte" Volksmusik des ersten Daseins – selbstverständlich in dem Zusammenhang mit der volkskundlichen Situation, in der Funktion – als festen Besitz der Grundschichten betrachten wollen, um wieviel mehr müssen wir sie auch in der musikalischen Gesamtsituation betrachten, nicht nur als isolierte Abstraktion! Diese Beobachtung ist freilich nicht ganz einfach, geht doch die überlieferte Form dieses Musizierbrauchs allenthalben immer mehr zurück. Aber noch ist es Zeit, derartige Beobachtungen da und dort zu machen, die uns die überlieferte Volksmusik mitten in ihrem Gesamtrahmen erkennen lassen. Die musikalische Volkskunde sollte nicht zögern, diese noch vorhandenen Möglichkeiten in der Feldforschung zu nutzen.

## Anmerkungen

1 W. Wiora, Europäische Volksmusik und abendländische Tonkunst, Kassel 1957, S. 15; vgl. W. Wiora, Die vier Weltalter der Musik, Stuttgart 1961, S. 114.

2 Siehe zum Beispiel die Melodieaufzeichnung des *Teško* aus Debar bei Lj. und D. Janković, Narodne Igre IV, Beograd 1948, S. 253.

3 Im Türkischen ist „nöbet" die Ablösung der Wache, im übertragenen Sinne auch eine Musik, die man zu bestimmten Stunden in einigen öffentlichen Gebäuden macht, wobei es sich wohl hauptsächlich um Militärmusik handelt (nach einer freundlichen Mitteilung von K. Reinhard). – Im Arabischen ist „Nauba" die Wache, aber auch das Hornsignal; siehe H. Wehr, Arabisches Wörterbuch, Leipzig 1952, S. 895. – Nach einer freundlichen Mitteilung von H. Hickmann ist „Nubah" auch eine Bezeichnung für ein Konzertstück. – Zur weiteren Erklärung des Wortes siehe C. Sachs, The Rise of Music, New York 1943, S. 291, wo „Nuba" als eine große zyklische Form in der orientalischen Musik bezeichnet wird. – In Tripolitanien heißt der Trommler (!) „Noba"; siehe R. Pfalz, Arabische Hochzeitsbräuche in Tripolitanien, in: Anthropos 24, 1929, S. 224. – Vgl. ferner MGG I, Sp. 582.

4 F. Hoerburger, Gestalt und Gestaltung im Volkstanz, in: Studia Musicologica 6, 1964, S. 311-316, im vorliegenden Band S. 83-88.

5 H. Z. Koşay, Türkiye Türk Düğünleri, Ankara 1944, S. 110 und S. 275.

6 J. Handschin, Das Zeremonienwerk Kaiser Konstantins und die sangbare Dichtung, Basel 1942, S. 88.

# Die Musik bei Bauernhochzeiten des südlichen Balkan

Im Verlauf von Studienreisen in verschiedene Balkanländer, bei denen es stets um Sammlung und Erforschung von Volksmusik und der damit verbundenen Bräuche ging, war es mir immer wieder vornehmlich darum zu tun, verkehrs- und vor allem fremdenverkehrsabgelegene Ortschaften aufzusuchen, in denen mir eine gewisse Gewähr dafür gegeben schien, daß die Musik so weit wie möglich von den Einflüssen der westlichen oder halbwestlichen Musikmode und Modemusik, aber auch von denen der Volksmusik-„Pflege" frei geblieben ist. Natürlich kann es hier nur um ein Mehr oder Weniger der Beeinflussung gehen. Denn bis in die abgelegenen Bergdörfer strahlen ja Rundfunk und Schallplatte unkontrollierbare Anreize hinein und sorgen für Verwischung des überkommenen Traditionsguts. Aber gerade das mögliche Vorhandensein eines „Weniger" solcher Einflüsse bietet allenthalben genügend Angriffspunkte für eine erfolgreiche Schürfarbeit.

Um das Wesen dieser Traditionen besser zu erkennen und zu erfühlen, habe ich mich daran gewöhnt, mich nicht einseitig um die in unseren Tagen so groß geschriebene „high fidelity" der technisch möglichst guten Tonaufnahme zu bemühen, die ja doch immer nur in einem, wenn auch noch so primitiv improvisierten „Studio" erreicht werden kann. Natürlich verkenne ich nicht die Wichtigkeit solcher Tonaufnahmen. Aber wir sollten nicht vergessen, daß hier der Musik etwas ganz Entscheidendes genommen wird, was doch im Grunde zu einer ganzheitlichen, aber wohl kaum erreichbaren „high fidelity" der Tonaufnahme gehören würde, nämlich die Einbezogenheit der Musik in die natürliche Situation, die ja auch auf das rein Musikalische entscheidend einwirken muß, weil die Musikanten stets erst in der echten Situation zu der lebendigen, zu der eigentlichen Darstellungsweise angeregt werden, die allein als „echt" bezeichnet werden darf.

Zu diesen natürlichen Situationen, in denen ich immer wieder die Volksmusik zu beobachten bestrebt war, gehören auch einige Bauernhochzeiten, von denen hier die Rede sein soll. Die folgenden Notizen hierzu erheben keinen Anspruch, die sehr komplexen Erscheinungen umfassend zu beschreiben. Es sind Einzelbeobachtungen, die zu vergleichenden Studien und zu weiteren Beobachtungen anregen möchten.

Insgesamt handelt es sich um Erhebungen in sechs Ortschaften. In einer davon (Neokastro) fanden gleichzeitig vier Hochzeiten statt. Ich schicke hier ein Verzeichnis voraus:

1. Djonaj, albanisch besiedelter Ort in der Metohija, Südserbien, August 1959.

2. Vraniŝte, Dorf mit slawisch sprechender Bevölkerung, jedoch volkskundlich zum Teil unter albanischer Beeinflussung (zum Beispiel Trachtenreste), Prizrenska Gora, Südserbien, August 1959.
3. Glogovac, albanisch besiedelter Ort in Kosovo, Südserbien, August 1959.
4. Bidžovo, albanisch besiedelter Ort im jugoslawischen Mazedonien, nördlich des Ohrid-Sees, September 1959.
5. Neokastro bei Verroia, griechisch Westmazedonien, Mai 1965.
6. Vafiochori bei Polykastro, griechisch Nordmazedonien, Mai 1965.

Obwohl die genannten Orte verhältnismäßig weit auseinander liegen und von unterschiedlichen Volksstämmen besiedelt sind und obwohl sie teilweise auch seit einem halben Jahrhundert durch eine politische Grenze voneinander getrennt und in den beiden in Frage stehenden Staaten teilweise sehr unterschiedlichen Bedingungen ausgesetzt sind, die stark auf die Volksbräuche einwirken mußten, gibt es doch einige Erscheinungen, die über weite Entfernungen hin eigentümlich übereinstimmen. Dabei muß auffallen, daß wir die Verhältnisse in den sechs Orten, die ich in der Reihenfolge meiner Besuche aufgezählt habe, in zwei Gruppen auseinanderhalten müssen, die voneinander stark unterschieden sind, was auf die herrschenden Gesellschaftsordnungen zurückzuführen ist. Da sind auf der einen Seite die drei albanisch besiedelten Orte (Djonaj, Glogovac und Bidžovo), die dadurch charakterisiert sind, daß hier die Frauen völlig von der Gesellschaft der Männer getrennt leben. Auf der anderen Seite stehen die drei Orte, in denen die Frauen das Fest der Männer zum Teil (Vraniŝte) oder ganz (Neokastro und Vafiochori) mitmachen. Es versteht sich, daß diese Absonderung beziehungsweise das Zusammensein ganz verschiedene Ordnungen des Festes und damit auch der Festmusik mit sich bringen muß. Wir werden daher hier in unseren Betrachtungen die genannten Gruppierungen beibehalten und zuerst die Verhältnisse in den drei albanischen Dörfern betrachten.

Auffällig war, daß die Festunterhaltungen – auch diejenigen der Männer – nicht im Freien, sondern in Häusern stattfanden, wiewohl diese klein und die Festgemeinden teilweise so groß waren, daß sich die jüngeren Männer in das Dachgebälk setzen mußten (Djonaj). Die Frauen feierten unter sich unter ähnlich beengten Verhältnissen, wobei zu bedenken ist, daß hier auch noch die Kinder bis zum Pubertätsalter mit anwesend waren. Von den Vorgängen in den Frauenhäusern kann ich, da mir natürlich der Zutritt verwehrt war, nicht berichten. Man erzählte mir, daß hier Zigeunerinnen mit dem Def, einer Rahmentrommel, musizierten und dazu sangen, wohl auch gelegentlich tanzartige Bewegungen machten. Da unbekümmert gelegentlich auch andere Frauen gleichzeitig sangen, gab es zuweilen eine unbeschreibliche „Zufälligkeitsmehrstimmigkeit", von deren Natur ich an anderer Stelle berichtet habe, und die ich durchaus als eine „vormusikalische" Stufe der Mehrstimmigkeit ansprechen möchte.[1] Was die Männer nicht sehen durften, bekamen sie doch wenigstens zu hören. Der Gesang schallte auf die Straße heraus, aber vor allem die Trommel selbst war weithin durch das ganze Dorf und bis in die frühen Morgenstunden zu hören.

Inzwischen feierten die Männer unter sich. Dicht gedrängt saßen sie auf dem Boden, Zigaretten rauchend und Tee trinkend. Zur Unterhaltung wurden für die Hochzeit in Djonaj zwei Musikanten aus dem später besuchten Glogovac bestellt, die den ganzen Abend über Erzähllieder sangen und sich dabei auf der Langhalslaute (Sharqi und Karadyzen) begleiteten. Es machte in Djonaj regelrecht den Eindruck eines „Konzerts", zu dem Erfrischungen gereicht wurden. Man war weder gekommen, um miteinander zu speisen, noch, um zu tanzen. Alle Anwesenden saßen so, daß sie ihr Gesicht den Spielern und Sängern zugekehrt hatten. Ihre ganze Aufmerksamkeit war auf den Vortrag gerichtet.

Etwas gelockerter erschien die Situation in Glogovac, wo für die sitzenden Männer auf zwei Seiten eines ausgesparten Durchgangs Decken auf dem Boden ausgebreitet waren, so daß es leichter war, den Tee und später sogar eine Mahlzeit zu reichen. Aber auch hier machte die Musik den Eindruck eines „Konzerts" im oben genannten Sinne. Es sangen, einander abwechselnd, drei Männer, von denen zwei zu ihrer Begleitung zwei Langhalslauten (Sharqi und Çifteli) spielten. Diese Sänger waren Berufs- oder Halbberufsmusikanten und als solche von dem Gastgeber für das Fest angestellt. Zwischendurch aber griff ein junger Bursche zu seiner Flöte und spielte darauf eine Folge von Liedweisen, ein einfaches Gegenstück zu dem professionellen *Nibet* (Vranište), von dem später die Rede sein wird.

Überall aber hörte man mit einem auffälligen Maß an Aufmerksamkeit zu. Während bei den musikalischen Darbietungen im Frauenhaus mindestens die anwesenden Kinder, meist aber auch die Frauen unbekümmert durcheinander sangen oder schrien, beweist noch im nachhinein die Tonaufnahme die bemerkenswerte Stille, mit der die Männer nicht nur den Erzählliedern der Spielleute, sondern auch dem Spiel des jugendlichen Flötisten lauschten – eine Beobachtung, die in diesem Rahmen ziemlich merkwürdig erscheint und zum Beispiel ganz dem Gehabe bei den „Sitzmusiken" auf den griechischen Festen widerspricht.

Bis hierher erscheint vielleicht das Gesamtbild der Musik zum Hochzeitsfest recht bescheiden und unergiebig, wofern man nicht anfängt, etwa die gesungenen Melodien im einzelnen zu untersuchen oder die Begleitmusik der Langhalslaute auf ihren eigentümlichen Reiz hin näher zu betrachten und ihre Funktion zu untersuchen: Sie ist ja nicht nur Begleitmusik für den Gesang, sondern zeitweise reine volkstümliche Instrumentalmusik, bei der es auch darum geht, daß der Spieler sein instrumentales Können unter Beweis stellt und seine Phantasie, mit der er improvisiert. Die Vor-

und Zwischenspiele ziehen sich oft über lange Zeiten hin, wobei sich der Improvisator in freier Folge der überkommenen Formeln und Spielfiguren bedient, die an das Wort Goethes von den „bunten Schmetterlingen" erinnern, mit denen er das freie Spiel des Harfners vergleicht. Ich erinnere mich eines zwölfjährigen Sängers Murat Alija (Glogovac), der wie ein Alter sang und sich mit seinem instrumentalen Formelwerk auf dem Sharqi gar nicht genug tun konnte. Immer noch einmal nahm er einen Anlauf in seinem Spiel, wenn man schon dachte, daß nun endlich das Lied beginnen würde. Trotz solcher Beobachtungen, die natürlich den Musikforscher interessieren müssen, mag dem bloßen Hörer das Musikrepertoire vielleicht eingeengt erscheinen, und es ist erstaunlich, mit welcher meditativen Gelassenheit – wenn ich es so nennen darf – die Männergesellschaft dem Vortrag folgte.

Ein ziemlich andersartiges Bild als in den beiden eben beschriebenen Fällen (Djonaj und Glogovac) ergab sich bei der Hochzeit in Bidžovo, obwohl auch dieses Dorf noch – wie die beiden anderen – von nordalbanischen Gegen bewohnt ist (die Dialektgrenze verläuft unweit am Nordrand des Ohrid-Sees). Grund dafür ist vielleicht der stärkere Einfluß seitens der slawischen Nachbarn. Man begnügte sich hier auch, nebenbei bemerkt, nicht mehr mit dem Genuß von Tee, sondern sprach eifrig dem Raki zu.

Man feierte die Hochzeit des Dorfschullehrers, also eines wohl fortschrittlichen und welterfahrenen Mannes. Trotzdem aber war das Feiern der Männer auch hier streng von demjenigen der Frauen getrennt, die wiederum (wie in Djonaj und Glogovac) für sich mit Gesang und Def-Begleitung ihren Festabend verbrachten. Bei den Männern begann das musikalische Vergnügen mit einem Rundgesang, so wie man eben singt, wenn man fröhlich ist und das Getränk angefangen hat zu wirken. Die Situation änderte sich aber in dem Augenblick, als die für das Fest bestellten Musikanten erschienen, zwei Spieler mit kleinen Schalmeien und einer mit einer sehr großen Trommel. Hier wie auch in zwei späteren Beispielen (Vranište und Neokastro) ist zunächst bemerkenswert, daß diese Instrumente ganz entgegen den Behauptungen, die man immer wieder zu hören bekommt, in einem Innenraum gespielt wurden, nicht als „Freiluftmusik". Der Effekt einer solchen Praxis, die ich auch sonst erlebt habe, ist freilich ganz und gar unbeschreiblich. Die Instrumente haben an sich schon eine solche ungeheure Lautstärke, daß anläßlich einer Vorführung in der Londoner Albert-Hall ein englischer Kritiker schreiben konnte, solche Musik sei dazu angetan, die Mauern von Jericho zum Einstürzen zu bringen.[2] Man kann sich gar nicht vorstellen, wie sich die gleiche Musik in einer der kleinen und niedrigen Stuben eines balkanischen Bauernhauses ausnimmt.

Hier nun war die Zielsetzung der Musik den bisher beschriebenen Erscheinungen entgegengesetzt: Sie war nicht mehr bloß Unterhaltung, sie wurde zum Tanz gespielt. Auch dies entspricht der Unproportioniertheit der Musik in dem kleinen Raum. Die Sitzenden mußten noch enger zusammenrücken, und es wurde auf diese Weise in einer Stubenecke soviel Platz frei, daß er gerade genügte, um drei oder höchstens vier Männern den Tanz zu erlauben. Das Spiel wurde übrigens später im Freien fortgesetzt, wo die Möglichkeit gegeben war, im großen Kreis zu tanzen, aber auch hier selbstverständlich ohne Beteiligung der Frauen.

So sehr sich nun die Hochzeitsmusik in den drei albanischen Dörfern, wie ich sie sah und hier skizzierte, infolge der völligen Absonderung der Geschlechter voneinander von der zweiten zur Debatte stehenden Gruppe unterscheidet, so möchte ich doch einen beide Gruppen charakterisierenden Punkt hier erwähnen, der mir nicht unwichtig erscheint, und der allen in einer gewissen Weise gemein zu sein scheint. Das Repertoire enthält nämlich nicht oder wenigstens zu einem nur untergeordneten Teil typisch lokale Musik. Mag vielleicht der erwähnte kleine Flötist (Glogovac) örtliche Traditionen zum Klingen gebracht haben oder dieser oder jener Sänger oder Spieler desgleichen. Es herrscht jedoch der Musikant vor, der ein überlokales Repertoire mitbringt, das möglicherweise auch – und wir werden das gleich auch im Fall der Hochzeit von Vranište sehen, bei der überall spielende Zigeuner gerufen waren – über die Sprachfamilien oder die Stammesgrenze hinausreicht. So kommt es zuweilen zu einem Melodienschatz, der stilistisch recht gemischt erscheint. Da spielten zum Beispiel die Musiker in Bidžovo neben „albanischen" Tänzen ein Stück, das sie ausdrücklich als „serbischen" Tanz bezeichneten. Freilich sind solche stammlichen Festlegungen recht fragwürdig. „Man sagt", dies sei so oder so. In Wirklichkeit wandern die Melodien hin und her und sind vielfach nicht als speziell für diesen oder jenen Stamm charakteristisch anzusprechen. Sind die Musikanten Zigeuner, so ist die Situation insofern von derjenigen bei den oben genannten Berufssängern (Djonaj und Glogovac) unterschieden, als sich die Zigeuner hier wie sonst überall mit der größten Eleganz dem Repertoire derjenigen Gemeinschaft oder Gesellschaftsschicht anzupassen wissen, für die sie aufspielen, ohne freilich das ganz besondere Flair zigeunerischer Musikalität aufzugeben.

Zu der Uneinheitlichkeit des Repertoires kommt noch eine merkwürdige Erscheinung, die – mutatis mutandis – auf den griechischen Bauernhochzeiten wieder auftauchte. Das Spiel von Zurna und Trommel (slawisch *Tupan*, albanisch *Lodrë*, griechisch *Dauli*, türkisch *Davul*) ist im allgemeinen europafern. Liedartige Melodien sind ihm fremd, die Schalmei schwelgt in Melismen, Trillern, Schleifern, übermäßigen Sekunden, explosivem Schrillen, das von dem rücksichtslosen Getöse der Trommel tatkräftig unterstützt wird. Dieses Spiel ist im Grunde äußerst häßlich und doch in seiner Weise prachtvoll und aufregend. Greifen die Musikanten ausnahmsweise einmal zu europanäheren Stücken, was aus unterschiedlichen Gründen sehr wohl geschehen kann, nämlich in Jugoslawien (Bidžovo) zum alten Partisanenlied (*Oj krisi pushka*) und ebenso typisch in Griechenland (Neokastro) zum westlichen Schlager (es war bei meinem Aufenthalt im Frühjahr 1965 gerade eine Art von „Letkiss"), so wirkt das recht fremdartig. Solche Melodien – selbst wenn ihnen da und dort ein Schleifer oder Triller beigefügt wird, ohne den es einfach bei diesen Musikern nicht geht – lassen das Spiel erstarrt erscheinen. Es fehlt ihm die Brillanz, die dieser Musik sonst ganz ausgesprochen eigen ist.

Wegen gewisser Übereinstimmungen, von denen gleich die Rede sein wird, möchte ich die Hochzeit in Vranište zu der zweiten Gruppe zusammen mit den Gegebenheiten in den beiden griechischen Dörfern (Neokastro und Vafiochori) rechnen. In anderer Hinsicht steht sie zwischendrin, ebenso wie in gewisser Weise auch die Hochzeit von Bidžovo. Und mit dieser hat sie auch eine Merkwürdigkeit gemeinsam, nämlich die Verwendung von Schalmei und Trommel im Haus des Bräutigams, allerdings nun in einer völlig anderen Funktion. Wiederum war es wie in Djonaj und Glogovac eine Art von „Kammerkonzert", dem man sitzend zuhörte. Freilich gab es da einen gewaltigen Unterschied: Dort war es der erträgliche Gesang mit Lautenbegleitung, hier nun wieder ein entsetzliches Schrillen, das für jedermann, der nicht an solche Lautstärke gewöhnt ist, nur dann zu ertragen ist, wenn er sich irgendeinen gerade greifbaren Gegenstand in die Ohren stopft.

In Vranište handelte es sich um eine Art von Potpourri, eine Folge von Melodien, die mit den dazwischengefügten, mehr oder minder gleichbleibenden Zwischenspielen zu einer Art von Großform gestaltet wurde, welche immerhin die Ausdehnung eines reichlichen Symphoniesatzes erreichte. Das Stück wurde ausschließlich von zwei Schalmeien gespielt. Lediglich am Schluß konnte die Trommel in einer grandiosen Schlußsteigerung mit eingreifen. Man nannte dieses Melodienpotpourri *Nibet*, ein Wort, das in ähnlicher Gestalt verschiedentlich im Orient auftaucht und in der arabischen Musik unter anderem als „Nuba" eine große zyklische Form bezeichnet.[3]

Eine kleine Begebenheit mag in diesem Zusammenhang Erwähnung finden, die – wie mir scheint – von einiger Bedeutung ist, wenn man sich Gedanken um das Wesen des Begriffs „Volksmusik" macht. Während die beiden Schalmeibläser, mit gekreuzten Beinen auf dem Boden sitzend, ihr Stück spielten, saß der kleine Sohn des einen der beiden Spieler zwischen den Beinen seines Vaters und sah mit großen verwunderten Augen um sich, ohne daß ihm anscheinend das schneidende Schrillen der Schalmei auch nur das Geringste ausmachte, oder ohne daß er bemerkte, wenn ein Tropfen des väterlichen Speichels aus dem Instrument auf ihn herabfiel. Dieses unscheinbare Dabeisein ist – wie ich meine – von großer Wichtig-

keit. Musik – wie übrigens ganz sicher auch der Tanz – wird in diesen
Grundschichten nicht systematisch gelehrt und gelernt, Ton um Ton und
Tonleiter um Tonleiter, sondern die Kinder wachsen gleichsam in diese
Formen hinein, indem sie vom frühesten Lebensalter an dabei sind.

Der abendliche *Nibet* in Vranište war übrigens nur ein kleines Zwischenspiel in dem allgemeinen Festgepränge dieser Tage, ein Intermezzo, wie
auch der Wettkampf, der am darauffolgenden Nachmittag außerhalb des
Dorfes auf einer Wiese stattfinden sollte und der, wie ähnlich auch bei den
Türken und Griechen, ebenfalls von der Musik begleitet wurde: Während
die Ringkämpfer, den nackten Oberkörper und die ledernen Hosen einge-
fettet, um den Lorbeer stritten, spielten auch hier wieder die Zigeuner mit
Zurnen und mit Trommel eine „Heldenmusik" (pehlivanska muzika). Und
es scheint – wie ich an anderer Stelle darzustellen versuchte[4] –, daß diese
eine ganz bestimmte Funktion erfüllte. Sie war nicht etwa nur eine ganz unverbindliche Begleitmusik, sozusagen eine Geräuschkulisse, sie war wohl
auch nicht dazu da, die Ringkämpfer anzufeuern. Sie hatte vielmehr das
Geschehen des Ringkampfes in einer gewissen Weise nachzuzeichnen.
Man ist geneigt, an eine Art von Programmusik zu denken. Es muß aber
dabei bedacht werden, daß die Entwicklung des Ringkampfes vorher in
keiner Weise feststand. Es kann bei solchen Kämpfen – und ich habe mir
diesen Vorgang bei einer späteren Gelegenheit in Griechenland während
eines Volksfestes in Aja Eleni noch einmal sehr genau daraufhin angesehen – vorkommen, daß der Kampf längere Zeit stagniert. Die Kämpfer liegen dann, eng ineinander verschlungen und verkrampft, lange auf dem Boden und warten eine kleine Schwäche des Gegners ab, um dann plötzlich
einzugreifen. All diese Zeit über zögert auch die Musik, sie wirkt dabei sozusagen lahm und mäßig. Eigentlich würde man ja gerade das Gegenteil
von ihr erwarten, nämlich eine Befeuerung der Gemüter, eine Aufreizung
der Kämpfer zu neuer Aktivität. Aber gerade das geschieht nicht. Sondern
das Pausieren in dem Fortgang der Ereignisse wird in der Musik getreulich
nachgezeichnet. Sowie jedoch wieder Bewegung in das Kampfgeschehen
kommt, wird auch die Musik wieder aktiv, schrillt von neuem hoch und
wird somit eins mit den beiden Kämpfern und dem Publikum.

Haupteinsatzfeld der Musik bei der Hochzeit in Vranište war aber der
den ganzen Tag über währende Hochzeitszug durch das Dorf. Nur in einer
kurzen Mittagspause, in der es in der Gemeinde plötzlich ganz ruhig
wurde, und während der eben beschriebenen Ringkämpfe wurde dieses
Prozessieren durch das Dorf für längere Zeit unterbrochen. Im übrigen
ging es den ganzen Tag über von einem Ende des Dorfes zum anderen, wobei verschiedenartige Ereignisse mit eingeflochten wurden: die feierliche
Überführung der verschleierten und mit einem bunten, geschmückten
Schirm überdachten Braut in das Hochzeitshaus, ein Tanz der Männer auf
einem der Dorfplätze oder eine Reverenz, welche der Bräutigam und seine

männliche Begleitung vor der einmal zur Seite tretenden Musikkapelle ausführten.

Solche Festzüge sind mir später in Griechenland (Neokastro) wieder begegnet. In beiden Fällen gab es eine ähnliche Anordnung des Zuges, was auffallen muß, da die beiden Orte doch so unerreichbar weit voneinander entfernt sind. Voran tanzen ein halbes Dutzend oder auch mehr Männer, in der rechten Hand eine Schnapsflasche, der sie eifrig zusprechen oder die sie abwechselnd auch einmal den am Straßenrand stehenden Leuten in den Mund stecken. Sie tanzen, jeder für sich, scheinbar ohne Zusammenhalt und Übereinstimmung der Bewegungen, nur dem gemeinsamen Ereignis und dem gemeinsamen Tanzstil unterworfen. Hinter ihnen folgen die Musikbande und der Bräutigam mit zwei Freunden, alle drei in starrer Haltung, was einen seltsamen Kontrast zu der lebhaften und erregten Bewegung der anderen Menschen bildet.

In dem griechischen Fall handelt es sich nur um einen kurzen Gang, zum Beispiel vom Haus des Bräutigams zu demjenigen der Braut oder von diesem zur Kirche. Das eigentliche Feiern mit Musik, Schmauserei und Gespräch konzentriert sich stationär auf die Gastlichkeit der beiden beteiligten Häuser. In Vranište dagegen spielte sich offenbar das Hauptgeschehen während dieses Prozessierens auf der Straße durch das Dorf ab. Der Zug bewegte sich unendlich langsam fast immer nur ein paar Schritte vorwärts, um dann wieder zu stocken, ohne daß jedoch in Geschehnis und Musik eine Unterbrechung eingetreten wäre, bis dann gegen Abend nach einer allgemeinen Steigerung der Erregung das Hochzeitshaus erreicht war und der Bräutigam von seinen Freunden – wohl ein symbolischer, überdimensionaler gestus lascivus – in das Haus hineingestoßen wurde, wo seine Braut auf ihn wartete. Da brach die Musik ab, das ganze Getöse, das eben noch den Platz erschüttert hatte, wich plötzlich einer geisterhaften Stille.

Was in unserem Zusammenhang besonders auffallen muß und vielleicht das Erstaunlichste ist, wenn man die Sache damit vielleicht auch nur von außen her betrachtet, ist der Umstand, daß diese Musikanten stundenlang ohne Unterbrechung musizierten – eine geradezu übermenschliche physische Leistung, zumal kurze Zeit später auf dem Platz vor dem Hochzeitshaus ein allgemeiner Tanz begann, an dem sich nunmehr Männer und Frauen in gleicher Weise beteiligten. Allerdings geschah das in der Art, daß die Mädchen ihren eigenen Kreis bildeten und für sich tanzten. Und die Musikanten spielten unaufhörlich und unermüdlich weiter, als hätten sie den ganzen Tag über geruht.

Von Einzelerscheinungen abgesehen, ergibt sich bei den von mir gesehenen Bauernhochzeiten in Nordgriechenland ein ganz anderes Bild. Das hat verschiedene Gründe. Einmal sind die anderen politischen und religiösen Verhältnisse von einer ganz entscheidenden Bedeutung. Auch ist es wohl

so, daß die Frauen erheblich mehr an dem öffentlichen Geschehen teilnehmen, also auch an einer Hochzeitsfeier, als es in den bisher beschriebenen
Gemeinden der Fall war. Weiterhin soll nicht übersehen werden, daß diese
Beobachtungen, die ich in den beiden griechischen Dörfern anstellen
konnte, nicht weniger als sechs Jahre später gemacht wurden. Und man
mag bedenken, daß gerade in Griechenland die Verstädterung und die
Verschüttung alten Brauchtums mit erschreckender Schnelligkeit vor sich
geht. Diese Feststellungen müssen wir hier vorausschicken, um die Vergleichbarkeit in der nötigen Einschränkung zu sehen.

Die Verhältnisse in der Erhaltung der traditionellen Volksmusik sind jedoch um eine Idee günstiger, als sie allgemein von den griechischen Volks-
kundlern angesehen werden und als sie bei mancherlei sonstigen Erscheinungen der Volksüberlieferung aussehen mögen. Hier gibt es manchmal
recht groteske Kombinationen zu beobachten. Während zum Beispiel der
Braut und den Hochzeitsgästen Reis nachgeworfen wird, der wohl als ein
fruchtbarkeitsbringendes Symbol gilt, oder während in der Kirche (sic!)
der Pate des Bräutigams vor dem Brautpaar drei Luftsprünge macht und
ihnen dabei einen reichlichen Kindersegen wünscht (Neokastro), trägt die
Braut einen künstlichen Blumenstrauß, der in einem durchsichtigen Pla-
stikbeutel eingewickelt bleibt. Die Männer, die es sich leisten können, tragen einen städtischen Konfektionsanzug, und mitten zwischen griechischen Reigentänzen wird der westliche Modeschlager gespielt und getanzt.

Demgegenüber hat sich unberührte Musik bei Hochzeiten noch vielfach
erhalten. Zwar tauchen auch hier Musikbanden mit Handharmonika auf
(Neokastro). Zuweilen mag man (in Vafiochori und besonders eigenartig
in Neokastro) Instrumentenzusammensetzungen finden, die auf haarsträu-
bend mißverstandene Reste von Militärmusiken zurückgreifen. Die dort
der harmonischen Begleitung dienenden tiefen Instrumente (zum Beispiel
Posaune) irren zwischen schrecklichen Mißtönen, unzusammenhängenden
Akkorden oder Unisono-Gängen hin und her. Als ich mir diese Musik in
Neokastro anhörte, war es jedoch merkwürdig, wie schnell sie mir anhei-
melnd, zuletzt sogar geradezu prächtig erschien, nachdem ich mich zuerst
gefragt hatte, ob es sich nicht vielleicht um eine Parodie handle, um einen
musikalischen Scherz.

Auch den überall in Griechenland üblichen Klarinettenmusiken werden
(ebensowohl in Neokastro wie in Vafiochori) militärische Blechblasinstru-
mente beigegeben, nachdem das instrumentale Beiwerk zur „Klarino"-
Musik ohnehin nicht feststeht, sondern den Umständen entsprechend ge-
handhabt wird.

Daneben aber finden sich allenthalben Zurna und Dauli (Schalmei und
Trommel). Ich selbst habe diese Instrumentenzusammensetzung („Zyjia")
in Neokastro gehört, man berichtete mir aber, daß sie bei Bauernhochzeiten allgemein üblich sei. Es ist verwunderlich, daß dies in der musikali-

schen Volkskunde nicht bekanntgeworden ist. Da ich speziell nach diesen Instrumenten suchte, habe ich mich vor meiner Reise allenthalben danach erkundigt, jedoch keinerlei Auskunft erhalten können. Diese Musik, die an Ort und Stelle eine Selbstverständlichkeit darstellt, wird in unmittelbarer Nachbarschaft des Traditionsgebietes, also zum Beispiel bei Nordgriechen, die städtisch orientiert sind, nicht gekannt.

Wie überall auf dem Balkan sind Träger dieses Instrumentariums die Zigeuner. Sie wohnen in bestimmten Zentren in Zigeunersiedlungen, wie zum Beispiel in Iraklia nahe der bulgarischen Grenze, und werden von dorther überallhin geholt, wo eine Hochzeit oder eine Kirchweih (Panijiri) stattfindet. Die Spielweise dieser Instrumente unterscheidet sich etwas von derjenigen im südlichen Jugoslawien. Während dort das Gewicht auf dem „tanzenden" Trommler zu liegen scheint, wird es in Nordgriechenland auf den ersten Schalmeibläser verlagert. Dieser nimmt gelegentlich etwas Anteil an dem Tanzgeschehen, während der Trommler immer – soweit ich sehen konnte – im Sitzen spielt. Auch holt er beim Spiel mit dem Schlägel nicht von weit oben mit einer stolzen Geste aus, sondern spielt eher etwas matt und fast unbeteiligt.

Alle diese Instrumentengruppen müssen nun für das stationäre Spielen zu Tanz und Unterhaltung wie auch zum Spielen auf den Umzügen eingerichtet sein. Man geht „Kumpara", das heißt, man zieht mit der Musik – nächtlicherweise mit einer starken Lampe, die phantastische Schatten der Tanzenden nach allen Seiten hin wirft – durch das Dorf, um da und dort bei Freunden vorzusprechen, vor oder auch im Haus einen Tanz zu wagen und dann wieder weiterzugehen. Natürlich zieht man dann auch durch das Dorf, um vom Haus des Bräutigams zu dem der Braut überzuwechseln und dort weiterzufeiern.

Vor den beiden Häusern von Braut und Bräutigam versammeln sich die Festgäste an improvisierten Tischen, auf denen das Festmahl gereicht wird, wozu man reichlich Harzwein trinkt. Die Musikkapelle sitzt neben der Haustür und spielt mit kurzen Unterbrechungen, teilweise zum Tanz, vielfach aber auch nur zur Unterhaltung, was man „Sitzmusik" (kathistiki mousiki) nennt, Stücke, die sich durch den unfesten Rhythmus (tempo rubato) stark von den zum Tanz gespielten Stücken unterscheiden.

Soweit ich erkennen kann, sind all diese Musiken nicht besonders brauchtümlich festgelegt. Sie sind auf den allgemeinen Kirchweihen ebensogut zu hören wie auf Hochzeiten, also allgemeine Festmusiken. Das muß nicht immer so gewesen sein. Mehrmals sind mir Berichte begegnet, nach denen ganz bestimmte Stücke zu ebenso ganz bestimmten Ereignissen der Hochzeitsfeste gespielt wurden. In Vafiochori, wo am gleichen Tag eine Hochzeit stattfand, hatte ich reichlich Gelegenheit, mit einem 81jährigen Dudelsackspieler zu sprechen und seine Musik aufzunehmen, die mir in diesem Zusammenhang bemerkenswert erscheinen muß. Der alte Georgios Dantakis hatte 37 Jahre lang in Bulgarien gelebt und spielte mir nun abwechselnd neben den griechischen Tanz- und Sitzstücken auch bulgarische. Darunter waren verschiedene, von denen er mit Nachdruck behauptete, sie seien ganz spezielle Hochzeitsmusiken. Ein Sitzstück wird – wie er mir sagte – am Montag nach einer Hochzeit gespielt. Ein anderes Stück wird gespielt, um die Gäste zur Hochzeit zu rufen. Ein drittes Stück spielt man, wenn sich der Zug der Hochzeitsgäste zum Haus der Braut bewegt. Ein weiteres spielt man vor dem Haus der Braut, wenn diese angekleidet wird. Ein anderes schließlich wird gespielt, wenn die Braut aus dem Haus der Eltern tritt, um es endgültig zu verlassen – übrigens ein sehr feierlicher Augenblick, den ich bei der Hochzeit in Vafiochori beobachten konnte: Sie tritt aus dem Haus, dreht sich noch einmal um, verbeugt sich dreimal und dann führt sie, während der Bräutigam immer im Hintergrund bleibt, den Hochzeitsreigen an, wobei ihr die Schleppe ihres Kleides von einem kleinen Mädchen nachgetragen wird.

Diese Festgelegtheit der Musik zu bestimmten Ereignissen des Hochzeitsfestes erinnert mich an Verhältnisse, die ich in einem südrumänischen Dorf bei Craiova kennenlernte, wo ich mit Freunden vom Bukarester Institutul de Folklor weilte. Damals spielten und sangen drei Musikanten Stücke, die ebenfalls – wie sie versicherten – ganz genau festgelegt waren: Ein Stück hieß „de ducă" (zum Gehen) und wird auf dem Weg vom Haus des Bräutigams zum Haus des Brautführers (naşul) gespielt und von dort zum Haus der Braut (cînd se merge la naşul). Ein anderes Stück wird gespielt, wenn man zum Haus des Bräutigams geht, um ihm eine Blume zu bringen (cînd se pune floare la mire). Ein anderes Lied wird gesungen und gespielt, wenn die Braut zum ersten Mal nach Frauenart gekämmt wird. Das Lied ist traurig, weil das Mädchenleben nun vorüber ist. Wieder ein anderes Stück gehört speziell für den Montag nach dem eigentlichen Hochzeitstag, der immer ein Sonntag ist.

Diese feste Verbundenheit bestimmter musikalischer Elemente darf – wenngleich sie sicher in den meisten Fällen bereits vergessen worden sein dürfte – vielleicht doch nicht übersehen werden. Ich muß hier noch einmal das mehrfach erwähnte instrumentale Ensemble von Zurna und großer Trommel im Zusammenhang mit Hochzeitsbräuchen zitieren. Diese Instrumente, die da und dort in dem Volksglauben der Balkanvölker auch als Symbole der Fruchtbarkeit aufgefaßt werden, sind vielfach ganz fest mit der Vorstellung der Hochzeit verbunden. In der Türkei fängt die Hochzeit genau in dem Augenblick an, in dem Davul-Zurna zu spielen beginnen. Das ist das offizielle Zeichen für den Beginn[5], und nach einem türkischen Sprichwort will das Mädchen, wenn Davul und Zurna nicht dabei sind, überhaupt nicht heiraten. Man gestatte mir hier einen vergleichenden Seitenblick auf das entfernteste Ende des Verbreitungsgebiets der Zurna: In Nepal gehört eine gekrümmte Abart der Zurna – *Sahanai* genannt – fest zu jedem Hochzeitsritual. Ohne Sahanai gibt es bei Gurkhas und Nevari keine Hochzeit, nicht einmal bei Angehörigen des Königshauses. Und außer bei Hochzeiten wird Sahanai so gut wie überhaupt nicht gespielt.

Hochzeit ohne Musik, gibt es das? Hochzeitsmusik als unverbindliche Unterhaltung, gibt es das? Vielleicht läßt sich aus den angeführten Beobachtungen ablesen, wie weitgehend Hochzeitsmusik nicht nur Geräuschkulisse, sondern fest in das vielfältige Hochzeitsbrauchtum eingebaut ist.

## Anmerkungen

1 F. Hoerburger, Zufälligkeitsbildungen als eine vormusikalische Form der Polyphonie, in: Jahrbuch für Volksliedforschung 10, 1965, S. 125-127.
2 English Dance and Song III, 1939, S. 43.
3 C. Sachs, The Rise of Music in the Ancient World, New York 1943, S. 291.
4 F. Hoerburger, Auf dem Weg zur Großform. Beobachtungen zur instrumentalen Volksmusik der südlichen Balkanvölker, in: Festschrift für Walter Wiora zum 30. Dezember 1966, Kassel 1967, S. 620f., im vorliegenden Band S. 196f.
5 H. Z. Koşay: Türkiye türk düğünleri, Ankara 1944, S. 74.

# Bordunbildungen in der Volksmusik Griechenlands

Um angesichts der schillernden Ungenauigkeit der beiden Begriffe „Volksmusik" und „Bordun" meinen Beitrag hierzu verständlicher zu machen, möchte ich einige allgemeine Bemerkungen zur Abgrenzung und Definition vorausschicken. Es geht um meine Vorstellung von den beiden Erscheinungen.

Volksmusik ist, wie jedermann weiß, nie haarscharf abgegrenzt gegenüber dem Begriff „Kunstmusik", sondern meint – wenn vielleicht oft auch nur angedeutet und spurenhaft – eine lockere Teilnahme an den für die Kunstmusik charakteristischen musiktheoretischen Grundlagen. Man meint immer auch eine Aufspaltung in mehrere Schichten und Kategorien. Wir haben keine Stileinheit der Volksmusik zu erwarten, sondern immer eine Stilvielfalt.

Das gilt – wie mich dünkt – auch für das Vorkommen des uns im besonderen interessierenden Bordun, zu dessen Charakterisierung ich die folgenden fünf allgemeinen Prinzipien als wesensgemäß ansehe:

1. Bordun ist in der Volksmusik eher zu Hause als in der Kunstmusik und in der Musik der Naturvölker. Ich sage „eher", aber natürlich nicht ausschließlich. Wir haben großartige Beispiele vom Bordungebrauch in der Kunstmusik wie etwa in der klassischen Musik Indiens, dem sogenannten *Dhrupad,* oder in bestimmten Gattungen der japanischen Hofmusik. Auch in der griechischen Kirchenmusik begegnen wir dem Bordun. Trotzdem scheint mir, daß der Bordun generell eher in der Volksmusik als in der Kunstmusik vorherrscht.

2. Bordun finden wir mehr in der instrumentalen als in der vokalen Musik. Die mittelalterliche Musiktheorie spricht bezeichnenderweise von einem „bordunus organorum".[1] Der nicht wechselnde, ungeändert ausgehaltene Ton ist der menschlichen Stimme fremd, stilisiert, gezwungen, für das Instrument dagegen eher normal. Er ist schon in sehr früher Entwicklung anzutreffen, zumal wenn wir zum Beispiel auch die Begleitung auf einem geschlagenen Idio- oder Membranophon als Vorform des Bordun erkennen wollen. Aber auch hier ist die Abgrenzung nicht absolut, und wir werden in der vokalen Kirchenmusik Griechenlands und ebenso in der vokalen Volksmusik gerade auch die vokale Realisierung des Bordun beobachten können.

3. Es liegt eine merkwürdige Widersprüchlichkeit in der Verwendung des Bordun, der ja nie für sich allein bestehen kann, sondern immer als Partner einem Melodieträger gegenübergestellt ist: Der Bordun ist ein stationärer Klang, die Melodie dagegen ein treibendes Element, das Verwandlung will. Der Bordun stellt sich – wenn der Vergleich gestattet

ist – gleichsam als Bühnenhintergrund dar, als Kulisse, die unverändert bleibt, während vor der Kulisse die dramatischen Entwicklungen stattfinden, in der Musik repräsentiert durch die Ausführung der Melodie. Der ganze Reiz der Bordunmusik liegt in der unaufhörlichen Spannung zwischen Verhalten und Drängen.

4. Der Bordun braucht keineswegs auf einen einzelnen Ton beschränkt zu bleiben. Er kann sich durch die Hinzunahme von Quint und Oktave oder auch in anderen Tonkombinationen zum stationären Klang, zur primären Klanggestalt steigern, und von hier ist es nur noch ein Schritt bis zum Klingen, ja zum Klingen eines ganzen „tone cluster". Wir werden ein Beispiel bringen, bei dem die Klangbildung des Bordun sozusagen dem Zufall überlassen bleibt.

Generell gesehen ist bereits in frühen Quellen für das Faktum „Bordun" gar nicht einheitlich an einen einzelnen Halteton gedacht. In der bekannten Stelle in Dantes *Purgatorio*[2], wo gegenüber dem Vogelgesang das Rauschen der Blätter des Gotteswaldes als „bordone" bezeichnet wird, ist nicht ein Einzelton, sondern eine ganze Klangwand gemeint.

5. Auch die Aufspaltung des Bordun in ein-, zwei- oder mehrtöniges Ostinato-Motiv ist kaum mehr etwas anderes als eine Variante des eintönigen Bordun.

Nach diesen Vorbemerkungen haben wir den Bordun speziell an der Volksmusik in Griechenland zu betrachten. Die Volksmusiklandschaft Griechenlands liegt weitgehend jenseits des Einflußbereichs der offen zu Tage tretenden Funktionsharmonik. Diese herrscht erst wieder in der unter europäischem Einfluß stehenden Kunstmusik oder bei den Schlagern der sogenannten *Bouzoukia,* also jenen berühmten Schlagern mit folkloristischem Couleur, die wir beispielsweise aus dem *Zorbas*-Film kennen.

Wo aber in der Volksmusik zu der Melodie ein klanglicher Unterbau erwartet wird, bietet sich der Bordun an. Tatsächlich beherrscht er einen weitgeschichteten Raum der Volksmusik, ebenso in der Musik der professionellen oder halbprofessionellen Instrumentalisten, der Laienspieler wie auch im Volksgesang oder in der populären Musik, die noch vor dem Bouzouki steht: Klarinettenmusik mit Bordunklang auf der Laute, dem sogenannten *Outi.*

In dem hier angeführten Beispiel städtischer populärer Musik spielen ein Klarino (= eine Klarinette), eine Violine und ein Outi, wobei sich Klarino und Violine in dem Melodiespiel ablösen. Das Stück heißt *Gaida,* was auf das besondere Bordunspiel hinweisen mag. Denn „Gaida" ist normalerweise die Bezeichnung für die festländische Bordunsackpfeife.

Beispiel 1: *Gaida* (GR 65/13,1)

Ein solches Zusammenspiel von populären Melodie- und Borduninstrumenten kann auf recht verschiedene Weise geschehen. Ich erinnere mich zum Beispiel an ein Zusammenspiel von Klarino und Trommel in Jugoslawien unmittelbar vor der griechischen Grenze. Der Bordun wurde dort auf einer Handharmonika gespielt. Es ist das eine der vielen möglichen merkwürdigen Zerfallserscheinungen in der Instrumentenzusammenstellung, die in verschiedenen Varianten vor allem in Mazedonien beiderseits der Grenze vorkommt.

Wir finden weiterhin den Bordun selbstverständlich auf der festländischen Sackpfeife, der schon erwähnten *Gaida*. Diese Sackpfeife ist ja allenthalben prädestiniert zur Bildung von Bordunmusik, sofern das Instrument über eine eigene Bordunpfeife verfügt, was freilich auf den griechischen Inseln gewöhnlich nicht der Fall ist.[3]

Wir finden den Bordun ebenfalls gespielt auf der sogenannten thrakischen Lyra, die der bulgarischen Gadulka und der kretischen Lyra verwandt ist. (Hierzu ist zu vermerken, daß merkwürdigerweise – wie es heißt – der Bordun in der Musik der Gadulka in Bulgarien fast völlig fehlt.[4]) Diese Musik auf der thrakischen Lyra dient in einigen Dörfern der griechischen Makedonia zur Begleitung der sogenannten *Anastenarides,* der Feuertreter, die mit bloßen Füßen durch die glühenden Holzkohlen steigen. Es ist auch dies eine merkwürdig verdorbene Musik, die normalerweise mit Sackpfeife, Lyra und Trommel (in unserem Beispiel nur mit Lyra und Trommel) gespielt wird, merkwürdig deswegen, weil normalerweise weder Sackpfeife noch Lyra die Trommelbegleitung verträgt. In unserem speziellen Fall ist die Wahl der Lyra auch deswegen sonderbar, weil die relativ zahme, ja milde Musik wenig geeignet erscheint, die Feuertreter in den erforderlichen Trancezustand zu schicken.

Die Musik, die Beispiel 2 zeigt, wurde nicht während des Feuertretens am Festtag der heiligen Helena und des heiligen Konstantin aufgenommen – der Lärm während des Tanzes ist viel zu durchdringend, als daß man die Musik noch in ihren Einzelheiten unterscheiden oder aufnehmen könnte –, sondern am Tag zuvor während einer Prozession der Tänzer durch das Dorf Aja Eleni zur Kirche, wo die Heiligenbilder abgeholt wurden, die man dann am anderen Tag im Feuer mittrug.

Beispiel 2: Musik der Anastenarides (GR 65/13,5)

Das sind zunächst einige Beispiele der Verwendung des Bordun in der Volksmusik Griechenlands. Ich möchte nun auf zwei besondere Erscheinungsformen hinweisen, die mir höchst interessant und erwähnenswert dünken. Es sind speziell griechische Ausprägungen von Musikstilen, die im übrigen auch jenseits der Grenzen anzutreffen sind.

Die großartige Publikation von Doris und Erich Stockmann und Wilfried Fiedler[5], aber in gleicher Weise auch eine kleinere Publikation des Griechen E.D. Peristeris[6] haben uns auf die merkwürdigen Bordungesänge der Albaner und der Griechen in Epirus aufmerksam gemacht. Ich habe gesagt, der Bordun sei eher in der instrumentalen denn in der vokalen Musik beheimatet. Es ist deshalb der Hinweis auf diese ungewöhnlichen Gesänge stärker beachtet worden, als es bei einer instrumentalen Bordunmusik der Fall gewesen wäre.

Diese Gesänge sind meist dreistimmig, gelegentlich auch zweistimmig. Ein erster Sänger, griechisch *tragoudistis* genannt (= Sänger), stimmt die Musik an. Ein zweiter Sänger fällt nach kurzem ein mit einem Gesangspart, den man auf griechisch das *jyrisma* nennt, die Rückkehr. Sie bewegt sich unter anderem gern in einer Art von Triller, der zum Beispiel in Terzen oder Septimen pendelt und dabei zuweilen auch ein jodlerartiges Überschlagen in die Kopfstimme aufweist. Kurz darauf fallen schließlich die restlichen Anwesenden mit einem Chorbordun ein, der während des ganzen Gesangs oder während der ganzen Strophe oder Zeile ausgehalten wird. Am Ende schnappen alle drei Partner kurz hintereinander ab, indem sie den letzten Rest der Atemluft darauf verwenden.

Beispiel 3 zeigt einen Ausschnitt aus einem solchen Gesang, der 1959 in Rizani bei Igumenitsa (Epirus) von Birthe Traerup und dem Verfasser aufgenommen wurde. Die Sänger waren griechische Flüchtlinge aus Südalbanien.

Beispiel 3: *Μία ὡραῖα βοσκοπούλα* (GR 59/448)

Man könnte sich etwas voreilig daran gewöhnen, hier von einem albanischen Volksgesangsstil zu sprechen. Aber die Frage, ob griechisch oder albanisch, ist nicht so einfach zu beantworten. Diese Gesänge sind sicher nicht einseitig albanisch, denn im Nordteil Albaniens gibt es sie nicht. Sie sind aber ebensowenig typisch griechisch, nicht einmal typisch epirotisch-griechisch, denn im griechischen Südepirus finden wir sie auch nicht, geschweige denn im übrigen Griechenland. Die Verbreitung ist offenbar auf das vor dem Zweiten Weltkrieg griechisch-albanisch besiedelte Südalbanien (das ist Nordepirus) beschränkt. Dazu gehört ein kleiner Streifen in Jugoslawien, der von Albanern, slawischen Mazedoniern und Makedo-Rumänen besiedelt ist oder war. Man könnte geradezu an einen genius loci denken, der dieses polyphone Singen hat entstehen lassen, ungeachtet der Nationalität der Bewohner.

Immerhin aber gibt es nun zwei kleine Merkmale dieses Stils, die doch auf wenigstens teilweise griechische Wurzeln hinzudeuten scheinen. Da ist einmal ein für die Albaner ebenso wie für die Griechen maßgebender volkstümlicher terminus technicus für den Chorbordun. Man sagt im Volk: *iso.* Das aber ist ein Begriff aus der Theorie der byzantinischen Musik. Es handelt sich dabei um ein Notenzeichen, das „gleiche Höhe wie der vorhergehende Ton" bedeutet. Eine Folge von *iso*-Zeichen wäre also eine Art von Bordun.

Der andere Umstand, der auf Wurzeln in der byzantinischen Musik hinzudeuten scheint, besteht darin, daß es in dieser Kirchenmusik den für die vokale Musik etwas ungewöhnlichen Vokalbordun gibt. Dieser Chorbordun in der byzantinischen Kirchenmusik ist wohl theoriefreier, nicht festgelegter usus, der wohl darauf zurückzuführen ist, daß man durch das durchlaufende Mitbrummen des Grundtons des betreffenden modus (*ēchos*) die genaue Tonhöhe dieses Tons nicht verlieren möchte.

Es gibt ein interessantes Gegenstück im Tanz, wo die *iso*-Mehrstimmigkeit gleichsam tänzerisch nachgeahmt oder dargestellt wird. Ich habe es allerdings nur bei den toskischen Albanern in Jugoslawien gesehen: Eine Anzahl von Männern tanzt einen Reigen, dessen statische Ruhe, dessen Unveränderlichkeit, dessen Mangel an improvisatorischen Sonderfiguren und Varianten wohl mit dem Chorbordun verglichen werden kann. Demgegenüber ergehen sich die beiden ersten Tänzer des Reigenkreises in individuellen Sonderfiguren, indem sie sich gegenseitig anvisieren und in ihren Bewegungen ergänzen. Und genau das ist es ja, was im tanzbegleitenden *iso*-Gesang musikalisch vor sich geht. In Rumänien nennt man das Baßinstrument, das beim Tanz im Kreisinneren gespielt wird, *isonul*.[7]

Ein zweites Hauptfeld des Bordunspiels in Griechenland ist die Musik auf der orientalischen Volksoboe, *zournas* oder *pipiza* genannt, meist begleitet mit einer großen Trommel, *tambourlo* genannt oder meist türkisch *daouli*. Zournasmusik ist keine speziell griechische Musik. Sie ist verbreitet vor allem über weite Gebiete der islamischen Völker, ausstrahlend darüber hinaus zum Beispiel nach Ostasien und in die Balkanländer. Sie hat in Griechenland einige spezielle Charakterzüge, die vor allem das teilweise nationale Spielrepertoire betreffen.

Der Bordun wird in dem großen Verbreitungsgebiet der Zournasmusik über die Nationalgrenzen hinaus gepflegt, allerdings wiederum nicht ausschließlich, sondern teilweise gemischt mit anderen Mehrstimmigkeitsstrukturen, teils auch in einstimmiger Musik völlig wegfallend. Der Geltungsbereich des Bordun in der Zournasmusik hängt in Griechenland offenbar mit der Gesamtverbreitung und mit der Nationalität der Spieler zusammen, worüber kurz zu sprechen sein muß.

Im großen und ganzen werden die Spielleute, die in Griechenland und in den sonstigen Verbreitungsgebieten das Spiel des Zournas pflegen, allenthalben als aus den niedrigsten Schichten der Gesellschaft kommend angesehen: In den Balkanländern sind es Zigeuner, in Nordafrika die Neger, in Afghanistan der verachtete Berufsstand der Barbiere.

Diese Rechnung – „Zournas = Zigeuner" – geht aber nicht ganz auf, und

so finden wir in Griechenland unter den Zournasspielern zwei radikal voneinander verschiedene Gruppen, die beide voller Verachtung aufeinander
herunterschauen. Da sind einmal die beruflichen oder halbberuflichen Zigeunermusikanten in Mazedonien, Thrazien und am Westausgang des
Meerbusens von Korinth zu beiden Seiten des Wassers. Es sind die sogenannten *Jyftoi,* die seßhaften Zigeuner. Auf der anderen Seite gibt es weithin zerstreut die halbberuflichen Zournatsides, die ausdrücklich als *Topikoi* bezeichnet werden, was bedeuten soll, daß sie keine Zigeuner sind,
sondern alteingesessene Griechen (wörtlich heißt „Topikoi" die „Örtli-
chen", die „Eingesessenen", was eigentlich auch auf die Jyftoi zutrifft).
Diese griechischen Spieler von zournas und daouli findet man in Thessalien, Ostroumelien, auf der Halbinsel Peloponnes und auf der Insel Zakynthos im jonischen Meer.

Merkwürdig und für unser spezielles Anliegen bemerkenswert ist nun
die Tatsache, daß die Topikoi, also die griechischen Zournatsides, soweit
ich feststellen konnte, immer allein spielen, nie von einem zweiten Zournas, sondern nur von einer Trommel begleitet, so daß die Entstehung und
die Ausführung eines die Melodie begleitenden Haltetons entfällt.

Diese Ausschließlichkeit, soweit ich sie in Griechenland ermitteln
konnte, fällt deswegen besonders auf, weil auf der anderen Seite die Zigeunermusikanten in den drei genannten Verbreitungsgebieten offenbar
ebenso ausschließlich die Oboe zu zweit spielen. Der Chef der Kapelle ist
nicht wie in Jugoslawien und in der Türkei der zu den beiden Oboisten
kommende Trommler, sondern der erste Oboist[8], *Mastoras* genannt. Sein
Partner heißt *Bassadóros.* Sie müssen einander ergänzen, das ist unum-
gänglich notwendig. Mehrmals ist es mir in diesen Gebieten begegnet, daß
ein Aufnahmetermin verloren ging, weil zufällig der zweite Spieler gerade
krank war oder im Gefängnis saß oder sonstwie verhindert war. Ohne Begleitung durch einen zweiten Zournatsis wollte keiner dieser Zigeuner
spielen, weil er sich vor seinen Kollegen lächerlich zu machen fürchtete.

Hier ist also die Möglichkeit zum Spielen des Bordun gegeben, und sie
wird in der Tat vorrangig genutzt. Die bekannte Spieltechnik orientali-
scher Oboisten, bei der die Backen vollgepumpt werden und bei der weitergeblasen wird, während der Spieler durch die Nase Luft holt, erlaubt
über lange Strecken hin das Spielen eines pausenlosen, zäsurlosen Haltetons wie auch der Melodiestimme, deren Spiel keine Atempause erforderlich macht.

Bei solchen *Synkrotimata,* wie man diese Musikbanden nennt, gibt es
mehrere Arten von Mehrstimmigkeit. Alle werden in vielfältiger Weise
ausgenützt: Man spielt zuweilen unisono, wobei durch die Ungenauigkeit
des Spiels eine Art Heterophonie entsteht; man spielt in besonderen Stei-
gerungsfällen in Oktavparallelen, die immer ganz besonders aufregend
sind; man spielt zuweilen gar Terzparallelen, wenn man sich schrecklicher-

weise darauf einläßt, westeuropäische Schlager zu imitieren, um dem fortschrittlichen Geist der Brautpaare auf der Hochzeit entgegenzukommen.

Aber die wichtigste Rolle spielt in dieser Musik der Zigeunerspielleute
doch immer der Bordun mit seinen Varianten. Da ist einmal der gewöhnliche Bordun eines Spielers. Nicht selten tauscht dabei der Mastoras mit dem
Begleit-Oboisten die Funktion, wie das auch sonst, zum Beispiel im benachbarten Bulgarien, geschieht.[9] Hierzu betrachte man das Beispiel 4,
eine Tanzmelodie, aufgenommen bei türkisch sprechenden Zigeunern in
einem Dorf nahe Komotini in Thrazien.

Beispiel 4 (Gr 72/191)

Wir finden in solchen Stücken eine weitere Variante, den Bordunwech-
sel[10], wie wir ihn aus der byzantinischen Musik kennen. In der Mitte des

Stückes tritt ein Tonalitätswechsel ein, eine tonale Rückung, die eine Änderung des Bordun als der tonalen Basis erforderlich macht:

Beispiel 5 (GR 72/41)

Das Stück ist eine sogenannte Tafelmusik (*epitrapeziou*), ein tanzfreies
Musizierstück, das man sich bei Tisch anhört. Unser Beispiel wurde bei Zigeunern in Mesolongi aufgenommen.

Schließlich möchte ich die ostinate Baßfigur erwähnen, die, wenn sie
zum Beispiel nur aus einem zweitönigen Motiv besteht, die statische
Klanglichkeit ebenso verkörpert wie der Eintonbordun. Das Stück, das wir
im Beispiel 6 in seinen Anfangstakten finden, wurde in dem mazedonischen Zigeunermusikzentrum Tzoumaiá (das ist Iraklia/Serron) aufgenommen.

Beispiel 6 (GR 70/1)

Zum Schluß weise ich noch auf einen Sonderfall dieser Musik in Griechenland hin, der – wie mir scheint – vielerorts eigentümliche Parallelen hat. Ich habe darauf an anderer Stelle und in einem anderen Zusammenhang aufmerksam gemacht[11] und dabei von außer- oder vormusikalischen Formen der Mehrstimmigkeit gesprochen. Es handelt sich dabei um das Zusammenklingen verschiedener musikalischer Elemente, die zueinander keine primärmusikalischen Beziehungen haben, sondern nur außermusikalische. Ich denke zum Beispiel an das in Balkanländern zuweilen anzutreffende gleichzeitige Singen verschiedener Totenklagen, die musikalisch keinen Bezug zueinander haben, bei denen also gleichzeitig verschiedene Melodien in verschiedenem Tempo und verschiedenen Tonarten gesungen werden, die aber trotzdem durch den gemeinsamen traditionellen Anlaß zu einem mehrstimmigen Konglomerat und damit zu einer Einheit zusammenwachsen.

Ich habe ein eigentümliches Gegenbeispiel dazu gehört. Am Pfingstsonntag ist in der Stadt Mesolongi ein großes Volksfest, das die Erinnerung an den Aufstand Griechenlands gegen die Tourkokratia wachhalten soll.[12] Dabei bilden mehrere kleine Männerbünde getrennt hintereinander einen Festzug. Jeder von diesen Männerbünden hat ein Zournas-Synkrotima mit sich, bestehend aus je einem Melodie-Zournas (einer Pipiza), einem Bordun-Zournas und einer kleinen Trommel. Da nun ein Dutzend von diesen Synkrotimata beteiligt sind, verschwimmt das gesamte Lautgewebe aus Trommelrhythmen, Borduntönen und Melodien zu einer einzigen gewaltigen Klangbordunorgie, die nur noch dadurch differenziert wird, daß der Zug vorbeimarschiert und nach und nach immer wieder dieses oder jenes Synkrotima sozusagen in den Vordergrund rückt und sich melodische Elemente aus dem Klangspiel herauslösen. Aber diese Bruchstücke, die kaum zu unterscheiden sind, treten ganz zurück. Was als allgemeiner Eindruck im Vordergrund bleibt, ist eine ganz gewaltige Klangwand, die an der Stelle des normalen einzelnen Tons, des eintonigen Bordun, steht.

## Glossar

| | | |
|---|---|---|
| anastenarides | ἀναστενάριδες | Feuertreter |
| bassadoros | μπασσαδόρος | der zweite der beiden Oboisten |
| bouzouki | μπουζούκι | Langhalslaute der populären Musik |
| ēchos (spr. ichos) | ἦχος | Modus der byzantinischen Musik |

| | | |
|---|---|---|
| epitrapeziou | ἐπιτραπεζίου | nicht getanzte Tafelmusik |
| gaida | γκάϊντα | Sackpfeife des Festlandes |
| iso(n) | ἴσο | der Bordun, in der byzantinischen Musik ein Notenzeichen für den gleichen Ton |
| jyftoi (spr. jífti) | Γύφτοι | seßhafte Zigeuner Griechenlands |
| jyrisma | γύρισμα | zweite Stimme im Iso-Gesang |
| klarino | κλαρίνο | Klarinette |
| lyra | λύρα | volkstümliche Geigeninstrumente |
| mastoras | μάστορας | der erste der beiden Oboisten |
| daouli | νταούλι | große türkische Trommel |
| outi | οὖτι | Kurzhalslaute |
| pipiza | πίπιζα | soviel wie zournas, vor allem die kleinen Instrumente |
| synkrotima | συγκρότημα | Instrumentalgruppe |
| tambourlo | ταμπούρλο | kleine Trommel |
| topikoi (spr. topikí) | τοπικοί | die Einheimischen (Griechen), im Gegensatz zu den Zigeunern gebraucht |
| tragoudistis | τραγουδίστης | der Sänger |
| zournas | ζουρνᾶς | die orientalische Volksoboe. NB! im Griechischen ist zournas männlichen Geschlechts! |
| zournatsis | ζουρνατσής | der Zournas-Spieler |

## Anmerkungen

1 Art. Bordun, in: Riemann Musiklexikon, Sachteil, Mainz 1967, S. 119.
2 Dante, Purgatorio XXVIII, 18.
3 Ἐμ. Δ. Περιστέρη, ὁ Ἄσκαυλος εἰς τήν Νησιωτικήν Ἑλλάδα, in: Ἐπετηρίς τοῦ λαογρα- φικοῦ Ἀρχείου 13/14, 1960/61, S. 52ff.
4 I. Kačulev, Zweistimmige Volksmusikinstrumente in Bulgarien, in: Studia instrumen- torum musicae popularis I, Stockholm 1969, S. 148.
5 D. Stockmann/E. Stockmann/W. Fiedler, Albanische Volksmusik, Berlin 1965.
6 Ἐμ. Δ. Περιστέρη, Δημοτικὰ Τραγούδια Δροπόλεως Βορείου Ἠπείρου, in: Ἐπετηρίς τοῦ λαογραφικοῦ Ἀρχείου 9/10, 1955-57, S. 105ff.
7 G.T. Niculescu-Varone, Jocuri Romanesti necunnoscute, Bucuresti 1930, S. 15.
8 Κ. Σ. Κώνστα, Ἡ ζυγιὰ στήν δυτικὴ Ρουμέλη, in: Λαογραφία τομ. ΙΘ', Ἀθῆναι 1961, S. 341.
9 M. Todorov, Instrumentalensembles in Bulgarien, in: Studia instrumentorum musicae po- pularis II, Stockholm 1972, S. 155.
10 I. Kačulev, Zweistimmige Volksmusikinstrumente in Bulgarien, a.a.O., S. 154.
11 F. Hoerburger, Zufälligkeitsbildungen als eine vormusikalische Form der Polyphonie, in: Jahrbuch für Volksliedforschung X, 1965, S. 125ff. – F. Hoerburger, Elementare Vorfor- men der Mehrstimmigkeit, in: Jahrbuch des Orff-Instituts III, 1964-68, S. 191ff.
12 Θ. Γκόρπας / Β. Γκόρπας, Τό πανηγύρι τ' Ἄη Εὐμίου, Ἀθῆναι 1972.

# Die Zournâs-Musik in Griechenland
## Verbreitung und Erhaltungszustand[1]

Überall in den vielschichtigen und vielstiligen Musikkulturen Nordafrikas, Südosteuropas und Vorderasiens – und in einem weiteren Sinne bis nach Westafrika und Ostasien – gibt es in einer eigentümlichen Übereinstimmung eine Musik, die in den betreffenden Kulturlandschaften eine Sonderstellung in der Volksmusik einnimmt: die Musik auf der Kegeloboe *Zurna* mit der Begleitung auf der großen Trommel *Davul,* oder wie immer diese beiden Instrumente in den betreffenden Nationalsprachen genannt werden.

Diese Musik und die gesellschaftliche und brauchtümliche Funktion dieser Musik sind, wenn wir von lokalen Besonderheiten und von dem speziellen Melodienmaterial absehen, in weiten Bereichen sehr ähnlich, zuweilen geradezu zum Verwechseln.

### I

Wenn ich in wenigen Worten diese musikalische Tradition, von der hier die Rede sein wird, charakterisieren sollte, so ergäbe sich etwa folgendes Bild: Die Musik ist sicher nicht ästhetisch schön zu nennen, viel eher ausgesprochen häßlich. Aber sie ist ungemein mitreißend, aufreizend, schrill, durchdringend, eine „grandisona cantilena". Wenn zwei Zurnen zusammenwirken, so hält eine von ihnen häufig, wenn auch keineswegs immer, den Bordun, der vor allem deswegen dem aufmerksamen Beobachter besonders auffallen muß, weil die versierten Spieler überall – wiederum häufig, wenn auch nicht durchweg – jene eigentümliche orientalische Spieltechnik anwenden, bei der durch die Nase eingeatmet wird, während mit der Luft, die in den aufgeblähten Backen enthalten ist, weitergespielt wird. Welche physische Kraft dazu erforderlich ist, dieses Spiel oft fast pausenlos stundenlang durchzuhalten, kann kaum ermessen werden.

Spieler sind gewöhnlich Zigeuner[2] oder andere Spielmannsgruppen, die in der gesellschaftlichen Hierarchie als niedrigste Schicht betrachtet werden, wie etwa die „Barbiere" in Afghanistan[3] oder – noch über das engere Verbreitungsgebiet hinaus – in Nepal die unreinen Kasten der Kusle[4] und der Damai.[5] Sie werden als soziale Gruppen verachtet, leben in gesonderten Siedlungen oder abliegenden Stadtvierteln, werden aber überall zu Volksfesten gebraucht und bestellt, angestellt. Überall sind sie professionelle oder halbprofessionelle Spielleute. Und der Umstand, daß sie lebenslänglich und seit Generationen dieses Musizierhandwerk ausüben – verbunden oft mit jongleurartigen Kunststücken[6] – garantiert die ungewöhnliche Ausstrahlung, die von diesem Spiel auszugehen pflegt.

Zu den Charakteristika dieser Musik in dem ganzen orientalischen Verbreitungsgebiet gehört auch ihre traditionelle Bindung an die großen Volksfeste, an den Jahrmarkt, an den volkstümlichen Ringkampf, an bestimmte kultische Tänze, Prozessionen, Umzüge, vor allem aber die Bindung an die Hochzeit. Immer wieder taucht die sprichwörtliche Redensart auf, daß eine Hochzeit ohne Zurna-Musik unvorstellbar sei.

## II

All diese allgemeinen Charakteristika gelten mehr oder minder auch für den Bereich der Zurna-Musik in Griechenland. Bevor wir aber zu dem speziellen Anliegen dieses Aufsatzes übergehen – Verbreitung und Erhaltungszustand –, mögen einige Besonderungen dieser Musik im Vergleich mit der übrigen Verbreitungszone erwähnt werden.

Die Oboe heißt in Griechenland ζουρνᾶς. Das Wort ist in der griechischen Sprache männlichen Geschlechts (in den südslawischen Sprachen sagt man *die* Zurna). Für das kleine Instrument im westlichen Rumeli-Gebiet sagt man πίπιζα. Die dritte Bezeichnung καραμουτζα[7] ist mir nicht begegnet. Der Name für die begleitende Trommel entspricht gewöhnlich dem türkischen Wort Davul und erfährt im Griechischen eine uneinheitliche Orthographie, z.B. ντα(γ)ούλι, auch ταβούλι.[8] Sehr häufig hörte ich den Namen ταμπούρλο.[9] Nach meiner Erfahrung sollen immer zwei Oboen zusammenwirken, wogegen es bei Μαζαράκη heißt: „oder eine Oboe".[10] Mir gegenüber haben sich die Zigeuner-Spielleute immer geweigert, zu spielen, wenn der zweite Oboist gerade nicht greifbar war – mit einer einzigen Ausnahme: Ein Zournâs-Spieler in Nausa (Westmazedonien) schob aus purer Gier nach der erhofften Belohnung alle Rücksicht auf die musikalische Traditionsbindung beiseite und spielte allein mit seinem Trommler.

Als Bezeichnung für die Spielmannsgruppe Zournâs-Daouli hörte ich meist das Wort συγκρότημα (Gruppe). Es werden aber mehrere weitere Bezeichnungen genannt: vor allem ζυγιά[11], auch ζυγή oder ζύγια[12], ferner κουμπανία[13] und ταϊφά[14] (von türkisch *tayfa*, das heißt Bande).

Die Musik dieser Zusammensetzung ist, wie gewöhnlich, ausgesprochene Freiluftmusik. Ein Spiel im Hausinnern, ein mörderisches Erlebnis, das man nur mit gut verstopften Ohren heil überstehen kann, ist bei den Hochzeitsfeiern in Südserbien üblich.[15] Dies ist sicher nur Ausnahme, auch in Jugoslawien. In Griechenland wird Zournâs-Musik für das Spiel im Haus ganz allgemein als zu grob und als unflätig (χοντρὴ φωνή) angesehen, um erträglich zu sein: Man spricht von χοντρὰ ὄργανα oder καμπὰ σάζ[16] (von türkisch *kaba,* grob). Nur gelegentlich – nämlich beim Spiel speziell zu dokumentarischen Tonaufnahmen – ist mir das Spiel auch im Haus vorgekommen, um Störungen durch die Außenwelt – oder umgekehrt Störungen für die Außenwelt zu vermeiden.

## III

Spezielle Fragen, die in diesem Aufsatz beantwortet werden sollen, sind nun zum einen, wo in Griechenland diese Musik und diese Musikinstrumente beheimatet sind, und zum anderen, inwieweit diese Musik und diese Musikinstrumente in Griechenland noch voll lebendig im Brauch und in der Überlieferung stehen, oder umgekehrt, wie weit bereits Auflösungs- und Wandlungserscheinungen im Gange sind.

Die Beantwortung dieser Fragen ist zunächst recht schwierig, weil kaum jemand im Lande über die Gesamtverbreitung dieser Musik in Griechenland eine bündige Antwort geben will oder kann. Viele Persönlichkeiten etwa der Volksmusikforschung und Volkskunde, der Rundfunkgesellschaften und andere konnten mir keinerlei Auskunft erteilen. Der einzige, allerdings sehr wertvolle, über lokale Verhältnisse hinausreichende Hinweis, den ich zu Beginn meiner Nachforschungen im Jahre 1963 bekam, stammt aus dem Aufsatz des K. Σ. Κώνστα.[17] Den Autor konnte ich später besuchen. Und ich habe ihm die Wegweisung zu den Zigeunerspielleuten in Mesolongi zu danken.

Diese eigentümliche Verheimlichung der Zournâs-Musik gehört zu den Widersprüchen, welche sie hier wie anderwärts mit sich führt. Auf der einen Seite wird sie gebraucht im Rahmen der notwendigen Funktionen bäuerlichen Lebens, nur zum Teil auch städtischen Lebens. Man ist immer bereit, anläßlich der einschlägigen Feste die Musikbanden für teueres Geld von weither zu bestellen. Auf der anderen Seite schämt man sich der gleichen Festmusik, man macht sich lustig über sie und über den, der nach ihr sucht. Man vergißt und verleugnet sie, wenn das Fest vorbei ist und erinnert sich ihrer wieder, wenn das nächste Volksfest herannaht.

## IV

Unser erstes Hauptthema ist nun die Frage nach der Verbreitung des Zournâs-Spiels in Griechenland, soweit sie mir durch vielfache Befragung und auf vielen Fahrten kreuz und quer durch das Land bekannt geworden ist. Mögen einzelne Funde dazu kommen. Einstweilen muß mit diesem Ergebnis gerechnet werden. Auch W. Dietrich, der mir von seinen Erfahrungen auf seinen Fahrten immer ausführlich berichtet hat, wofür ihm gedankt werden soll, hat offenbar keine Lokalisierungen beisteuern können, durch welche das Bild wesentlich geändert würde.

Spieler von Musik auf Zournâs und Daouli sind in Griechenland zunächst ebenso wie in den Nachbarländern die Zigeuner. Dabei ist zu unterscheiden zwischen den nomadisierenden τσιγγάνοι und den in festen Wohnsitzen lebenden Γύφτοι[18], welche auf die ersteren mit ebensolcher Verachtung herabsehen wie die Griechen auf die letzteren. Für die zur Debatte stehende Musik kommen wohl ausschließlich die Γύφτοι in Frage. Und wenn im weiteren Verlauf von den Zigeunern die Rede ist, so sind immer nur diese gemeint. Mit diesen ist die Musik auf Zournâs und Daouli in Griechenland in der Vorstellung des Volkes so eng verbunden, daß in der Volkssprache das Wort „γύφτος" gleichbedeutend ist mit Instrumentalist (ὀργανοπαίχτης).[19]

Es gibt, soweit ich sehen kann, in Griechenland drei Zonen, drei Regionen, in welchen diese Zigeuner-Spielleute leben und wirken, und wo sie in einem weiten Umkreis zu den anfallenden Volks- und Familienfesten herangezogen werden. Unberücksichtigt bleiben dabei diejenigen Regionen, in denen, wie zum Beispiel in Epiros, die Zigeuner mit anderem Instrumentarium, vor allem mit dem Klarino (das ist Klarinette), aufspielen.

1. Die griechische Makedonia ist wohl die wichtigste Region des griechischen Zournâs-Spiels. Unverkennbar ist die Beziehung zu den Zurna-Traditionen in der jugoslawischen Makedonija. Es werden die gleichen Instrumente gespielt: die große Oboe, die Trommel mit ihrer charakteristischen approximativen Gleichheit von Zargenhöhe und Felldurchmesser und der ebenso charakteristischen W-Spannung.[20] Spieler sind wohl ausschließlich – wenn man von den weiter unten zu erwähnenden Pontus-Griechen absieht – die Zigeuner, die in ihrem gesamten Gebaren an die Zurna-Zigeuner in der jugoslawischen Makedonija erinnern. Alle sprechen mühelos griechisch, doch unterhalten sie sich untereinander teilweise makedo-slawisch (vor allem im Westen), türkisch oder zigeunerisch.

In einem – wie mir scheint – wichtigen Punkt unterscheidet sich das Zournâs-Spiel in griechisch Makedonia von dem bei den jugoslawischen Nachbarn. Dort fällt auf, daß bei der Begleitung von Tänzen der Spieler der großen Trommel sich im Kreis der Tanzenden mitbewegt, sozusagen mittanzt, indem er gleichzeitig spielt. Der Zurna-Spieler dagegen hält sich für gewöhnlich außerhalb des Kreises auf und bewegt sich nur in Sonderfällen mit.[21] Ganz anders bei den Musikanten in Griechenland. Immer wieder sah ich, wie die Trommler fast unbeteiligt nebendraußen standen, zuweilen sogar saßen, während die Zournâs-Spieler sich im Kreisinneren der Tänzer befanden und zuweilen sogar in dieser oder jener Weise virtuose Kunststücke vollbrachten wie das genannte Tragen des vollen Weinglases auf dem Instrument.[22] Μάστορας (das heißt Meister) oder πριμαδόρος wird der melodieblasende ζουρνατσῆς (Zournâs-Bläser) genannt, nicht der Trommler. Es versteht sich, daß der zweite Zournâs-Spieler, μπασσαδόρος oder δεμτζῆς genannt, im Hintergrund bleibt.

Zentraler Ort für das Zournâs-Spiel in der griechischen Makedonia ist der Ort Irakleia im Nomos Serron, im Volksmund meist Tzoumajá genannt. Wo immer man in Makedonia nach Spielern von Zournâs und Daouli fragt, wird man zuerst nach Tzoumajá verwiesen. In einem eigenen Zigeunerviertel am Nordrand des Ortes gibt es eine ganze Reihe von berufsmäßigen Spielleuten, an deren Spitze immer der alte Chintzos genannt wird, einer von denjenigen, die es sogar zu einer Schallplattenveröffentlichung gebracht haben. Weitere Orte, an denen Spielleute anzutreffen sind, gibt es in mehreren Dörfern der Nomoi Serron und Imathias, immer also vornehmlich in einer nördlichen, der jugoslawischen und bulgarischen Grenze zugewandten Zone. In der südlichen Makedonia versiegt die Tradition.

Das musikalische Repertoire dieser Musikanten enthält, dem Bedarf auf den Bauernhochzeiten und Volksfesten im ganzen Land Makedonia entsprechend, zunächst vor allem Tanzmelodien, unter denen die gemeingriechischen Tanztypen τσάμικος und καλαματιανός eine bedeutende Rolle spielen. Daneben aber fällt die große Zahl der türkischen Tanznamen auf[23], die freilich nicht selten hellenisierend entstellt sind, wie zum Beispiel χασάπικος von türkisch *kasap havasi*[24] oder κιουρτσιας von türkisch *Kürtçe hora*[25], das heißt kurdischer Tanz.

Daneben gibt es ein reichhaltiges nicht-tänzerisches Repertoire, das in verschiedenen brauchtümlichen Zusammenhängen musiziert wird und bei dem ebenfalls türkische Bezeichnungen eine große Rolle spielen. Dazu gehört die Sitzmusik, die bei Hochzeiten und anderen Gelegenheiten dann gespielt wird, wenn die feiernde Gemeinde nicht tanzt, sondern beim Festgelage sitzt. Mir ist nicht klar, ob die zahlreichen Namen für dergleichen Musik unterschiedliche Bedeutung haben oder ohne Unterschiede verwendet werden können: ἐπιτραπεζίου oder μουσικὴ του τραπεζιοῦ (Tischmusik), τραγούδι τῆς τάβλας (Tischlied), καθιστικὸ τραγούδι oder καθιστικὸς σκοπός (Sitzlied oder -melodie). Das Wort ταξίμι (von türkisch *taksim*) deutet auf eine freirhythmische Improvisation für die nichtgetanzte Sitzmusik. Bei den Bezeichnungen νεμπέτ oder νουμπέτ, die ich häufig bei den Zigeunern von Irakleia hörte, und die in der arabisch-türkischen Welt in verschiedenen Bedeutungen vorkommen, handelt es sich um eine Suite von Volksmelodien, die jedoch im Gegensatz zur jugoslawischen Gora (Südserbien), wo sie nebet[26] oder nibet[27] heißt, immer mit der ganzen Gruppe, also auch mit Trommel gespielt wird.

Eine weitere sehr beliebte Gelegenheit des Spielens findet das Synkrotima Zournâs-Daouli bei den bäuerlichen Ringkämpfen, die sich bei

Volksfesten, Kirchweih, Hochzeit und dergleichen großer Beliebtheit erfreuen, wiederum in Übereinstimmung mit Südserbien[28], hier unter der Bezeichnung Pehlevanska muzika.[29] Auch hier wieder fällt der häufige Gebrauch türkischer Bezeichnungen auf: γκουρὲς χαβασί (von türkisch *güreş havası,* das ist Ringkampf-Melodie) oder παλεστικὸ χαβασί oder πεχλεβάνικος σκοπός oder wiederum πεχλεβάν χαβασί. Alles bedeutet Ringkampfmusik. Im gleichen Sinne gibt es auch eine Wettlaufmusik mit der türkischen Bezeichnung κοσί oder κουσὶ χαβασί.

Die Musik zum bäuerlichen Ringkampf ist äußerst beeindruckend und aufregend. Sie dient, wie mir scheint, weniger der Aufputschung der Ringkämpfer als vielmehr der Nachzeichnung des sportlichen Vorgangs durch akustische Mittel.[30] Jedes Stagnieren des Kampfes, aber auch jeder neue Angriff wird von den Musikern musikalisch nachvollzogen. Besonders reizvoll war für mich ein großes Ringerfest 1970 in Tzoumajá, wo gut ein Dutzend einheimische Spielleute anwesend waren und einander so geschickt ablösten und das Instrument einander übergaben, daß man den Übergang kaum bemerken konnte.

2. Vielfältige, sich über mehrere Reisen zwischen 1965 und 1972 hinziehende Beobachtungen veranlaßten mich, die Verhältnisse in Makedonien eingehender zu beschreiben, als es mir für die anderen in Frage stehenden Regionen möglich ist. Das gilt vor allem für eine zweite Verbreitungszone: griechisch Thrakien. Diese nordöstlichste, an Türkei und Bulgarien angrenzende Provinz ist die einzige, in der sich noch eine türkische Minorität mit einer gewissen kulturellen Autonomie befindet. Und die Zigeuner, die uns hier als Zournâs-Spieler interessieren, sind sprachlich und religiös an die Türken gebunden. Die Verhältnisse machten es schwer, mit den Musikanten zusammenzuarbeiten. Zu der gesellschaftlichen Verachtung kommt der politische und religiöse Verdacht. Mit allen Mitteln – von der gütlichen Beratung bis zur Konfrontation mit der Polizei – versuchte man, meine Aufmerksamkeit von dieser Musik abzulenken.

Es gelang mir trotzdem, in Xanthi und Komotini Zournâs-Daouli-Musik zu hören, freilich nicht im brauchtümlichen Kontext, sondern nur in der vorbereiteten Studiosituation, wo die Musik immer „ordentlicher", aber gleichzeitig weniger strahlend und lebendig wirkt.

Es versteht sich, daß das Repertoire der türkischen Zigeuner in Thrakien stärker türkisch ist als dasjenige der makedonischen Zigeuner. Nur gelegentlich taucht der Kalamatianós oder der Tsámikos auf, und der hellenisierte χασάπικος wird zum türkischen Kasapçe.

Wenn schon in Makedonien nur einige besonders tüchtige Musiker von der Musik ausschließlich leben können, so bezeichnen sich alle von mir befragten Spielleute als „Musiker *und* Landarbeiter" oder „Musiker *und* Hamal" (Lastenträger). Trotzdem glaube ich sagen zu dürfen, daß die thrakischen Zigeuner-Spielleute an künstlerischer Ausdruckskraft hinter ihren makedonischen Kollegen und Stammesgenossen keineswegs zurückstehen.

3. Die dritte Region, in welcher schalmeispielende Zigeuner in verstreuten Siedlungen zu finden sind, ist das Land beiderseits des Golfes von Korinth-Patras an dessen westlichem Ausgang. Ich meine damit einerseits das Gebiet der westlichen Sterea mit dem Zentrum Mesolongi, wo die Zigeuner in einem separaten Stadtviertel wohnen, und andererseits die nordwestlichste Ecke der Halbinsel Peloponnisos, wo die Zigeuner in mehreren kleineren Ortschaften anzutreffen sind. Obwohl der Verkehr zwischen diesen beiden Gebieten etwas umständlich ist – man muß die Fähre zwischen Rion und Antirrion benützen –, besteht offenbar eine enge Freundschaft und Verwandtschaft zwischen den Zigeunern auf beiden Seiten des Golfes. Ein junger Zigeuner aus Mesolongi, der mich auf einer Sammelfahrt in den Nomos Achaias zwischen Patrai und Pyrgos begleitete, wollte unausgesetzt anhalten, um mit einem vorübergehenden Zigeuner einen Schwatz über Neuigkeiten zu beginnen.

Diese Zigeuner sind wieder Jyftoi oder, wie sie dort sagen, Jyftaioi. Sie sprechen zigeunerisch (Rom), offenbar stark mit griechischen Wörtern durchsetzt. Und natürlich sprechen sie mühelos griechisch – im Gegensatz zu den Zigeunern in Thrakien.

Charakterisierend für das Schalmei-Trommel-Spiel in dieser dritten Region und unterscheidend von dem verwandten Spiel im nordgriechischen Bereich Makedoniens und Thrakiens ist das Instrumentarium: Die Oboen – hier zuweilen Zournâs genannt[31], zuweilen auch Pipiza – sind extrem klein, etwa 20 cm lang. Und dem entsprechen die Trommeln, wieder Daouli genannt. Auch sie sind weniger als halb so groß wie die nordgriechischen Trommeln.[32] Die Musik, die auf diesen Instrumenten gespielt wird, ist wohl nicht minder scharf und aufreizend beim Tanz, aber bei weitem nicht mehr so strahlend, mächtig, wie das Spiel auf den großen nordgriechischen Instrumenten.

Auch hier ist das Spiel gewöhnlich auf drei Spielleute verteilt: Der erste, der führende, der μάστορας (Meister), spielt die Melodie. Der zweite, der μπασσαδύρος, spielt den Halteton. Der Trommler wird νταουλιέρης genannt. In Fällen, bei denen mit einer langen Spieldauer gerechnet werden muß, gehört zu der Gruppe noch ein vierter Spielmann, der gegebenenfalls einen der anderen ablösen muß.

In Mesolongi gibt es zu Pfingsten ein Fest, bei dem die Zigeuner-Spielleute der ganzen Umgebung beteiligt sind: das πανηγύρι τάη Συμίου (die Kirchweih des heiligen Symios). Bei diesem Fest[33] gibt es einen großen Festzug in der Stadt, bei dem ein Dutzend Männerbünde in Stärke von etwa 20 Männern und Buben – alle in der historischen Tracht der ἐπανάστασις (Befreiungszeit) – hintereinander aufziehen. Jeder dieser Bünde wird von einer Zyjia mit je zwei Schalmeien und einer Trommel begleitet. Es ist schwer zu beschreiben, welches Getön da an einem vorbeizieht. Denn man hört ja mehrere Musikbanden, die alle gleichzeitig, aber nicht das gleiche spielen: ein typischer Fall von Zufallsmehrstimmigkeit, wie ich sie mehrmals beschrieben und als eine von mehreren Vorformen von Mehrstimmigkeit bezeichnet habe.[34] Der Verdienst der Spielleute während dieser Tage ist so groß, daß er als Haupteinnahme während des Jahres bezeichnet wird. Man spricht von einer Summe von 30.000 bis 35.000 Drachmen pro Verein und Musikbande.[35] Wenn das den Tatsachen entspricht, so ist das doch eine ganz erhebliche Auslage.

## V

Es wurde gesagt, daß zu den übernationalen Charakteristika der Zournâs-Musik der Umstand gehört, daß sie überall vornehmlich von Zigeunern oder anderen ähnlichen Volksgruppen gespielt wird, die als sozial unterste Schicht angesehen werden. Sie betreiben das Spiel vielfach hauptberuflich, mindestens aber nebenberuflich. Dieser Umstand ist nicht nur damit zu begründen, daß die Instrumente sehr schwer zu spielen sind, was den Nicht-Profi überfordern würde. Es handelt sich vielmehr um eine althergebrachte Tradition, in der der Zournâs- und Daouli-Spieler in gleicher Weise als Gaukler gesucht ist, gebraucht und gesellschaftlich verachtet wird. Man kann diesen Umstand in dem ganzen Verbreitungsgebiet beobachten, ja noch darüber hinaus. Im Himalaja-Staat Nepal liegt das Spiel der Oboe in der Hand zweier unreiner Kasten, der Damai und der Kusle.[36] Diese Leute haben zweierlei Hauptberufe: das Schneiderhandwerk und die Musik.

Die Betreuung des Schalmei-Spiels durch die untersten sozialen Schichten kann also einheitlich in dem ganzen Verbreitungsgebiet verfolgt werden. Um so überraschender ist es nun, zu erfahren, daß es in Griechenland mehrere Gebiete gibt, in denen die Zournâs-Spieler ausdrücklich als Griechen bezeichnet werden, was heißen soll, daß sie keine Zigeuner sind. Freilich kann ich mich nicht mit der griechischerseits geäußerten Feststellung befreunden, die Karamousa oder der Zournâs sei *früher* charakteristisch für die Zigeuner gewesen, jetzt werde dieses Instrument nur noch von rückständigen Bauern geblasen, das Klarino (das ist die europäische Klarinette) sähen die Bauern als typisch zigeunerisches Musikinstrument an.[37] Vielleicht ist das nur der für den Griechen verständliche Wunsch, die minderwertige Zournâs-Musik aussterben zu sehen. Wie wir sahen, ist in mindestens drei großen Zonen das zigeunerische Zournâs-Spiel munter und lebendig.

Aber auf der anderen Seite ist der Zournâs in der Hand des Nicht-Zigeu-
ners kein Einzelfall. In mindestens wiederum drei Zonen in Griechenland
sind mir diese griechischen Zournâs-Spieler begegnet. Manche spielen sogar sehr gut, manche freilich weniger gut, wie wir sehen werden. Zunächst
aber wollen wir die genannten drei Zonen zu charakterisieren versuchen,
jedoch nicht ohne zu bekennen, daß möglicherweise noch weitere Vorkommen nachgetragen werden mögen. Ein Sammelgebiet kann von der
Musikethnologie niemals mit Sicherheit restlos zu Ende studiert werden.

1. Als erstes möchte ich ein weites Streugebiet in der östlichen Sterea und
dem nördlich anschließenden Thessalien erwähnen. Es ist wohl nur ein Zufall, daß in dieses Gebiet ein Hauptzentrum des antiken Aulosspiels fällt.
In diesen Raum gehört die berühmte, leider verklungene Musik in Arachova bei Delphi und die Musik von Makrinitsa bei Volos. An beiden Stellen wird versichert, daß die Musikanten nicht Zigeuner waren, sondern
Griechen, und an beiden Stellen war diese Musik eng verknüpft mit lokalen Festen. Zu der gleichen Zone ist eine Zournâs-Musik in Eptálophos an
der Nordseite des Parnas zu rechnen. Der Zournâs-Spieler – wiederum
kein Zigeuner, sondern ein Grieche – erzählte mir, daß er drüben in Arachova die verstorbenen Kollegen zu vertreten habe.
    Ebenfalls zu dieser Zone rechne ich ein Spielerpaar in Kaparélion bei
Theben. Der Zournâs-Spieler, von Beruf Maler, teilte mir die interessante
Tatsache mit, daß er außer griechisch auch albanisch sprechen könne. Er
wurde aber von seinen Dorfgenossen ausdrücklich als Grieche und nicht
als Zigeuner und auch nicht als zur albanischen Minorität zählend bezeichnet.
    Es muß auffallen, daß bei diesen Gruppen wie auch bei den im folgenden
aufgeführten immer nur *ein* Zournâs zur Trommel gespielt wird, während
zu den zigeunerischen grundsätzlich *zwei* Oboen gehören.

2. Sotirios Chianis hat in seiner Sammlung von Volksliedern aus Mantineia
auf eine Zournâs-Daouli-Spielgruppe in Kandila im Herzen der Halbinsel
Peloponnisos hingewiesen.[38] Die Musikanten werden wiederum als Nicht-
Zigeuner ausgewiesen, worauf übrigens auch der Beruf hinweist, den sie
bei meinem Besuch in Kandila angaben. Der Zournâs-Spieler ist Schafhirt,
der Trommler gibt an, Bauer zu sein.

3. Der in jeder Hinsicht merkwürdigste Fall von Zournâs- und Daouli-
Spiel in Griechenland ist derjenige auf der Insel Zakynthos im jonischen
Meer. Zunächst muß das Spiel dieser Instrumente auf den Inseln als Ausnahme bezeichnet werden. Mir ist kein anderer Fall bekannt, was freilich
nicht auszuschließen braucht, daß es in der Tat ein weiteres, mir unbekann-
tes Vorkommen geben mag. Die Zyjies, die Zournâs-Gruppen, sind –

gleichgültig, ob es sich um Zigeuner oder um Griechen handelt – auf eine
weite Ausstrahlungszone eingestellt. Von dem Wohnsitz aus werden sie
weithin ins Land gerufen, wenn sie gebraucht werden. Die Stationierung
auf den Inseln macht diese Aktivität schwierig, während Sackpfeifen und
andere Instrumente auf größere stabilitas loci eingestellt sind.

Die andere Eigentümlichkeit besteht darin, daß die Schalmeien Namen
tragen wie ἀνιάκαρα oder νιάκαρω, Namen also, die sonst unüblich sind.[39]
Es handelt sich wohl um ein Verhören bei der Überlieferung. Im Orient ist
naqara stets eine Trommel, auch in der byzantinischen Spätzeit sind die
ἀνακαρᾶδες Trommeln und nicht Oboen.[40]

In drei Ortschaften auf den westlichen Höhen der Insel traf ich solche
Musiker. Sie werden also auch hier als Griechen bezeichnet, als Nicht-Zigeuner. Und sie spielen auch hier zu zweit, nicht zu dritt. Sie sind Musiker
von geringer musikantisch-technischer Qualität, ein Paar ist geradezu mi-
serabel. Und sie wußten das auch, als sie sich lange Zeit sträubten, für mich
zu spielen.

4. Zu den Zournâs-Spielern, die als Griechen, das heißt als Nicht-Zigeuner
bezeichnet werden, gehören wohl auch einige wenige griechische Flüchtlinge aus dem anatolischen Pontusgebiet, die im westlichen Teil der griechischen Makedonia leben. Sie haben das Zournâs-Spiel wohl noch in ihrer
pontischen Heimat erlernt. Es mag darauf hingewiesen werden, daß hier –
wie auch beim pontischen Lyra-Spiel – türkische Tanznamen auftauchen
wie zum Beispiel τίκ von türkisch *dik bar, dik halay, dik oyun*.[41]

Soviel mag genügen über die gegenwärtige Verbreitung des Spiels von
Zournâs und Daouli in Griechenland, soweit sie mir bekannt geworden ist.
Mag sein, daß sich noch weitere Funde bei weiterer Nachforschung ergeben. Ich möchte freilich glauben, daß sich eher mit fortschreitender Zeit
die Fundorte verringern. Und dieses teilweise Absterben ist nun unser
zweites Hauptthema.

## VI

Wo immer in Griechenland man den Zigeuner-Spielleuten mit Zournâs
und Daouli begegnet, erhält man den Eindruck großer Traditionsfrische.
Die Musik scheint weit davon entfernt, abzusterben und anderen moder-
neren, zeitgemäßeren Formen des Musizierens Platz zu machen. Wie überall in der eingangs genannten großen internationalen Verbreitungszone
zwischen Nordafrika, Südosteuropa und Pakistan, so hat die Zournâs-Musik auch in Griechenland ihre alte strahlende Lebensfülle und Pracht erhalten, die dem seit vielen Generationen überlieferten Musikantentum der

Zigeuner zu danken ist. Und für ein ungebrochenes Weiterleben scheinen vor allem auch all jene Festgebräuche zu sorgen, zu denen diese Musik unentbehrlich ist: Nach wie vor herrscht die Vorstellung, daß zur Feier einer Hochzeit der Zournâs gehört. Auf dem Jahrmarkt, zu bestimmten traditionellen lokalen Festen und in ihrem Gefolge zu den traditionellen Ringkämpfen gehört die Zournâs-Musik wie eh und je.

Überall also ist dieser Musik eine offensichtliche oder vielleicht doch nur noch scheinbare Frische eigen. Aber wie wird ihre Zukunft aussehen? Läßt diese Frische ein Fortleben dieser Musik für die nächsten Jahrzehnte erhoffen, oder müssen wir schon für die nächste Zeit das Verlöschen und Untergehen auch dieser Volksmusik und vielleicht bestenfalls ein zweites Dasein erwarten?

Leider gibt es für den aufmerksamen Beobachter sehr wohl eine ganze Reihe von Merkmalen, die an ein langsames Absterben der Zournâs-Musik denken lassen, auch wenn es an einzelnen Stellen noch eine Weile dauern dürfte. Ein Hauptphänomen, das hier zu nennen ist, scheint mir das unaufhörliche Vordringen der Klarinette zu sein, die aus dem türkischen Bereich vordringt[42] und einzelne Gebiete wie die Provinz Epiros längst für sich gewonnen hat. Auch in Teilen von Makedonien – in Griechenland wie in Jugoslawien – greift man zuweilen zu der weicheren, um nicht zu sagen, zu der lasziveren Klarinomusik statt zu der scharfen, schrillen, kraftvolleren, vielleicht geradezu männlicheren Zournâs-Musik.

In der jugoslawischen Makedonija gibt es längst die ballettartige Folklore-Show, bei der die Zigeuner bühnenmäßig stilisierte Volkstänze mit Zurna und Tupan begleiten. In griechisch Makedonien begegnete mir in dem Ort Nausa eine Zyjia, die während der Sommersaison bei der Bühnenaufführung von griechischen Volkstänzen unter der Leitung von Dora Stratou spielt. Ich bin der Überzeugung, daß diese Betätigung der herkömmlichen Spielweise und der Orts- und Brauchgebundenheit keineswegs zuträglich ist.

Das bedauerlichste Phänomen aber, dem ich mich in griechisch Makedonien wiederholt gegenüber sah, ist die Interpretation westlicher Modeschlager oder auch altmodischer Schlager, die mit Zournâs und Daouli ungemein grotesk wirken, sozusagen ein umgekehrter Exotismus. Charakteristisch ist vielleicht der Umstand, daß mir einer der besten Zournâs-Spieler von Tzoumajá, der mir eine Reihe von Stücken vorzuspielen versprach, voll Stolz eine Persiflage seiner persönlichen Spielmannskunst zum besten gab: die haarsträubende Zournâs-Interpretation eines veralteten westlichen Schlagers.

Dieser Entwicklungszustand verdient Beachtung. Er ist noch nicht so weit gediehen, wie es jene berühmte Volkskundleranekdote berichtet, in der sich der Volkskundler von seinem Informanten sagen lassen muß, diese erfragte Tradition „müsse folkloristisch betrachtet" werden. Der Zournâs-

Spieler sucht nicht nach der vielleicht volkskundlichen Kategorie, sondern nach dem Phänomen, das nach seiner Schätzung für den fremden Touristen am ansprechendsten erscheinen könnte. Und das ist dann eben der Schlager aus des Touristen vermutetem Heimatland.

In diesem Zusammenhang darf nicht übersehen werden, daß die Zigeuner ganz allgemein anpassungsfähig sind. Allenthalben taucht – und gerade auch in griechisch Makedonien – in dem Melodienrepertoire diese oder jene Melodie auf, die auf den lokalen oder nationalen Geschmack potentieller Zuhörer abgestimmt ist: türkische Melodien selbst in rein griechischen Siedlungsgebieten, Nationalitätenbezeichnungen in den Tanznamen. Es gehört wohl zu dem Reiz der Zournâs-Musik und es gehört ganz allgemein zu dem musikalischen Betrieb der Zigeuner, daß sie das Heimatliche mit dem Exotischen in der richtigen Dosierung mischen können. Allerdings geht die Heranziehung von westlichen Schlagern zu weit. Die Spielleute sind nicht mehr in der Lage, solche Melodien anzuverwandeln. Das Resultat ist eine Groteske, ja eine Geschmacklosigkeit und vielleicht ein nicht zu übersehender Schritt zum Verfall.

Auch kleinere Äußerlichkeiten mögen an Verfall denken lassen, so zum Beispiel die Benützung der Militärtrommel mit Schraubenspannung an der Stelle des überlieferten Daouli mit der für Gesamtmakedonien beiderseits der Grenze charakteristischen W-Spannung. Der Zournâs hat eine Vorrichtung, die das Umstimmen des Instruments erlaubt. Diese Vorrichtung ist weiterhin vorhanden, aber niemand weiß mehr, wofür sie einmal gedient haben mag.

In Thrakien ist die Zukunft der Zournâs-Musik aus politischen Gründen ungewiß. Niemand kann sagen, was aus der türkischen Minorität auf die Dauer wird. Und die türkisch sprechenden Zigeuner fühlen sich dieser Minorität zugehörig, auch wenn sie – wie allenthalben üblich – außerhalb der Siedlung der Türken wohnen, in eigenen Stadtvierteln.

Kommt man in das Zigeunerviertel in der Stadt Mesolongi, wo alles Männliche zu musizieren scheint, so ist man an die Quicklebendigkeit eines Ameisenhaufens erinnert. Mit einer Zigeunerfamilie hatte ich zu tun, in der alle männlichen Erwachsenen Pipiza oder Daouli spielen[43] und die jüngeren unter 18 Jahren, die für das Pipiza-Spiel noch nicht die erforderlichen Riesenkräfte haben, auf der Längsflöte „üben", besser gesagt spielerisch spielen – alle mit Ausnahme eines jungen Mannes, der verachtungsvoll auf seine Pipiza-Daouli-Verwandtschaft sah. Auf meine diesbezügliche Frage erklärte er mir voll Stolz, daß er Jazz-Trommler sei. Ein Bruder von ihm, der mich mehrmals auf Exkursionen in West-Rumelien und Nord-West-Peloponnes begleitete und der selbst ein guter, vielbeschäftigter Daouli-Spieler war, versicherte mir auf meine Suggestivfrage, ob seine zahlreichen Buben doch sicher einmal, wenn sie groß sind, auch Pipiza und Daouli spielen werden, ohne jeden Ausdruck von Bedauern: „Nein." Die würden einmal Bouzouki spielen, die berühmte Langhalslaute zur städtischen Unterhaltungsmusik.

## VII

Bei den Zournâs-Daouli-Spielern, die nicht Zigeuner sind, ist ein Abklingen der Tradition besonders stark zu konstatieren, und zwar gerade auch dort, wo selbst das griechische volkskundliche Schrifttum diese sonst wenig geachtete Musik anerkennt, ja sogar als eigentlich griechisches Traditionsgut in Anspruch nimmt.[44] Und es ist dies ja eine merkwürdige und eigentlich betrübliche Erscheinung, daß immer wieder das Erwachen des volkskundlichen Interesses und der beginnende Zerfall der Volkstradition zeitlich zusammentreffen, wie es denn im deutschen Kinderlied heißt: „Stirbt der Fuchs, so gilt der Balg."

Das ist zum Beispiel der Fall in Thessalien und Böotien, wo die Tradition des Zournâs-Spiels allem Anschein nach weitgehend ihr Ende erreicht hat. Die alten, vor nur wenigen Jahren weggestorbenen griechischen Spielleute in Arachova und Makrinitsa haben keinen Nachwuchs mehr. Dieses Verlöschen und das gleichzeitige Absterben von dazu gehörigen Brauchtumsresten wie dem Fest der Maides in Makrinitsa[45] hängt wohl in erheblichem Maße mit dem Umstand zusammen, daß beide Orte zu wichtigen Zentren des Tourismus geworden sind. Wie wir oben gesehen haben, gibt es in abgelegeneren Orten dieser Region einige Zournâs-Spieler, die recht gut spielen. Aber es hat nicht den Anschein, als würde diese Tradition weiteren Bestand haben. Von einem Nachwuchs, wie er noch bei den Zigeunern vorhanden sein dürfte, ist hier nicht mehr die Rede.

Was schließlich die Niakaro-Spieler auf der Insel Zakynthos betrifft, so wirkt ihr Spiel, vor allem dasjenige in Ano Volimes, ausgesprochen stümperhaft, nur wie ein letzter matter Glanz vergangener Zournâs-Pracht. Und zu den ungewöhnlichen Erscheinungen, die an einen Zerfall denken lassen, gehört hier auch die Vermischung des Melodienmaterials mit Stücken, die überhaupt nicht zu den Wesenszügen des Zournâs-Spiels zu passen scheinen. So tauchen Tanznamen auf wie Polka oder Vals, Namen, die mir bei aller möglichen Heterogenität der Zournâs-Musik (selbst oder vielleicht gerade auch bei den Zigeunern) sonst nirgends in Griechenland untergekommen sind.

Wie schon oben in dem Bericht über die Verbreitung in Griechenland, so muß auch hier bei der Frage nach dem Fortleben eines Restes von Zournâs-Musik auf die pontischen Flüchtlinge hingewiesen werden, die aus ihrer Heimat auch diese Musik mitgebracht haben. Dieser Fall ist aus einem besonderen Grund sehr eigentümlich und hintergründig. Wir wissen, daß die Pontusgriechen an heimatlicher Musik vor allem die Lyra und die Musik auf der Lyra mitgebracht haben. Diese Musik erfreut sich – wie Kurt Reinhard sehr richtig bemerkt[46] – in Griechenland unter den Flüchtlingen und wohl auch in der griechischen Allgemeinheit großer Beliebtheit. Man baut neue Lyren, nicht nur für die Touristen, sondern auch für die Traditionspflege der Flüchtlinge. Aber diese Traditionspflege ist nicht nur eine bewußt organisierte Angelegenheit der Flüchtlingsorganisationen, sondern es gibt ein echtes, nicht organisiertes Weiterleben. Man trifft jüngere Leute, die unabhängig von der Pflege eine Lyra-Musik weiterspielen, die sie vom Vater erlernt und selber nicht mehr in der pontischen Heimat gehört haben.

Ganz anders steht es mit der Zournâs-Musik. Soweit ich erkennen kann, gibt es nur noch einzelne Spieler, und es gibt keinen Willen, die alten Instrumente instandzuhalten oder gar durch neue Instrumente zu ersetzen. Wie ein makabres Gleichnis für das Absterben dieser Musik mag die folgende kleine Geschichte wirken, die mir in der westlichen griechischen Makedonia begegnet ist. In dem Ort Tetrálofos (Nomos Kozanis) traf ich einen alten Pontusgriechen, der mir bereitwillig auf seiner Oboe etwas vorspielte, nachdem er sein künstliches Gebiß aus dem Mund genommen und vor mich auf den Küchentisch gelegt hatte. Nach dem Spiel blinzelte er mich spitzbübisch an und sagte: „Wie gefällt dir das? In ganz Griechenland findest du keinen besseren Zournâs-Spieler! Es kann ja auch nicht jeder seine Zähne aus dem Mund nehmen!" Dann wurde mir ein kleiner Imbiß aufgetischt.

Trotz all dieser negativen Beobachtungen darf man doch unzweifelhaft damit rechnen, daß die Zournâs-Musik in Griechenland noch weit weg vom Ende ist. Streicht man die genannten Zerfallserscheinungen weg und sieht nur nach dem traditionellen, vor Lebendigkeit überquellenden Musikantentum vor allem der Zigeuner, das möglicherweise manche Abweichung von der Tradition auffangen und absorbieren mag, so kann man noch mit einer guten Weile des Fortlebens rechnen.

## Anmerkungen

1 Dieser Aufsatz geht zurück auf ein Referat, das ich auf der 23. Konferenz des International Folk Music Council 1975 in Regensburg gehalten habe unter dem Titel *Zournâs-Musik in Griechenland zwischen Tradition und Absterben*. Die spezielle Problematik wurde angeregt durch das vorgegebene Generalthema *Musical Instruments and Change*. – Die vorliegenden Beobachtungen konnten auf mehreren Studienreisen nach Griechenland gemacht werden, die von der Deutschen Forschungsgemeinschaft finanziert worden waren. Die Einzelauswertung des reichhaltigen Sammelmaterials steht noch aus.

2 F. Hoerburger, Der Tanz mit der Trommel, Regensburg 1954, S. 24ff. – Vgl. J. P. Reiche, Stilelemente süd-türkischer Davul-Zurna-Stücke, in: Jahrbuch für musikalische Volks- und Völkerkunde 5, 1970, S. 9.

3 F. Hoerburger, Volksmusik in Afghanistan, Regensburg 1969, S. 61f.

4 F. Hoerburger, Studien zur Musik in Nepal, Regensburg 1975, S. 71 ff.

5 Ebenda, S. 40.

6 Viele eigene Beobachtungen und Literaturbelege beziehen sich auf diese Geschicklich-keitsbeweise, die wie selbstverständlich zum Spiel der beiden Instrumente gehören. Es ist zu nennen zum Beispiel das Tanzen mit der Trommel, die in der Drehung hoch auf den Kopf gehoben wird. In Griechenland, wo der Hauptakteur des Spiels nicht wie in Jugosla-wien und der Türkei der Trommler, sondern der Zournâs-Spieler ist, sah ich, wie man die-sem während des Spiels ein volles Weinglas auf das Instrument stellte und Münzen hinein-warf. Manchmal konnte man sehen, wie Trommler einander ablösten und die Trommel übergaben, ohne daß das Spiel unterbrochen wurde. G. Drosinis (in: Land und Leute in Nord-Euböa, Leipzig 1884, S. 66) wundert sich darüber, daß die Spieler das ihnen zuge-worfene Trinkgeld auffangen, ohne die Oboe abzusetzen. Ja, aus Jugoslawien wurde mir berichtet, daß ein Zurna-Spieler gelegentlich während des stundenlangen pausenlosen Spiels selbst seine Notdurft verrichtete, ohne das Spiel zu unterbrechen.

7 Φ. Ἀνωγειανάκης, Ἔκθεσις Ἑλληνικῶν λαϊκῶν μουσικῶν ὀργανῶν, Ἀθῆναι 1965, ϱ. 29. – Δ. Μαζαράκη, Το λαϊκὸ κλαρίνο στὴν Ἑλλάδα, Ἀθῆναι 1959, ϱ. 18. – Στ. Καρα-κάση, Ἑλληνικὰ μουσικὰ ὄργανα, Ἀθῆναι 1970, ϱ. 125. – Das Wort versteht sich aus ita-lienisch *cornamusa* = Sackpfeife. Vgl. auch albanisch *karamuntse;* siehe C. Sachs, Real-lexikon der Musikinstrumente, Hildesheim 1962, S. 203b.

8 Μαζαράκη, a.a.O., S. 21.

9 Καρακάση, a.a.O., S. 168.

10 Μαζαράκη, a.a.O., S. 22.

11 Κ. Σ. Κώνστα, Ἡ ζυγία στὴν δυτικὴ Ρουμέλη, in: Λαογραφία, τομ. 10', Ἀθῆναι 1961.

12 Μαζαράκη, a.a.O., S. 22.

13 Ebenda, S. 21.

14 Ebenda, S. 22.

15 B. Traerup, Folk music in Prizrenska Gora, Jugoslavia, in: Musik og forskning 1, Køben-havn 1975, S. 59. – Der sogenannte *Nebet,* eine Folge von Volksliedmelodien, wird mit zwei Oboen ohne Trommeln am Abend vor der Hochzeit im Hause des Bräutigams ge-spielt.

16 Μαζαράκη, a.a.O., S. 53.

17 Vgl. Anmerkung 11.

18 Κ. Η. Μπίρη, Ρῶμκαι Γύφτοι, Ἀθῆναι 1954, S. 44.

19 Μαζαράκη, a.a.O., S. 51.

20 Abweichungen mögen teilweise Zerfallserscheinungen sein, wovon weiter unten die Rede sein wird, teilweise aber auch Zeichen von freizügiger Unbekümmertheit, so wenn in der überwiegenden W-Spannung der Trommel einzelne Riemen zum Y zusammengebunden werden, um eine bequemere Spannmöglichkeit zu haben. Vgl. hierzu zum Beispiel das Bild bei B. Traerup, East Macedonian Folk Songs, Copenhagen 1970, S. 242.

21 Hoerburger, Der Tanz mit der Trommel, S. 16.

22 Vgl. Anmerkung 6.

23 F. Hoerburger, Oriental elements in the folk dance and folk dance music of Greek Mace-donia, in: Journal of the International Folk Music Council 19, 1967, S. 72.

24 Metin And, Türk Köylü Dansları, 1964, S. 27.

25 Ebenda, S. 28.

26 Traerup, Folk music, a.a.O., S. 59.

27 F. Hoerburger, Auf dem Weg zur Großform, in: Festschrift Walter Wiora, Kassel 1967, S. 618, im vorliegenden Band S. 194.

28 Vgl. Anmerkung 26.

29 F. Hoerburger, Tanz und Tanzmusik der Albaner Jugoslawiens unter besonderer Berück-sichtigung der Musik auf Schalmei und Trommel, Habil. Schr. Erlangen 1963 (maschr.).

30 Hoerburger, Großform, a.a.O., S. 620, im vorliegenden Band S. 196f.

31 Θ. Γκορπας καὶ Β. Γκορπας, Τὸ πανηγύρι τὰη Συμίου, Ἀθῆναι 1972, S. 35; vgl. ferner Κώνστα, a.a.O., S. 342.

32 Κώνστα, a.a.O., S. 350.

33 Vgl. Anmerkung 31; dort wird das Fest genau beschrieben.

34 F. Hoerburger, Zufälligkeitsbildungen als eine vormusikalische Form der Polyphonie, in: Jahrbuch für Volksliedforschung 10, 1965, S. 125ff. und öfter.

35 Vgl. Anmerkung 31.

36 Hoerburger, Studien zur Musik in Nepal, S. 71.

37 Μαζαράκη, a.a.O., S. 52: „Warum kommt dieser Wechsel zustande, warum verzichtet man auf den scharfen, aufputschenden Reiz des Zournâs zugunsten der milderen Klarinette?" – Vgl. hierzu K. Reinhard, Musik am Schwarzen Meer, in: Jahrbuch für musikalische Volks- und Völkerkunde 2, 1966, S. 24.

38 S. Chianis, Folk Songs of Mantineia, Greece, Berkeley and Los Angeles 1965, S. 11.

39 Ἀνωγειανάκης, a.a.O., S. 29.

40 Hickmann nennt den arabischen Instrumentennamen nâqûr, worunter man sich ein hornartiges Instrument vorzustellen habe. Siehe H. Hickmann, Die Musik des arabisch-islamischen Bereichs, in: Handbuch der Orientalistik, I. Abt., Ergänzungsband IV, Leiden-Köln 1970, S. 75.

41 Metin And, Türk köylü dansları, 1964, S. 23f. und 51.

42 Vgl. Anmerkung 37.

43 „... früher hat es in unserem Stamm niemanden gegeben, der nicht Zournâs oder Daouli gespielt hätte. Heute ziehen unsere jungen Leute die europäischen Instrumente vor." – Γκορπας, a.a.O., S. 35.

44 Κώνστα, a.a.O., S. 328.

45 K. A. Makris, Volos-Pelion, Eastern Thessaly, Athens o.J., S. 11.

46 Reinhard, Musik am Schwarzen Meer, a.a.O., S. 11.

# Beobachtungen zur Improvisationspraxis der Zurna-Spieler*

## I

Die orientalische Volksschalmei *Zurna* (auch *Zurla,* in Afghanistan *Sornai*) hat in ihrem obligaten Zusammenleben mit der Trommel (slawisch *Tupan,* albanisch *Lodrë,* türkisch *Davul,* persisch *Dhol*) einen weiten Verbreitungsbereich, der Nordafrika, Südosteuropa und Vorderasien bis nach Pakistan umspannt.[1] (Die weitere Verbreitung nach Westafrika und Ostasien sei wegen der stärkeren Abweichung von dem hier gemeinten Erscheinungsbild nur am Rande erwähnt.) Es mögen in diesem weiten Bereich mancherlei Unterschiede bestehen wie etwa verschieden ausgereifte Bauweise der Schalmei, der variierende Typus der Trommel, welche im Westen zylindrisch, in Ostafghanistan und Pakistan faßförmig ist, und anderes.

Trotz mancher solcher lokaler Unterschiede an Instrumenten, an den Spielern, an der Musik selbst ist es immer wieder verblüffend zu beobachten, daß viele der Haupteigentümlichkeiten in weit auseinanderliegenden Ländern mehr oder weniger übereinstimmen. Ich denke hier vor allem an das improvisatorische Spiel, bei dem mit schöpferischer Freiheit melodisches Formelgut zu immer wieder neuen Gestalten zurechtmodelliert wird. Gleichbleibendes, wenn auch frei gehandhabtes Formelgut und der allgemeine Vortragsstil gewährleisten beim Hörer das Gefühl, daß hier längst Bekanntes produziert wird. Zugleich aber sorgt die immer wieder neue Improvisationskunst dafür, daß das gespielte Material eben doch niemals genau das gleiche ist.

Das in den letzten Jahren aus dem genannten weiten Verbreitungsgebiet aufgesammelte Musiziergut ließe es wichtig erscheinen, diese Improvisationskunst einmal überregional im größeren Zusammenhang zu untersuchen. Im folgenden soll auf einige Beobachtungen eingegangen werden, die eine Reihe von überregional gemeinsamen Merkmalen der Improvisationskunst aufzeigen mögen.

## II

Es versteht sich, daß die Musikanten in ihrer Improvisationsfähigkeit außerordentlich stark abhängig sind von der jeweiligen Situation. Natürlich sind sie versiert genug, um auch in der sterilen Studiosituation musizieren zu können. Aber der Vergleich einer solchen studiomäßig aufgenommenen Musik mit derjenigen, die in der originalen Situation gespielt wird, zeigt den außerordentlich starken Unterschied.[2] Im Studio klingt das Spiel zwar nicht weniger schrill, es beinhaltet das gleiche Formelmaterial, es zeigt den gleichen Spielstil wie in der freien Natur, zum Beispiel auf dem Tanzplatz. Aber da diese Musik nun nicht von den Tänzern oder von einem anderen Personenkreis, an den sie gerichtet ist, angeregt, angereizt, angeheizt wird, so entfällt nicht nur das Strahlende und Aufregende, es entfällt auch der improvisatorische Charakter. Die Spieler ziehen sich auf fertige Melodiegestalten zurück. (Diese Abhängigkeit beruht zum Beispiel beim Tanz auf Gegenseitigkeit: Die improvisierenden Tänzer etwa des griechischen Rebetiko-Tanzes können ihre ganze Phantasie nur dann voll entfalten, wenn sie entsprechend von den Musikanten angeregt werden. Würde man an die Stelle des lebendigen Musizierens eine Tonaufnahme setzen, so würde es eine tänzerische Improvisation nicht mehr geben können.)

Die Improvisation der Zurna-Spieler entzündet sich an der jeweiligen Gelegenheit. Die Musikanten reagieren auf jeden Zuruf, auf jede Veränderung der Situation. In Afghanistan kann man Musikanten beobachten, wie sie stundenlang als tönende Reklame vor einem Volkstheater spielen. Leute gehen währenddessen auf der Straße vorbei, manche bleiben für einen kurzen Schwatz stehen, andere fangen an, für ein paar Minuten das Tanzbein zu schwingen. Und all das wird sofort von den Musikanten aufgenommen und akustisch nachgezeichnet, so daß ein bizarres Spiel entsteht, das aus der nur musikalischen Analyse gar nicht zu erklären wäre. Daß das musikalische Geschehen dabei teilweise recht primitiv ist, oft nur eine Zusammensetzung von Allerweltsfiguren, die in der Improvisation zu mehr oder minder homogenen Gestalten zusammengeschweißt werden, ist eine Tatsache, welche von dem nur Vorbeigehenden und Vorbeihörenden gar nicht bemerkt wird.

Wenn man die gleichen Musikanten beiseite nimmt zu einer studiomäßigen Tonaufnahme, wird aus dem freien Improvisieren und dem bloßen Zusammensetzen von Formeln eine wohlgesetzte Form mit abgerundeten Formteilen, die in sich regelmäßig wiederholt werden. Die Musik klingt nun zwar geordneter und „schöner", wird aber im Grunde steril.

Diese Feststellung muß sehr ernst genommen werden, wenn man Überlegungen anstellt über die allenthalben geforderte „high fidelity" von dokumentarischen Tonaufnahmen von Volksmusik. Natürlich kann auf der Straße oder während des Tanzes oder während der Ringkämpfe eine Aufnahme ohne alle Nebengeräusche nicht erreicht werden. Auf der anderen Seite aber ist für die richtige Beurteilung des Wesens dieser Musik und vor allem der improvisatorischen Spieltechnik immer nur die wirkliche lebendige Situation heranzuziehen und bestenfalls in zweiter Linie die Studioaufnahme.

# III

Das melodische Repertoire dieser Schalmeienmusik ist in den einzelnen Ländern nicht einheitlich. Man spielt Allerweltsmelodien, oft mit lokaler Prägung, ebenso aber auch recht primitive Ein- oder Zweizeiler. Das Spielen solcher Melodien wirkt immer etwas fremdartig und leblos. Die orientalischen Volksmusikanten scheinen unfähig und hilflos gegenüber solchen Melodien, in denen sie ihr lebenspendendes Improvisationskönnen nicht so recht zu entfalten verstehen. Neben dem vorher charakterisierten Spiel in der Studiosituation ist hier der zweite Fall gegeben, in dem wir auf der Suche nach der Improvisationstechnik ein Negativum finden, das allerdings für uns den Vorteil hat, daß wir ihm gegenüber das Positivum um so stärker aufleuchten sehen.

Wenn bei dem Spiel solcher entwickelter Volksliedmelodien das für das Zurna-Spiel so charakteristische Schmuckwerk, aber auch andere, gleich zu besprechende Zutaten der Improvisation fehlen, so ist das vielleicht nicht nur damit zu erklären, daß diese Melodik dem Schalmei-Bläser fremdartig erscheint – sozusagen eine musikalische Chinoiserie mit umgekehrten Vorzeichen –, sondern vielleicht auch damit, daß diese Melodien in den Ohren der Musikanten bereits eine so ausreichende Eigencharakteristik besitzen, daß ein zusätzliches Schmuckwerk nicht mehr erforderlich erscheint.

# IV

Natürlicher und zweifellos dem Zurna-Spiel im eigentlichen Sinne angemessener als das Spiel von Volksliedern und Schlagern ist die Verwendung von kurzen, ein- oder zweizeiligen Melodien oder gar von kurzen Formeln und Spielfiguren ohne höhere Organisation der Form. Werfen wir einen Blick auf unser erstes Notenbeispiel:

Beispiel 1a: Aus Vranište, Südserbien 1959 (85a)

Dieses Motiv mit seinen nur wenigen Tönen – Dutzende von Malen wiederholt – macht das gesamte melodische Material eines längeren Tanzgeschehens aus. Wenn man das nur vom Blatt liest, so mag die gleiche Frage auftauchen wie beim Lesen gewisser epischer Gesänge, etwa denen der südslawischen Guslaren, oder erzählender Lieder der Albaner[3]: Wie ist es möglich, daß die fortwährende Wiederholung von so kurzen Melodiezeilen ausreicht, um den Zuhörer nicht nur nicht zu langweilen, sondern ihn sogar zum aktiven Mittun, das heißt in unserem Falle, zum Tanzen anzureizen? Die Musik auf der Zurna zusammen mit dem Davul will ja kein meditatives Spiel sein, sondern ein höchst intensives Stimulieren!

Stärker als die Transkription und Analyse des Ablaufs, stärker aber auch als das bloße Abhören der Tonaufnahme muß das unmittelbare Erlebnis dieser Musik und ihres Zusammenhangs mit dem Tanz und mit der Gesamtsituation erkennen lassen, daß diese fortwährende Wiederholung einer kurzen Phrase sehr heftig stimulieren kann. Das unausgesetzte Verbrämen der einfachen Linie mit verschiedenartigen Fiorituren, die Hinzunahme einer zweiten Zurna, welche die Oktavverdoppelung bringt (Beispiel 1b), dieses merkwürdige Trillern in Terzen, dazu die Tendenz, Intervallwerte zu verzerren, der an sich schon ungeheuer scharfe und aufregende Klang der orientalischen Volksschalmei, die Übersteigerung der Trommelbegleitung vom einfachen Taktgerüst hin zum wirbelnden Durchschlagen, das alles sorgt von Anfang an dafür, daß das Spiel „heiß" ist und immer mehr überhitzt wird, auch wenn das melodische Material so nichtssagend erscheinen möchte.

Beispiel 1b: Aus Vranište, Südserbien 1959 (85a)

Dazu kommt die Möglichkeit, das Zeitmaß zu steigern, entweder in einzelnen Wellen, wobei die Steigerung immer noch einmal zurückgenommen wird, oder in einem einzigen großen Bogen vom Anfang bis zum Schluß. Manchmal geht der Spieler scheinbar gerade den entgegengesetzten Weg, indem er die Steigerung hinauszögert und minutenlang ein ganz starres, fast lähmend gleichmäßiges Tempo aushält. Erst nach langen Entwicklungen beginnt er den plötzlichen Anlauf, der dann endlich die lang ersehnte Entspannung bringt.

## V

Wenn man ein größeres Material von Musik dieser orientalischen Volksschalmei-Spieler überblickt, und wenn man sich über die Möglichkeiten der improvisatorischen Gestaltung informieren will, so stößt man vor allem auf zwei Eigentümlichkeiten, die unabhängig von den nationalen Besonderungen in den einzelnen Ländern und Landschaften übereinstimmend immer wieder auftauchen und in ganz besonderem Maße über die Wiederholung von Kurzmotiven hinweg für die Steigerung und Verlebendigung des melodisch scheinbar Nichtssagenden sorgen: Beide Möglichkeiten stehen ganz entschieden in der Improvisation und sind alles andere als vorgeplant. Vermutlich sind sie immer von der jeweiligen Lage abhängig, von der gegenseitigen Stimulierung, welcher die Musik, die Musikanten und die Zuhörer/Tänzer unterworfen sind.

Da ist einmal die Beobachtung, daß die Musikanten vielfach nicht in ein fertiges melodisches Repertoire eintreten. (Eine Ausnahme ist vor allem die Verwendung der vorher genannten ausgewachsenen Volkslied- oder Schlagermelodien, die gleich von vornherein da sind, so als würde man sie aus Noten spielen.) Bei der Verwendung von freien Melodiezeilen ergeben sich Festlegungen erst im Laufe des Spiels. Der Bläser beginnt mit einem ziemlich ungebundenen Fingern auf seinem Instrument. Er versucht aus dem Probieren heraus, was er etwa mit diesem oder jenem Motiv anfangen kann. Man hat bei solchen „Sucheinleitungen", wie ich das nennen möchte, oft das Gefühl, daß der Musikant die später sich festigenden Melodien erst finden muß.

Die andere Eigentümlichkeit, die man ebenfalls bei diesen Schalmeibläsern überall und unabhängig von den lokalen Sondererscheinungen immer wieder beobachten kann, ist eine merkwürdige Art von Übersteigerung im Verlauf der Stretta. Die mehrfache Wiederholung von kurzen ein- oder zweizeiligen melodischen Gebilden führt schließlich nach unzähligen Wiederholungen dahin, daß die an sich schon sehr einfachen Melodiezeilen noch einmal komprimiert werden und sich in einen einzigen, lange ausgehaltenen Ton oder Triller verdichten. Die Details der ursprünglichen Melodie werden nunmehr nur noch in ihrem rhythmischen Gerüst von der begleitenden Trommel dargestellt.

Währenddessen hebt der Zurna-Spieler – wie es ähnlich auch die Jazz-Trompeter zuweilen mit ihren Instrumenten tun – die Stürze hoch empor und steigert sein Spiel zu höchster Höhe und Lautstärke. Sicher ist die bis dahin gespielte Melodie durch die häufige Wiederholung so stark in das Gedächtnis der Hörer eingedrungen, daß sie auch während der Komprimierung auf den einzelnen Halteton weiterwirkt. Die hypnotische Kraft der endlosen Wiederholung läßt die tongetreue Ausführung der Melodie unnötig erscheinen. Der Klartext der Melodie wird zum Lallen, das jedoch für die gewünschte Aussage völlig ausreicht.

## VI

Man mag aus diesen Angaben, die freilich zunächst nur die auffälligsten Erscheinungen der Improvisation berücksichtigen, erkennen, daß es völlig unzureichend wäre, bei der Dokumentation der Musik auf Zurna und Davul nur fertige Melodie-Strukturen wiederzugeben. Das, was um diese Melodien herum improvisatorisch geschieht, ist nicht weniger wesentlich. Die Gesamterscheinung dieser Musik ist erst aus der Vorlage der Melodien *und* der improvisatorischen Verbrämung zu erkennen.

Wie ich an anderer Stelle gezeigt habe[4], gilt dieses Prinzip ganz allgemein, auch in Musikstilen, die der abendländischen Tonkunst viel näher stehen, wie zum Beispiel bei dem Musizieren der alpenländischen Ländler. Auch hier ist die ganze Wirklichkeit der Musik in den einzelnen Melodien, die in den Sammlungen ausschließlich aufgeführt werden, nicht erschöpft. Es ist vielmehr das improvisierte und mehr oder weniger dem einzelnen Musikanten eigentümliche zusätzliche Spielgut, die spielerische Verlebendigung der Melodie zu berücksichtigen. Es handelt sich mit anderen Worten um ein allgemeines Prinzip der instrumentalen Volksmusik.

Freilich geht bei den Zurna-Davul-Musiken die improvisatorische Erfindung und das qualitative und quantitative Verhältnis zwischen den melodischen Gestalten und der Improvisation viel weiter.

Zu diesen Möglichkeiten gehören noch zwei sehr wichtige Erscheinungen, die hier angeführt werden müssen, nämlich die Gestaltung des Anfangs und die des Schlusses. Beide sind – das muß ganz allgemein vorausgeschickt werden – nirgends so beschaffen, daß man sagen könnte, die Musik habe am Anfang und am Schluß eine völlig klare Abgrenzung. Bei der Gestaltung des Anfangs ist es vielmehr so, daß von dem Nichts über das noch Ungeformte hinweg bis in die eigentliche musikalische Gestaltung (auch in die vorher genannte improvisatorische „Sucheinleitung") hinein ein fließender Übergang besteht. Bei der Gestaltung des Schlusses wird sozusagen der umgekehrte Weg gegangen, auch wieder über eine ungestaltete Zwischenstation hinweg.

## VII

Die Art und Weise, wie das Anfangen vor sich geht, ist – dem Prinzip der Improvisation entsprechend – unterschiedlich. Sie hängt ab von der Fingerfertigkeit und der improvisatorischen Phantasie des Spielers, sicher aber auch wieder von der jeweiligen äußeren Situation, in die das Spiel hineingestellt ist. Diese mag im einen Fall eine schnelle Entscheidung für ein Tanzstück fordern, im anderen Fall eine langsame Hinwendung und Vorbereitung. Es werden zum Beispiel einzelne noch unzusammenhängende

Töne vorausgestellt. Der Zurna-Spieler probiert sein Mundstück aus, der Trommler schlägt dazwischen zwei, drei Schläge, die vielleicht nur auf das Kommende aufmerksam machen wollen.

Das sind Äußerungen der beiden Musikanten, die musikalisch überhaupt noch nicht gebunden sind; es geht hier weder um tonale noch um rhythmische noch um formale Bindungen. Dann wieder werden kürzere oder längere Pausen eingeschaltet, die den eigentlichen Anfang noch einmal verschieben. Aber trotzdem kann man bei der Beurteilung all dieses tönende Vorwerk nicht einfach aus der Gesamtheit des Vorgangs herauslösen, vor allem deswegen nicht, weil gewöhnlich von hier aus unmittelbar in das im engeren Sinne musikalische Geschehen übergegangen wird.

Diesem noch außermusikalischen Probieren folgt gewöhnlich etwas, was ich als „Aufphrase" bezeichnen möchte – im Gegensatz zu dem nur wenige Töne umfassenden „Auftakt". Es ist hier jedesmal so, daß dem durch die ersten Trommelschläge oder Trommelwirbel markierten Taktbeginn eine längere Phrase vorausgeht, welche auf diesen ersten rhythmisch festgelegten Schwerpunkt hinzielt[5]: Jetzt erst beginnt die eigentliche „Sucheinleitung", die ihrerseits dem allmählichen Werden der gesuchten Melodie vorangeht.

Wie lange sich solche Vorstufen der Musik hinziehen, das ist wieder verschieden und steht dem einzelnen Musiker und seiner augenblicklichen Laune frei. Sogar eine Verselbständigung einzelner Teile kann vorkommen, wie unser Beispiel 2 zeigen mag:

Beispiel 2: Aus Neokastro, Makedonia, Nordgriechenland (49)

Dieses Stück geht dem rhythmisch genau festgelegten Vortrag des griechischen Kalamatianós-Tanzes voraus, ist ihm aber vor allem durch seine Freiheit von rhythmischen Bindungen entgegengesetzt. Formal und tonal freilich ist dieses Stück bereits weitgehend verselbständigt. Man erkennt trotz der anfangs etwas verschleierten Situation die Hinwendung zum Zentralton a', man kann auch eine gewisse formale Gliederung erkennen, die durch das jeweilige Schlußmotiv der einzelnen Zeilen festgelegt ist. Verselbständigt erscheint dieses Vorspiel im Vergleich zur Aufphrase auch insofern, als nach dem Ende und vor dem eigentlichen Kalamatianós noch einmal eine Pause eingeschaltet wird. Es ist aber wohl unnötig zu betonen, daß wir es hier nicht mit einer bereits vorweg festgelegten Melodie zu tun haben. Es ist vielmehr eine Improvisation, die freilich nicht aus dem Nichts heraus erfunden wird, sondern sich auf Figuren stützt, die sich aus der Applikatur des Instruments, fast möchte man sagen, „von selbst" ergeben. Und gleichzeitig stützt sich die Improvisation auf ein motivisch mehr oder weniger stereotypes Zeilenende.

## VIII

Dem sich von Stufe zu Stufe der Geregeltheit entwickelnden Anfang entspricht ein ähnlich gebauter, ebenfalls wieder improvisierter Schluß – freilich nun in der umgekehrten Reihenfolge. Melodien der verschiedensten Art schließen normalerweise mit einem betonten, länger ausgehaltenen Schlußton. Damit könnte die Sache für den Melodiensammler erledigt sein, nicht jedoch für den Musikanten. Für ihn ist der einzelne Schlußton, der das tonale und rhythmische Gefüge noch einmal bestätigt, kein Abschluß. Es muß vielmehr noch eine mehr oder minder kurze Phrase folgen, die der vorher genannten Aufphrase gleichsam spiegelbildlich entspricht. Und erst wenn diese Schlußformel vorgebracht ist, löst sich das Gesamtgefüge auf in tonal und rhythmisch nicht mehr gebundene Einzeltöne des Zurna-Spielers oder Einzelschläge des Trommlers.

Besonders eigentümlich ist dabei, daß diese Schlußfloskel fast immer aus der Haupttonart des soeben gespielten Stückes ausschert. Auffallend ist dies deswegen, weil ein solches Ausscheiden aus der tonalen Gegebenheit nicht etwa als ein einmaliges Zufallsgebilde aus einer bestimmten Region oder von einem bestimmten Spieler stammt, sondern in dem weiten übernationalen Verbreitungsraum dieser Musik immer wieder in der einen oder anderen Form auftaucht. Wir finden dieses Prinzip etwa in unserem Beispiel 3, wo nach dem Schlußton a' des eben gehörten Stückes noch ein kurzes Etwas angefügt wird, das zuletzt in den Ton b" und nicht etwa in die Finalis a" mündet[6]:

Beispiel 3: Aus Neokastro, Makedonia, Nordgriechenland (50)

Gewöhnlich sind es kurze Anhängsel, die an das Anspielen der Finalis am Ende des Stückes anschließen und mit einem der Tonart fremden, meist hohen, quiekenden Laut enden. Wenn die Auflösung der Tonalität erfolgt ist, werden nur noch irgendwelche Zufallstöne oder Zufallstrommelschläge angefügt, wie bereits erwähnt.

Diese Vorliebe, zum Schluß eines Stückes aus der Haupttonart auszuscheren, findet sich gelegentlich auch „unterwegs" während des Spiels als Abschluß einer Melodiezeile, welche mehrmals wiederholt wird und eine „Pausa"-Verschnörkelung fordert. Hierzu ist das Beispiel 4 zu betrachten:

Beispiel 4: Aus Kabul, Afghanistan (372)

Dieses Stück ist die Variante einer mehrmals wiederholten Melodie, die in Kabul aufgenommen wurde. Sie endet manchmal mit, manchmal ohne Anhängsel: Das ganze Stück ist an den Modus „Beirami" (etwa entsprechend dem indischen Bhairavi) gebunden und müßte normalerweise in die Finalis e' münden, in Wirklichkeit aber wird an diesen Schlußton e' nochmals ein letzter Schleifer angehängt, der in das fremde cis' führt.

Eine der eigentümlichsten Beobachtungen, die mir in diesem Zusammenhang bemerkenswert erscheint, ist die musikalische Schlußszenerie, die nach einigen weiteren Wiederholungen der eben angeführten Melodie (Beispiel 4) auftritt. Es ist dabei zu bemerken, daß die ganze betreffende Aufnahme ohne das Wissen der Musikanten gemacht wurde. Andernfalls hätte sich der Sornai-Bläser sicherlich eine solche Freiheit nicht genommen.

Die Situation war die, daß die beiden Musiker den ganzen Nachmittag und Abend vor einem Volkstheater in Kabul musizierten. Als schließlich das Tagewerk vollendet war, machte sich der Sornai-Spieler in einer ganz merkwürdig kakophonen Schlußmelodie Luft; man findet sie in dem Beispiel 5:

Beispiel 5: Aus Kabul, Afghanistan (373)

Fast könnte man geneigt sein, von einer volkstümlichen Vorform der Do-dekaphonie zu sprechen, wo von den zwölf Tönen einer gedachten Leiter freilich nur zehn vorkommen. Aber natürlich zeigt die genauere Betrach-tung dieser vom Augenblick diktierten Improvisation, daß hier im Grunde genommen doch von einer tonalen Zentrierung noch gar nicht Abstand ge-nommen ist. Das ganze Geschehen zielt auf den schon vorher festgelegten Finalton e' hin, allerdings mit der eben erwähnten Eigentümlichkeit, daß als letzte Konsequenz aus dem Finalton e' wieder in das fremde cis' ausge-wichen wird.

## IX

Sicher sind manche von diesen Erscheinungen des improvisatorischen Spiels nicht auf die Musik der Zurna beschränkt. Mancherlei mag ebenfalls bei dem Figurenspiel volkstümlicher Flöten oder auch wieder bei dem Spiel der Geigen (zum Beispiel der Gusle) und Langhalslauten anzutreffen sein. Auf der anderen Seite sind bestimmte Erscheinungen wie etwa die Komprimierung einer Melodie auf einen einzelnen, lang ausgehaltenen Ton oder Triller speziell charakteristisch für das Spiel auf der orientali-schen Volksschalmei. Was zweifellos das eigentümlichste daran ist, wenn man Volksmusikkulturen einzelner Länder im Querschnitt betrachtet, ist dies, daß mitten unter den verschiedenen Stilschichten diese Musik auf Schalmei und Trommel als eine Fremdschicht auftritt und daß diese im na-tionalen Bereich beobachtete Musik sich in mancherlei unerwarteten Ei-gentümlichkeiten durch eine Vielzahl von Ländern hindurch verfolgen läßt, als ob sie wie die Kunstmusik des persisch-arabischen Kulturgebietes ein internationaler Überbau wäre über die hauptsächlich regional festge-legten Stile der Volksmusik.

Die Beobachtung speziell des so wichtigen Bereichs der Improvisation auf der Volksschalmei, die – wie wir gesehen haben – nicht nur eine unver-bindliche Zutat zu dem Melodienrepertoire ist, sondern die das Melodien-repertoire erst zum wirklichen Leben erweckt – diese Beobachtung ist über die speziellen Verhältnisse hinaus auch ganz allgemein interessant für die

Technik des Improvisierens und die Bedeutung der Improvisation in der Volksmusik schlechthin.

## Anmerkungen

\* Dieser Beitrag ist in dem Band *Studien zur Phänomenologie der musikalischen Gestaltung,* Köln 1968 (maschr.), enthalten, der Marius Schneider als Festschrift zum 65. Geburtstag überreicht wurde. Er wird hier erstmals im Druck vorgelegt.

1 Siehe F. Hoerburger, Der Tanz mit der Trommel, Regensburg 1954.

2 Vgl. Th. Emmerig, Studio- und Liveaufnahme in der musikethnologischen Sammelmethode, dargestellt an Musik auf Sornai und Dhol in Afghanistan, Laaber 1980.

3 Siehe G. Becking, Der musikalische Bau des montenegrinischen Volksepos, in: Archives Neerlandaises de Phonetique experimentale 7-9, La Haye 1933, S. 144-153; ferner F. Hoerburger, Erzählliedsingen bei den Albanern des Has-Gebietes (Metohija), in: Zbornik za narodni život i običaje 40, 1962, S. 193 ff.

4 F. Hoerburger, Musica vulgaris, Erlangen 1966, S. 42 ff.

5 Ebenda, Notenbeispiel 7 ab.

6 Ebenda, Notenbeispiel 9.

# Zur weltweiten Verbreitung der orientalischen Volksoboe

Samuel Baud-Bovy
zum 70. Geburtstag

## I

In der Vielschichtigkeit der Volksmusik – in Griechenland wie in den anderen Ländern, von denen hier die Rede sein soll – spielt die Musik auf der orientalischen Volksoboe eine merkwürdige eigenständige Rolle, die sich von allen anderen Schichten der Volksmusik weitgehend absondert. Dem Volkskundler und dem Volksmusikforscher, der vor zwanzig oder dreißig Jahren versucht hat, sich ein Bild von diesem Instrument, seiner Musik und seinen Musikern zum Beispiel in Griechenland zu machen, begegnete damals allenthalben Ablehnung und Unwissen, gerade auch dort, wo er am ehesten Auskunft zu erhalten hoffte, bei Kennern griechischer Musik und Volkskunde. Ich glaube deshalb, daß die kleine Veröffentlichung von K.Σ. Κώνστα[1] aus dem Jahre 1961 trotz ihrer Lückenhaftigkeit damals eine echte Pionierleistung gewesen ist.

Diese Ablehnung von Seiten der – wenn ich einmal so sagen darf – „bürgerlichen" Welt gegenüber der Zurna-Musik ist keine speziell griechische Erscheinung. Ich fand sie allenthalben, wo ich diese orientalische Oboe im Laufe von fast dreißig Jahren zwischen den Balkanländern und Ostasien aufzuspüren suchte.

In diesem weiten Bereich begegnet uns in mancher Hinsicht eine ganz außergewöhnlich starke Übereinstimmung an Instrument, Spieler und brauchtümlichem Kontext und nicht zuletzt auch wechselweise an Wertschätzung und Verachtung. Die Erhebungen über diese musikalische und vor allem auch soziologische Vielfältigkeit der Übereinstimmung, dann aber auch über gewisse Abweichungen sind längst nicht abgeschlossen. Aber schon das mir zur Verfügung stehende Sammelmaterial würde – als Ganzes vorgelegt – den hier vorgesehenen Raum bei weitem überschreiten.

Über die Situation von Zurna und Zurna-Musik in Griechenland habe ich an anderer Stelle einen Überblick vorgelegt.[2] Es ist dort die Rede von drei hauptsächlichen Zentren des Spiels, wobei der mazedonische und der thrakische Bereich starke Beziehungen zu der Musik in den benachbarten slawomazedonischen und türkischen Regionen aufweist, während die von den Grenzen ferner gelegenen Regionen um Mesolongi und Nordwestpeloponnisos mit ihren außergewöhnlich kleinen Instrumenten (πίπιζα) eine Sonderstellung einnehmen. Ungewöhnlich ist der Umstand, daß in einigen

Gebieten auf dem Festland und auf der Insel Zakynthos die Oboe nicht von Zigeunern (Γύφτοι), sondern von Griechen gespielt wird, die auch im Gegensatz zu den Zigeunern keine professionellen Musiker sind, sondern einem anderen Hauptberuf nachgehen. Einzelheiten hierzu möge man in meinem oben genannten Artikel[2] nachlesen. Es genügt hier, am Ausgangspunkt unseres Rundblicks in Kürze die Hauptcharakteristika zusammenzufassen, deren Übereinstimmung beziehungsweise Abweichung in dem weiten Verbreitungsgebiet uns dann interessieren wird.

## II

Die Zurna[3], die orientalische Volksoboe, ist eine Schalmei mit Doppelrohrblatt. Im Gegensatz zur europäischen Oboe mit ihrem „glockenförmigen Schallstück" hat die Zurna eine weitausladende „trichterförmige" Stürze, aus der ein ungeheuer schriller und lauter Ton kommt, der das Instrument zum ausgesprochenen Freiluftinstrument macht. Nur selten und nur zu besonderen Gelegenheiten spielt man das Instrument auch im Innenraum.

Als weiterhin typisch für Instrument und Musik, zunächst wenigstens in den Balkanländern und in Vorderasien, sind folgende Eigentümlichkeiten zu nennen:

Begleitet wird das Instrument mit einer Trommel. Vielfach, wenn auch nicht regelmäßig, wird zu dem Melodieinstrument (in Griechenland heißt der Spieler μάστορας oder πριμαδόρος) noch ein Zweitinstrument geblasen, das sich häufig auf das Anblasen des Bordun beschränkt (in Griechenland heißt der Spieler μπασσαδόρος[4]).

Im Gegensatz zum Beispiel zu Flöten, die vielfach von jedermann geblasen werden können, der Lust dazu hat und sich etwas Mühe gibt[5], ist die orientalische Volksoboe normalerweise ein Instrument des professionellen Spielmanns. Sein Spiel verlangt jahrelanges Lernen, körperliches Training und eine ausgezeichnete Gesundheit, um das oft Stunden während anstrengende Spiel durchstehen zu können. Vielfach, wenn auch wiederum nicht immer, wird – überall im Westen wie bis in den fernen Osten – die Nasenatmung angewendet, die es erlaubt, pausenlos mit den weit aufgeblasenen Backen weiterzuspielen, während man durch die Nase Luft holt.

Das ist nicht nur eine Spieltechnik, die ein anderer auch lernen könnte, sondern vielleicht bereits ein Kunststück, das den Musikanten, den Spielmann zum Jongleur, zum bewunderten Virtuosen werden läßt – ein Umstand, der sehr charakteristisch für die Gesamtsituation ist und wiederum von Südosteuropa und Nordafrika bis nach China verfolgt werden kann. Jeder dieser Volksoboisten hat sein besonderes Kunststück, das ihn berühmt macht und ihm das Publikum zuführt. Es ist sozusagen seine besondere Handschrift.

In griechisch Mazedonien zum Beispiel sah ich einen Zurna-Spieler, dem man während des Spielens ein volles Weinglas auf das waagrecht gehaltene Instrument stellte. In dieses Glas warf man dann Geldstücke hinein. In Taiwan lernte ich einen Oboisten kennen, der sein Instrument, *Suŏnà* genannt, abwechselnd auf dreierlei Weise spielte, um damit das Geschwätz von drei alten Weibern zu charakterisieren: Einmal spielte er das Instrument normal, dann nahm er das Mundstück ab und spielte dieses Mundstück ohne Rohr durch die hohle Hand, und schließlich spielte er das Rohr ohne Mundstück, nach Art einer Trompete. Von diesem gleichen Spielmann erzählte man sich im Volk die folgende phantastische Anekdote: Er sei in der Lage, gleichzeitig vier verschiedene Oboen zu blasen: zwei durch die beiden Mundwinkel und zwei durch die Nasenlöcher.

Dieses Lügenmärchen bringt uns auf die merkwürdig zwiespältige Stellung des Volksmusikers in der Gesellschaft: Er wird natürlich bewundert und gebraucht als brickelnde Sensation. Natürlich weiß man, daß auf dem Instrument des Zigeuners in Mazedonien ein Stück Klebmasse angebracht ist, welches das Fallen des Weinglases verhindert. Aber der Vorgang ist trotzdem aufregend genug und unterhält die Festgemeinde. Natürlich weiß man, daß der chinesische Oboist nicht gleichzeitig vier Instrumente in der angegebenen Weise spielen kann. Aber es bleibt die Sensation, die man sich erzählt, wenn man sich gerade diesen und keinen anderen Spielmann engagiert.

Das Vorkommnis wird in seiner Anziehungskraft noch dadurch verstärkt, daß man in dem Spielmann der orientalischen Volksoboe und der dazugehörigen Trommel eine Art von Exotismus begrüßt. Denn diese Musikanten sind vornehmlich – in Griechenland, in Jugoslawien, in Albanien oder der Türkei – Zigeuner, Menschen also, die normalerweise als außerhalb der Gesellschaft stehend betrachtet werden.[6] In Afghanistan sind es die Barbiere, eine niedrige soziale Schicht, die als Spieler des Sornai, der Oboe, in Frage kommen.[7] In Nepal gibt es zwei Gruppen, die in der Kastenhierarchie an unterster Stelle stehen; sie und nur sie spielen die Volksoboen, sie werden dafür abgelohnt und nachher wieder fortgejagt.[8]

In China sind es – oder waren es bis vor nicht langer Zeit – die Huízi, die das Suŏnà-Instrument spielten, und nur sie. *Huízi* ist ein etwas verächtlicher Name für die islamische Gruppe in China – ein Umstand, der uns zeigt, woher diese Musik und dieses Instrument kommen: aus dem islamischen Westen. Darauf deutet ja auch der Instrumentenname: Suŏnà ist eines der wohl wenigen chinesischen Wörter, die aus einer fremden Sprache übernommen worden sind und zwar mitsamt dem Gegenstand, den das Wort bezeichnet.

Überall eine verachtete Gesellschaftsklasse? Es möchte zunächst so scheinen. Daß diese Regel sehr bedeutsame Ausnahmen kennt, davon wird weiter unten die Rede sein.

Und nun haben wir noch eines Umstands zu gedenken, der uns zeigt, wie in dem weiten Verbreitungsgebiet auch in dem brauchtümlichen Kontext dieser Musik mit der orientalischen Volksoboe weltweitreichende Übereinstimmungen herrschen. Überall finden wir das Zurna-Davul-Ensemble vor allem im Zusammenhang mit den weltlichen Seiten der Hochzeitsfeierlichkeiten. Gerade zu diesem Thema finden sich reichhaltige Beobachtungen – teilweise mit großer detaillierter Genauigkeit beobachtet und beschrieben[9], aber auch von nicht fachkundigen Reiseberichterstattern gelegentlich erwähnt –, wobei leider die Instrumente häufig falsch bezeichnet werden, als „Trompete" zum Beispiel oder als „orientalische Flöte".[10]

Die spezielle Zugehörigkeit zu den Hochzeitsfeierlichkeiten reicht mindestens bis zum indischen Subkontinent. Bereits in Griechenland und Jugoslawien besteht die sprichwörtliche Redensart, daß eine Hochzeit ohne Zurna-Davul-Musik nicht vorstellbar sei. Und ähnliches hört man bis aus Indien.[11]

Dazu kommt das Spiel zum Tanz, auch bei anderen Festen, etwa zum Panijiri, dem griechischen Kirchweihfest, und man ist geneigt, eine weltweite Verwandtschaft auch hier zu verstehen, wenn man sieht, wie bei Festen chinesischer Lokalgottheiten ebenfalls die Volksoboe gebraucht wird. Oder denken wir an das Oboenspiel bei bäuerlichen Ringkämpfen, wie wir es in den Balkanländern ebenso antreffen können wie in der Türkei, wiederum über weite Bereiche verbreitet.

## III

Worum es mir hier ging, ist folgendes: Es sollte in einigen Hauptzügen gezeigt werden, wie die orientalische Volksoboe, ihr sozialer und brauchtümlicher Bezug und ihre Musik weltweite Übereinstimmungen zeigen. Die Verbreitung dieser Übereinstimmungen läuft weitgehend parallel mit der Verbreitung des Islam in Ost und West, was weiterhin deshalb sehr seltsam erscheint, weil die Geistlichkeit des Islam dem Gebrauch der Volksoboe feindlich gegenüberzustehen scheint.

In einem Dorf im östlichen Afghanistan war ich gelegentlich Zeuge einer Hochzeitsfeier. Bei den Unterhaltungen der Gäste fiel mir auf, daß die Musik auf einer Flöte mit Begleitung einer Trommel gespielt wurde. Das war schon deswegen ungewöhnlich, weil in Afghanistan die gerne zur Unterhaltung gespielte Flöte stets solistisch geblasen wird, nie in Verbindung mit einer Trommel. Aber warum spielte man bei dieser Gelegenheit überhaupt die Flöte und nicht, wie es sich gehört hätte, die Oboe? Ich mußte mehrfach fragen, bis mir zögernd und verlegen die Antwort gegeben wurde, der Dorfgeistliche habe es verboten: „Sornai az ŝaitan ast" (die Oboe ist vom Teufel).

Die Übereinstimmung der Erscheinungen, nämlich Instrument, Zusammenspiel mit der Trommel, soziale Stellung der Spieler, Musik und Musikstil, nicht zuletzt die Zwiespältigkeit in Wertschätzung und Verachtung ist auffällig. Zu dieser allgemeinen Abscheu des Brauches paßt merkwürdig genug die Tatsache, daß die musikwissenschaftliche und die ethnologische Forschung der Beobachtung dieser weltweiten Übereinstimmung bis vor kurzem offenbar irgendwie schamhaft aus dem Weg gegangen sind.

Jetzt aber, seitdem seit einigen Jahrzehnten die Beobachtung dieser Musik mehr und mehr Fortschritte gemacht hat, sollte man nicht übersehen, daß es neben diesen Übereinstimmungen einige sehr entscheidende Gegensätze und Abweichungen gibt, die den bisherigen Beobachtungen irgendwie zu widersprechen scheinen. Auch darüber können wir einstweilen im weltweiten Vergleich nicht mit einem abschließenden Urteil sprechen. Aber es ist vielleicht auch hier gut, einmal überblickend eine vorübergehende Zusammenfassung vorzunehmen.

Die orientalische Volksoboe, so wie wir sie kennen aus den südlichen Balkanländern und aus Vorderasien bis hinüber nach Afghanistan, ist das konisch gebohrte Instrument mit der weitausladenden Stürze, einem Doppelrohrblattmundstück und einer Lippenstütze, die aus Knochen oder Metall, notfalls auch aus einem Stück Karton – zum Beispiel aus einer Zigarettenschachtel ausgeschnitten – besteht. Die Länge ist unterschiedlich. Überall legt man offenbar Wert auf langjähriges Einspielen. Und man zieht es vor, gegebenenfalls Brüche oder Risse mit einem Stück Blech zu reparieren und nicht gleich das ganze Instrument mit einem neuen, noch nicht richtig eingespielten Instrument zu vertauschen.

Diese Charakteristika sind international übereinstimmend. Aber von Indien an und weiter hinüber bis Ostasien tritt ein sehr wesentlicher Unterschied ein: Allenthalben wird an das Rohr unten eine Stürze aus Metall aufgesetzt. Das ist vielleicht auch der Grund, warum manche instrumentenkundlich unwissenden Reisenden das Instrument als „Trompete" bezeichnen. Ein weiteres merkwürdiges Charakteristikum, das speziell in Nepal auftritt, besteht darin, daß einige Instrumente – wenn auch freilich nicht alle – wie ein Englischhorn gekrümmt sind. Entsprechend sind sie nicht mehr gebohrt, sondern aus zwei Hälften geschnitzt, die der Länge nach aneinandergefügt und geklebt und mit einem dünnen Lederriemen aneinandergebunden werden. Gleichzeitig – und das scheint mir recht merkwürdig – wird der Ton, verglichen mit dem der westasiatisch-balkanischen Instrumente, wesentlich milder, nicht schöner zwar, aber nicht mehr so unerträglich schrill.

Es handelt sich hier nicht um eine zufällige Variante, sondern um eine Mutation. Selbst wenn vielleicht Ausnahmen auftreten werden – östlich von Indien einmal reine Holzinstrumente, westlich vielleicht einmal die Metallstürze –, so würde das wohl eine Ausnahme sein.

Und das nämliche gilt wohl von weiteren Merkmalen, die weit über ethnische Grenzen hinweg reichen, an einer bestimmten Zone aber dann plötzlich eine grundlegende Veränderung erfahren. So haben wir zum Beispiel für die Trommelbegleitung im Westen eine zylindrische Trommel, vielfach – so in Griechenland, Jugoslawien, in der Türkei – eine große Trommel, bei der Zargenhöhe und Durchmesser nahezu gleich sind, was auch bei den kleinen Instrumenten von Mesolongi zu erkennen ist. Manchmal findet man in Griechenland statt dessen eine Militärtrommel mit Schraubenspannung. Dieses Ausweichen aus der Tradition scheint mir nicht sehr charakteristisch, obwohl die Instrumentenkunde sehr wohl solche völlig unerwarteten Ausweichungen kennen mag.

Historische bildliche Darstellungen zeigen größere Zargenhöhe, weiter östliche Trommeln eine niedrigere Zarge, so im Iran und im westlichen Afghanistan.[12] Und dann kommen als Begleitinstrumente zur Oboe plötzlich – wiederum nicht ausnahmsweise, sondern fast stets weiter bis nach Ostasien – die faßförmigen Trommeln, regelmäßig schon im östlichen Afghanistan.

Gleichzeitig, wiewohl noch unter Ausschluß von Afghanistan, macht sich eine weitere Eigentümlichkeit bemerkbar, die gut zu dem Gesamtbild der Mutation zu passen scheint: das zusätzliche Geklingel eines metallenen Idiophons. Diese dreiteilige Änderung nach Osten hin ist so auffällig, daß man beinahe an eine totale Trennung der beiden Großzonen denken könnte: der mildere Klang der Oboe, die nun die Metallstürze hat, die faßförmige Trommel, die einen volleren, farbigeren Klang hat als die trockene Zylindertrommel, und das Geklingel des Metallophons, eines größeren oder kleineren Beckenpaars, eines Gongs in China, eventuell auch eines Triangels, einer Klangplatte. Und der Riß zwischen diesen beiden Welten geht durch zwischen der iranisch-afghanischen Welt auf der einen Seite und der indischen auf der anderen. Mögen sich auch hier Sonderfälle und Ausnahmen in der einen oder anderen Richtung auffinden lassen wie etwa in der Instrumentation der türkischen Janitscharenmusik, zu der das Metallgeklingel wohl wesentlich gehört, so scheint es doch, daß wir in dieser Gegensätzlichkeit ein allgemeines Prinzip zu erkennen haben.

Auch andere Abweichungen sind zu vermerken, Abweichungen von dem eingangs dargestellten Katalog von sonst übereinstimmenden, in weltweiter Verbreitung festzustellenden Eigentümlichkeiten. Ich denke hier zum Beispiel an den Umstand, daß das kleine vergleichbare Suǒnà-Ensemble in China – nach meiner persönlichen Erfahrung vor allem in Taiwan – eine besondere Rolle spielt in den Totenprozessionen. Wenn die Leiche von dem Haus des Verstorbenen zu dem Begräbnisplatz transportiert wird, dann musiziert die Suǒnà. Man hat die dazugehörigen Instrumente – neben Suǒnà sind es eine faßförmige Trommel, ein Gong und ein Paar große Bekken – früher zu Fuß oder hoch zu Roß getragen. Heute fährt ein mit künstlichen bunten Blumen geschmückter Kleinlaster die Musikanten. Die Trommel ist dabei an einem Holzgestell aufgehängt.

Die wichtigste Abweichung – nicht erst in neuerer Zeit zu beobachten – geht jedoch anscheinend von dem Umstand aus, daß die orientalische Volksoboe nicht mehr oder nicht mehr nur von den sozial unterprivilegierten und minderwertigen Spielleuten, den Zigeunern und anderen vergleichbaren ethnischen und sozialen Gruppen gespielt wird und damit in eine völlig andere Sphäre überwechselt. Das macht sich andeutungsweise schon in Griechenland bemerkbar, wo zu meiner großen Überraschung Zurna und Davul viel öfter und viel selbstverständlicher, als von mir erwartet, von Nicht-Zigeunern gespielt werden, ebenso selbstverständlich wie zum Beispiel Sackpfeife oder Lyra.[13]

Mancherorts in dem weiten, vom Islam beeinflußten Gebiet zwischen Westafrika und Ostasien sind die Spieler von Oboe und Trommel im Gegenteil geachtete, ja hochangesehene Spielleute, so zum Beispiel – wie mir Artur Simon mitteilte – in dem ägyptischen Mizmār Baladī[14] oder in der ganzen weiten, vom Islam beeinflußten Zone Afrikas.[15] In diesem Rahmen muß zum Beispiel die altehrwürdige Musik der Janitscharen genannt werden, in der die herkömmliche kleine Gruppe der Zurna-Davul-Musik zu einem großen aufregenden Militärorchester erweitert wird, in dem die Zahl der jeweiligen Instrumente entsprechend dem Glanz der durch die Musik repräsentierten Fürstlichkeit erhöht werden kann.

Ein Ähnliches beobachten wir bei dem Hoforchester des Mogulherrschers Akbar im 16. Jahrhundert, dessen instrumentale Zusammensetzung wir überliefert finden.[16] Dabei ist es interessant festzustellen, daß in der Musik der oben genannten nepalischen Damai-Kaste, die nun ihrerseits in der Kastenhierarchie ganz unten steht, ein Nachglanz dieser Hofmusik zu erkennen ist: Wir finden hier wieder wie bei Akbar nicht nur die Oboen-Trommel-Instrumentation mit den dazugehörigen Metall-Idiophonen, sondern auch die nicht minder charakteristischen geraden und gekrümmten Hörner, die dem ganzen einen nicht unwesentlichen, dem Kusle-Ensemble fehlenden Glanz verleihen.

Oboen-Trommel-Musik in einem anderen sozialen und brauchtümlichen Kontext, einem vergrößerten und erweiterten Instrumentarium mit Metallophonen und Trompeten, das ist das Bild der Akbar-Musik und der Damai-Musik südlich des Himalaya. Und das ist es nun auch, wenngleich mit einem völlig veränderten Klangbild, nördlich des Daches der Welt in den Lamaklöstern, in der tibetanischen Tempelmusik. Und doch: Ist nicht auch hier ein Teil des Charakteristika-Katalogs wiederzufinden, den wir eingangs aufgestellt haben? Mitsamt der Mutation jenseits der iranischen Zone, mit der Metallstürze an der Oboe und dem nunmehr dazugehörigen Metallophon, ja der faßförmigen Trommel?

## IV

Versuchen wir, die Vielfalt der Erscheinungen noch einmal zu ordnen, um sie gegenüber modernen Strömungen abzugrenzen: Die charakteristischen Erscheinungen sind die Struktur des Instruments, die Spielweise, die Schwierigkeit des nur dem Virtuosen und Jongleur möglichen Spiels und daher schließlich die Beobachtung, daß das Spiel in der kleinsten Gruppe (1-2 Oboen und eine Trommel als Normalfall) und von sozial meist niedrig stehenden Musikern berufsmäßig ausgeübt wird.

Einige wenige Sonderfälle nur scheinen von diesem generellen Bild abzuweichen. Sie gehören zu zwei äußeren Umständen. Da ist einmal das Spiel der Oboe zur prunkvollen Feier von hohen weltlichen Würdenträgern, deren Größe und Bedeutung damit geschmückt wird: Janitscharen, Akbar-Hoforchester. Und da ist zum anderen die kultische Verwendung, etwa im tibetischen Klosterorchester. Dazu darf vielleicht auch der Einbau der Oboe in die obligate Musik der chinesischen klassischen Oper gerechnet werden oder auch der Volksoper, die nach meinen Beobachtungen in Taiwan immer in die Nähe von Tempeln gehört, in denen gerade besondere religiöse Feierlichkeiten stattfinden.

Jenseits dieser beiden Variationsmöglichkeiten – betreffend die Hofmusik und die kultische Musik – scheint mir der Einbau in die Kunstmusik merkwürdig und fremdartig; sie will ästhetisch schön sein und mit dem Theoriesystem zum Beispiel des Rāga vertraut. Ich denke dabei an eine bedenkliche Entwicklung, wenn das indische Shanai – wie das Oboen-Instrument dort genannt wird – ästhetisch schön, dynamisch auf das raffinierteste abgestuft, in den Stil des klassischen Dhrupad einbricht, also gerade das Instrument, das vom Teufel kommt, das allenthalben mehr oder minder mit gerümpfter Nase mißachtet wird. Für den Kenner und bewußten Genießer indischer klassischer Musik mag das großartig gekonnte Spiel des Bismillah Khan ein exotischer Genuß ersten Ranges sein. Aber ist es wirklich ein vertretbarer Bruch mit der Tradition, die lange Jahrhunderte in ganz andere Richtung gedeutet hat?

Noch merkwürdiger muß es berühren, wenn ein junger, sehr begabter taiwanesischer Musiker, der in Deutschland Komposition studiert hat, mir gesprächsweise mitteilte, daß er die Absicht habe, ein Konzert für Suǒnà und (europäisches) Orchester zu komponieren, und zwar in der Schreibweise der Zwölftonmusik.

Und wie sieht ganz allgemein die Zukunft dieser Musik in den weiten europäisch-afrikanisch-asiatischen Bereichen aus? Wird sie weiterleben oder der Nivellierung durch die abendländische Unterhaltungsmusik zum Opfer fallen?

Ein Zigeuner in Mesolongi (Mittelgriechenland), glänzender Spieler der Pipiza, antwortete mir auf meine Frage, ob seine Söhne auch einmal Pipiza-Spieler werden sollen, ohne ein Zeichen des Bedauerns: Nein, sie werden Buzuki spielen, das bringt mehr.

Ich war Gast bei dem oben genannten alten Suŏnà-Spieler in Taiwan. Sein Enkel, selbst ein ausgezeichneter Suŏnà-Spieler, fragte mich verwundert nach dem Sinn meines Interesses für diese nach seiner Meinung absterbende und wertlose Kunst. Er selber studiert in Taipeh Komposition. In dem Haus seines Großvaters wurde ich in ein Nebenzimmer geführt und sah dort ein ganz gewöhnliches Pianino. Das Instrument war frisch gestimmt und völlig intakt. Und die herumliegenden Noten (es gab Namen wie Bach und Beethoven) deuteten darauf hin, daß es benutzt wurde.

## Anmerkungen

1  Κ. Σ. Κώνστα, Ἡ ζυγιὰ στὴ δυτικὴ Ρουμέλη, in: Λαογραφία τομ. ΙΘ', ᾽Αϑῆναι 1961, S. 325-359.
2  F. Hoerburger, Die Zournâs-Musik in Griechenland. Verbreitung und Erhaltungszustand, in: Studien zur Musik Südosteuropas, Hamburg 1976, S. 28-48, im vorliegenden Band S. 223-238.
3  Der griechische Name für das Instrument ὁ ζουρνᾶς ist männlichen Geschlechts. Verwandte Wörter in Asien wie zum Beispiel türkisch *Zurna,* farsi *Sornai,* chinesisch *Suŏnà* haben kein grammatisches Geschlecht. Ich folge hier der Gewohnheit in deutschsprachiger Fachliteratur, entsprechend der südslawischen Sprache „die Zurna" zu sagen. Es kommen viele andere Namen vor, teils lokal bedingt, teils weit verbreitet, wobei merkwürdigerweise gelegentlich Bezeichnungen verwendet werden, die normalerweise in der Instrumentenkunde eine ganz andere spezifische Bedeutung haben, wie etwa νιάϰαρω (siehe Hoerburger, a.a.O., S. 39) oder Algaita (siehe A. Simon, Some Notes on Islam and Music in Africa [Islamic Influences], in: Report of the Twelfth Congress of the International Musicological Society Berkeley 1977, Kassel 1981. Ferner: H. Lacunza, Metodo de Gaita Navarra, Pamplona 1968).
4  Κώνστα, a.a.O., S. 341.
5  Ausgeklammert seien hier Vorstellungen bei Naturvölkern, wo die Flöte tabu sein kann. Es sei bei dieser pauschalen Feststellung auch eine gewisse Eigentümlichkeit in höheren Kulturen unberücksichtigt gelassen, wo die Flöte zum Beispiel Privileg gewisser Kasten ist. Siehe hierzu F. Hoerburger, Studien zur Musik in Nepal, Regensburg 1975, S. 53.
6  Hoerburger, Die Zournâs-Musik, a.a.O., S. 31, im vorliegenden Band S. 225f.
7  F. Hoerburger, Volksmusik in Afghanistan, Regensburg 1969, S. 61.
8  Hoerburger, Studien zur Musik in Nepal, S. 40 und 71. Besonders eigentümlich ist dabei die Mitteilung, daß die beiden Gruppen nicht selten von der entgegengesetzten Kaste bevorzugt werden: Zu Nevari-Hochzeiten liebt man die Musik der Damai, die keine Nevari sind, und Nepali sprechende Hochzeiter lieben Musik der Kusle, die zu den Nevari gehören.
9  B. Traerup, Heute kommen die Trommeln, in: Neue ethnomusikologische Forschungen. Festschrift Felix Hoerburger zum 60. Geburtstag, Laaber 1977, S. 113ff.
10  A. und M. Delapraz, Afghanistan, Neuenburg 1964, S. 92.
11  P. Holroyde, The Music of India, New York 1972, S. 261: Die Musik auf dem Shen si ist „an intimate part of wedding ceremonies in North (India)"; oder: P. Sinha, An approach to the Study of Indian Music, Calcutta 1970, S. 42: „The Recital of Shanai is an essential part of any Hindu or Muslim marriage in India."

12  Hoerburger, Volksmusik in Afghanistan, Abb. 9.
13  Hoerburger, Die Zournâs-Musik, a.a.O., S. 38, im vorliegenden Band S. 231ff.
14  A. Simon, Zur Oboen-Trommel-Musik in Ägypten, in: Neue ethnomusikologische Forschungen. Festschrift Felix Hoerburger zum 60. Geburtstag, Laaber 1977, S. 153.
15  Simon, Some Notes on Islam and Music in Africa (Islamic Influences), a.a.O., S. 17.
16  Hoerburger, Studien zur Musik in Nepal, S. 40 ff.

## Stilschichten der Musik in Afghanistan
## und ihre gegenseitige Durchdringung

Wenn wir uns in der Literatur umsehen, die sich mit der Musik in den Ländern der asiatischen Hochkulturen beschäftigt, so können wir uns des Eindrucks nicht erwehren, daß sie bevorzugt, ja geradezu mit einer gewissen Einseitigkeit auf die Kunstmusik und ihre Theorie Bezug nimmt. Darstellungen zum Beispiel der chinesischen oder japanischen Musik erwähnen die Volksmusik nur anhangsweise und völlig ungenügend.

Diese Einseitigkeit ist zwar wegen der Art der vorhandenen Materialbasis verständlich, die sich vor allem an der einheimischen Literatur und an der leicht erreichbaren Musikpraxis der Kulturzentren orientiert, während das schwerer zugängliche Gut auf dem Lande unberücksichtigt bleibt. Nach meiner Meinung bedeutet diese Einseitigkeit aber eine Irreführung und einen Irrweg. Denn Kunstmusik und Volksmusik bedingen einander. Jede von diesen beiden ist nur durch das Vorhandensein der anderen in ihrer Existenz erklärbar. Nur durch ihren Gegensatz und durch die Spannung zwischen beiden existieren sie. Aber während es Existenzmerkmal der Kunstmusik ist, daß sie in der Theorie durchdacht wird, gehört es ebenso zum Wesen der Volksmusik, daß sie Usus ist, daß über sie nicht nachgedacht wird.

Wenn wir auf die Musik der asiatischen Hochkulturen sehen, so ergibt sich aus den oben dargestellten Fakten, daß die Musik der kleineren Hochkulturen, die in ihrer Musiktheorie und Kunstmusik stark von den größeren Musikkulturen abhängig ist, wenig Beachtung findet. Aber auch bei der Darstellung der großen Musikkulturen ist die Aufmerksamkeit mehr auf die Entwicklungen und die historischen Epochen gerichtet als auf die in der Gleichzeitigkeit übereinanderliegenden Stilschichten. Dieser Mangel, der nur zu beheben ist, wenn wir im Lande selbst versuchen, allen Äußerungen der Musik, auch den „niedrigen" und verachteten, in gleicher Weise die Aufmerksamkeit zu schenken, wirkt sich nicht nur dahingehend aus, daß wir uns ein völlig verzerrtes, lückenhaftes, subjektives Bild von der Musikwirklichkeit machen. Er verhindert es darüber hinaus auch, vielerlei Einzelheiten und Eigentümlichkeiten der Kunstmusik zu erkennen und zu verstehen, bedeutet doch die Theorie der Kunstmusik in vieler Hinsicht eine Durchdenkung und Regulierung der entsprechenden Elemente im Usus der Volksmusik, und manche Elemente der Kunstmusik selbst sind nichts anderes als Stilisierungen, Verfeinerungen, möglicherweise auch Erstarrungen der entsprechenden Elemente in der Volksmusik.

Dazu kommt noch ein Weiteres. Seit man nach dem Vorschlag von Walter Wiora von der Volksmusik als von einer „Musik der Grundschichten" spricht[1], mag mancher geneigt sein, sich die Komplexität hoher Musikkulturen so vorzustellen, als würde es sich um das ein für allemal fixierte System von Ablagerungen handeln, die sich, streng voneinander getrennt, in sich weiterentwickeln, ohne sich gegenseitig zu beeinflussen. Demgegenüber jedoch muß zum einen festgehalten werden, daß in den unteren Schichten dieses Gefüges das allgegenwärtige Gesetz der Ungenauigkeit wirksam ist – in unserem Zusammenhang in der Weise sichtbar, daß nirgends genaue Abgrenzungen, sondern überall Übergänge zu finden sind. Zum anderen muß festgehalten werden, daß allenthalben ein gegenseitiges Geben und Nehmen zu einer unausgesetzten Befruchtung aller Stilschichten wird, die vor allem den beiden extremen Hauptbeteiligten der Kunstmusik und der Volksmusik in ihrer eigentümlichen traditionellen Haßliebe zueinander zugute kommt.

Die Zwitternatur der Stilschichten – nämlich die Gegensätzlichkeit einerseits und die Verflechtung ineinander andererseits – läßt sich zum Beispiel an einigen Erscheinungen der Musik in Afghanistan recht gut überblicken. In dem eingangs erwähnten Sinne hat die Musik in Afghanistan bisher wenig Interesse erweckt, da ihre der Kunstmusik nahen Zonen nur geringe Selbständigkeit vorweisen, sich vielmehr als Absplitterungen indischer oder persischer Kunstmusik erweisen. Was übrigbleibt, wird von den wenigen Autoren auf Grund der ungenügenden Quellenlage nicht so dargestellt, daß man die ganze Differenziertheit der Musikwirklichkeit in Afghanistan ausreichend erkennen könnte. Historische Perioden lassen sich wegen der fehlenden schriftlichen Zeugnisse nicht ermitteln. Eigentümlichkeiten der verschiedenen vorhandenen Völkerschaften (Pashtunen, Tadschiken, Hazara, Turkmenen, Uzbeken usw.), die sich vielleicht mehr oder weniger voneinander abgrenzen lassen müßten, können an einzelnen Beispielen nicht erfaßt werden.[2] Und nach dem Grad der Entwicklung von musikalischen Gestalten, die zum Teil mit den verschiedenen soziologischen Gruppierungen zusammenhängen mögen, wird kaum gefragt.

Aber gerade hier findet sich eine überraschende Mannigfaltigkeit.[3] Zwischen ausgesprochenen Primitivformen und der Kunstmusik im engeren Sinne gibt es zahlreiche Zwischenstationen. Sobald man sich über einen ersten oberflächlichen Eindruck eines homogenen Gesamtbilds einer „Musik in Afghanistan" hinweggearbeitet hat, wird man in einer zweiten Stufe des Erkennens absolute Gegensätze feststellen: etwa die bäuerliche Flötenmusik gegenüber der Musik der professionellen städtischen Schalmeibläser oder die Musik auf der *Danbūra* bei den Bauern und Nomaden gegenüber der ebenfalls wieder professionellen städtischen *Rabāb*-Musik. Eine nähere Betrachtung dieser Stilschichten und ihre Vergleichung lassen dann freilich in einer dritten Stufe des Erkennens vielfache Verknüpfung entdecken, wobei es oft nur ein einzelnes zusätzliches Element vielleicht ganz primitiver Art sein mag, das die Brücken zwischen den sonst sehr weit voneinander entfernten Zonen schlägt.

An drei Beispielen mag diese Verknüpfung der Gegensätzlichkeit von Stilschichten veranschaulicht werden: an dem Prinzip der Stimmaskierung in der Primitive wie in der Kunstmusik, an der Aufsplitterung der Melodielinie in Spielfiguren bei Flöten und Schalmeien und an dem zusätzlichen Geklingel beim Spiel der verschiedenen Lauten oder in Instrumentalgruppen. In allen drei Fällen handelt es sich darum, daß nicht ganz selbstverständliche, eher unerwartete und etwas gezwungene Praktiken des Singens oder Spielens entweder Mutationen und Entwicklungen überstehen und als primitive Zutat der höheren Entwicklungsstufe erhalten bleiben, oder aber, daß eine ungewöhnliche Spielmanier von einer solchen Kraft ist und sich solcher Allgemeinbeliebtheit erfreut, daß sie über die Stilschichten hinweg, ja auch über die sicher sehr starken sozialen Gegensätze zwischen dem Musik-Liebhaber und dem professionellen Spielmann hinweg vermitteln kann.

1. Von einer selbständigen afghanischen Kunstmusik kann nach meiner Erfahrung nicht die Rede sein. Diejenigen Stilschichten, die als „Kunstmusik" anzusprechen sind, stehen im Westen unter persischem, im Osten unter indischem Einfluß, so etwa die musikalischen Vorführungen, die man in Kabul bei den Hochzeitsfeierlichkeiten der oberen Gesellschaftsschichten zu hören bekommt. Eine besondere Stellung nimmt wohl das sogenannte *Darbāri* ein, das in Afghanistan „Hofmusik" ist, nicht nur, wie in Indien, ein *Rāga*. Man kann diese Musik heute auch außerhalb des Königshofes zu hören bekommen, nachdem Radio Afghanistan über eine eigene Musikkapelle verfügt, welche das *Darbāri* pflegt. Es ist leicht zu erkennen, woher diese Musik kommt: Es ist die klassische Form des sogenannten *Dhrupad* Indiens, die heute auch bei uns durch die 18. Platte der UNESCO-Collection[4] jedermann leicht zugänglich ist.

Die Herkunft aus dem fernen Indien wie auch das Eingebettetsein in eine alte Kunstmusiktradition, nicht zuletzt aber auch die Pflege in der höfischen Gesellschaft mag den Gedanken aufkommen lassen, daß diese Musik in sich inselhaft gegenüber den unteren Schichten der Musik in Afghanistan abgeschlossen erscheint. Nun ist freilich zu bedenken, daß es eine solche Abgeschlossenheit weder in der Kunstmusik noch in der Volksmusik gibt. Jeder Musikstil in einer Hochkultur ist irgendwelchen, oft kaum noch nachprüfbaren Einflüssen von anderen Stilschichten her ausgesetzt. Dazu kommt, daß besonders urige Erscheinungen der Musik – ähnlich wie es bei den sogenannten Urtrachten der Fall ist – möglicherweise übernationale allgemeinmenschliche Ursprünge aufweisen können, daß sie daher auch selbständig an verschiedenen Stellen unserer Welt auftauchen mögen und nicht zuletzt bis in die höchsten Entwicklungsstufen der Musik als Zusatz hineinragen können. Das können also Erscheinungen sein, die uns recht ausgefallen und ungewöhnlich in diesem Zusammenhang anmuten.

Ich möchte hier auf die Eigentümlichkeit hinweisen, die jedem aufmerksamen Hörer des *Dhrupad* sofort auffallen muß: Nachdem sich der Sänger in dem sogenannten *Ālāpa,* dem oft über einen langen Zeitraum hingestreckten Einleitungsteil, allmählich in die Atmosphäre, vor allem in den bestimmten *Rāga* eingeschwungen und hineingesteigert hat, beginnt seine Stimme merkwürdig zu zittern und immer mehr den natürlichen vokalen Charakter zu verlieren. Sie fängt an, zu einem Singstil zu gelangen, „der sich immer mehr auf instrumentale Effekte zuspitzt und sogar klanglich den Instrumenten nahezukommen versucht".[5] Arnold Bake, der über diese Tendenz in der indischen Musik spricht, denkt vor allem an die „spätmohammedanische Zeit", aber ich bin sicher, daß hier viel ältere Wurzeln vorliegen.

Es handelt sich um eine Art der Stimmaskierung, die allenthalben in der Welt in sehr unterschiedlichen Gestalten vorkommt, die aber vor allem auch in der afghanischen Musik – und zwar hier in verschiedenen Stilschichten – immer wieder auftritt. Vielleicht ist es nicht zuletzt auch daraus zu erklären, daß der so eigentümliche, unnatürliche und ausgesprochen gegen die Stimme gerichtete Stil des *Dhrupad* in der nationalen afghanischen Hofmusik seinen Anklang findet.

Stimmaskierung gibt es – wie gesagt – allerwärts in verschiedenen Entwicklungsstadien und mit verschiedener Zielsetzung. Und im Längsschnitt durch die Musik in Afghanistan von der Primitive bis zur Hofmusik können wir diese Entwicklungsstufen von unten nach oben verfolgen. Da ist einmal in der Primitivschicht eine Form von Gesang, auf die mich afghanische Freunde aufmerksam machten, indem sie mir eine Art von „Jodler" ankündigten. Es ergab sich dann, daß die betreffenden Erscheinungen mit dem Phänomen des Jodelns kaum etwas zu tun hatten. Das hinderte nicht, daß es sich um mehrere Gesangsstile handelte, die von größtem Interesse waren. Eine ältere Hazara-Frau zeigte mir, wie eine Mutter für ihren Sohn um die Braut wirbt. Mit ganz kurzen, fortwährend wiederholten Gesangsformeln zählt sie die Vorzüge des Sohnes auf, wobei das Singen durch schluchzerartige Töne oder eine Art von Stöhnen verzerrt wird. Sowohl das musikalische Element dieses Singens wie auch die Textworte werden maskiert. Wiewohl nun hier ebensowenig wie auch beim *Dhrupad* die Nachahmung eines bestimmten Instruments angezielt wird, scheint es doch so, als ginge es darum, die menschliche Stimme als solche unkenntlich zu machen und sie der Idee des Instrumentalen schlechthin zu nähern. Der Sinn ist in der Primitivschicht wohl eine apotropäische Verschleierung. Feindliche Mächte sollen abgewehrt oder getäuscht werden. (Es handelt sich wohl um eine ähnliche Vorstellung wie bei gewissen rituellen Tänzen auf dem Balkan, bei denen durch hinkendes Gehen oder wechselndes Vor-Rück-Vor das schlechthin Menschliche der Körperbewegung unkenntlich gemacht werden soll.)

Bei höheren Stufen der Entwicklung geht es entweder um die Nachahmung eines bestimmten Instruments oder „des Instrumentalen" allgemein, und zwar dann, wenn instrumentale Musik gewünscht wird, aber Musikinstrumente und Instrumentalisten nicht vorhanden sind. Oder es geht darum, in einer ironisierenden Gaukelei zur Belustigung des Auditoriums bestimmte Instrumente in grotesker Form zu imitieren und zu parodieren. Die Grenze zwischen diesen beiden Stufen, zwischen der stellvertretenden Instrumentalisierung der Singstimme – in Schottland spricht man von einer „mouth music" – und der parodierenden Nachahmung ist, wie ja alle Abgrenzung in dem Phänomen „Volksmusik", fließend. In Ghazni, Ostafghanistan, fand ich einen Mann, der die verschiedenartigen Techniken des mit der Hand geschlagenen *Dhol* (der faßförmigen Trommel), unter Einschluß jenes eigentümlichen Faucheffekts, bei dem der angefeuchtete Finger quer über das Trommelfell rutscht, täuschend mit der Stimme und den Lippen nachzuahmen wußte. Die anwesenden Zuhörer, denen dieses Trommelspiel in allen Einzelheiten eine Alltäglichkeit sein mußte, waren so belustigt, daß sie Tränen lachten.

Der letzte Grad der Entwicklung ist schließlich der unstillbare Wille des Stilisierens in der Kunstmusik, bei dem es nicht mehr um Dämonenabwehr, um Stellvertretung oder Parodierung von Instrumenten, sondern ausschließlich um ästhetische Erwägungen geht. Das ist meines Erachtens die Situation beim indischen *Dhrupad* beziehungsweise bei dem gleichbedeutenden Stil der afghanischen Hofmusik, dem *Darbāri*.

2. Unter den verschiedenartigen Stilschichten der Musik in Afghanistan finden wir eine, die ebenfalls über das Land hinausweist, sogar in einen erheblich weiteren Rahmen hinein, als wir es für die afghanische Hofmusik feststellen konnten. Es handelt sich um die Musik auf *Dhol* und *Sornai*: *Dhol* ist die eben schon erwähnte faßförmige Trommel, diesmal freilich mit Rute und Schlegel gespielt. *Sornai* ist der afghanische Name der orientalischen Volksschalmei.

Dieses Gespann – weithin bekannt, aber von der Musikforschung kaum beachtet – ist mit relativ geringfügigen Abweichungen als Sache wie in seiner Funktion im ganzen Vorderen Orient verbreitet, auf dem Balkan, in Nordafrika, in Vorderasien bis nach Indien hinein, mehr abweichend sogar bis nach Ostasien und Westafrika.[6] Überall bildet es trotz einer gewissen Integrierung in die jeweilige Volkskultur einen selbständigen Körper, der sich von den anderen Teilen der Volksmusikkultur stark abhebt. In Afghanistan zum Beispiel scheint diese Musik mehr ihrer internationalen Verwandtschaft als den benachbarten Stilschichten afghanischer Musik verbunden zu sein. Die halbprofessionellen Musikanten bilden eine selbständige Spielmannszunft, die von der Gesellschaft gebraucht, aber ebenso von ihr verachtet ist. Charakteristisch für diese eigentümliche Isolierung ist zum Beispiel der Umstand, daß der Sammler keine Schwierigkeiten hat, sich eine Sammlung des gesamten in Afghanistan gebräuchlichen Instrumentariums anzulegen – mit Ausnahme des *Sornai,* von dem man den Eindruck hat, daß es von den Spielleuten als geheimer unveräußerlicher Besitz gehütet wird. Es ist auch so, daß niemand in Afghanistan, der nicht zu dieser Sippschaft gehört, auf den Gedanken kommt, das *Sornai* zu spielen.

Auch die Musik auf dem *Sornai* ist mit ihrem Figurenwerk stark von allen anderen Stilen der Musik in Afghanistan verschieden, abgesehen vielleicht von dem Umstand, daß gelegentlich Melodien von einem zum anderen Instrument wandern. Eine solche Melodie, die von anderen Stilschichten übernommen wird, erweist sich dann in dem besonderen Stil des *Sornai*-Spiels sofort stark verwandelt.

Man würde vielleicht denken, daß das Spiel auf den beiden in Afghanistan verwendeten Aerophonen, der *Tūla* (Quer- oder Längsflöte) und dem *Sornai,* vielleicht auf Grund des beiden gemeinsamen Blasens einige Verwandtschaft aufweisen könnte. Und doch sind diese beiden Instrumente und ihre Musik unendlich weit voneinander entfernt. Die *Tūla* ist das Instrument der Amateure, der Bauern und Hirten. Die Schalmei dagegen ist das Instrument der Berufsspielleute und schon damit in eine ganz andere Zone der Spieltechnik gerückt. Sie wird in Afghanistan ebenso wie überall in ihrem großen Verbreitungsgebiet stets – mit nur wenigen, genau zu umreißenden Ausnahmen – mit der Trommel zusammen gespielt, die Flöte dagegen fast immer ohne Begleitung. Daraus ergibt sich ein im wesentlichen rhythmisch geschürztes Spiel der Schalmei, während das Spiel auf der Flöte stets mehr oder minder im Rubato läuft. Der Gesamteindruck ist bei der Musik dieser beiden Instrumente völlig verschieden, und man glaubt zwei Welten gegenüberzustehen, die nichts miteinander zu tun haben.

Und doch, wenn man die beiden Bereiche näher betrachtet, so trifft man auf eine Übereinstimmung gerade auf einem Gebiet, auf dem wir es nicht erwarten würden. Es ist ein Merkmal, das beiden Bereichen fremd zu sein scheint, vergleichbar dem unnatürlichen instrumentalen Gebrauch der Singstimme, den wir vorher als gemeinsames Merkmal fanden. Und auch hier wird dieses ungewöhnliche Merkmal zur Brücke zwischen zwei Stilgebieten, die sich sonst als so unvereinbar erwiesen haben.

Allenthalben in dem Verbreitungsgebiet der orientalischen Volksschalmei fällt jene eigentümliche Blastechnik auf, bei der während des Spielens durch die Nase eingeatmet wird, während gleichzeitig die aufgeblasenen Backentaschen die Luft zum Weiterspielen liefern wie der Sack bei der Sackpfeife. So wird das Instrument ohne Absetzen, ohne Zäsur immerzu weitergeblasen.

Auch in Afghanistan gibt es diese Blastechnik. Aber es muß dem Beobachter auffallen, daß sie nicht ausnahmslos verwendet wird, ja daß sie nicht einmal vorwiegt. Viele der Schalmeibläser, die mir in verschiedenen Provinzen von Ostafghanistan begegnet sind, holen durch den Mund Luft, was sie zwingt, das Spiel immer wieder abzubrechen. Das heißt natürlich nicht, daß das Spiel darunter leidet. Aber es ergibt sich daraus, daß ganz allgemein der Stil dieser Musik ein anderer wird als bei den Spielern mit Nasenatmung und Verwendung der Backentaschen als Luftmagazin. Tatsächlich findet sich hier vielfach eine Auflösung der melodischen Linien in einzelne Spielfiguren, die voneinander mehr oder minder isoliert sind. Und selbst in diesen Spielfiguren und Melodieteilen zwischen den Atemzäsuren scheint eine Tendenz zur Auflösung der Linie vorzuliegen. Statt wenigstens diese kurzen Abschnitte in Bögen zusammenzufassen, liebt es der Spieler – viel mehr als die Schalmeienspieler in anderen Gebieten des Orients –, die einzelnen Töne zu staccatieren oder Triller oder zwei- oder dreitönige Ligaturen voneinander zu isolieren. Soweit ich die Schalmeienmusik des orientalischen Gesamtbereichs überblicken kann, widerspricht diese Spieltechnik prinzipiell dem allgemeinen Charakter.

Merkwürdigerweise aber trifft sich nun diese unerwartete Eigentümlichkeit des *Sornai*-Spiels in Afghanistan mit einer ähnlichen Tendenz bei vielen Flötenspielern im selben Land, und auch in diesem Bereich recht unerwartet. Denn auch die Flötenmusik läßt – ganz anders als etwa das natürliche mosaikhafte Figurensetzen auf der Langhalslaute, auf der die Finger hin- und herzupfen – Linien erwarten. Statt dessen ist auch hier zu beobachten, daß der Spieler nach jedem Ton, nach jeder zwei- bis höchstens dreitönigen Motivzelle absetzt, nicht um neu zu atmen, sondern um die Linie, das Strömen zu vermeiden. Selbst wenn aus dieser Zusammenstückelung regelrechte Melodien entstehen, bedeutet es nur, daß kleinste Bausteine nebeneinander hingestellt werden, im Grunde doch voneinander isoliert, wobei sie sich gegenseitig ablösen, indem sie, statt eine Melodie als etwas Ganzes zu entwickeln, im kleinsten Formteil immer noch einmal beginnen.

Auch hier ist es also – wie man sieht – so, daß die Stilschichten, auch wenn sie einander noch so sehr entgegengesetzt und widerstrebend erscheinen, einander in Wirklichkeit nicht völlig ausschließen, sondern vielmehr durch unerwartete Bindemittel durchdringen, hier also durch das Zusammensetzspiel der kleinsten Formteile sowohl bei der Schalmei wie auch bei der Flöte.

3. Prinzipiell gibt es – so wird es uns bei einem ersten, nur oberflächlichen Überblick über die Gesamtmasse der Musik in Afghanistan erscheinen müssen – keine Mehrstimmigkeit. Ausgenommen von dieser Feststellung sind Bildungen von Heterophonie zum Beispiel bei Gesängen, die mit dem *Gīčak* (der zweisaitigen Geige) begleitet werden. Ferner sind von dieser Feststellung des Mangels an Mehrstimmigkeit Bordunbildungen ausgeschlossen, wie sie zum Beispiel bei dem Spiel zweisaitiger Langhalslauten

oder der eben genannten Geige auftreten, aber auch schon bei dem primitiven Spiel des *Čang* (der Maultrommel). Hinzuzufügen ist schließlich noch die Trommelbegleitung, die in Afghanistan immer mehr ist als nur eine rhythmische Begleitung. Die klangliche Abstufung in der sehr differenzierten Technik vor allem des Trommelspiels mit den Händen bietet stets darüber hinaus auch den Eindruck klanglicher Begleitung.

Zu diesen wohl erwarteten Erscheinungen kommt aber nun noch ein weiteres Phänomen von klingender Einhüllung von Melodien hinzu, das ich bei aller Vielfalt des Erscheinungsbildes gerne unter einen gemeinsamen Begriff zusammenfassen möchte. Manche von diesen Einzelerscheinungen sind allgemein gebräuchlich auf der weiten Welt, manche wiederum scheinen besonders in Afghanistan beheimatet. Im ganzen aber will es mir scheinen, als wäre es für Afghanistan besonders charakteristisch, daß allenthalben – und wiederum über die einzelne Stilschicht hinaus – dieser Zusatz auftaucht, den ich an anderer Stelle als „zusätzliches Geklingel" bezeichnet habe.[7]

Es wird dem Leser gleich klar sein, was ich als Ausgangspunkt meiner Vorstellungen sehe, wenn ich an die Beispiele erinnere, die bereits vor vierzig Jahren Curt Sachs zusammengestellt hat.[8] In Charikar, nördlich von Kabul, fand ich zwei Spieler der *Danbūra*, die genau das realisierten, was Sachs meint. *Danbūra* ist eine Langhalslaute, die in ihrem gesamten Gefüge primitiver ist als das bis in die Bereiche der Kunstmusik hinaufreichende *Dōtār*.[9] Der eine der beiden Spieler klopfte während des Spiels mit dem Ring, den er an der zupfenden rechten Hand trug, im Takt auf die Decke des Instruments. (Sachs erwähnt diese Praktik für die Balkanhalbinsel, Spanien und ganz Asien, wozu ich vielleicht noch das russische Balalaikaspiel fügen darf, von dem Dostojewski in seinen *Aufzeichnungen aus einem Totenhause* erzählt.) Der andere der beiden *Danbūra*-Spieler aus Charikar hatte an einem Finger der zupfenden Hand eine kleine silberne Gefäßrassel befestigt, wie sie sonst von den Nomadenfrauen in Afghanistan als Schmuck getragen wird. Diese kleine Rassel klingelte leise mit, während der Lautenist spielte.

„Zusätzliches Geklingel" zu der eigentlichen Musik: Damit meine ich etwas, was dem allgemeinen Taktgefüge der Musik untergeordnet sein kann, aber nicht muß. Und ich meine zugleich etwas, was auch tonal der Musik zugeordnet sein kann, jedoch keineswegs muß. Es scheint, daß gerade die Nicht-Zuordnung in manchen Fällen einen besonderen Reiz auf afghanische Musiker ausübt. Und natürlich bedeutet es nicht etwa, daß diese Musiker ein schlechtes Gehör hätten. Es ist vielmehr die besondere afghanische Note dessen, was ich an anderer Stelle das für die instrumentale Volksmusik charakteristische „schmutzige Spiel" genannt habe.[10] Es ist der Reiz eines Klingens aus der Ordnung hinaus, ein Reiz der gestörten Ordnung.

Und dies ist nun wiederum ein Element, das über die einzelne Stilschicht hinaus in die Gesamtheit der Musik in Afghanistan zu reichen scheint, von jenen Grundschichten angefangen, von denen wir eben sprachen, mit der Musik des einfachen *Danbūra*-Spiels über die Mittelbereiche hinweg bis hinauf in die kunstmusiknahen Stilschichten. Ein paar spezielle Hinweise mögen die Verhältnisse aufdecken.

In den mittleren Bereichen zwischen Volksmusik und *Darbāri* gibt es in Afghanistan kleine Musikkapellen, die vor allem der bürgerlichen städtischen Gesellschaft zur Unterhaltung dienen. Ihre Zusammensetzung ist unterschiedlich und richtet sich nach den jeweiligen Verhältnissen. Gewöhnlich befindet sich unter den Instrumenten mindestens eine handgeschlagene Faßtrommel (*Dhol*) und jenes wahrscheinlich von englischen Missionaren in Indien eingeführte Kleinharmonium *Armonīa*, das nicht nur in Indien, sondern auch in Afghanistan selbst in abgelegene Orte vorgedrungen ist. Dazu kommt meist die Kurzhalslaute *Rabāb* und oft die Langhalslaute *Tanbūr*, ein großes Instrument mit einem dicken Hals, an dem neben den Spielsaiten auch ein Satz Aliquotsaiten befestigt ist.[11]

Sehr eigentümlich ist nun die Art dieses Zusammenspiels. Da ist zum einen eine Melodie, vorgetragen meist entweder mit dem *Rabāb* oder der *Armonīa*. Da ist zum zweiten die rhythmische Unterlage, die von der Trommel gegeben ist und ohne die es eine solche Musik nicht geben kann. Und da ist nun zum dritten – das zusätzliche Geklingel. Ja, es ist wirklich so, daß die begleitenden Instrumente nicht etwa den latent in der Melodie liegenden Klang zu umspielen oder das Taktgefüge zu unterstreichen hätten. Nein, sie klimpern gewissermaßen nur so mit, wobei es – wie oben gesagt – auf die Einhaltung der rhythmischen oder tonalen Verhältnisse nicht ankommen muß. Von dem *Tanbūr* hört man nur ein mehr oder weniger tonloses Zirpen der Metallsaiten, wie man ja auch in unseren Barockorchestern das Cembalo manchmal nur als eine zirpende Klangbeimischung und nicht als harmonische Festigung wahrnimmt. Auch das Spiel der *Armonīa* wird oft gar nicht als Unterstützung der mit dem *Rabāb* gezupften Melodie gemeint, sondern nur als Beimischung einer Klangfarbe. Auch hier wie bei den Metallsaiten des *Tanbūr* kommt es zuweilen nur auf ein allgemeines unverbindliches Schnarren an, nicht auf das Mitspiel bestimmter tonal oder rhythmisch definierbarer Töne oder Klänge.

Worauf dieses Mitklimpern in Wirklichkeit hinauswill, geht aus einem merkwürdigen Sonderfall hervor, der mir in Kandahar begegnet ist: Dort spielte mit den übrigen Instrumentalisten im Verein ein junger Mann das *Sūrmandal,* eine Art von Zither, und zwar in der Weise, daß er das Instrument wie eine antike Leier vor sich hinhielt und mit einem Plektron unausgesetzt alle vierzig Saiten durcharpeggierte. Gemeint ist wohl eine Verstärkung des Effekts, der auf den ebenfalls mitgespielten Instrumenten *Rabāb* und *Sarang* durch das Vorhandensein der Aliquotsaiten bereits angedeutet wurde: das Mitklingen des gesamten Tonvorrats als eine geschlossene, im Hintergrund stehende Klangwand.

Eine letzte, überraschend hübsch klingende Station des „zusätzlichen Klingelns" in einer Stilschicht, die wohl der Vorstellung „Kunstmusik" schon sehr nahe liegt, findet sich in Afghanistan sowohl auf dem solistisch gespielten *Tanbūr* wie auch auf einem hochgezüchteten Typus des *Dōtār*, der neben den beiden Spielsaiten (*Dōtār* heißt eigentlich „zwei Saiten") noch über einen ganzen Satz von Aliquotsaiten verfügt wie ja auch das *Tanbūr*. Während aber diese Aliquotsaiten für gewöhnlich nur sympathetisch mitschwingen, ist es im vorliegenden Falle so, daß sie zur Verstärkung dieses Resonanzeffekts vom Spieler angerissen werden. Das heißt also nichts anderes, als daß zur Begleitung der Melodie die Gesamtheit der vorhandenen Töne des Tonsystems mitklimpert.

Worauf es mir ankam, sei zusammenfassend noch einmal so formuliert: Die Gesamtheit der Musik in Afghanistan tritt uns in einer Reihe von unterschiedlichen Stilschichten entgegen, die teilweise recht primitiv, teilweise höher organisiert erscheinen. Wir erhalten den Eindruck, daß diese Stilschichten voneinander mehr oder minder isoliert sind, daß es keine Übergänge von der einen zur anderen gibt – ein Eindruck, der vor allem durch die Beobachtung erhärtet wird, daß manche dieser Stilschichten bestimmten sozialen Gruppierungen angehören, aus denen sie nicht ausbrechen können. Überraschenderweise jedoch zeigt sich, daß es eine Reihe von Elementen gibt, die über die einzelne Schicht sozusagen überhängen und mehreren oder gar allen Schichten gemeinsam sind. Wir haben an einigen wenigen Erscheinungen beobachtet, wie das System der Stilschichten sozusagen durch einzelne Querverbindungen verzahnt und verwoben ist. Solche Beobachtungen könnten beliebig erweitert und fortgesetzt werden, vor allem zum Beispiel auch durch den Blick auf einzelne Melodien, die ihre Beheimatung keineswegs nur in einem einzelnen engen Kreis haben.

Diese Beobachtungen von Schichtungen der Musizier- und Singstile haben jedoch nicht nur einen Sinn in der Darstellung der Musik eines bestimmten einzelnen Landes. In einer Zeit, da bei uns die Vielfalt der musikalischen Erscheinungen so hoffnungslos verfilzt ist und durch die immer neu auftretenden Modeerscheinungen, wie zum Beispiel die gegenwärtige Folklorewelle, immer unübersichtlicher wird – gerade für den Volksmusikforscher, dem die heikle Aufgabe übertragen wird, diese Erscheinungen in ein System von Kategorien einzuordnen –, ist es lehrreich, den Blick auf solche Musikkulturen zu werfen wie die von Afghanistan, wo es zwar bereits ein reichhaltiges Neben- oder Übereinander von unterschiedlichen und unterschiedlich entwickelten Stilen gibt, wo aber dieses System von Schichten für den aufmerksamen Beobachter noch relativ klar und übersichtlich geblieben ist.

# Anmerkungen

1  W. Wiora, Das echte Volkslied, Heidelberg 1950, S. 17ff.
2  Siehe zum Beispiel die Zusammenstellung der Afghanistan-Platte der UNESCO-Collection, BM 30 L 2003.
3  Hierzu vor allem F. Hoerburger, Volksmusik in Afghanistan, Regensburg 1969.
4  Bärenreiter Musicaphon BM 30 L 2018.
5  A. Bake, Art. „Indische Musik", in: MGG 6, Kassel 1957, Sp. 1176.
6  F. Hoerburger, Der Tanz mit der Trommel, Regensburg 1954.
7  F. Hoerburger, Supplementary jingling in the instrumental folk music of Afghanistan, in: Journal of the International Folk Music Council 20, 1968, S. 51-54.
8  C. Sachs, Handbuch der Musikinstrumentenkunde, Leipzig 1930, S. 97.
9  Genaue Beschreibung von *Dotar* und *Danbūra* in F. Hoerburger, Volksmusik in Afghanistan, S. 43ff.
10  F. Hoerburger, Musica vulgaris, Erlangen 1966, S. 46ff.
11  Bilder dieser Instrumente in MGG I, Sp. 122f.

# Langhalslauten in Afghanistan

Die Musik in Afghanistan, so wie ich sie in meiner Monographie überblikkend darzustellen versucht habe[1], muß in drei großen Hauptgruppen gesehen werden, die als Schichten übereinanderliegen oder nebeneinanderher existieren.

Da ist auf der einen Seite die Kunstmusik, mit dem einheimischen Fachausdruck als *Ostadi* bezeichnet. Es ist eine Musik, die stark abhängig ist von der klassischen Musik Indiens; sie ist wesentlich eine Abart des *Dhrupad*, der hier in Afghanistan nur in wenigen Zirkeln gepflegt wird, heute vor allem im Radio Afghanistan. Teilweise ist, vor allem im Westen des Landes, auch an Einflüsse von seiten der persisch-arabischen Kunstmusik zu denken.

Als Gegenstück hierzu haben wir jene Musikstile zu bezeichnen, die noch jenseits der Volksmusik stehen. Ich meine damit mehr oder weniger primitive Stile, die sich in abgelegenen, teilweise schwer zugänglichen Gebieten erhalten haben und sich voneinander in starkem Maße unterscheiden, soweit sie eine fast autochthone Entwicklung und Existenz aufzuweisen haben. Ich denke zum Beispiel an die Musik in Nuristan oder auch im zentralen Gebiet der Hazara.

Dann aber findet sich als drittes ein großer Komplex von mittleren Schichten, die man teils als Volksmusik, teils als populäre Musik bezeichnen möchte. Dieser Komplex erfordert eine Aufgliederung in Einzelbereiche und Stilschichten. Er reicht in einem weiten Bogen von den relativ primitiven Stilen bis hinauf in die Nähe der Kunstmusik. Da sehen wir die Musik der einfachen Leute, der Nomaden, der Bauern, aber auch städtischer Sänger oder Instrumentalisten. Da gibt es professionelle Musikanten wie vor allem die Spieler der orientalischen Volksoboe (*Sornai*), da gibt es halbprofessionelle Künstler oder wiederum Amateure wie etwa die Spieler der Längs- oder Querflöte (*Tūla*), die aus allen Bevölkerungsschichten kommen können.

Charakteristisch für diesen Mittelbereich der Volksmusik (*Kilivali*) und der populären Musik (*Shauqi*) ist es, wie mir scheint, daß diese Musik weite Gebiete des verkehrsmäßig erschlossenen Afghanistan umfaßt. Gewiß gibt es auch hier Lokalstile wie in dem Bereich „jenseits der Volksmusik". Wir werden gerade im Zusammenhang mit den Langhalslauten sehen, wie gewisse Elemente sich speziell auf die Ostgebiete oder wieder auf den an Persien angrenzenden Westen beschränken. Trotzdem ist immer wieder eine Einheit festzustellen, ja eine Einheit in dem Maße, daß zum Beispiel Personen, die nur mit halbem Ohr hinhören und ihr Urteil nur auf den Gesamteindruck gründen, immer wieder die Meinung äußern, es gebe in Afghanistan einen allgemeinen Einheitsstil der Musik, und es sei völlig unnötig, in dem Land herumzureisen und überall Musik zu sammeln. Es würde genügen, sich die Musik in der Hauptstadt anzuhören, um einen Gesamteindruck über die Musik des Landes schlechthin zu bekommen.

Eingerahmt in diesen weiten Bereich der allgemeinen Musik in Afghanistan finden wir nun die Verwendung der Langhalslauten. Es war notwendig, gerade in diesem Zusammenhang ein Wort über die Mehrschichtigkeit, wenn nicht Vielschichtigkeit der Musik in Afghanistan vorauszuschikken. Denn wir werden sehen, daß gerade die Langhalslauten und die mit ihnen verbundenen musikalischen Stile nahezu alle Bereiche der Musik dieses Landes umfassen. Wir finden Langhalslauten bei den Nomaden und Bauern, die eine relativ primitive Musik damit spielen. Wir finden Langhalslauten in den Mittelbereichen der Volksmusik und der populären Musik und wir finden Langhalslauten bis hinauf zu der Kunstmusik oder in deren Nähe.

Hier oben in dem unmittelbaren Ausstrahlungsbereich der Kunstmusik ist vor allem die bekannteste Form der afghanischen Langhalslauten beheimatet, nämlich der sogenannte *Tanbūr*. Die wenige bisher vorhandene Literatur über afghanische Musik erwähnt so gut wie ausschließlich den Tanbūr, während sie die anderen Langhalslauten vergißt. Es werden bildliche Darstellungen gebracht, Bau und Besaitung beschrieben, so etwa bei Heinrich Husmann.[2]

Es ist ein Instrument mit einem relativ kleinen halbkugelförmigen Corpus und einem ziemlich dicken Hals, der mit Bünden versehen ist. Neben den Spielsaiten, deren Wirbel vorder- und seitenständig sind, gibt es eine Anzahl von Resonanzsaiten. Husmann spricht von 10 bis 12, doch zeigen meine eigenen Beobachtungen, daß die Anzahl viel größer sein kann und von Instrument zu Instrument verschieden ist.

Unterschiedlich ist auch die Größe des Instruments. Es gibt sehr kleine Exemplare, wohl vor allem für den Hausgebrauch gedacht. Sie sind manchmal nur ein Weniges über einen Meter lang. Die Instrumente dagegen, die von Meistern ihres Faches gespielt werden, sind erheblich länger, so daß es bei der charakteristischen Haltung für den Spieler unmöglich erscheint, sämtliche Bünde vom Wirbelkasten bis in die Nähe des Corpus zu erreichen. Hierin deckt sich der Tanbūr übrigens mit den anderen Langhalslauten Afghanistans, welche ebenso eine Norm in der Größe nicht erkennen lassen. Der Spieler des Tanbūr hat das Corpus im Schoß stehen, und der Hals, der schräg nach oben deutet, ragt hoch über den Kopf des sitzenden Spielers hinaus.[3]

Charakteristisch für das Spielen des Tanbūr, vor allem im Gegensatz zu dem Spiel der anderen landesüblichen Langhalslauten, ist die Verwendung eines Plektrons, des sogenannten *Nāḫūnak*. Dieser Nāḫūnak ist ein zurechtgebogener starker Draht, der wie ein Fingerhut auf den zupfenden Finger gesteckt wird und gleichsam den Fingernagel zu verstärken und zu verlängern hat. (Demgegenüber wird die Kurzhalslaute Rabāb mit einem blattförmigen Plektron gespielt).

Der Tanbūr, dessen Gestalt und dessen Resonanzsaiten eine Verwandtschaft mit indischen Lautenformen kaum übersehen lassen (man vergleiche hierzu vor allem die Stücke, die Curt Sachs abbildet)[4], gehört fast ausschließlich den höheren Bereichen der vielschichtigen afghanischen Musik an. In der Hand einfacher Liebhabermusiker auf dem Land und in der Stadt habe ich ihn ebensowenig gesehen wie den Rabāb. Beide Instrumente, Tanbūr und Rabāb, werden von den Musikern des populären und des kunstmusiknahen Stils gespielt. Den Tanbūr spielt man solistisch mit der Begleitung einer Trommel, etwa der Tonvasentrommel *Zer-e-baghali*. Zuweilen fügt sich das Instrument auch in den Verband populärer Instrumentengruppen ein, die zur Unterhaltung bei Festlichkeiten herangezogen werden und zu denen vor allem Trommeln – eine zweifellige Faßtrommel, eine Tonvasentrommel oder das indische Trommelpaar *Tabla* – sowie die unentbehrliche *Armonīa,* das indische Kleinharmonium, begleitend gespielt werden.

Zu dem Spiel des Tanbūr gehört dann aber vor allem eine Eigentümlichkeit, die in der Literatur nicht Erwähnung findet, die aber – wie mir scheint – vor allem für die mittleren Schichten der Musik in Afghanistan allgemein charakteristisch ist, nämlich das, was man in Afghanistan als das „sūr kardan" bezeichnet, was wörtlich übersetzt „Klang machen" bedeutet. Das ist eine merkwürdige Praxis, die für den Neuling im Hören afghanischer Musik zunächst äußerst befremdend wirken kann, die aber, wenn man sich einmal daran gewöhnt hat, einen besonderen Reiz ausübt. Wenn man liest, daß das Instrument „Resonanzsaiten" hat, so wird man sich mit der Vermutung begnügen, daß diese Saiten jeweils diejenigen Töne verstärken, welche auf den Spielsaiten angerissen werden. Es kommt der Gedanke hinzu, daß beim Spielen von Melodien jeder angeschlagene Ton auf den Resonanzsaiten nachklingt, so daß die Folge der Melodietöne im gleichzeitigen Nachklingen verwischt wird.

Es ist aber nun eigentümlich zu sehen, daß sich die Spieler des afghanischen Tanbūr mit dieser sanften Resonanzwirkung der Aliquotsaiten nicht begnügen, sondern daß sie beim Spiel der Melodien zusätzlich die Gesamtheit der Aliquotsaiten arpeggierend anreißen. Es entsteht dadurch – so möchte man fast geneigt sein zu sagen – ein Effekt, der zuweilen in der neueren abendländischen Tonkunst als „tone cluster" bezeichnet wird. Das heißt, es werden entsprechend der Stimmung nicht etwa nur Akkorde als klangliche Basis gespielt, sondern jeweils das gesamte, gewöhnlich siebenstufige Material der Tonleiter mit einer Überhöhung in der nächsthöheren Oktave. Das ergibt einen eigentümlichen, aber – wie gesagt – keines-

wegs unangenehmen, nicht kakophonen, sondern stark würzigen Gesamteindruck.

Normalerweise kann diese Praxis dadurch eine gewisse Regelung erfahren, daß die Aliquotsaiten nach dem System der Tonordnung gestimmt
werden, welche dem jeweils gespielten Musizierstück zugrunde liegt. Es ist
dies der betreffende *Rāga* oder – wie man selbst im indiennahen Ostafghanistan sagt – der *Maqām,* dessen gesamtes siebenstufiges Tonmaterial als
klangliche Basis immer wieder angerissen wird. In der Tat kann man denn
auch beobachten, daß diejenigen Spieler, die der Kunstmusik nahestehen,
vor jedem neuen Musizierstück die Aliquotsaiten nach dem zugrundelie-
genden *Maqām* neu einstimmen.

Freilich liegt der hier beschriebenen Praxis des „sūr kardan", also des
tone cluster-Spiels, eine allgemeinere Bedeutung zugrunde, die man zuweilen bei solchen Tanbūr-Spielern beobachten kann, die der Kunstmusik
ferner stehen und dort beheimatet sind, wo man von „Volksmusik" sprechen möchte, dort, wo die Reguliertheiten der Kunstmusik mehr und mehr
einer nebelhaften Vorstellung Platz machen: Der tone cluster ist in solchen
Fällen nicht mehr einer vorbedachten Stimmung unterworfen, sondern er
bedeutet mehr ein ungewisses Klimpern von mitangerissenen Klängen, die
tonal nicht festgelegt sind. Es ist dann aber besonders eigentümlich, daß
die mehr oder minder regellose Begleitung keineswegs unangenehm in den
Ohren klingen wird, selbst in den Ohren ungeübter Hörer. Vielmehr enthält gerade eine solche Zufälligkeitsstimmung einen gewissen Reiz.

Ich habe an anderer Stelle[5] diese Erscheinung etwas näher beschrieben
und auf ein vergleichbares Beispiel hingewiesen, das mir im Süden, in der
Stadt Kandahar, begegnet ist, wo eine vierzigsaitige Zither als Begleitung
zu einem Instrumentenensemble in der Weise gespielt wurde, daß die
Töne, welche auf dieser Zither durcharpeggiert wurden, immer wieder
ohne ersichtlichen tonalen Bezug auf das Melodienmaterial in seiner Gesamtheit erklangen.

Der Tanbūr ist – wie gesagt – der vornehmste Vertreter afghanischer
Langhalslauten, fast ausschließlich den höheren Schichten der Musikstile
angehörend. Aber trotzdem mag auch hier die Möglichkeit bestehen, daß
Instrument und Spieltechnik in die Schichten der Volksmusik absinken.
Ich besitze ein einfaches Exemplar dieser Instrumentengattung, das wahrscheinlich aus den östlichen Grenzprovinzen, aus dem sogenannten Pash-
tunistan stammt. Das Instrument ist recht einfach und roh hergestellt. Sein
Corpus, das wie auch bei den verfeinerten Instrumenten, die man sonst im
Lande zu sehen bekommt, nur um ein Geringfügiges aus dem an sich schon
recht dicken Hals herausschwillt, ist nicht mehr halbkugelförmig, sondern
rechteckig.

Halten wir fest: Der Tanbūr gehört in die höheren Stilschichten der Musik und findet nur in Ausnahmefällen in die Volksmusik. Eine völlig andere Situation finden wir vor bei einer zweiten Gattung von Langhalslauten, nämlich dem *Dōtār*. Der Name *Dōtār* bedeutet „zwei Saiten". Dieser Instrumentenname ist die in Afghanistan gebräuchliche Bezeichnung für ein Instrument, das in allen wesentlichen Elementen übereinstimmt mit den Langhalslauten, die allenthalben im Vorderen Orient anzutreffen sind, zum Beispiel als *Saz* bei den Türken oder als *Çifteli* bei den Albanern.

Der persische Name *Dōtār* ist freilich mißverständlich. Mag er immerhin die Zweisaitigkeit als Idee zum Ausdruck bringen. Wir müssen daran denken, daß für das gemeine Spiel auf dieser Langhalslaute zwei tönende Elemente gefordert sind, nämlich die führende Melodie und der begleitende Bordun. Die beiden Saiten, in Afghanistan „Zil" (hoch) und „Bam" (tief) genannt und gewöhnlich im Quartabstand gestimmt, werden gemeinsam gezupft, jedoch wird nur die eine Saite zur Darstellung der Melodie gegriffen, während die andere Saite den begleitenden Baß als liegenden Ton zu stellen hat.

Trotzdem muß ich wiederholen: Der Name *Dōtār* ist irreführend. Er deutet auf eine Ausstattung des Instruments mit zwei Saiten hin, gilt aber in Wirklichkeit für den allgemeinen Instrumententyp, auch wenn eine Anzahl von drei oder vier oder noch mehr Saiten vorhanden ist. Ein solches Instrument wird dann nicht als „Setār" oder „Čartār" bezeichnet, sondern weiterhin als *Dōtār*. Mir wurde einmal in Afghanistan gesagt, das Instrument Dōtār habe in diesem Land immer drei Saiten. Auf meine Frage, wieso es dann *Dōtār* heiße, wurde mir die unglaubhafte Antwort gegeben, daß zwei von den drei Saiten gleich gestimmt seien, so daß es sich für den Bereich des Bordun um eine Zweichörigkeit der Besaitung handelt. Das Instrument, das mir dann in diesem Zusammenhang zur Begutachtung vorgelegt wurde, hatte tatsächlich drei Löcher für die Wirbel, jedoch war ein Wirbel leer, und nur zwei Saiten waren aufgezogen.

Der afghanische Dōtār entspricht in seinen wesentlichen Elementen den westasiatischen Langhalslauten. Es ist daher bezeichnend, daß seine Heimat in Afghanistan speziell im Westen des Landes zu suchen ist, wo jedenfalls die Verbindung mit dem Iran und mit der Welt der persisch-arabischen Musik unmittelbarer beeinflussend wirken mag als im Osten des Landes. Gewiß begegneten mir Langhalslauten dieses Typus' auch in Ostafghanistan. Es wurde mir jedoch in jedem Fall versichert, daß die betreffenden Spieler aus der Gegend von Herat in Westafghanistan gekommen seien. Auch der Name des Spielers Abdul Karim Herati, von dem Alain Danielou eine Tonaufnahme und eine Abbildung vorgelegt hat[6], deutet auf die Herkunft aus dem westlichen Teil des Landes hin.

Die Abbildung bei Danielou läßt die wesentlichen Teile des Instruments deutlich erkennen und damit vor allem auch die Übereinstimmungen und die Gegensätzlichkeiten gegenüber der Langhalslaute Tanbūr, von der oben die Rede war. Wie jener hat auch der Dōtār Bünde, die wie beim Tanbūr aus Därmen hergestellt sind, die um den Hals in bestimmten Abständen befestigt sind, wobei die Möglichkeit offen gelassen ist, die Bünde zu verstellen und mit ihnen auch die Stimmung der gespielten Tonreihen.

Anders als der Tanbūr ist der Dōtār schlanker gebaut mit einem birnenförmigen, schlanken Corpus und einem wesentlich dünneren Hals. Eine gewisse Unsicherheit besteht in der Anbringung der Wirbel. Man sieht sie deutlich auf der Abbildung bei Danielou, aber auch auf Abbildung 19 meines *Afghanistan*-Buches: Sie sind vorderständig angebracht, was dem sonstigen Brauch der westafghanischen Langhalslauten widersprechen würde. Freilich ist bei dem Instrument, das die genannte Abbildung 19 zeigt, ein drittes, nunmehr seitliches Wirbelloch angebracht, so daß prinzipiell die Eigentümlichkeit der Mischständigkeit der Wirbel erhalten bleibt.

Wie beim Tanbūr ist die Größe der Dōtār-Lauten nicht festliegend. Normalerweise handelt es sich hier um Instrumente, die erheblich kürzer sind als die normalen Tanbūr-Instrumente. In Herat sah ich einige Instrumente, die mehr als zwei Saiten hatten und fast die Länge des großen Tanbūr erreichten. Auch die qualitative Ausstattung der Instrumente ist unterschiedlich. Manch einer, der es sich leisten kann, manch einer, der als Berufsspieler sein Leben lang mit dem Instrument tagtäglich umgehen muß und mit ihm vor der Öffentlichkeit als „Ostad" (Meister) auftritt, hat einen Dōtār, der mit feinen Einlegearbeiten ausgestattet ist, während sich in den Händen von spielfreudigen Amateuren, die auf ihren Wanderungen abends im Teehaus zu ihrer eigenen Unterhaltung und zum Zeitvertreib der anderen Gäste stundenlang musizieren, höchst einfache und kunstlose Instrumente finden.

Prinzipiell ist der Dōtār ebenso wie der Tanbūr in einer Reihe von instrumentenkundlichen wie auch soziologischen Fakten festgelegt. Es ist kaum typisch, daß dieses oder jenes Faktum von anderen Instrumenten übernommen wird oder daß das eine Instrument auf das andere irgendeinen Einfluß ausübt. Wenn es trotzdem vorkommt, so meine ich, daß es sich mehr um eine die Regel bestätigende Ausnahme handelt denn um ein normales Vorkommnis von Überschneidungen und Vermischungen. Hierzu gehört zum Beispiel die Frage nach Verwendung oder Nicht-Verwendung eines Plektrons. Der Tanbūr wird – wie wir oben gesehen haben – stets mit einem Draht-Plektron gespielt, während der Dōtār stets mit dem über die Saiten hin- und herfahrenden Finger angezupft wird. Obwohl diese Regel allgemeine Gültigkeit zu haben scheint, begegnete mir in Herat ein Spieler, der sich des Nāḫūnak beim Spiel auch des Dōtār bediente.

In Herat begegnete mir weiterhin in den Händen eines Berufsmusikers ein Instrument vom Typus des Dōtār, das, wohl auch unter dem Einfluß des Tanbūr, eine entscheidende Änderung erfahren hatte: Es war mit Aliquotsaiten ausgestattet wie üblicherweise der Tanbūr. Auf der anderen Seite freilich waren alle übrigen Elemente und Kennzeichen des Dōtār erhalten. So war zum Beispiel der für den Dōtār typische schlanke Hals nicht verdickt, um die Wirbel für die Resonanzsaiten besser aufnehmen zu können. Auch der Name *Dōtār* = „Zweisaiter" blieb erhalten trotz der Vielzahl der Saiten.

Für den Zusammenhang mit dem Tanbūr spricht hingegen die Funktion der „Resonanz"-Saiten: Der Spieler begnügte sich nicht etwa mit dem Funktionieren der Resonanz in dem Augenblick, da der betreffende Ton auf der Spielsaite angerissen wurde. Vielmehr führte er auch hier das „sūr kardan" des Tanbūr-Spielers aus: Die Resonanzsaiten wurden in ihrer Gesamtheit angerissen und als klangliche Basis zu der Melodie gefügt, nicht als Akkord, sondern als „tone cluster".

Und doch: Welch ein Unterschied zu dem Klangbild beim Spiel des Tanbūr! Die Metallsaiten des Dōtār geben einen relativ weichen, samtigen, abgerundeten Ton, verglichen mit demjenigen des Tanbūr, der ebenfalls mit metallenen Saiten bezogen ist. Der tone cluster auf dem Tanbūr hört sich wie ein Gezirpe an, bei dem zuweilen die tonale Fügung der angerissenen Klänge überhaupt nicht mehr empfunden wird. Jedes der beiden Klangphänomene hat seinen eigenen, eigenartigen Reiz. Aber trotz der Übereinstimmung der Spieltechnik und der Idee, die dahinter steckt, nämlich der Idee einer klanglichen Zutat zu dem Vortrag der Melodie, muß man erkennen, daß das Spiel der beiden Instrumente bezüglich des akustischen Effekts stark voneinander unterschieden ist.

Die Abbildungen, die Danielou im Begleitheft seiner *Afghanistan*-Platte veröffentlicht hat, sind für unseren Zweck besonders vorteilhaft, da auf einer Seite alle drei Langhalslautentypen, die in Afghanistan anzutreffen sind, nebeneinander dargestellt werden. So kann man leicht wenigstens die äußeren Unterschiedlichkeiten erkennen, auch wenn der Geltungsbereich, die gesellschaftliche Funktion, die Zugehörigkeit zu einer musikalischen Stilschicht und Landsmannschaft, aber auch einige Elemente des Baus, nicht oder wenigstens nicht in ausreichendem Maße unterschieden werden können. Hier auf diesen Abbildungen finden wir nun auch den dritten Typus afghanischer Langhalslauten vor, dem wir uns jetzt noch zuwenden wollen. Es ist die *Danbūra*.

Man kann leicht die äußeren Charaktermerkmale der Danbūra von denjenigen des völlig anders gebauten Tanbūr unterscheiden. Für den Laien auf dem Gebiet der Instrumentenkunde ist es vielleicht schwerer, Danbūra und Dōtār auseinanderzuhalten, obwohl diese beiden Instrumente in fast allen Einzelheiten voneinander unterschieden sind und nur in wenigen wirklich miteinander übereinstimmen wie zum Beispiel in dem Faktum, daß Dōtār und Danbūra in gleicher Weise – und im Gegensatz zum Tanbūr und zur Kurzhalslaute Rabāb – nicht mit einem Plektron, sondern mit dem hin- und herzupfenden Finger gespielt werden. Trotzdem möchte ich hier an den Anfang ein Faktum stellen, das bereits bei der Betrachtung der Bilder von Danielou auffallen muß. Man sieht, wie der Tanbūr beim Spielen schräg aufwärts steht, fast senkrecht. Man sieht, wie der Dōtār fast waagrecht gehalten wird, während die Danbūra – sozusagen in der Mitte zwischen der waagrechten und der senkrechten Haltung stehend – schräg aufwärts zeigt. Vielleicht könnte man, wenn man nur die Bilder von Danielou betrachtet, der Meinung sein, daß es sich nur um einen Zufall handelt, der speziell auf die drei gezeigten Instrumentalisten zutrifft. Man wird aber bei der Betrachtung eines größeren Bildmaterials oder gar bei der Betrachtung der Originale im Land selbst immer wieder erkennen, daß diese Haltung offenbar typisch für das Spiel dieser drei voneinander abzugrenzenden Langhalslauten in Afghanistan genannt werden muß.

Aber dann betrachte man die zahlreichen instrumentenkundlichen Abweichungen der drei Typen voneinander: Der Hals der Danbūra ist dicker als derjenige des Dōtār, aber nicht so dick wie derjenige des Tanbūr. Auf dem Hals der *Danbūra* sind keine Bünde, während Dōtār und Tanbūr ebenso wie auch die Kurzhalslaute Rabāb Bünde aufweisen. Die Wirbel bei Danbūra sind immer vorderständig, während sie bei Tanbūr und Dōtār gemischt vorder- und flankenstandig sind. Und so gibt es eine Reihe von weiteren Unterschieden der Danbūra teils gegenüber dem Dōtār, teils auch gegenüber dem Tanbūr. Es sind Unterschiede, die nur demjenigen auffallen werden, der ihre Wichtigkeit kennt und weiß, daß solche Erscheinungen nicht nur Zufälligkeiten, sondern grundsätzliche Unterscheidungsmerkmale des betreffenden Instruments sind, ja daß beim Fehlen solcher Einzelheiten die Individualität des betreffenden Instruments zusammenbricht. Beim Studium der Volksmusik ist es eine wichtige Erscheinung, die man immer wieder antrifft, daß bei aller Variabilität, welche eine fundamentale Eigenschaft der Volksmusik überhaupt ist, ganz bestimmte und von dem Beobachter keineswegs immer voraussehbare Elemente starr sind, typisch und nicht austauschbar, wofern nicht die Identität der betreffenden Form aufs Spiel gesetzt werden soll.

Bei aller Bedeutung solcher instrumentenkundlicher Eigenschaften ist es vielleicht noch wichtiger, die Funktion der betreffenden Instrumente in dem Gesamtaufbau der Gesellschaft und ihrer nationalen Musikkultur in Afghanistan zu beobachten, um die drei in diesem Lande gebrauchten Langhalslauten zu charakterisieren. So müssen wir noch einmal zurückschalten auf die ersten beiden Instrumententypen und die unterschiedliche Zone ihres Wirkens gegeneinander abschätzen.

Wir haben gesehen, daß der Tanbūr vornehmlich in den Bezirken der populären Musik beheimatet ist, nahe dem Gebiet der Kunstmusik. Für den Fall, daß der Tanbūr einmal in dörfliche Grundschichten hinüberspielt, muß mit einer Ausnahme gerechnet werden oder aber mit einem primitiven Gegenstück zu der hohen Kunst des Tanbūr-Spiels im engeren Sinne.

Beim Dōtār ist das Verhältnis wohl umgekehrt. Zentraler Wirkungsbereich ist mehr die Volksmusik, während das Instrument nur in Ausnahmefällen in die höheren Schichten aufsteigt, dann aber nach dem Muster des Tanbūr eine Verfeinerung in Bau und Spieltechnik erfährt. Gerade die Übernahme von Elementen, die eigentlich zum Tanbūr gehören und an der ursprünglichen Gestalt des Dōtār und seiner Musik nicht vorgesehen sind, verweist auf die Zugehörigkeit des Instruments zu einer ganz anderen Schicht.

Die Danbūra schließlich gehört ausschließlich den Grundschichten. Mir ist nie zu Gehör gekommen, daß dieses Instrument in Afghanistan in höhere Schichten aufsteigt. Sein Verwendungsbereich ist die Volksmusik der Bauern und Hirten, der Nomaden und vor allem der Bevölkerung der zentralen Hazara-Gebiete.

Dieser Zugehörigkeit entsprechend ist auch die geographische Verbreitung zu verstehen. Der Tanbūr, der vornehmlich der städtischen Musikpraxis angehört, ist in allen größeren Orten des Landes anzutreffen, im Osten ebensowohl wie im Westen oder nördlich des Hindukusch. Der Dōtār dagegen, dessen Hauptverwendungsbereich die Volksmusik ist und der nur in Ausnahmefällen in die höheren Schichten der Musik aufsteigt, hat seine Verbreitungsgrenzen. Er ist vornehmlich im afghanischen Westen verbreitet. Und ebenso ist auch die Danbūra, die ausschließlich der Volksmusik angehört, auf spezielle Verwendungsbereiche beschränkt: Sie ist zu finden in den Ostprovinzen und in den zentralen Landesgebieten.

Die Langhalslauten und ihre Musik sind nur ein ganz kleiner Ausschnitt aus der Gesamtheit des Musik- und Volksmusiklebens in Afghanistan. Ein reichhaltiges Instrumentarium, ein reichhaltiges Musikrepertoire, eine Vielfalt von Stilen bietet sich dem Studium der musikalischen Volkskunde in diesem asiatischen Land dar. Wenn es uns im speziellen darum geht, einen Querschnitt durch diese Gesamtheit zu machen von primitiven Musizierformen bis zum verfeinerten Gebiet der Kunstmusik, wenn es uns weiter darum geht, zu sehen, wie bestimmte Formen im Brauch und im Volksleben eine feste, unveränderte Stellung besitzen, oder wenn es uns darum geht, die Gesetze von Festgelegtheit und Variabilität zu erkunden, so bietet uns die Welt der Langhalslauten als pars pro toto ein interessantes Studienfeld.

## Anmerkungen

1  F. Hoerburger, Volksmusik in Afghanistan, Regensburg 1969.
2  H. Husmann, Art. „Afghanistan", in MGG I, Sp. 121-123.
3  F. Hoerburger, Volksmusik in Afghanistan, Abbildung 27 und 28.
4  C. Sachs, Die Musikinstrumente Indiens und Indonesiens, Berlin 1915, S. 127ff.
5  F. Hoerburger, Supplementary jingling in the instrumental folk music of Afghanistan, in: Journal of the International Folk Music Council 20, 1968, S. 51ff.
6  Afghanistan. A musical anthology of the Orient. Bärenreiter Musicaphon BM 30 2003.

# Hackbrett – Santur – Yángqín*
## Die Verbreitung eines asiatischen Musikinstruments im europäischen Raum

Santur ist eine Zither, die jedoch nicht gezupft, sondern mit zwei Hämmerchen geschlagen wird. In dem gesamten Verbreitungsgebiet hat es fast ausschließlich die Form des Trapezes. Es gehört zu jenen Instrumenten, die mit mehreren Einzelheiten des Baus, der Form und des Gebrauchs über ein weites europäisch-asiatisches Verbreitungsgebiet anzutreffen sind. Seine besondere Eigentümlichkeit besteht darin, daß die angeschlagenen Saiten längere Zeit nachklingen. Das ist eine eigenartige Wirkung, vor allem dann, wenn das Instrument im Abendland zur Begleitung von Melodien gespielt und der für die abendländische Musik eigentümliche Wechsel von Harmonien sozusagen verwischt wird. Dieses Phänomen wirkt in der asiatischen Musik der verschiedenen Länder, wo es ja nicht den funktionsgebundenen Akkordwechsel gibt, nicht in der gleichen Weise. Die Stärke dieses Nachklingens ist bei den Instrumenten unterschiedlich, je nachdem es der nationale, lokale oder individuelle Stil erfordert.

In Westasien ist die Musik auf dem Santur im wesentlichen Kunstmusik, Musik der höheren musikalischen Bildung, vielfach solistisch gespielt auf Instrumenten, die gegenüber den Volksmusikinstrumenten verfeinert sind und immer von großen Künstlern, von Virtuosen gespielt werden. Als solches Kunstmusikinstrument wanderte das Santur die Nordküste Afrikas entlang und über Spanien nach Europa. Hier wurde es noch im 17. Jahrhundert verbessert, verfeinert und unter dem Namen „Pantaleon" von seinem Erfinder auf Konzertreisen gespielt. Es mußte freilich schon nach kurzer Blütezeit dem Hammerklavier weichen.

Eine andere Entwicklung nahm das bekannte Cimbalom, das vielfach als klanglicher Hintergrund zu den Zigeunerkapellen in Ungarn und Rumänien gehört. Im Gegensatz zu den herkömmlichen Hackbrett-Instrumenten in Asien und in der zentral- und osteuropäischen Volksmusik steht das Zigeuner-Cimbalom, das vergrößerte, aber immer noch trapezförmige Instrument, auf vier Füßen und ist mit einem Dämpfer ausgestattet. Das sind zwei bedeutende Veränderungen. Denn das Nachklingen und eigentümliche Verwischen der Klänge des Instruments ist allenthalben in der Welt eines seiner wichtigsten Charakteristika. Das ungarische Cimbalom wird gewöhnlich als Begleitinstrument der Zigeunerkapellen gespielt. Aber man hört es gelegentlich auch von besonderen Künstlern, die mit speziellen Glanznummern prunken wollen, solistisch gespielt.

In diesen bisher betrachteten Stilbereichen, die an sich schon weit voneinander entfernt sind, finden wir Höherentwicklungen. Dort, im Vorderen
Orient, ist es die Verfeinerung des Spiels, das mit den Gesetzen der Musiktheorie durchdacht wird. Hier, in dem Zigeuner-Cimbalom, ist es die Fort-
entwicklung des Instruments und seiner Spielweise, angeglichen an die europäische Musiktheorie und ihre funktionsharmonische Struktur. Dazwischen gibt es aber eine Menge von Anwendungsbereichen des Instruments
in dem weiten Verbreitungsgebiet zwischen den Alpen und Ostasien.

Und doch bleibt eine ganze Reihe von Elementen über weite Entfernungen hinweg erhalten. Da ist zum Beispiel die Trapezform, von der die Völker nicht abweichen. Da ist der Umstand, daß die Töne und Klänge, die
mit den Hämmerchen angeschlagen sind, nachklingen. Da ist weiterhin
nicht selten der Wille zum Virtuosentum, der die Bewunderung des Publikums sucht. – Ich habe in Taiwan einen weithin berühmten, 80 Jahre alten
Mann spielen hören, der seit seiner Kindheit blind war; er beherrschte vir-
tuos das Instrument. – Da ist schließlich der in merkwürdiger Übereinstimmung zu beobachtende Umstand, daß das Instrument – obwohl gerne gehört – doch immer mehr oder weniger verachtet wird: Während seines kurzen Gastspiels in Mitteleuropa als Kunstmusikinstrument wurde es als
„Schweinskopf“ bezeichnet, als „instrumentum ignobile“, als „stromento
di porco“. Am entgegengesetzten Ende des Verbreitungsgebiets, in China,
bedeutet der Name *Yángqín* soviel wie „fremdländische Zither“; und mit
dem Wort „fremd“ ist etwas Minderwertiges gemeint. Auch der heute in
Deutschland verwendete Name *Hackbrett* ist ein Spottname.

In der Volksmusik ist das Hackbrett vornehmlich Stütze des Klangs. Wo
dieser sich fortwährend verändert, wird diese Klangfolge verwischt. Wo er
längere Zeit steht, festigt der Nachklang des Hackbretts den klanglichen
Hintergrund. Man findet dieses Charakteristikum an ganz unerwarteten
Stellen auf dem alten Handelsweg zwischen dem Vorderen Orient und Ostasien. So gibt es zum Beispiel im Hochland von Tibet ein Zusammenspiel
des Hackbretts mit einer chinesischen Geige und einer Laute. Auch in
China wird das Hackbrett nicht vornehmlich solistisch gespielt. Abgesehen
von den Fällen, in denen der Spieler die spezielle Absicht hat, sein virtuo-
ses Spiel vor der Zuhörerschaft unter Beweis zu stellen, gehört das Instrument zu einem kleinen Ensemble. Hier hat es die Aufgabe, die Klänge des
Instrumentariums zu verwischen, einen bleibenden Klang dahinterzustel-
len. Das ist neben dem solistischen Spiel in der Regel *die* Aufgabe des
Hackbretts schlechthin. Manchmal allerdings finden wir Instrumente, bei
denen der Nachhall gedämpft ist. Mir möchte fast scheinen, daß diese Verfeinerung des Instrumentenbaus das Stadium einer späten Entwicklung
darstellt.

Ein junger Chinese aus einer kleinen Stadt auf der Insel Taiwan ist für
das Studium der Volksmusik von besonderem Interesse, weil er sich in sei-

nem Hauptstudium der modernen europäischen Musik hingibt, während er gleichzeitig die traditionelle Volksmusik von Grund auf gelernt hat. Sein Lehrer war sein Großvater, der in Taiwan ein weithin berühmter Spielmann gewesen ist, von dem bereits zu seinen Lebzeiten merkwürdige Legenden erzählt werden, zum Beispiel die, daß er imstande gewesen sein soll, vier Volksoboen gleichzeitig zu spielen: zwei aus den beiden Mundwinkeln heraus und zwei aus den Nasenlöchern.

Sein Enkel, obwohl nun in eine ganz andere Richtung tendierend, ist dennoch imstande, die alten Volksmusikinstrumente technisch, aber vor allem auch stilistisch getreu der Tradition zu spielen.

Wir haben einen weiten Wanderweg des Hackbretts in den fernen Osten verfolgt. Wenden wir uns nun noch einmal zurück in den Westen.

Die bekannteste Form des Instruments im Westen ist das große Cimbalom der ungarischen Zigeuner, stark weiterentwickelt zu einem großen Instrument mit dem sonst nicht üblichen Dämpfer. Neben diesem Typus gibt es sowohl in Ungarn wie auch in anderen ost- und mitteleuropäischen Ländern einen kleinen Typus, wie wir ihn von Westasien her kennen.

In der Schweiz, in Österreich und in Bayern ist das Instrument zu neuem Leben erweckt worden. In der Wiederbelebung der Volksmusikpflege spielt es heute eine große Rolle. In den osteuropäischen Ländern taucht das Hackbrett dagegen wiederholt in der traditionellen Volksmusik auf, unbeeinflußt von der gewollten verbessernden Volksmusikpflege, aber ebenfalls im Bannkreis der klassisch-abendländischen harmonischen Setzweise.

Gehen wir noch einmal zurück zum Ausgangspunkt unserer Wanderung: Vorderasien. Was ich meine, wenn ich einen so gewaltigen Bogen ziehe und nun nach europäischer Volksmusik noch einmal zurückblende in die Kunstmusik Vorderasiens, ist folgendes: Wir finden an dem Instrument Hackbrett – Santur – Yángqín, an dem Instrument und an der damit vorgetragenen Musik einige Eigentümlichkeiten, die auf diesen riesigen Wanderwegen eigentümlich gleichbleiben, konserviert werden und übereinstimmen, obwohl ein einleuchtender Zwang nicht unbedingt vorhanden zu sein scheint. Dieses Gleichbleiben ist vor allem deswegen merkwürdig, weil sich die Musik selbst, die mit diesen Instrumenten gespielt wird, nun wiederum weitgehend den Stilkreisen der Gastländer anpaßt.

Es gibt in der abendländischen Musikgeschichte eine Menge von einzelnen Elementen, die nicht erst vor kurzem, sondern teilweise schon vor Jahrtausenden, nämlich schon seit der klassischen Antike, auf Grund von Anregungen aus dem Vorderen Orient übernommen und dann in Europa selbständig zu oft ganz neuen Formen weiterentwickelt worden sind, so daß oft die Herkunft gar nicht mehr zu erkennen ist. Manche dieser Erscheinungen haben die Musik der Balkanländer befruchtet, manche die Musik des ganzen europäischen Kontinents. Teilweise ist die orientalische Kunstmusik zur europäischen Volksmusik abgesunken, manchmal ist es gar umgekehrt. Vielfach haben diese Übernahmen ein ganz neues Äußeres angenommen, zum Beispiel in Form der abendländischen harmonischen Setzweise, so daß ein Zusammenhang – obwohl vorhanden – oft kaum mehr zu erkennen ist.

In diesem Sinne sind die Anregungen, die das Abendland im Laufe der letzten drei Jahrtausende aus dem Morgenland erhalten hat, kaum zu zählen. Goethe hat in seinem Kommentar zum *Westöstlichen Diwan* gesagt – und das mögen wir vielleicht im Zusammenhang mit den westöstlichen Beziehungen in der Musik zitieren –: „In einer Zeit, wo so vieles aus dem Orient unserer Sprache treulich angeeignet wird, mag es verdienstlich erscheinen, wenn auch wir von unserer Seite die Aufmerksamkeit dorthin zu lenken suchen, woher so manches Große, Schöne und Gute seit Jahrtausenden zu uns gelangte, woher täglich mehr zu hoffen ist…"

## Anmerkung

* Dieser Beitrag beruht auf einem Vortrag, den der Verfasser 1980 in Ankara hielt.

# Über den chinesischen Instrumentennamen „Qín"[1]

## I

Die hier dargestellten Überlegungen zu der Zwiespältigkeit und Gegensätzlichkeit der Bedeutungen des chinesischen Instrumentennamens *Qín* gehen zurück auf ein Gespräch, das ich vor einigen Jahren mit meinem Freund Kurt Reinhard anläßlich eines Besuchs in Wetzlar führte. Die Kürze meines damaligen Aufenthalts und die Vielzahl der auftauchenden fachlichen und außerfachlichen Gesprächsgegenstände haben es damals verhindert, dieses Gespräch zu Ende zu führen und zu einer Erkenntnis zu kommen. Wer hätte auch damals denken können, daß Kurt Reinhard kurz danach nicht mehr sein würde.

## II

Die Namen von Musikinstrumenten sind – wie allgemein zu beobachten – äußerst unzuverlässige Charakterisierungen. Instrumentennamen gehen keineswegs in jedem Fall den gleichen Wanderweg mit dem weithin wandernden Instrument selbst, wie es sich der Musikinstrumentenkundler erwarten oder wünschen würde. Gleiche Instrumente können unterschiedliche Namen annehmen, und umgekehrt decken gleiche Instrumentennamen häufig ungleiche Musikinstrumente. Typisches Beispiel für diese Erkenntnis ist etwa der antike griechische Trommelname Tympanon, der als Cimbalom oder als Cembalo usw. ganz andere Instrumententypen bezeichnet. Der Name Tanbur o. ä. taucht in den verschiedenen europäischen und vorderasiatischen Sprachen und Kulturen ebensowohl als Trommel wie als Langhalslaute auf. Dieses Faktum ließe sich durch die Angehörigen weiterer Wortfamilien zeigen: Namen gehen nicht selten ihre eigenen Wege. Sie wandern mit den Instrumenten oder ohne sie. Sie gehen vielleicht mit dem brauchtümlichen Kontext, ohne auf das Charakteristikum Acht zu geben.

Ich habe früher einmal zum Beispiel auf das Faktum hingewiesen, daß der Instrumentenname Gusla-Gusle-Gusli immer wieder ein Begleitinstrument zum epischen Lied bezeichnet und sich dabei keineswegs instrumentenkundlich auf das gleiche Instrument bezieht. Der gleiche Name bedeutet einmal eine Guitarre, das andere Mal eine einsaitige Geige, dann wieder eine Zither.[2]

## III

Diese unterschiedliche Behandlung von Instrumentennamen und ihre instrumentenkundliche Ausdeutung hängt vielfach zusammen mit Zufälligkeit oder mit Willkür in den Volksbezeichnungen. Sie gehört vor allem auch zu der Variabilität, die der Volksüberlieferung als ein Hauptcharakteristikum zuzuordnen ist. Nicht zuletzt hängt sie aber auch mit instrumentenkundlich falschen Ausdeutungen zusammen. Es ist bedauerlich, wenn man immer wieder feststellen muß, daß zum Beispiel die sinologische oder ethnologische Literatur den Instrumentennamen Qín, von dem hier speziell die Rede sein soll, verschiedentlich falsch interpretiert oder definiert. Wir brauchen nur irgendein beliebiges chinesisches Wörterbuch aufzuschlagen und nachzusehen, wie der Begriff „Qín" übersetzt oder ausgedeutet wird. Bei diesem Nachsuchen ergeben sich mancherlei instrumentenkundliche Ausdeutungen, die schlechthin falsch genannt werden müssen.

So heißt es bei Couvreur[3]: „Guitare à cinq ou sept cordes". Bei Rüdenberg finden wir die Übersetzung „Laute, Leier"[4], ebenso bei Stangier.[5] Bei Debesse heißt es „Luth chinois"[6], bei Poletti: „A dulcimer, a lute, a harpe".[7] Im Hakka-Lexikon von Maciver heißt es: „The Chinese Lute".[8] Die Reihe ließe sich beliebig fortsetzen: Qín, eine Guitarre, eine Laute, eine Leier, eine Harfe. Am nächsten kommt dem Qín noch die Bezeichnung als „Dulcimer". Aber auch dieser Name ist danebengegriffen, weil „Dulcimer" fest mit dem auch in China als Yángqín benannten Hackbrett verbunden ist.

R. H. van Gulik spricht bereits im Buchtitel von einer chinesischen „Laute".[9] Und merkwürdigerweise bleibt er bei diesem Instrumentennamen auch, nachdem er – wie er selbst mitteilt[10] – bei dem bedeutendsten Musikinstrumentenkundler, nämlich bei Curt Sachs, nachgefragt hat, und nachdem ihm dieser den Rat gegeben hatte, den Namen Qín mit dem Wort „Psalterium" zu übersetzen, das Sachs auch im *Real-Lexikon der Musikinstrumente* verwendet.[11] Gulik sagt „The Chinese Lute" und bleibt dabei, weil er das Empfinden hat, daß „Zither" im Abendland ein Volksinstrument ist, das der hohen Würde des Faktums „Qín" nicht gerecht werden kann.

Es ist nicht die Aufgabe dieses Aufsatzes, den Gegensatz zwischen Zither, Laute, Harfe, Dulcimer und so weiter nachzuweisen. Der läßt sich in jedem Fachbuch nachlesen. In jedem Fall jedoch ist daran festzuhalten, daß *Qín* eine Wölbbrettzither ist und keine Laute oder Guitarre oder sonst etwas.

## IV

Und doch sagt der Instrumentenname Qín mehr als nur den instrumentenkundlichen Begriff der Wölbbrettzither. Qín ist Merkzeichen hoher musikalischer, aber auch gesellschaftlicher, philosophischer, musiktheoretischer Würde. Es ist – wie Gulik sagt – „a symbol of literary life".[12] Als Instrument, das musiktheoretischen Überlegungen und Intervallberechnungen dient, reicht sein Wirkungskreis weit über die nur musikalische Praxis hinaus. Hierin ist es mehr als die Geige der abendländischen Musik, als die Kithara der griechischen Antike, als die Kurzhalslaute im arabischen und die Langhalslaute im indischen Kulturkreis. Es reicht nicht aus, charakterisierend zu sagen, Qín sei „occupying in native eyes the position taken by the violin in our own".[13] Wir müssen vielmehr verstehen, daß es sich hier um eine ganz einmalige Erscheinung handelt: „Wir haben in Europa nicht ein einziges Instrument, das auch nur annähernd ein solches Ansehen und eine solche Verehrung genießt, wie in China das K'in."[14] Seine besondere, einmalige Würde und sein Ansehen sind unter anderem auch dadurch gewährleistet und unterstrichen, daß es als das älteste Musikinstrument oder wenigstens als das älteste Chordophon angesehen wird, dessen Entstehung bis auf die Erfindung der sagenhaften Kaiser zurückdatiert wird. Diese Rückdatierung ist natürlich nicht wörtlich zu nehmen. Das Instrument ist viel zu hoch entwickelt, als daß es als unmittelbare Erfindung dieser sagenhaften Zeit glaubhaft sein könnte.[15]

## V

Bei Durchsicht der Literatur ergibt sich aber nun die nicht ausreichend berücksichtigte Beobachtung[16], daß der chinesische Instrumentenname Qín noch eine zweite Bedeutung hat, welche der erstgenannten geradezu entgegengesetzt ist. Ungeachtet der überlieferten Bedeutung als das hochgeachtete klassische Zitherinstrument wird das Wort „Qín" Bestandteil zahlloser unterschiedlicher Instrumentennamen, und zwar merkwürdigerweise gerade von Instrumenten, die im Gegensatz zur Wölbbrettzither in den Bereich des Unterbewerteten gehören: Volksmusikinstrumente im Gegensatz zum Bereich der klassischen Musik, fremde, barbarische Instrumente im Gegensatz zum einheimisch Hochbewerteten und schließlich vielfach spätere Entwicklungen im Gegensatz zu dem Überlieferten. Manche Autoren verwenden zur Unterscheidung der Gegensätze für die klassische Wölbbrettzither den Namen *Gǔqín,* das heißt die „alte Zither".[17]

So muß erkannt werden, daß das Wort „Qín" zwei einander entgegengesetzte Bedeutungen hat. Man hätte vor dieser Beobachtung wohl Vorsicht zu üben, von einem generellen Gegensatz zu sprechen, würde es sich nur um ein oder zwei Sonderbeispiele handeln. Die Vielzahl der übereinstimmenden Fälle jedoch zeigt deutlich, daß dieser Gegensatz generell zu verstehen ist.

Betrachten wir nun im Einzelnen dieses merkwürdige Phänomen, in dem sich immer wieder von neuem erweist, daß bei all diesen Instrumentennamen ein Instrument gemeint ist, das im Vergleich zu den Instrumenten der klassischen Tonkunst etwas Mindergeachtetes darstellt, vornehmlich aus dem barbarischen Ausland eingeführt.

## VI

Zu diesen Instrumenten gehören auch solche, die seit langem in das heimische chinesische Instrumentarium übernommen worden sind, ja selbst in den Bereich der höheren Tonkunst aufgenommen wurden, wie zum Beispiel die Röhrengeigen, die in ihren verschiedenen Abarten in dem Instrumentarium der Oper zusammen mit der Oboe eine führende Rolle spielen. Alle diese Geigen haben in ihren Instrumentennamen das Wort „hú" enthalten, das „tartarisch" bedeutet oder allgemeiner „ausländisch" im verächtlichen Sinne. Wiewohl das Instrument also in die höheren Bereiche der Musik aufgenommen wurde, wird der verächtliche Name „hú" beibehalten. Und – was in unserem Zusammenhang besonders auffällig ist – wir müssen zur Kenntnis nehmen, daß die bekannteste Art dieser Geigeninstrumente den eigentümlichen Namen Húqín trägt, was wie eine contradictio in adjecto wirkt, wenn wir nicht erkennen wollen, daß in den beiden Bedeutungen des Wortes „Qín" ein Widerspruch enthalten ist.

Da ist weiterhin der Name des chinesischen Hackbretts Yángqín, das – wie die meisten Instrumente dieser Art bis hinüber in die Volksmusik der europäischen Völker – unterbewertet ist, mit wenigen Ausnahmen, etwa im Vorderasien der persisch-arabischen Völker, bei denen das Santur zum Konzertinstrument aufgestiegen ist. Yángqín! Eine verachtenswerte, barbarische Zither soll das also bedeuten! Das Wörterbuch übersetzt mit „Schmetterlingsharfe"[18], einem Ausdruck, der einer früheren Form wegen gebraucht wurde (chinesisch Húdiéqín). Eine „Klavierart" wird hinzugefügt, um die Aussage über das verachtenswerte Zitherinstrument noch mehr in das Dunkel der Unklarheit zu stoßen.

Noch ein drittes, längst übernommenes Instrument muß hier erwähnt werden, das den Wortbestandteil „-qín" trägt: Yuèqín, die Mondzither.[19] Das Instrument findet sich wohl vornehmlich in der Volksmusik, manchmal aber auch in der Oper im Verein mit den ebenfalls mindergeachteten Geigen und Oboen. Natürlich ist auch dieses Instrument kein Qín im ursprünglichen Sinne, also keine Zither, sondern eine Kurzhalslaute mit kreisrundem Korpus. Auch dieses Instrument erhält den Namen Qín nicht als eine würdevolle Bezeichnung, sondern in seiner zweiten Bedeutung, die der Würde der Wölbbrettzither entgegengesetzt ist.

## VII

Bei der Übernahme westasiatischer und europäischer, also „barbarischer" Musikinstrumente bedienen sich die Chinesen nur ausnahmsweise westlicher Instrumentennamen. Seltenes Gegenbeispiel ist die orientalische Volksoboe, die bei der Einführung den westlichen Namen Zurna (türkisch-griechisch-südslawisch) oder persisch Sornai mit übernimmt und ihn nur geringfügig verändernd sinifiziert: *Suǒnà*. Die beiden Silben dieses Instrumentennamens haben keinen eigenen Sinn. Sie behalten den Wortklang. Und das Schriftzeichen wird mit einem eigenen Radikal („Mund") versehen, damit es nicht mit einem anderen gleich oder ähnlich klingenden Wort verwechselt werden kann.

Normalerweise ist es demgegenüber üblich, dem aus dem Westen übernommenen Musikinstrument einen neugebildeten Namen zuzuweisen. Dieser Name besteht dann gewöhnlich aus zwei Elementen: Ein Wortelement veranschaulicht das charakteristische Wesen eines Instruments, etwa die Handhabung oder die Funktion, das Material oder die Form. Das zweite Wortelement fixiert das Faktum „Musikinstrument". Und hier nun stoßen wir auf die für unser Thema interessante Beobachtung, daß an der Stelle eines allgemeinen Terminus „Instrument" der Begriff „Qín" gewählt wird, Qín begreiflicherweise nicht als Bezeichnung für die Würde, sondern in seiner zweiten Bedeutung als fremdländisches, wenn nicht gar barbarisches Instrument.

Betrachten wir eine Liste von solchen Begriffen, Instrumentennamen, an denen das Prinzip, das hier beschrieben wurde, sinnfällig werden kann. Die Liste soll bezeugen, daß es sich nicht um eine einzelne Sonderentwicklung handelt, sondern daß es ein ganzes System darstellt. Es muß betont werden, daß diese Liste in keiner Weise komplett sein will oder kann. Weitere Durchsicht der Literatur mag noch mancherlei Beispiele zu Tage fördern.[20] Dabei kann der Eindruck entstehen, daß manche Instrumentennamen gar nicht endgültig eingeführt und sanktioniert worden sind. Sie mögen nicht selten einem momentanen Bedürfnis entsprungen sein. So gilt zum Beispiel der Instrumentenname *Fēngqín* (d.i. Wind-qín) ebensowohl für die Äolsharfe wie für die Orgel.

In der folgenden Liste ist links der entsprechende chinesische Instrumentenname gegeben, in Klammern dazu die wörtliche Bedeutung des zum Namen „Qín" gegebenen Zusatzes. Und rechts schließlich findet sich der deutsche Instrumentenname. Bei der deutschen Übersetzung des Namens ist der chinesische Terminus „qín" belassen. Er ist immer mit dem Hintergedanken an ein europäisches, barbarisches Gerät zu verstehen, als etwas Unwürdiges, das die zweite entgegengesetzte Bedeutung des Wortes „Qín" zum Ausdruck bringen soll. Alle Instrumente, die in dieser ersten Liste aufgeführt werden, sind Chordophone:

## 1. Chordophone

| Húqín | (tartarisches Qín) | Röhrengeige |
|---|---|---|
| Yángqín | (ausländisches Qín) | Hackbrett |
| Húdiéqín | (Schmetterlings-qín) | Hackbrett |
| Yuèqín | (Mond-qín) | Mondguitarre |
| Tíqín | (hochgehaltenes Qín) | Geigenfamilie |
| Xiǎotíqín | (kleines Tíqín | Violine |
| Zhōngtíqín | (mittleres Tíqín) | Bratsche |
| Dàtíqín | (großes Tíqín) | Violoncello |
| Dītíqín | (tiefes Tíqín) | Kontrabaß |
| Gāngqín | (Stahl-qín) | Klavier |
| Xiǎode Gāngqín | (kleines Stahl-qín) | Pianino |
| Fēngqín | (Wind-qín) | Äolsharfe |
| Shīqín | (Gesangs-qín) | Laute |
| Shùqín | (aufrechtes Qín) | Harfe |
| Yǔguǎnjiànqín | (Feder-Rohr-Tasten-qín) | Cembalo |
| Hútíqín | (ausländisches Tíqín) | Viola da gamba |
| Dúxiánqín | (einsaitiges Qín) | Monochord |
| Shuāngqín | (doppeltes Qín) | Langhalslaute |
| Mǎtóuqín | (Pferdekopf-qín) | mongolische Geige |

## VIII

Bei allen fehlerhaften Definitionen des einsilbigen Instrumentennamens Qín als Laute, Leier, Guitarre, Harfe, Dulcimer usw. scheint doch eines eindeutig zu sein, nämlich die Beobachtung, daß Qín ein Chordophon ist, als solches wenigstens steht es im Vordergrund. Bekannteste Träger dieses chinesischen Instrumentennamens sind Röhrengeige, Hackbrett und Mondguitarre. Dementsprechend haben wir in der obigen Instrumentenliste zunächst nur Chordophone berücksichtigt. Diese Gleichung Qín = Chordophon geht aber nicht auf. Wir müssen noch einmal umdenken: Wir hatten für den Instrumentennamen Qín zwei gegensätzliche Bedeutungen festgestellt. Die eine beschränkte sich auf den einsilbigen Namen Qín (bestenfalls mit der würdigenden Bezeichnung gǔ ergänzt, das heißt alte Zither). Qín war die klassische Zither.

Die gegensätzliche Bedeutung umfaßt Instrumentennamen, bei denen das Wort „Qín" (Zither) durch ein ergänzendes Beiwort (zum Beispiel „Stahl") präzisiert wird. Es ist kein traditionelles Instrument mehr, sondern ein fremdländisches, unterbewertetes Instrument.

Aber nun haben wir zusätzlich zu erkennen, daß diese zweite Bedeutung nicht beschränkt ist auf die Instrumentenklasse der Chordophone. Der Name ist vielmehr auch angewendet auf andere Musikinstrumente, fremde, unterbewertete, versteht sich. Wiederum stellen wir, wie oben bei den Chordophonen, eine kurze Liste zusammen, welche Instrumente der anderen Klassen, nämlich der Aerophone und der Idiophone enthält. Sie müssen besonders merkwürdig erscheinen, wenn wir allen bisherigen Überlegungen zum Trotz doch immer noch an das Saiteninstrument denken möchten, wenn wir „Qín" hören:

*2. Aerophone*

| | | |
|---|---|---|
| Guănfēngqín | (Rohr-Wind-qín) | Orgel |
| Fēngqín | (Wind-qín) | Orgel |
| Tŏngqín | (Röhren-qín) | Orgel |
| Kŏufēngqín | (Mund-Wind-qín) | Mundharmonika |
| Shŏufēngqín | (Hand-Wind-qín) | Handharmonika |

*3. Idiophone*

| | | |
|---|---|---|
| Zhōngqín | (Glocken-qín) | Glockenspiel |
| Mùqín | (Holz-qín) | Xylophon |
| Kŏuqín | (Mund-qín) | Maultrommel |
| Yīnqín | (Ton-qín) | Spieldose |

## IX

Eine solche Erscheinung von widersprüchlicher Benennung von Traditionen ebensowohl in der Volksmusik wie in der Tonkunst ist sicher nicht etwas Einmaliges. Ich möchte hier noch eines speziellen Falles gedenken, der unserer Thematik mit dem chinesischen Instrumentennamen Qín ähnelt.

In der Musik der Nevari in Nepal gibt es eine Trommel mit dem Namen Khīṃ. Es läge nahe, schon von diesem Namen her eine sprachliche Brücke entdecken oder wenigstens vermuten zu wollen. Die Nevari-Sprache gehört zu der tibetisch-burmanischen Sprachfamilie.[21] Es läge nahe, bei der Ähnlichkeit der beiden Instrumentennamen eine sprachliche Beziehung zu vermuten. Auf dem Kulturweg zwischen Indien und China gibt es auch sonst gemeinsame Fachausdrücke wie Musikinstrumentennamen. Ich möchte hier trotzdem nicht wagen, diese sprachliche Verwandtschaft von chinesisch Qín und nevari Khīm zu behaupten, und beschränke mich statt dessen auf musikwissenschaftliche Beobachtungen und Fakten.

Daß der Nevari-Instrumentenname nicht wie das chinesische Qín eine Zither, sondern eine Trommel ist, würde freilich kein Hindernis für den Vergleich sein. Auch der Instrumentenname Tympanon-Cimbalom etc. bezieht sich bei vielen Völkern in vielen Ländern mit ihrem unterschiedlichen Instrumentarium wechselweise vor allem auf Chordophone (Hackbrett, Cembalo und dergleichen) und auf Trommeln. Das Instrument der Nevari mit dem Namen Khīm ist jedenfalls eine Trommel. Was aber nun die Sache betreffend auffallen muß, ist folgendes:

a) Das Khīm der Nevari ist unter den vielen verschiedenen Trommeltypen ein heiliges Instrument. Von allen bei den Nevari anzutreffenden Trommel-Typen ist es das am meisten verehrte und gewürdigte Instrument.

b) Das Wort Khīm ist Bestandteil anderer Trommelnamen.

Man sieht hier gleich die Begrenzung der Vergleichbarkeit mit unseren oben abgehandelten Verhältnissen im Fall des chinesischen Qín. Die mit dem Nevari-Wort Khīm benannten Instrumente in Nepal beschränken sich nach meiner Kenntnis auf andere Membranophone. Chordophone, Idiophone und Aerophone mit dem Namensbestandteil -khīm gibt es meines Wissens nicht. Sie sind mir jedenfalls nicht begegnet.

Zum anderen ist es so, daß die mit dem Wortteil Khīm benannten Instrumente nicht wie in unserem chinesischen Fall des Qín das absolute negative Gegenteil meinen, es sei denn, man berücksichtige die Tatsache, daß alle Instrumente nicht der allgemeinen Heiligkeit und Würde des Instruments Khīm entsprechen, die nur das Khīm selbst erreicht.

Betrachten wir den fließenden Gegensatz, ausgehend von dem heiligen Khīm bis hin zu dem Allerweltstrommelinstrument Magakhīm. Dann ergibt sich die folgende Instrumentenliste und die folgende Reihenfolge der Wertschätzung:

1. Heiliges Instrument Khīm.

2. Das Instrument Lalakhīm ist vielleicht mit dem Khīm identisch, obwohl mir etwas Definitives darüber nicht bekannt wurde. Vielleicht ist es nur ein genauerer Hinweis auf das klassische Khīm, um dasselbe von den volkstümlicheren Instrumenten besser abzugrenzen.

3. Kultische Trommeln werden von den verschiedenen Nevari-Kasten bei besonders festlichen Anlässen verwendet. Dazu gehört die merkwürdige Form des Kota, näher bezeichnet als Paimtakhīm oder Pamcatalakhīm, bei dem zwei faßförmige Trommeln kreuzweise übereinandergebunden sind. Dazu gehört weiterhin das Khakhīm, eine faßförmige Trommel, auf der ein Widderhorn befestigt ist.

4. Spezielle Trommeln, die nur einer bestimmten Kaste zugeordnet sind.

Dazu gehören das Damakhīm oder Damokhīm, eine Trommel, die nur
der Nevari-Kaste der Sakkya gehört, und das Nayakhīm der Nay-Kaste
(die dem Instrument auch den Namen verleiht).

5. Die primitivste unter den Trommeln der Nevari, negatives Gegenstück
zum heiligen Khīm: Magakhīm, häufig auch einfach Madal genannt. Es
ist dies wohl zunächst das Instrument der Maga-Kaste, deren Namen
das Instrument angenommen hat. Darüber hinaus ist es das einzige Instrument, das so gut wie keine soziale oder kultische Bindung hat. Es ist
das Instrument, das von allen Leuten, selbst von den Tibetern in ihrem
Schulunterricht oder von der staatlichen Militärkapelle usw. gespielt
werden kann, wenn eine kultisch oder sozial nicht gebundene Gelegenheit gegeben ist.

6. Schließlich haben Instrumente den Namensbestandteil -khīm, die offenbar aus Westasien eingeführt sind und daher wie bei den fremden Instrumenten, die wir in China gesehen haben, eine negative Beurteilung
enthalten und behalten.

Dazu gehört das Dangokhīm, dessen Name für die herkömmliche
Bezeichnung Dholak eingesetzt wurde, eine faßförmige Trommel, die
in Form, Funktion und Name aus dem Westen stammt (so zum Beispiel
in Afghanistan weithin bekannt[22]).

Ein anderes Instrument, das hierher gehört, ist die Tonvasentrom-
mel, ebenfalls in Westasien weithin bekannt, in Nepal allerdings in der
Form etwas stilisiert. Der einheimische Name ist Komcakhīm oder
Phomkhīm.

Vor allem die letzten beiden Kategorien (5 und 6) erinnern in ihrer Veran-
kerung und Einschätzung an das Gegenstück des Instrumentennamens
Qín in China: Völlig im Gegensatz zu der Einschätzung der chinesischen
Wölbbrettzither Qín und dem Nevari-Instrument Khīm sind auch hier die
beiden Gattungen des primitiven Magakhīm/Madal und der westasiatischen Vasentrommel Komcakhīm unterbewertet, obwohl sie den Namensbestandteil erhalten und behalten. Es entspricht dies einer merkwürdigen
Beobachtung, die wir bei Volksüberlieferungen nicht selten machen können. Scheinbar ganz und gar nebensächliche Teile und Elemente der Tradition werden über Generationen und über Kontinente hinweg mit einer eigentümlichen Starrheit mitgenommen – oder mit einer nicht weniger eigentümlichen Leichtigkeit über den Haufen geworfen, so daß sie plötzlich
in einem ganz anderen, oft geradezu entgegengesetzten Umfeld wieder
auftauchen.

## Anmerkungen

1 Die Transkriptionsweise von chinesischen Fachausdrücken, Instrumentennamen usw. ist
in der musikwissenschaftlichen Fachliteratur uneinheitlich. Ich verwende hier das seit 1958
in China eingeführte und auch in Amerika und Europa verwendete offizielle Pinyin-Sy-

stem. Zur schnellen Orientierung nehme man die synoptischen Tafeln bei Irenéus László Legeza, Guide to transliterated Chinese in the modern Peking Dialect I, Leiden 1968. Wir schreiben also z. B. Qín statt ch'in, čin, k'in, kin, tjin u. a.

2 F. Hoerburger, Correspondence between Eastern and Western Folk Epics, in: Journal of the International Folk Music Council 4, 1952, S. 23 ff. – Ders., Westöstliche Entsprechungen im Volksepos, in: Die Musikforschung 5, 1962, S. 354 ff.

3 F. S. Couvreur, Dictionnaire classique de la langue Chinoise, Ho Kien Fou 1911, S. 399.

4 W. Rüdenberg, Chinesisch-deutsches Wörterbuch, Hamburg 1936, S. 521.

5 J. Stangier, Chinesisch-deutsches Taschenwörterbuch, Tsingtao 1941, S. 638.

6 P. A. Debesse, Petit Dictionnaire Chinois-Français, Taichung 1964, S. 145.

7 P. Poletti, A Chinese and English Dictionary, Shanghai 1896, S. 148.

8 M. C. Maciver, A Chinese-English Dictionary, Shanghai 1926, S. 281.

9 R. H. van Gulik, The Lore of the Chinese Lute, Tokyo 1940.

10 Ebenda, S. IX.

11 C. Sachs, Real-Lexikon der Musikinstrumente, Berlin 1913, S. 211.

12 Gulik, a.a.O., S. VII.

13 N. B. Dennys, Short Notes on Chinese Instruments of Music, in: Journal of the Royal Asiatic Society, North China Branch 1875, S. 93-132, hier S. 113.

14 H. Trefzger. Über das K'in, seine Geschichte, seine Technik, seine Notation und seine Philosophie, in: Schweizerische Musikzeitung 88, 1948, Nr. 3, S. 81-87, hier S. 86.

15 K. Reinhard, Chinesische Musik, Eisenach-Kassel 1956, S. 139.

16 Rühmliche Ausnahme bildet z. B. das 1978 in Peking erschienene Chinese-English Dictionary, das auf S. 551 ausdrücklich, wenn auch nicht detailliert die Doppelbedeutung des Wortes Qín angibt: „1. Qín, a general name for certain musical instruments, 2. Qin [NB! ohne Wortton!], a seven-stringed plucked instrument in some ways similar to the zither."

17 Tsai-ping Liang, Chinese Musical Instruments and Pictures, (Taipei) 1970, S. 43. – Chinese-English Dictionary, a.a.O., S. 242 – Chinesisch-Deutsches Wörterbuch, Hongkong 1972, S. 193. Hier ist Gǔqín übersetzt als „alte chinesische Harfe" (!).

18 Chinesisch-Deutsches Wörterbuch, a.a.O., S. 675.

19 Liang, a.a.O., S. 51.

20 Weitere Instrumentennamen mit dem Zusatz -qín finden sich vor allem bei M. Courant, Chine et Corée, in: A. Lavignac, Encyclopédie de la Musique, Paris 1912, oder in dem 1970 anonym in Hongkong unter dem Titel *The Terms of Music* herausgegebenen kleinen Wörterbuch der (europäischen) Musik.

21 F. Hoerburger, Studien zur Musik in Nepal, Regensburg 1975, S. 47 ff.

22 F. Hoerburger, Volksmusik in Afghanistan, Regensburg 1969, S. 29 ff.

# Schriftenverzeichnis Felix Hoerburger

## A. Wissenschaftliche Arbeiten

Sternchen nach der Ordnungsnummer (zum Beispiel 17*) kennzeichnen die im vorliegenden Band wiederveröffentlichten Schriften; sie weisen damit gleichzeitig den Ort des Erstdrucks nach.

## I. Bücher

1 Musik aus Ungoni (Ostafrika), Diss. München 1941, maschr.

2 Katalog der europäischen Volksmusik im Schallarchiv des Instituts für Musikforschung Regensburg (= Schallarchiv, Serie C, Band 3 = Quellen und Forschungen zur musikalischen Folklore, Band 1), Regensburg 1952.

3 Der Tanz mit der Trommel (= Quellen und Forschungen zur musikalischen Folklore, Band 2), Regensburg 1954.

4 Beiträge zur Aufnahmetechnik und Katalogisierung von Volksgut (= Kleine Beiträge zur Volkskunstforschung, Heft 2), Leipzig 1956 (zusammen mit Alfred Fiedler).

5 Die Zwiefachen. Gestaltung und Umgestaltung der Tanzmelodien im nördlichen Altbayern (= Veröffentlichungen des Instituts für deutsche Volkskunde der Deutschen Akademie der Wissenschaften zu Berlin, Band 9), Berlin 1956.

6 Deutsch-slawische Wechselbeziehungen im Volkstanz (= Kleine Beiträge zur Volkskunstforschung, Heft 3), Leipzig 1956 (zusammen mit Jan Raupp).

7 Der Gesellschaftstanz. Wesen und Werden (= Mensch und Tanz. Eine Schriftenreihe, Heft 2), Kassel 1960.

8 Volkstanzkunde. Probleme der systematischen Beobachtung, Sammlung, Ordnung und Erforschung von Volkstänzen, 2 Bände (= Mensch und Tanz, Hefte 3 und 4), Kassel 1961 und 1964.

9 Tanz und Tanzmusik der Albaner Jugoslawiens unter besonderer Berücksichtigung der Musik auf Schalmei und Trommel, Habil. Schr. Erlangen 1963, maschr.

10 Musica vulgaris. Lebensgesetze der instrumentalen Volksmusik (= Erlanger Forschungen, Reihe A, Band 19), Erlangen 1966.

11 Volksmusik in Afghanistan nebst einem Exkurs über Qor'ân-Rezitation und Thora-Kantillation in Kabul (= Regensburger Beiträge zur musikalischen Volks- und Völkerkunde, Band 1), Regensburg 1969.

12 Studien zur Musik in Nepal (= Regensburger Beiträge zur musikalischen Volks- und Völkerkunde, Band 2), Regensburg 1975.

## II. Editionen

1 Die heiligen drei Könige (Liedaufzeichnung aus Niederbayern)
   In: Der Zwiebelturm 5, 1950, S. 14.

2 Hans von der Au, Deutsche Volkstänze aus der Dobrudscha (= Quellen und Forschungen
   zur musikalischen Folklore, Band 3), Regensburg 1955.

3 Kurt Huber, Volkslied und Volkstanz. Aufsätze zur Volkskunde des bajuwarischen Rau-
   mes, Ettal 1959 (zusammen mit Cl. Huber und O.A.v. Müller).

4 Klare, klare Seide. Überlieferte Kindertänze aus dem deutschen Sprachraum, Kassel/Basel
   1962, [5]1982 (zusammen mit Helmut Segler).

5 Regensburger Beiträge zur musikalischen Volks- und Völkerkunde, Regensburg 1969 ff. (2
   Bände).

6 Achttaktige Ländler aus Bayern (= Musikalische Volkstradition in Bayern, Reihe I, Band
   1), Regensburg 1977.

7 „Weine, meine Laute…". Gedenkschrift Kurt Reinhard, Laaber 1984 (zusammen mit
   Christian Ahrens und Rudolf Maria Brandl).

## III. Aufsätze

1 Rupertiwinkler Bauernsingen
   In: Der Zwiebelturm 3, 1948, S. 120.

2 Über altbayerische Schnadahüpflweisen
   In: Der Zwiebelturm 3, 1948, S. 132-134.

3 „Frohlocket im Himmel, frohlocket auf Erd". Versuch der Rekonstruktion der ursprünglichen Melodie
   In: Der Zwiebelturm 3, 1948, S. 239 und 259-260.

4 Zum Problem des Umsingens von Volksliedmelodien
   In: Kongreßbericht Lüneburg 1950, Kassel o.J., S. 181-183.

5 Institut für Musikforschung, Regensburg
   In: Journal of the International Folk Music Council 2, 1950, S. 60.

6 Städtische Musikinstrumentensammlung, München
   In: Journal of the International Folk Music Council 3, 1951, S. 115.

7 Volksmusik in der Oberpfalz
   In: Der Egerländer 2, 1951, S. 135.

8 Konferenz des International Folk Music Council in Opatija (1951)
   In: Die Musikforschung 5, 1952, S. 54-55.

9 Westöstliche Entsprechungen im Volksepos
   In: Die Musikforschung 5, 1952, S. 354-361.

10 Correspondence between Eastern and Western Folk Epics
   In: Journal of the International Folk Music Council 4, 1952, S. 23-26.

11 Verbreitung, Wanderung und Typen der nordbayerischen „Zwiefachen"
   In: Bericht über den Allgemeinen volkskundlichen Kongreß in Jugenheim 1951, Stuttgart 1952, S. 35-36.

12   Die gegenwärtige Situation der folkloristischen Schallaufnahme
     In: Bericht über den Allgemeinen volkskundlichen Kongreß in Jugenheim 1951, Stutt-
        gart 1952, S. 88-89.

13   Bavarian Folk Dances with Changing Measures
     In: Rosin the Bow 4, 1952, No. 6, S. 5-7.

14   Narodni Festival in Opatija. Echte Volksmusik im Südosten Europas
     In: Das Musikleben 5, 1952, S. 58-59.

15   Zwiefache in der Oberpfalz
     In: Der Zwiebelturm 8, 1953, S. 58-60.

16   Vom Institut für Musikforschung in Regensburg
     In: Musica 7, 1953, S. 468.

17*  Tanz „gegen" Musik
     In: Musica 7, 1953, S. 510-513.

18   Waffentänze der Türken
     In: Forschungen und Fortschritte 28, 1954, S. 185-188.

19   Davulun Tunus'ta kullanilişi [Die große Trommel in Tunesien]
     In: Türk Yurdu 1954, S. 376-378 (in türkischer Sprache).

20   Schnaderhüpfl – auf türkisch
     In: Der Zwiebelturm 9, 1954, S. 101-102.

21   Vom Tanzen um den Maibaum
     In: Der Zwiebelturm 9, 1954, S. 126-127.

22   Das Volkstanzarchiv in Regensburg
     In: Das Tanzarchiv 2, 1954/55, S. 10-11 und 13.

23*  Schwert und Trommel als Tanzgeräte
     In: Deutsches Jahrbuch für Volkskunde 1, 1955, S. 240-245.

24   Tunesische Volksmusik
     In: Musica 9, 1955, S. 59-62.

25   Bruno Stäblein 60 Jahre
     In: Musica 9, 1955, S. 232-233.

26   Internationales Volksmusikfest in Oslo
     In: Musica 9, 1955, S. 458-460.

27   Volkstanz und Volksmusik. Internationales Treffen in Oslo
     In: Zeitschrift für Musik 116, 1955, S. 493-494.

28   Trommeln und Schalmeien – tönende Wahrzeichen des zentralen Balkan
     In: Die Harmonika 1955, S. 172.

29   Lieder der Völker. Jugoslawien
     In: Schulfunk, Radio Bremen, 7. Jahrgang, 15. August bis 22. Oktober 1955, S. 25-26.

30   Einiges von den „Zwiefachen" – und eine Rundfrage
     In: Oberpfälzische Rundschau. Beilage zu Die Oberpfalz, 1955, S. 52 und 54.

31   Spanltanz und Wechselhupf. Bairische oder europäische Volkstänze?
     In: Der Zwiebelturm 11, 1956, S. 156-157.

32   Wechselhupf – Schustertanz – Klatschtanz – Winker. Ein Beitrag zur systematischen

Ordnung von Volkstänzen
In: A. Fiedler/F. Hoerburger, Beiträge zur Aufnahmetechnik und Katalogisierung von Volksgut, Leipzig 1956, S. 16-39.

33   Nachruf auf Hans von der Au
In: Deutsches Jahrbuch für Volkskunde 2, 1956, S. 256-257.

34   Deutsch-slawische Wechselbeziehungen im Volkstanz
In: Volkskunst. Monatsschrift für das künstlerische Volksschaffen 5, 1956, Heft 7, S. 11-13.

35*  Einiges über die Zwiefachen in Bayern
In: Volkskunst 5, 1956, Heft 12, S. 11-13, und 6, 1957, Heft 1, S. 14-15 und 19.

36   Über die Zwiefachen in Bayern
In: Deutsche Volkskunde 1956, Heft 6, S. 2-3, und 1957, Heft 2, S. 5-6.

37   Tanz mit der Trommel
In: Das Tanzarchiv 4, 1956/57, S. 90-91.

38   Cercetarea dansului popular in Germania şi Austria [Volkstanzforschung in Deutschland und Österreich]
In: Revista de folklor 2, 1957, Nr. 3, S. 109-111 (in rumänischer Sprache).

39   Tönendes Holz
In: Die BASF. Aus der Arbeit der Badischen Anilin & Soda-Fabrik AG. 7, 1957, S. 222-227 (unter dem Pseudonym Georg Neuner).

40   Die Volkstänze in Europa und der Plan eines umfassenden Handbuches
In: Tradition und Gegenwart. Festschrift zum 150jährigen Bestehen des Musikverlages Friedrich Hofmeister, Leipzig 1957, S. 62-67.

41   Der Schuhplattler
In: Der Zwiebelturm 12, 1957, S. 77-79.

42   Ludwig Berberich 75 Jahre
In: Der Zwiebelturm 12, 1957, S. 204.

43   Zum Münchener Schäfflertanz
In: Bayerisches Jahrbuch für Volkskunde 1958, S. 105-110.

44   Crnogorsko kolo. Von Montenegrinischen Volkstänzen
In: Pro Musica 1958, Heft 1, S. 6-8.

45   Dance Notation and Folk Dance Research
In: Journal of the International Folk Music Council 10, 1958, S. 62-63.

46*  Wechselbeziehungen im Volkstanz der slawischen und germanischen Völker
In: Treći Kongres Folklorista Jugoslavije 1956, Cetinje 1958, S. 297-302.

47   Tagung der Volkstanzforscher
In: Musica 12, 1958, S. 56.

48   Volkstänze – geschrieben
In: Musica 12, 1958, S. 177-178.

49   Volksmusik und Volkstanz
In: Musica 12, 1958, S. 627-628.

50*  Tanz und Musik
In: Kontakte. Zeitschrift für musisches Leben in der Jugend 1958, S. 27-30.

51 Kinetografio kaj dancesploro [Kinetographie und Volkstanzforschung]
   In: Norda Prismo 1958/2, S. 81-83 (in Esperanto).

52 The Study of Folk Dance and the Need for a Uniform Method of Notation
   In: Journal of the International Folk Music Council 11, 1959, S. 71-73.

53 Musik und Tanz
   In: Hausmusik 23, 1959, S. 126-130.

54* Ustensile și instrumente muzicale în orient [Tanzgeräte und Musikinstrumente im orientalischen Volkstanz]
   In: Revista de folklor 4, 1959, Nr. 1-2, S. 253-260 (in rumänischer Sprache mit Zusammenfassung in russischer und englischer Sprache).

55 Tagung der Volkstanzforscher
   In: Musica 13, 1959, S. 65-66.

56 Mehrstimmigkeitsformen auf dem Balkan
   In: Musica 13, 1959, S. 196-198.

57 Mensch - Musikinstrument - Musik
   In: Musik und Altar 11, 1958/59, S. 172-180.

58 Tanzmusik
   In: Kontakte 1959, S. 78-82.

59 Sinn und Weg der Volkstanzkunde
   In: Kontakte 1959, S. 132-136.

60 Auf der Spur des albanischen Volkstanzes
   In: Kontakte 1960, S. 120-122.

61 On Relationships between Music and Movement in Folk Dancing
   In: Journal of the International Folk Music Council 12, 1960, S. 70.

62* Das Bilddokument und die Tanzfolklore
   In: Zwischen Kunstgeschichte und Volkskunde. Festschrift für Wilhelm Fränger (= Deutsches Jahrbuch für Volkskunde, Band 6), Berlin 1960, S. 127-134.

63 Griechische und albanische Volksmusik
   In: Musica 14, 1960, S. 113-114.

64 International Folk Music Council. Tagung in Kanada
   In: Musica 15, 1961, S. 695-697.

65 Kiem Pauli
   In: Der Zwiebelturm 16, 1961, S. 49-51.

66 Der Tanz – heute und gestern
   In: Zeitwende. Die Neue Furche 32, 1961, S. 683-689.

67 Freiheit und Zügellosigkeit
   In: Kontakte 1961, S. 243-245.

68 Im internationalen Wettbewerb gewonnen!
   In: Sänger- und Musikantenzeitung 4, 1961, S. 94-95.

69 Erzählliedsingen bei den Albanern des Has-Gebietes (Metohija)
   In: Zbornik za narodní život i običaje, južnih slavena 40, Zagreb 1962, S. 193-201.

70 Vom Tanz in unserer Zeit
   In: Katechetische Blätter 87, 1962, S. 77-82.

71   Proposals for the Work of the IFMC Dance Commission
     In: Journal of the International Folk Music Council 14, 1962, S. 161-162.

72   Gesellschaftstänze der Renaissance und des Barock. Zur Veranstaltung bei den Festlichen Tagen in Berlin
     In: Kontakte 1962, S. 263-265.

73   Volkstanzfeste in West und Ost
     In: Kontakte 1962, S. 268-269.

74   Spurenelemente freier Musizierkunst
     In: Bayerisches Jahrbuch für Volkskunde 1963, S. 217-219.
     In: Volksmusik in Bayern. Aufsätze zur Volksmusikforschung und -pflege 1912-1977,
        München 1978, S. 217-219.

75   Der Volkstanz im internationalen Gespräch. Gedanken zur 16. Jahreskonferenz des
     IFMC in Jerusalem
     In: Kontakte 1963, S. 297-300.

76   Erklärung zum Kinetogramm „Einfacher Dreher"
     In: Kontakte 1964, S. 83-86.

77   Musikalische Schreibkunst. Triebkräfte ihrer Entstehung und Entwicklung
     In: Kontakte 1964, S. 153-158.

78*  Gestalt und Gestaltung im Volkstanz
     In: Studia musicologica 6, 1964, S. 311-316.

79   Haphazard Assembly as a Pre-Musical Form of Polyphony
     In: Journal of the International Folk Music Council 16, 1964, S. 50.

80   Zufälligkeitsbildungen als vormusikalische Form der Polyphonie
     In: Jahrbuch für Volksliedforschung 10, 1965, S. 125-127.

81   Folk Dance Survey
     In: Journal of the International Folk Music Council 17, 1965, S. 7-8.

82*  Dance and Dance Music of the Sixteenth Century and their Relations to Folk Dance and
     Folk Music
     In: Studia musicologica 7, 1965, S. 79-83.

83   Die Lage der Volksmusikforschung in den deutschsprachigen Ländern. Ein Bericht
     über die Lage 1945 bis 1964
     In: Acta Musicologica 37, 1965, I-II, S. 1-19 (zusammen mit Wolfgang Suppan).

84   Zum Thema: Improvisation im Volkstanz
     In: Kontakte 1965, S. 81-82.

85   Volkstanzmusik
     In: Kontakte 1965, S. 82-84.

86   Die „Bauernheftl"
     In: Sänger- und Musikantenzeitung 8, 1965, S. 47-49.

87*  Die handschriftlichen Notenbücher der bayerischen Bauernmusikanten
     In: Zum 70. Geburtstag von Joseph Müller-Blattau (= Saarbrücker Studien zur Musik-
        wissenschaft, Band 1), Kassel 1966, S. 122-128.

88*  Beobachtungen zum Volkstanz in Nordgriechenland
     In: Zeitschrift für Volkskunde 62, 1966, S. 43-66.

89 Musikalische Volkskunde
In: Studium Generale 19, 1966, S. 43-50.

90* Gleichbleibende Zeilenschlüsse als formbildendes Prinzip in der instrumentalen Volksmusik
In: Festschrift Bruno Stäblein zum 70. Geburtstag, Kassel 1967, S. 101-108.

91 Orientalische Elemente in Volkstanz und Volkstanzmusik Nordgriechenlands
In: Jahrbuch für musikalische Volks- und Völkerkunde 3, 1967, S. 96-104.

92 Oriental Elements in the Folk Dance and Folk Dance Music of Greek Makedonia
In: Journal of the International Folk Music Council 19, 1967, S. 71-75.

93* Auf dem Weg zur Großform. Beobachtungen zur instrumentalen Volksmusik der südlichen Balkanvölker
In: Festschrift für Walter Wiora zum 30. Dezember 1966, Kassel 1967, S. 615-622.

94 Folklore – Volksmusik. Verwirrung der Begriffe
In: Musik und Altar 20, 1968, S. 70-77.

95 Once again: On the Concept of „Folk Dance"
In: Journal of the International Folk Music Council 20, 1968, S. 30-32.

96 Supplementary Jingling in the Instrumental Folk Music of Afghanistan
In: Journal of the International Folk Music Council 20, 1968, S. 51-54.

97* Die Musik bei Bauernhochzeiten des südlichen Balkan
In: Volkskunde und Volkskultur. Festschrift für Richard Wolfram zum 65. Geburtstag (= Veröffentlichungen des Instituts für Volkskunde der Universität Wien, Band 2), Wien 1968, S. 148-158.

98 Elementare Vorformen der Mehrstimmigkeit
In: Jahrbuch des Orff-Instituts Salzburg 3, 1964-68, S. 191-199.

99 Zur Begriffsbestimmung von Volksmusik, Volkslied, Volkstanz
In: Schönere Heimat 57, 1968, S. 279-281.
In: Volksmusik in Bayern. Aufsätze zur Volksmusikforschung und -pflege 1912-1977, München 1978, S. 1-3.

100 Liebhaber- und Berufsmusikanten
In: Allgemeine Volksmusik-Zeitung 18, 1968, S. 121-122.

101* Stilschichten der Musik in Afghanistan und ihre gegenseitige Durchdringung
In: Musik als Gestalt und Erlebnis. Festschrift Walter Graf zum 65. Geburtstag, Wien 1970, S. 92-101.

102 Folk Music in the Caste System of Nepal
In: Yearbook of the International Folk Music Council 2, 1970, S. 142-147.

103* Was ist Volksmusik?
In: Heutige Probleme der Volksmusik. Bericht über ein internationales Seminar der Deutschen UNESCO-Kommission Köln, Pullach/München 1973, S. 11-26.
In: Schönere Heimat 62, 1973, S. 431-438.
In: Volksmusik in Bayern. Aufsätze zur Volksmusikforschung und -pflege 1912-1977, München 1978, S. 15-22.

104* Langhalslauten in Afghanistan
In: Perspectives on Asian Music. Essays in Honor of Dr. Laurence E. R. Picken (= Asian Music 6), 1975, S. 28-37.

105  Vokales und instrumentales Musizieren
     In:R.W.Brednich/L.Röhrich/W.Suppan (Hrsg.), Handbuch des Volksliedes. Band 2:
       Historisches und Systematisches – Interethnische Beziehungen – Musikethnologie,
       München 1975, S. 669-680.

106  Gebetsruf und Qor'ân-Rezitation in Kathmandu (Nepal)
     In:[Beiträge zur Musik des Vorderen Orients und ihren Einflußbereichen. Festschrift
       für Kurt Reinhard zum 60. Geburtstag] (= Baessler-Archiv, Neue Folge 23), 1975,
       S. 121-137.

107* Die Zournâs-Musik in Griechenland. Verbreitung und Erhaltungszustand
     In: Studien zur Musik Südost-Europas (= Beiträge zur Ethnomusikologie, Band 4),
       Hamburg 1976, S. 28-48.

108* Instrumentales Melodienrepertoire in der Oberpfälzer Volksmusik
     In: H. Beck (Hrsg.), Oberpfälzer Dokumente der Musikgeschichte (= Regensburger
       Beiträge zur Musikwissenschaft, Band 1), Regensburg 1976, S. 107-127.

109  Die instrumentale Volksmusik in Bayern im Spiegel der handschriftlichen Notenbücher
     In: Volksmusikforschung und -pflege in Bayern. Erstes Seminar. Bericht, München
       1980, S. 15-18.

110  Der Landler als instrumentale Form der Volksmusik in Bayern
     In: Volksmusikforschung und -pflege in Bayern. Erstes Seminar. Bericht, München
       1980, S. 65-66.

111  Vorwort
     In: Th. Emmerig, Studio- und Liveaufnahme in der musikethnologischen Sammelme-
       thode, dargestellt an Musik auf Sornai und Dhol in Afghanistan, Laaber 1980, S. 5.

112* Bordunbildungen in der Volksmusik Griechenlands
     In: Der Bordun in der europäischen Volksmusik. Bericht über das 2. Seminar für euro-
       päische Musikethnologie, St. Pölten 1973 (= Schriften zur Volksmusik, Band 5),
       Wien 1981, S. 129-140.

113  Über einige Briefe von Richard Strauss an Franz Carl Hörburger
     In: Gedenkschrift Hermann Beck, Laaber 1982, S. 201-208.

114* Über den chinesischen Instrumentennamen „Qín"
     In: „Weine, meine Laute…". Gedenkschrift Kurt Reinhard, Laaber 1984, S. 159-
       170.


## IV. Lexikographische Arbeiten

1*  Ländler
    In: Die Musik in Geschichte und Gegenwart, Band 8, 1960, Sp. 55-59.

2   Polka
    In: Die Musik in Geschichte und Gegenwart, Band 10, 1962, Sp. 1417-1419.

3   Polonaise
    In: Die Musik in Geschichte und Gegenwart, Band 10, 1962, Sp. 1427-1429 (mit M. So-
      bieski).

4   Refrain. C. Der Refrain in der Volksmusik
    In: Die Musik in Geschichte und Gegenwart, Band 11, 1963, Sp. 108-109.

5  Germany
   In: K. Vetterl, A Select Bibliography of European Folk Music, Prague 1966 (zusammen
   mit W. Suppan).

6* Volksgesang, Volksmusik und Volkstanz. C. Instrumentale Volksmusik
   In: Die Musik in Geschichte und Gegenwart, Band 13, 1966, Sp. 1932-1939.

7* Volksgesang, Volksmusik und Volkstanz. E. Volkstanz
   In: Die Musik in Geschichte und Gegenwart, Band 13, 1966, Sp. 1947-1956.

8  Hoerburger, Felix
   In: Die Musik in Geschichte und Gegenwart, Band 16, 1979, Sp. 710-711.

## V. Rezensionen

1  Luiz Heitor Corrêa de Azevedo, A Musica Brasileira e seus Fundamentos – Brief History
   of Music in Brazil, Washington 1948
   In: Die Musikforschung 2, 1949, S. 258-260.

2  Walter Wiora, Zur Frühgeschichte der Musik in den Alpenländern (= Schriften der
   Schweizerischen Gesellschaft für Volkskunde, Band 32)
   In: Die Musikforschung 3, 1950, S. 323-326.

3  Walter Wiora, Alpenländische Liedweisen der Frühzeit und des Mittelalters im Lichte vergleichender Forschung. In: Angebinde. John Meier zum 85. Geburtstag am 14. Juni 1949
   dargeboten, S. 169-198
   In: Die Musikforschung 3, 1950, S. 323-326.

4  Walter Wiora, Der geistliche Volksgesang der Rätoromanen. Bemerkungen zur neuen
   Gesamtausgabe. In: Archiv für Literatur und Volksdichtung, Sonderdruck aus dem 1.
   Band, 1949, S. 255-268
   In: Die Musikforschung 3, 1950, S. 323-326.

5  Hugh T. Tracey, Ngoma. An Introduction to Music for Southern Africans, London-Cape
   Town-New York 1948
   In: Die Musikforschung 4, 1951, S. 80-81.

6  Cesar Bresgen, Fein sein, beinander bleiben. Alpenländische Volkslieder aus Österreich,
   Salzburg 1947
   In: Der Zwiebelturm 6, 1951, S. 24.

7  Kurt Huber/Ludwig Simbeck, Niederbairisches Liederbuch, München (o.J.)
   In: Der Zwiebelturm 6, 1951, Heft 8, Umschlagseite 2.

8  Kurt Reinhard, Die Musik exotischer Völker, Berlin 1951
   In: Die Musikforschung 5, 1952, S. 387-388.

9  Marius Schneider, La danza de espadas y la tarantela, Barcelona 1948
   In: Die Musikforschung 6, 1953, S. 60-62.

10 Volksliederenbundel, in Opdracht van den Regering samengesteld door Prof. Dr. A. Smij-
   ers, Dr. E. Bruning OFM, Sem Dresden, Henri Geraedts, Mevr. M. C. Grimberg-Huyser,
   Mr. Jaap Kunst, Utrecht 1952
   In: Die Musikforschung 6, 1953, S. 188.

11 H. Lausberg, Romanische Volkslieder für gemischten Chor oder Gesang mit Klavierbe-
   gleitung, Halle 1952
   In: Die Musikforschung 6, 1953, S. 188.

12  Zygmunt Estreicher, Die Musik der Eskimos, Sonderdruck aus Anthropos 45, 1950, S. 659
    ff.
    In: Die Musikforschung 6, 1953, S. 400-401.

13  P. Hermann Zwinge, Lieder der Qunantuna-Jugend auf Neubritannien, Sonderdruck aus
    Anthropos 46, 1951, S. 399 ff.
    In: Die Musikforschung 6, 1953, S. 402-403.

14  Anuario Musical Vol. III und IV, Barcelona 1948 und 1949
    In: Die Musikforschung 7, 1954, S. 239-241.

15  Cancionero Popular de la Provincia de Madrid. Vol. I: Materiales recogidos por Manuel
    Garcia Matos. Edicion critica por Marius Schneider y José Rameu Figueras, Barcelona/
    Madrid 1951
    In: Die Musikforschung 7, 1954, S. 383.

16  Kiem Pauli, Oberbayerische Volkslieder, München 1954
    In: Der Zwiebelturm 9, 1954, S. 26.

17  Max Böhm, Fränkische Volkslieder, München (o.J.)
    In: Der Zwiebelturm 9, 1954, S. 252-253.

18  Yuri Arbatsky, Beating the Tupan in the Central Balkans, Chicago 1953
    In: Die Musikforschung 8, 1955, S. 372-374.

19  Walter G. Nau, A Triptych from the Arbatsky Collection at the Newberry Library, Chi-
    cago
    In: Die Musikforschung 8, 1955, S. 372-374.

20  Das Volkslied in Altbayern und seine Sänger. Ein Geburtstagsbuch für den Kiem Pauli,
    herausgegeben von Anette Thoma, München 1952
    In: Deutsches Jahrbuch für Volkskunde 1, 1955, S. 460-462.

21  Hans von der Au, Heit is Kerb in unserm Dorf. Tänze rechts und links der Saar, Kassel/Ba-
    sel 1954
    In: Deutsches Jahrbuch für Volkskunde 2, 1956, S. 422-424.

22  Hans Seidl, Oberpfälzer Volkslieder, München 1957
    In: Der Zwiebelturm 12, 1957, Heft 8, Umschlagseite 2.

23  Hans Seidl, Gesungene Zwiefache aus der Oberpfalz, München 1957
    In: Der Zwiebelturm 12, 1957, Heft 8, Umschlagseite 2.

24  Walter Graf, Die Tanzschrift als wissenschaftliches Hilfsmittel. In: Mitteilungen der An-
    thropologischen Gesellschaft in Wien 84-85, 1955, S. 83-91
    In: Journal of the International Folk Music Council 10, 1958, S. 103.

25  Walter Graf, Musikethnologie und Quellenkritik. In: Die Wiener Schule der Völker-
    kunde. Festschrift zum 25jährigen Bestand 1929-1954, S. 111-124
    In: Journal of the International Folk Music Council 10, 1958, S. 103.

26  Walter Graf, Musikethnologische Notizen zum Orpheus von Enns-Larch. In: Anthropos
    51, 1956, S. 735-741
    In: Journal of the International Folk Music Council 10, 1958, S. 103.

27  Margaret Dean-Smith, Art. „Hornpipe", „Jig". In: Die Musik in Geschichte und Gegen-
    wart, Band 6, Sp. 756 ff., und Band 7, Sp. 46 ff.
    In: Journal of the International Folk Music Council 11, 1959, S. 124.

28  M. L. Solari, Notacion de la danza. In: Revista Musical Chilena 58, 1958, S. 42 ff.

In: Journal of the International Folk Music Council 11, 1959, S. 124.

29 Tanz und Brauch. Aus der musikalischen Volksüberlieferung Kärntens, Klagenfurt 1959
In: Zeitschrift für Volkskunde 56, 1960, S. 275-276.

30 H. Lager/H. Derschmidt, Österreichische Tänze, Wien/München 1959
In: Zeitschrift für Volkskunde 56, 1960, S. 275.

31 Raimund Zoder, Österreichische Volkstänze, Neue Ausgabe I, Wien ²1958, III, Wien 1955
In: Zeitschrift für Volkskunde 56, 1960, S. 274-275.

32 Albrecht Knust, Handbook of Kinetography Laban, Hamburg 1958
In: Journal of the International Folk Music Council 12, 1960, S. 101.

33 Anna Helms-Blasche, Bunte Tänze wie sie suchten und fanden, Leipzig 1957
In: Journal of the International Folk Music Council 12, 1960, S. 102.

34 Gertrude Prokosch Kurath, Panorama of Dance Ethnology. In: Current Anthropology 1, 1960, S. 233-254.
In: Journal of the International Folk Music Council 13, 1961, S. 138-139.

35 Gertrude Prokosch Kurath, Notation for Dance Ethnology. In: Dance Notation Record 10, 1959, S. 2-7
In: Journal of the International Folk Music Council 13, 1961, S. 138-139.

36 Franz Palm, Tänze aus Amerika, Regensburg 1961
In: Musica 1962, Heft 1, Practica-Bericht S. 20.

37 Franz Koschier, Lebendiger Volkstanz, zeitgemäße Volkstanzpflege (= Kärntner Hei-matleben, herausgegeben vom Landesmuseum für Kärnten, Heft 1), Klagenfurt 1959
In: Zeitschrift für Volkskunde 58, 1962, S. 164.

38 Foreningen til Folkedansens Fremme, Beretning om 12. Femaar 1956-61
In: Journal of the International Folk Music Council 14, 1962, S. 119.

39 The Journal of the English Folk Dance and Song Society 9, 1960
In: Journal of the International Folk Music Council 14, 1962, S. 122.

40 Heimatleben. Zeitschrift für Trachtenkunde und Volksbräuche 33, 1960, und 34, 1961
In: Journal of the International Folk Music Council 14, 1962, S. 126-127.

41 J.D.Robb, The Matachines Dance, a Ritual Folk Dance. In: Western Folklore 20, 1961, S. 87-101
In: Journal of the International Folk Music Council 14, 1962, S. 139.

42 Danses populaires de Wallonie. Rose Thisse-Derouette. (Ministère de l'education Natio-nal et de la Culture, Commission Royale Belge de Folklore, 1962)
In: Journal of the International Folk Music Council 15, 1963, S. 109-110.

43 Violet Alford, Sword Dance and Drama, London 1962
In: Deutsches Jahrbuch für Volkskunde 10, 1964, S. 200-201.

44 Milica Ilijin, Narodna orska umetnost u oblasti Titovog Užica. In: Rad. VIII. Kongress Sa-veza Folkloriste Jugoslavije 1961, Belgrad 1962, S. 107-115
In: Journal of the International Folk Music Council 16, 1964, S. 159.

45 Milica Ilijin/Olivera Mladenović, Narodne igre u okolini Beograda. In: Zbornik radova Etnografskog Instítuta, Belgrad 1962, S. 166-218
In: Journal of the International Folk Music Council 16, 1964, S. 159.

46  Doris Stockmann, Der Volksgesang in der Altmark von der Mitte des 19. Jahrhunderts bis zur Mitte des 20. Jahrhunderts, Berlin 1962
    In: Bayerisches Jahrbuch für Volkskunde 1964/65, S. 132.

47  Ivan Ivančan, Istarski Narodni Plesovi, Zagreb 1963
    In: Journal of the International Folk Music Council 17, 1965, S. 31.

48  Kurt Petermann, Tanz und Jugend. In: Jahrbuch des Instituts für Volkskunstforschung 1963, S. 80-93
    In: Journal of the International Folk Music Council 17, 1965, S. 72.

49  Ein wichtiges Jahrbuch [Jahrbuch für musikalische Volks- und Völkerkunde]
    In: Musica 20, 1966, S. 301.

50  H. Fischer, Volkslied – Schlager – Evergreen, Tübingen 1965
    In: Bayerisches Jahrbuch für Volkskunde 1966/67, S. 264-265.

51  K.V. Riedel, Der Bänkelsang. Wesen und Funktion einer volkstümlichen Kunst, Hamburg 1963
    In: Bayerisches Jahrbuch für Volkskunde 1966/67, S. 265.

52  Wolfgang Suppan, Volkslied. Seine Sammlung und Erforschung, Stuttgart 1966
    In: Die Musikforschung 21, 1968, S. 517-518.

53  Aenne Goldschmidt, Handbuch des deutschen Volkstanzes. Systematische Darstellung der gebräuchlichsten deutschen Volkstänze, 3 Bände, Berlin 1967
    In: Deutsches Jahrbuch für Volkskunde 15, 1969, S. 229-231.

54  Jahrbuch für Volksliedforschung. Im Auftrag des Deutschen Volksliedarchivs herausgegeben von Rolf Wilhelm Brednich, 11. Jahrgang, Berlin 1966
    In: Musica 23, 1969, S. 610.

55  Sabine Schutte, Der Ländler. Untersuchungen zur musikalischen Struktur ungeradtaktiger österreichischer Volkstänze, Strasbourg/Baden-Baden 1970
    In: Die Musikforschung 28, 1975, S. 229-230.

56  Joan Rimmer, Two Dance Collections from Friesland and their Scotch, English and Continental Connections, Grins 1978
    In: Jahrbuch für musikalische Volks- und Völkerkunde 10, 1982, S. 106-107.

57  Hans Oesch, Außereuropäische Musik (Teil 1), Band 8 des Neuen Handbuches der Musikwissenschaft
    In: Zeitschrift für Musikpädagogik 10, 1985, Heft 29, S. 81-82.

## VI. Schallplatte

Nepal – Musik der Nevari-Kasten. Mit Kommentar zur Schallplatte (Klangdokumente zur Musikwissenschaft, herausgegeben von der musikethnologischen Abteilung des Museums für Völkerkunde Berlin), KM 0003 Mono.

## VII. Filme

1  Mitteleuropa, Württemberg. Böhmerwälder Schwerttanz (Encyclopaedia Cinematographica E 537), Göttingen 1969.

2 Nevari, Iyapu-Kaste (Zentralasien, Nepal), Spielen der Klappertrommel „dabadaba" (Encyclopaedia Cinematographica E 1704), Göttingen 1973.

3 Nevari, Iyapu-Kaste (Zentralasien, Nepal), „bansuri Khala", Instrumentengruppe mit Querflöten (Encyclopaedia Cinematographica E 1708), Göttingen 1973.

4 Gaine (Zentralasien, Nepal), Tanzlied mit Begleitung von drei „sarangi"-Fiedeln (Encyclopaedia Cinematographica E 1706), Göttingen 1974.

5 Gaine (Zentralasien, Nepal), Herstellen der Fiedel „sarangi" (Encyclopaedia Cinematographica E 1705), Göttingen 1974.

6 Nevari, Kullu-Kaste (Zentralasien, Nepal), Bespannen und Stimmen der Trommel „madal" (Encyclopaedia Cinematographica E 1703), Göttingen 1974.

7 Gaine (Zentralasien, Nepal), Erzähllieder mit tänzerischer Darstellung, begleitet von „sarangi"-Fiedeln (Encyclopaedia Cinematographica E 1707), Göttingen 1974.

## VIII. Festschrift

Neue ethnomusikologische Forschungen. Festschrift Felix Hoerburger zum 60. Geburtstag am 9. Dezember 1976, herausgegeben von Max Peter Baumann, Rudolf Maria Brandl und Kurt Reinhard, Laaber 1977.

# B. Literarische Arbeiten

## I. Bücher

schnubiglbaierisches poeticum. erschte burzigaugerl parthie, Feldafing/Obb. 1975, [2]1977.

neueste nachrichten aus der schnubiglputanischen provinz, Regensburg 1977.

Kynische Diatribe über die kuriöse und höchst gefährliche Expedition des Morbikularrepräsendenten Felix Hoerburger in die Provinzen jenseits der paflakubischlbanischen Grenze, quo loco sunt leones, Göttingen 1985.

## II. Einzelveröffentlichungen

preambel / schpunn / fakten [II] [aus: schnubiglbaierisches poeticum]
In: Schmankerl. Literarische Blätter für bairisch-österreichische Mundarten 20, 1974, S. 10-11.

mei leibschpeis / was i ois mechat [II] [aus: schnubiglbaierisches poeticum]
In: Schmankerl 22, 1974, S. 4-5.

gschtanzl / zwiefach [aus: schnubiglbaierisches poeticum]
In: Schmankerl 23, 1974, S. 14-15.

fabula de kloanwunziculo (die gschicht vom schnapunzlbuxfibeigl auf schnubiglmaccaronisch) [aus: neueste nachrichten]
In: Schmankerl 24, 1975, S. 28-29.

aufd letzt
In: Schmankerl 25, 1975, S. 17.

zwiefach [aus: schnubiglbaierisches poeticum]
In: Schmankerl 26, 1975, S. 14.

der nonsenseproduktatschenverdederer / die gschicht vom saxndeidibuwadl [aus: neueste nachrichten]
In: F. Brehm (Hrsg.), Sagst wasd magst. Mundartdichtung heute aus Baiern und Österreich, München 1975, S. 50-53.

(kauderig II) [aus: schnubiglbaierisches poeticum] / brotzeit
In: Schmankerl 28, 1976, S. 14.

zwiefach / eetscherleck / festessen [aus: schnubiglbaierisches poeticum]
In: U. Kapfhammer/G. Kapfhammer (Hrsg.), Oberpfälzisches Lesebuch. Vom Barock bis zur Gegenwart (= Oberpfälzisches Sprachmosaik, Band 1), Regensburg 1977, S. 311-313.

festessen / der gnuz gnei gnauch / mei leibschpeis [aus: schnubiglbaierisches poeticum] – rauschige wanderschaft / glingunger blungangerl / der tausendköpfler / anmerkung zum tausendköpfler / progressivitatschenplembemperer oder die fortschrittliche diskussion [aus: neueste nachrichten] – s kloa e / blatschari plambimperer für kinder und soiche wos wern woin
In: A.J.Eichenseer (Hrsg.), zammglaabt. Oberpfälzer Mundartdichtung heute (= Oberpfälzisches Sprachmosaik, Band 2), Regensburg 1977, S. 119-135.

der podagraxl [aus: neueste nachrichten]
In: Schmankerl 34, 1977, S. 15.

der gnuz gnei gnauch / nostalgie / auffi und abi / fakten III / zwiefach [aus: schnubiglbaierisches poeticum]
In: F. Hoffmann/J. Berlinger, Die Neue Deutsche Mundardichtung. Tendenzen und Autoren, dargestellt am Beispiel der Lyrik (= Germanistische Texte und Studien, Band 5), Hildesheim 1978, S. 128-131.

lallezn und artikuliern
In: L. Merkle (Hrsg.), In dene Dag had da Jesus gsagd. Neues Testament bairisch, München 1978, S. 190-195.

kauderig II [aus: schnubiglbaierisches poeticum] / wann drobn am himmi [aus: neueste nachrichten] / festessen [aus: schnubiglbaierisches poeticum]
In: E. Eichenseer/A.J. Eichenseer (Hrsg.), Oberpfälzer Weihnacht. Ein Hausbuch vo Kathrein bis Drei Kine, Regensburg (1979), S. 18, 159 und 358.

blatschari plambimperer für kinder und soiche die wos wern woin
In: Dimension. Contemporary German Arts and Letters 12, 1979, S. 484-487 (mit Übersetzungen in Schriftdeutsch und Englisch).

(kauderig II) [aus: schnubiglbaierisches poeticum]
In: Schmankerl 45, 1981, S. 10.

Kommendatschenplembemperer
In: Lebendige Oberpfalz. Festschrift für Regierungspräsident Prof. Dr. Ernst Emmerig, Regensburg 1981, S. 196.

diglduntn [aus: schnubiglbaierisches poeticum]
In: Schmankerl 47/48, 1982, S. 25.

der gnuz gnei gnauch [aus: schnubiglbaierisches poeticum]
In: W. Höllerer u.a. (Hrsg.), Autoren im Haus. Zwanzig Jahre Literarisches Colloquium Berlin, (Berlin) 1982, S. 79.

(zamma blimbadim schtückl II: s kloa e) [aus: schnubiglbaierisches poeticum]
In: J. Berlinger, Das zeitgenössische deutsche Dialektgedicht. Zur Theorie und Praxis der deutschsprachigen Dialektlyrik 1950-1980 (= Europäische Hochschulschriften I/688), Frankfurt/M. 1983, S. 200-201.

der schnabiberl schplund / s amor buberl! / a manderl und a weiberl / nix / blodi
In: E. Eichenseer (Hrsg.), Oberpfälzer Mundart Lesebuch, Regensburg 1983, S. 56, 59, 61 und 64.

(preambel an stelle einer gebrauchsanweisung, Ausschnitt) [aus: neueste nachrichten]
In: L. Zehetner, Das bairische Dialektbuch, München 1985, S. 265.

(a kloans nonsenserl) [aus: neueste nachrichten] / (kauderig III) [aus: schnubiglbaierisches poeticum]
In: J. Berlinger, Poesie aus der Provinz. Beispiele Oberpfälzer Mundartdichtung, in: Schönere Heimat 74, 1985, Sonderheft 4, S. 17.


## III. Vertonungen

Thomas Emmerig, „kauderig" auf schnubiglbaierische Gedichte von Felix Hoerburger für Bariton und Klavier (1976), Manuskript.

Eberhard Kraus, Die Große Super Fakten Kantate (Text: Felix Hoerburger) für Chor- und Instrumentalgruppen (1986), Manuskript.

# Personenregister

Advielle, V. 103
Aeppli, F. 15
Ahrens, Christian 296
Akbar 256f.
Akçakoca Akça, F. 127
Ala-Könni, Erkki 15
Alford, Violet 14f., 305
Alija, Murat 203
Alport, E. 95
Andersson, Nils 173
Andersson, O. 173
Ἀνδριώτη, Ν. Π. 127
Ἀνωγειανάκη, Φ. 127, 237f.
Arbatsky, Yuri 152, 154, 304
Arbeau, Thoinot 58
Arena, Antonius de 58
Arnaudoff, A. 127
Ataman, S. Y. 102
Attaignant, Pierre 57
Au, Hans von der 15, 17, 27, 296, 298, 304
Azevedo, Luiz Heitor Corrêa de 303

Bach, Johann Sebastian 28, 63, 192, 258
Backman, E. L. 15
Bake, Arnold 263, 270
Bartha, Dénes von 154
Bartók, Béla 83, 88, 154, 159, 165
Baud-Bovy, Samuel 250
Bauer, Anton 176
Baumann, Max Peter 307
Bayatlı, Asman 127
Beck, Hermann 302
Becker, M. L. 15
Becking, Gustav 249
Beethoven, Ludwig van 40, 258
Berberich, Ludwig 298
Berlinger, Josef 308f.
Besseler, Heinrich 146, 154
Bie, Oscar 15
Binder, E. 42
Bismillah Khan 257
Bjørndal, A. 154
Böhm, Max 304
Böhme, Franz Magnus 15, 42
Boehn, M. von 15
Brandl, Rudolf Maria 296, 307
Brednich, Rolf Wilhelm 302, 306
Brehm, Friedl 308

Bresgen, Cesar 303
Brömse, Peter 165
Bruckner, Anton 195
Bruning, E. 303
Bry, Theodor de 79
Buschan 95

Call, Leonhard von 40
Capmany, A. 15
Carreras y Candi, F. 15
Chianis, Sotirios 231, 238
Chintzos, Dimitrios 125, 227
Chottin, Alexis 103
Chujoy, A. 15
Cilingiroglu, K. 102
Coichton, R. 127
Commenda, Hans 42, 151, 154, 173
Conev, B. 127
Courant, M. 294
Couvreur, F. S. 286, 294
Crosfield, D. 109, 127
Czerwinski, Adalbert 15

Daigl, J. 42
Danielou, Alain 275ff.
Dantakis, Georgios 209f.
Dante Alighieri 213, 222
David, L. 103
Dean-Smith, Margaret 304
Debesse, P. A. 286, 294
Delapraz, A. 258
Delapraz, M. 258
Dennys, N. B. 294
Derschmidt, H. 305
Dieck, A. 154
Dietrich, W. 225
Δημιτράκου, Δ. 127
Dioskurides von Samos 95
Dondl, H. 42
Dostojewskij, Fjodor M. 267
Dräger, Hans-Heinz 94f.
Dresden, Sem 303
Drosinis, G. 237
Džudžev, Stojan 15

Eichenseer, Adolf J. 308
Eichenseer, Erika 308f.
Emmanuel, E. 95

# Sachregister